Monde pluriel : Penser l'unité des sciences sociales
Bernard Lahire

ソシオロジー選書 3

複数的世界

社会諸科学の統一性に関する考察

ベルナール・ライール
村井重樹 訳

青弓社

複数的世界——社会諸科学の統一性に関する考察

目次

序論　9

第1章　統一的な科学的公式　23

性向と文脈の間の実践　23
さまざまな社会化と身体化された過去　26
過去の忘却　33
文脈の忘却　34
可能態の個別的ケースとしてのハビトゥスと場　37
フレーミングの多様性　41
歴史上のさまざまな男女　49

第2章　社会的分化に関する考察　58

客体化された知の役割　62
問題の自律性　74
分化にまつわる古くからの問題　96
分化した社会における複数的行為者　111

第3章 場の限界――138

場の際立った特性 143
適合的な行為の文脈のすべてが場であるわけではない 147
歴史的な概念から柔軟な観念へ 162
二次的な場としての文学ゲーム 171
行為者（agents）、闘争、および実践の忘却 186
場の境界内に含まれる説明 195

第4章 文脈化――レベル・水準・対象――214

観察のさまざまなレベルと文脈化 216
相互行為――特殊な秩序か、それとも構造の例示か 220
個人――特異な存在か、それとも集合的なものの代表者か 238
精神分析と社会科学――レベルの問題 243
真の現実はどこにあるのか 254
正しい文脈とは何か 259
社会学者の悲鳴――社会学理論とその偏愛の対象 272

結　論　科学の社会的分業を再考する　302
学問的閉鎖　305
高度専門化の不幸　311
プロフェッショナリズムの偏向　318
補　遺　全体的社会空間とその下位区分　332
謝辞　342
参考文献　344
訳者あとがき――村井重樹　365
人名索引　391(i)
事項索引　383(ix)

装丁――神田昇和

凡例

1、本書は Bernard Lahire, *Monde pluriel: Penser l'unité des sciences sociales*, Édition du Seuil, 2012の全訳である。

2、原文の《 》は「 」とする。

3、原文のイタリック体による強調には傍点を付す。書名は『 』でくくる。

4、訳者による補足は〔= 〕とする。

5、原書の注はページごとの脚注だが、本訳書では各章末にまとめた。

6、邦訳がある文献については、適宜参照しながら訳者が訳し直した場合がある。

序論

私が関心を抱いているのは、ありうるかぎりのさまざまな建造物の基礎を、自らの前で透明にすることである（Ludwig Wittgenstein, *Remarques mêlées*, Flammarion, 2002, p. 59.〔ルートヴィヒ・ヴィトゲンシュタイン『反哲学的断章——文化と価値』丘沢静也訳、青土社、一九九九年〕）

一九七九年十二月二十一日、フランスのテレビ第二チャンネルで放送された『アポストロフ』。ベルナール・ピヴォは、一人の歴史学者、一人の社会学者、一人の小説家を迎え入れる。それぞれ、フェルナン・ブローデル、ピエール・ブルデュー、マックス・ガロである。司会者〔＝ピヴォ〕は、三人のゲストのうち、最も著名なブローデルと、三部作『物質文明・経済・資本主義（十五―十八世紀）』の刊行についてしばし対談したのち、歴史学者の壮大な企図——世界空間を包括し、かつ四世紀にわたる——に関する自身の見解を打ち明けるよう、『ディスタンクシオン』を刊行したばかりのブルデューに発言を促す。社会学者〔＝ブルデュー〕は、非常に丁重でありながらも、長期持続の歴史を扱うことに対して疑問を呈するコメントを一挙に述べ立てる。ブルデューが述べるに、「社会学者にとって、長期間の幅をとること、すなわち長期持続の研究は、逆説的にも、歴史が不在だという印象を与えるのです」。ブルデューは、「権力を象徴するもの（le symbolique du pouvoir）」、つまり「支配を表現し、表明するのに役立つすべてのもの」（「もろもろの大聖別式」や「それによって王が自身の支配を確立するもろもろの儀式」）を例に挙げながら、「資本主義は、この点から見て、それまでとはきわめて異なる言葉で言い表された」という事実、そしてこのため、「文化に関して長期持続を採用することは、［ブルデューにとって］途方もない差異を隠蔽するように見える」という事実を強調する。

相対的に不変の文化構造、政治構造、経済構造などの研究を優先するために、長期持続の歴史学は、社会の歴史にめりはりをつける一連の差異、不連続、ないし断絶をどうしても滑らかなものにしてしまう。そのため、社会学者が主張するように、長期間の幅をとることは、歴史の不在もしくは歴史の消失なのである。きわめて礼儀正しいかたちをとっているものの、その告発（charge）は客観的に見て非常に厳しい。というのも、歴史の変化を否定するとして歴史学者を非難することは、その方法にかなり根本から異議を唱えるようなものだからである。ブローデルの応答が冷静に確認していることは、長期持続の歴史学がまさに研究目標とする共通の基盤に基づいてはじめて、社会学者が論じるさまざまな差異が見いだされ、それらが意味をもつということである。「よくわかるのですが、それはもろもろの差異（les différences）を乗り越えるためです。それはもろもろの区別（les distinctions）を乗り越え、もろもろの分化（les différenciations）を乗り越えるためです。長期持続というのは、そもそもそれに照らしてわれわれが判断することになるような土台をある種承認することなのです。そのために、長期持続は文化の領域に広まっているのであって、どうしても必要なものなのです」

まったく噛み合わない議論である。われわれは、当日に出席した歴史学者か社会学者のうち、どちらが正しかったのかを決定しようとすることができるかもしれない。しかし、誰が正しくて誰が間違っているのかを、一般的かつ抽象的に問うことは適切なのだろうか。不変の文化構造の研究を優先したほうがいいとか、象徴権力が行使される多様な様相の研究に専心したほうがいいというような、こうしたほうがいいということをそれに基づいて述べることができる地点は存在するのだろうか。この種の論争がかかえる問題というのは、敵対者たちがしばしば、あたかも「文化」が学者によって正しく注釈され解釈されるのを待ち望む、十分に明確な実在（réel）の対象であるかのようにするところにある。ところが、ブローデルとブルデューが文化的現象を同一の仕方で考察していないとすれば、それは、彼らが同一類型の問いを立てておらず、同一の物事を実際に認識しようとしていないからである。言い換えれば、彼らは同一の認識関心を共有していないのである。結局のところ、ブルデューがそうとは述べずに、ブローデルに対して述べていることは、ブローデルが採用した観察レベルと、それをもとにブローデルが研究する時間的配列（séquence temporelle）が、社会学者としてのブルデューの関心を引く諸現象、すなわち支配の諸形態と文化の社会的諸機能を目に見えるものにし、それらを研究することを可能にするわけではないということである。この点、ブルデューは完全に正しい。しかし、このことから、ブローデルが誤っている、したがって研究者が長期持続に根差した諸現象の研究を放棄しなければならないと結論する必要があるのだろうか。確かにそれは、ブルデューが歴史学者に対してコメントをしたときに考えていたことである。それから数年後、ブルデューは、まさに同様の確信をもって、次のように断言するまでにいたる。

私が思うに、社会科学の現状で、長期持続の歴史は、社会哲学の特権的領域の一つになっています。社会学者には、そのことはたいてい、官僚制化、合理化過程、近代化などについて全般的に考察する口実を与えます。しかし、それらはその著者たちに多大な社会的利益をもたらしますが、科学的利得をもたらすことはほとんどないのです。[1]

とはいえ、社会学者に肩入れして議論を打ち切れば、あたかもブローデルがブルデューと同じ類型の文化的現実を明らかにしようとしていたかのようになってしまうだろう。ところが、ブローデルからすれば、ブルデューに対して次のように答えることが可能である。すなわち、社会学者はあまりに「瞬時において（dans l'instant）」研究しているので、社会学者が研究していることが、非常に長期の持続のうちに書き込まれる回帰的現象の表れにすぎないということが理解できなくなる。長期間の幅をとらなければ、それぞれの時代の趣味や実践をもはや玉虫色にしか目にすることができず、きわめてゆっくりとしか進展しないような背景について盲目のままにとどまるのである。

もっとも、異なる状況では、歴史学者の役割と社会学者の役割が完全に逆転することもありえただろう。「時事性（temps de l'actualité）」、急激な出来事の連鎖、人びとの喧騒（agitation humaine）とその当事者の志向性、ある状況での緊迫した行為のなかで発せられる男女の身ぶりや言葉を優先する歴史学者に対して、社会学者はまったく同じようにその視野の狭さを非難することができるだろう。完全に実証主義的な方法で現実的なもの（réel）に密着したいと望む社会学者は、バラバラで、序列化できないささいな諸事実の総体しか理解することができず、こうして自らの対象を取り逃すことになる。事件史に抗しながら、けれどもまた、あらゆる種類の状況が定まった社会的出会いがそこに位置づけられる、いっそう大きな構造を理解することを同様に禁じるようなある種の相互行為のミクロ社会学にも抗しながら、社会学者は、階級諸関係の空間、市場、ないし場といった相対的に不変の諸構造に訴えかけることができるのである。

歴史学、社会学、ないし人類学をおこなう多様な仕方は（これらの親戚関係にある三大科学だけにとどめておくが、ここでの提起は十分にそれを超えて役立つものである）、異種混交のさまざまな視点と認識関心が存在するということ、つまりは研究者が自らに提起するさまざまな問い、あるいは研究者が多少なりとも明瞭に解決できるさまざまな問題が存在するということを示している。しかし、こうした異種混交性についての反省（réflexivité）を欠けば、人文・社会諸科学の分野に属する各種の研究をつなぎ合わせる根元的な統一性を覆い隠すのに寄与することになる。もし学者たちが自分の方法を唯一可能な（正確な、適切な、発見的な（heuristique）、あるいは生産的な）方法として押し付けようとしなければ、そうした本質的な統一性が数多くの証拠とともに立ち現れることになるだろう。さまざまな理論モデルや分析格子（les grilles d'analyse）を、生きられた社会的現実の水準に関連づけること、採用される観察レベルに関連づけること、研究される対象類型に関連づけること、そして自らの主題として取り上げる問題に関連づけることは、多様性のなかでいっそうくっきりとした見通しを得る可能性を手にすることであり、人間行動のより一般的な研究プログラムを部分的に実現したものとして、さまざまな研究作業を把握し直す可能性を手にすることなのである。

しかしながら、人文・社会諸科学の研究が分散しているという印象は、さまざまな研究対象を構築する多様な方法に由来しているだけではない。それはまた、別々の学問（「心理現象（psychisme）」の科学、「言語」の科学、「社会」の科学などをともなう）へと分離し、かつそれぞれの学問内部で専門区分された非常に大規模の科学的な社会的分業から生まれたものでもある。そのような科学の高度専門化（hyperspécialisation）は、（異なる学問もしくは同じ学問の）異なる研究者たちを、各分野の諸実践、各部門の社会生活を切り離して研究し、部分的な行為者の理論を定式化するように仕向ける。しかしそれは、諸活動の社会的分化という長期の歴史的過程を無条件にともなわせるほかない。近代社会を特徴づけるこうした分化のうねりに取り込まれることで、学者たちはますますその帰結を研究することができなくなっているのである。各カテゴリーの研究者たちが、この世界の小さな諸断片のはたらきにすっかり夢中になっているとき、どのようにして社会的世界の全体像を描くことができるだろうか。まず、さまざまな学問区分によって、次にさまざまな内部の専門化によって、研究者たちが諸個人の実践のそのつど特殊な諸次元を研究するように強いられるとき、社会での諸個人に関する複雑な構想をどのようにして保持することができるだろうか。プロフェッショナリズム（professionnalisme）という狭隘な考え方が、知らぬ間に、行き過ぎた専門化、そして研究と研究者の規格化へと到達するとき、どのようにして高水準の科学的創造性を維持することができるだろうか。

これらのすべての問いに答えることは、現代の人文・社会諸科学が争点とし、挑んでいる諸問題に真っ向から取り組むことにほかならない。このことは、「全体性」や「複雑性」といった思考がもつ、経験的に怠惰で、理論的に気取った形態へと後戻りするのを避けながらも、当初の科学的野心――特にエミール・デュルケムやマックス・ヴェーバーの野心――と関係を結び直そうと試みることによってなされるものである。

「誇大な社会理論（la grande théorie sociale）」もしくは「社会的なものの一般理論（la théorie générale du social）」

を葬り去ることは、野心的な科学的プログラムの一切を放棄するということを意味するものではない。しかしながら、そのような野心をもった挑戦を受けて立つには、既存の人文・社会諸科学の問題含みの状態にふさわしい応答を示すことが要求される。特に認めておく必要があるのは、当の科学的プログラムが、たいていの場合、不完全かつ部分的な経験的成果を生み出すことしかできないということである。しかし、既存のさまざまな経験的研究は、それがその分野で自己完結した研究として提示されるのか、それとも、それが何らかの一般的な科学的プログラムの一部を個別に実現したものと見なされて読まれるのかに応じて、異なる意味をもつ。

本プログラムは、諸個人はなぜ彼らが行為するように行為するのか、なぜ彼らが考えるように考えるのか、なぜ彼らが感じるように感じるのか、などという問いに応答するものである。それはきわめて簡潔な科学的公式に要約されうる。身体化された過去＋現在の行為の文脈＝実践。この公式には、身体化された性向と能力（過去の社会化の枠組みの多少なりとも持続的な往来の所産）と、常に特殊な行為の文脈とが交差するところで実践を考察するという研究の意図が集約されている（第1章「統一的な科学的公式」）。

本書が提起する中心的な問いは、主として、この科学的公式の一部を対象にしている。すなわち、もしわれわれが行為者のあれこれに仕切られた実践、あれこれの次元の実践を理解したいのならば、行為者がそこに位置づけられなければならない、適合的な行為の枠組み（cadres pertinents d'action）の一部を対象にしているのである。この意味で、ここでの問いは、諸機能と活動諸分野の社会的分化に関する社会学の中心的な問いと無関係ではない。社会的世界は、さまざまな実践分野への分化という長期の過程を経験したのであり、このことは、常に特殊な文脈の論理に書き込まれる人間行為の構造化に対して——研究者が考慮しなければならない——重大な帰結をもつのである。しかし、現実の社会歴史的空間でのこうした客観的な分化だけが、研究者によって考慮される行為の枠組みの多様性、その枠組みの規模と性質、そしてとりわけその枠組みのなかで適合的なものと見なされる諸要素の性質を決定する唯一の根拠だということにはならない。

本書全体にわたって私のものとなる二重の態度を要約すれば、次のように述べられるだろう。すなわち、私が強く確信しているのは、社会歴史的な現実が、それを研究する学者とは独立して存在しているということ、形を与えられないわけではないということ、人間の行動を客観的に構造化するために研究者たちによって照射されるのを「おとなしく」待っているわけではないということ、ある種の科学的な説明の（不幸な）試みにまさしく抵抗するものだということである。と同時に、社会歴史的な現実を説明しようとする理論モデルが、認識関心、観察レベル、および照準される社会的現実の水準に応じて変化しうる構築物なのだということである。もちろん、社会的世界のうちに発見するべき物事、つまりは規則性、回帰、あらゆる種類の決定論が存在している。しかし、これらの発見は、さまざまな構築物（constructions）を通して、あるいはそれらをもとにしてはじめてなされうる。こうした構築物は、それを精緻化する人びとの側の恣意的な部分を含んでいて、多様な認識関心を備えているのである。それに対し、分析モデルは、当然常に構築物であるのだが、これらの構築物にはどのような優劣もなく、われわれが何を明らかにしようとするかに照らして適合的なものになったり、適合的でないものになったりする。そして、研究者が経験的検証に気を配る際には、これらの構築物は、現実という「でこぼこした大地」の抵抗に絶えず遭遇することになるのである。別々に切り離すことができない実在論的かつ構築主義的（もしくは唯名論的）な認識論の構想。

　両者の立場は、相いれなくすることには誰も苦労しないけれども、両立させることには誰もが苦労するものである。それは行為の諸文脈に関する議論を合理的に組織することを可能にする。実際のところ、さまざまな類型の行為がそこに書き込まれ、理解される「文脈」を言い表す方法には大きく二つのものが存在する。一つは実在論的方法。この方法は、社会的世界のなかに特殊なミクロコスモスが存在することを認め、これらのミクロコスモスの編成あるいは変容などの歴史的過程を探究するものである（第2章「社会的分化に関する考察」と第3章「場の限界」）。もう一つは唯名論的方法。この方法は、観察レベルの多様性と研究者の認識視点の多様性を考慮に入れ、研究者によって実行された文脈化（contextualisation）の操作が、研究者が何を明らかにしようとしているのかということに根本的に依存すると考えるものである（第4章「文脈化——レベル・水準・対象」）。

厳密にいうところの実在論的な視座で、文脈を区分することとは、観察可能な現実の歴史的過程と見なされる。したがって、われわれは、行為者たち自身が、さまざまな文脈の限界に対する感覚やさまざまな境界を重視する感覚を内面化することを学ぶのだということ、あるいはさらに、彼らが行為する諸領域がどこから始まり、どこで終わるのかを定義すべく、行為者たち同士で闘争しているのだということを示すことができる。そのとき、適合的な行為の文脈というのは、社会的現実のなかに実在するミクロコスモスとして研究者にとってどうしても必要なものになる。学者たちは主として、社会的世界の分化過程を研究することに専念し、さまざまに分化したミクロコスモスのそれぞれが機能する仕方だけでなく、それらに固有の諸特性を分析しなければならないのである。彼らは、観察レベルを選択したり、文脈化したりする必要は特にない。というのも、彼らがおこなう文脈化は、「さまざまな現実の文脈」という実在によって指示されるからである。この観点からすれば、さまざまな場やワールドや制度や組織は、まさしく実在しているのであり、研究者は、それらが出現する社会歴史的な諸条件は何かということを自身の目的として問うことができる。彼らはまた、ある場やあるワールドが、時間をかけて、特殊なもろもろの下位場（sous-champs）やもろもろの下位ワールド（sous-mondes）に分化するその仕方を探究することもできる。そのような研究作業の理想的な到達点は、全体的な社会的布置（configuration）を形成する、さまざまなミクロコスモスの総体とそれらの相互依存関係を理解させるところに存することだろう。

しかし、こうした実在論的な見方は、いくつかの限界を有している。これらの限界は、文脈を科学的に構築し、分析に関わる適合的な特性を選別するといった諸操作（取り上げられる行為者の類型も、優先される諸実践の関係ないし次元の類型も）を考慮するように配慮する、いっそう唯名論的な反省を避けがたく要請するものである。このように考えられるとすれば、文脈を区分することは、提出される諸問題の性質に、研究者たちによってなされる相当数の理論的・方法論的な選択に、そして結局は、社会的世界の科学を作り上げるために研究者たちが根拠を置く人びとの社会的諸経験に依存している。ルートヴィヒ・ヴィトゲンシュタインが記していたように、「私には決して思いつかないような諸問題がある。これらの問題は、私の系譜（ligne）に存在せず、私自身の世界のいかなる部分もなさないものである」[2]。現実というのは、絶えず「特定の諸視点」(ヴェーバー)から探究されるものなのだ。ところが、これらの諸視点は、「「主観的な」前提」でもあるが、それ自体、研究者たちの社会化の諸経験に結び付いた社会的生成物(sociogenèse)である。ほかならぬこれら社会化の経験が、彼らのまなざしや注意を方向づけ、彼らの好奇心や認識関心を導いたのである。こうした社会化の経験をもってはじめて、ときにはそれに抗してはじめて、研究者たちは科学をなすのである。しかし、それなくしては、決してなされるものではない。もっとも、科学的社会化が、研究者たちの生活誌上の諸経験のなかであとになって生じるものであるために、ある社会学者が、科学的社会化が以前に経験したさまざまな社会化の影響を完全に消し去るものではないということを認めているのは、それほど驚くべきことではない。

例えば、われわれがしばしば目にするのは、場や下位場といった概念を使用することが、社会的現実できわめて明確に保証された客観的な区分に依存しているというよりも、研究者たちの認識関心による文脈化の操作にいっそう依存しているということである。あれこれの科学活動、例えばあるグランド・ゼコール付属研究所での「生物学的」な科学活動を理解するためには、この活動をグランド・ゼコールの場に位置づけなければならないのだろうか。いやむしろその活動を、大学場全体のなかに置いてみなければならないのだろうか。民間の大企業の研究所を組み込みうるような、国家的な生物学の科学場に専心するほうが好ましいのだろうか。あるいはさらに、国際的な生物学の科学場を再構成するほうが、より適切だということはないのだろうか。これらの選択肢のそれぞれに対して、次のような問いがまさに提起されることになる。すなわちそれは、物事の社会歴史的な現実は、どの程度まで「場」という形態のもとで実際に組織されているのかという問いである。

われわれは、「場」の問題にとどまらず、適合的な文脈というのはむしろ、科学がおこなわれることを可能にする行為者の総体、つまり研究者ないし非研究者の総体をともなった「生物学のワールド」(ハワード・ソール・ベッカーやアンセルム・レオナルド・ストラウスが用いる意味での)ではないのかを問うことができるだろう。また、ある種の科学社会学が主張するように、現実の研究機関や研究の小集団(micro-groupe)としての実験室

(laboratoire) が問題なのではないか。あるいはさらに、実験室に関係する何人かの研究者同士の相互行為を研究することや、研究者たちが彼らの間で形成する社会的布置を研究することを優先したほうが好ましいのではないか。ついには、ほかのある者たちは、それよりも、当の研究者たちの社会的軌道や学術的キャリアを、そして、彼らの道程の要所になるあれこれの契機に、あれこれの科学制度と接点をもたなければ、彼らが立てたもろもろの仮説を立てなかったかもしれないという事実を問うことだろう（例えば、一九四一年にニューヨークで言語学者ロマン・ヤコブソンと議論を交わし、それを構造人類学の発展に役立てたクロード・レヴィ＝ストロースのケース）。要するに、最適な選択というのは、われわれがまさに把握しようとする諸実践や諸事実の類型、およびわれわれが到達したいと望む分析の精度に依存するのである。例えばそれは、学者同士の国際競争に関する諸現象を明らかにするためにある科学活動を理解すること、言表や直観や仮説や科学的経験が日々においてどのように形成されているのかを理解すること、研究主題の選択に関する個人的論理あるいは集合的論理を理解すること、などに依存している。

それぞれの社会学的概念（場、ゲーム、ワールド、制度、組織、相互行為の枠組み、階級、集団や小集団）は、全体的社会空間、国家的社会空間、あるいは国際的社会空間での一類型のミクロコスモスを指し示している。こうした各概念は、観察可能なありうるかぎりの無数の諸要素のなかから観察される一要素を選び出すことと同様に、社会的現実の一水準、多少なりとも広大な社会的世界の一観察レベルに関係するものである。場の理論（ブルデュー）やワールドの理論（ベッカー）のような、最も構造化された経験的な理論は、これらすべての側面をまさに含んでいる。場の理論は、状況づけられた相互行為の研究や制度の研究というよりも、マクロ社会学の理論であり、場の行為者（agents）同士の特殊な資本の領有や（再）定義をめぐるさまざまな闘争に専心するものである。ワールドの理論は、場の理論とほぼ類似した社会的現実の水準を想定するものだが、しばしばよりミクロな観察レベルを優先し、はるかに多様化した行為者のネットワーク（実際は、当該領域の分業に加わる行為者の総体）に関心を抱いている。あとで見るように、そのほかの社会的なものの理論——制度や組織や相互行為にその注意を向けている——は、その観察レベルを固定しているものの、非常に異なる諸研究(3)を生み出していて、マクロな社会構造を認識することに貢献することさえできるのである。

所定の歴史的行為者の諸実践と諸表象を説明することは、一定数の科学的操作を前提にしている。文脈化の操作というのはおそらく、そのなかで最も重要なものの一つだろう。私が本書全体を通して展開を図ろうとする議論の鎖に関する正確な観念を与えるために、ここでその主要な環（maillons）を提示しておくことにしよう。

—人文・社会諸科学は、諸事実と行為者のさまざまな振る舞いを正確に理解するために、一方で、行為する、信じる、考える、感じる能力と性向という形態で結晶化した彼らの過去の諸経験に応じて、行為者が自らの行為に何を関与させるのかを、他方で、行為がそれぞれの行為の文脈の特殊な拘束に何を負うのかを問うように努めなければならない。このような要請は、以下の公式に集約されうる。性向あるいは能力＋文脈＝実践。

—この公式の後半部は、人文・社会諸科学に対し、行為者の実践を文脈化するように命じるものである。つまり、行為者たちは常に、自身の行為を、全体的であれ局所的であれ、特殊な文脈に書き込むのである。

—こうした文脈の定義は、社会空間の内部ではたらいている、相対的に分離した特殊な諸領域の分化という歴史の力学に依存するものであると同時に、研究者たちの認識関心にも依存するものである。

—活動諸分野の社会的分化という事実は、自身が所属する社会学的伝統がどのようなものであれ、大多数の社会学者によって認められている。

—社会的分化の産物である、観察可能な社会的ミクロコスモスのすべてが、場やワールドであるわけではない。場とワールドは、家族のようによく似た外観にもかかわらず、同じ社会的現実を指し示していない。

—場の理論は、さまざまな類型の場の間に区別を設けることによって、特殊化され、複雑化されなければならない（例えば、その内部に永続してとどまることを大多数の参加者に保証しないような文化的生産の場は、専任の行為者［agents］に報いるような場と慎重に区別されなければならない(4)）。

—社会的現実の異なる水準（ワールド、場やシステム、集団、制度、組織、相互行為、ないし特異な個人）を理解するために、社会的世界を多様なレベルで研究すること、ならびに実践の多様な側面や次元を分析することは正当なことである。

本書がどのようなジャンルに結び付けられるのか、またそれを明確にしようとすることがはたして重要なのか否か、正直なところ私にはわからない。本書は、未発表の調査に基づくものではないにしろ、経験的研究に対する参照を欠くものではない。ここでの経験的研究とは、私が実行したり、主導したりしたものである。ほかの多数の研究者（人類学者、歴史学者、哲学者、言語学者、地理学者、政治学者、心理学者、精神分析学者、そして社会学者）の経験的研究と同様に、私はそれがなければ、いくつかの概念提起やいくつかの手直しの必要性、そしてときにはその緊急性を感じなかったことだろう。書物というのは、過去と現在の業績を束ね直し、これまでとは異なる仕方でそれらに語らしめる一つの方法をなしている。ほかの多数の学者たちと同様に、私は生者や近親者だけでなく、死者やよそ者とも付き合っている。古びた決まり文句によって「新奇なもの」や「独創的なもの」を評価するように仕向ける途方もない記憶喪失能力とともに、「最新のもの（derniers parus）」を最優先にする傾向をもった時代に、また、探究することよりも、ガストン・バシュラールが論じるところの有名な「誤謬への陶酔（ivresse de l'inexactitude）」とともに、ときにシンポジウムに登壇することにいっそう多くの時間を費やすような研究者同士の会議をおこなう機会が増大する時代──「研究の価値向上」を口実として──に、研究の核心（centralité）、およびテクストとじっくりと、厳格に、そして正確に付き合う必要性を思い起こすことは、無駄ではないように思われる。(5)

本書は、正式に社会の理論を提出するものではない。虚空（néant）あるいは手品師の帽子から飛び出るような印象を与える社会的世界の種々の客観的な図をわれわれに提示するもろもろの書物は、私にしてみれば、別の時代のものであるように見える。学者たちの反省性（réflexivité）の度合いが、このうえなく乏しく、彼らの学究的な無意識の度合いが絶頂に達することができた時代。提出された社会的世界のさまざまな像を、適用された道具（概念と方法）と持ち込まれた認識視点から切り離すことができた時代。本書は、こうした意味で理論的ではないにしても、にもかかわらず、一見したところ非常に細分化された一つの空間に含まれる隠れた統一性を垣間見る可能性を手に入れることによって、人文・社会諸科学の現状に対して、そしてそれらを貫くさまざまな分断線をかかえた現状に対して距離をとろうとする意志から生み出されたものである。本書はまた、研究者たちの実践で、しばしば暗黙のままにとどまっていたり、雑然としたままにとどまっていたりするいくつかの問いを明確化するために、できうるかぎり厳密に公式化することによって、これらの学問の泣きどころになるいくつかの問題を首尾よく提起することを目的としてもいる。「ありうるかぎりのさまざまな建造物の基礎」を自らの前で「透明なもの」にすること。しかし正確にいえば、それは可能なかぎり適切な「一つの体系を築く」ことを目的とするなかで達成されるのである。課題があるところに、地平が広がっているのだ。

注

(1) Pierre Bourdieu, *Chose dites*, Éditions de Minuit, 1987, p. 56.(ピエール・ブルデュー『構造と実践――ブルデュー自身によるブルデュー』石崎晴己訳〔Bourdieu library〕、藤原書店、一九九一年)

(2) Wittgenstein, *Remarques mêlées*, p. 62.(前掲『反哲学的断章』)

(3) 相互行為の分析は、例えば、発話の順番、暗黙、仮定、解釈手続き、ないし「相互行為者」の共有知、自己提示の儀礼、相互行為者がいくつかの言語を使用する場合に観察されるコード・スイッチングとコード・ミキシングの現象、ある行為の流れでの実践と発話との接合、行為者と事物もしくは技術装置との接合、言葉のやりとりを貫く緊張関係や力関係や支配関係、などをさまざまに対象としている。

(4) 文学的領域のケースは、数ある芸術的領域のうちの一例として見なしうるが、(文学的領域を、学術的生産や大学的生産や科学的生産の場の総体から分離するあらゆる特殊性を消去することで) 理念型的な文化的生産の場として見なすことはもちろんできない。ただし、文学的領域のケースはしばしば本書全体にわたって引き合いに出されることになる。当然、これは、こうした特定の実践分野を研究するように導いた私自身の研究歴に由来するものである。それはまた、「文学場」の概念が、フランスでも外国でも、数多くの研究を生み出したという事実、またどちらかといえば少数だが、いくつかの批判的探究を呼び起こしたという事実にも結び付いている。

(5) ジャン＝クロード・パスロンは、すでに二十年前に、「シンポジウムの場で（略）繰り返される儀礼的な同意」について論じていた。こうした同意は、「理論的な解明がもつ役割」を、ある種の「外交的なエスペラント語」のなかに埋没させた。「そこで発言者は、反対意見を述べる前に、自分が対話者の考えを敷衍しているのだということをまず主張するのである」。Jean Claude Passeron, *Le Raisonnement sociologique: L'espace non-poppérien du raisonnement naturel*, Nathan, 1991, p. 139.

第1章

統一的な科学的公式

無名であれ有名であれ特定の諸個人が、あるいは小規模であれ大規模であれ社会諸集団が、なぜ彼らがおこなうことをおこない、なぜ彼らが考えることを考え、なぜ彼らが感じることを感じ、なぜ彼らが語ることを語るのかを理解すること。ここには、学問知として存在して以来の人文・社会諸科学——社会学、歴史学、人類学、地理学、言語学、経済学など——の野心的な目的が数語のうちに凝縮されている。これらの科学は、行為者の社会的諸特性と、彼が自らの行為をそこに書き込む文脈の社会的諸特性が交差するところで実践を把握するならば、なおいっそう正確かつ適切に、こうした目的に到達するように思われる。そして、理論的な反省をもう少し先へと進め、行為者と文脈との分節化をより意識的かつ体系的に考察する方法を手にしたいと願うのであれば、当の分節化の操作を下支えする研究方針を命名し、記述しておかなければならない。

性向と文脈の間の実践

この場合、一定の経験的諸研究において、一方で行為者の身体化した社会的諸特性の研究、他方で客体化された文脈の社会的諸特性の研究との間にある説明の均衡点に到達しようと努めるすべての研究者にとって、性向主義（*dispositionalism*）と文脈主義（*contextualisme*）を組み合わせることは不可避である。行為者が所持している身体化されたさまざまな類型の精神的・行動的性向（過去の社会的諸経験の内面化の所産）を再構築することによって実践や行動（身ぶり、態度、発話）を理解すること、ならびに行為者がそこで成長する個別の文脈（集団や制度や活動領域の性質、相互行為や関係の類型）の特徴を理解することは、私にしてみれば、研究者たちが実行することができる、最も公正な、最も複雑な、そして最も科学的に有益な方法なのである。

そのようなプログラムに同意する者たちのさまざまな経験的成果が、常に不完全なものであり、例外的にだけ完全な均衡点に到達する——研究者たちの善意や真剣さの欠如に起因するだけでなく、限られた調査時間、いくつかの経験的データに対する制限されたアクセス、あるいはさまざまな方法を適用する際の多様な社会的障壁といった平凡な問題にしばしば起因するために——からといって、性向主義的＝文脈主義的な理論モデルの一般的妥当性を再検討する必要はない。いずれにしても、このことは、「さまざまな学者共同体」がしばしばわれわれに見せる光景、すなわち、解決すべき問題に含まれる諸要素を、相互に対立し合う別々の理論的（ときにはまさしく学問的な）諸立場へと分割することを、いささかも正当化するものではない。このようにしてわれわれは、フランスで、ここ二十年ほどの間に、「性向」に異議を唱えて、「文脈」、より正確にいえば、相互行為論やエスノメソドロジーによって定義されるものに近いある種のミクロな文脈（microcontexte）に賭ける「プラグマティストたち」[1]が科学の舞台の前面に回帰するのを目の当たりにした。これらプラグマティストたちは、「ハビトゥス」よりも「場」や「制度」をいっそう強調する研究を増加させるとともに、すでにかなり弱体化していた性向主義的な社会学を戯画化したのである。そのため、ハビトゥス概念を実際に使用すること、そしてハビトゥス概念の正確性は、徐々に減少し、ついには消滅してしまったのである。

研究者たちはしばしば、インドの寓話に登場する一頭の象に遭遇した四人の盲人たちのように振る舞うものである。それぞれの盲人が、象の一部に触れたところ、最初の者は、象がとても大きな一枚の葉っぱか、巨大な扇のようだと主張する。次の者は、象が円柱（colonne）や支柱（pilier）に似ているという。その次の者は、象を大きな壺に例え、最後の者は、象を蛇のような動物だと考える。象の耳、四肢の一つ、腹部、鼻を別々に切り離して考えると、一頭の象はこんなふうになってしまうのだ。

こうした物事の状況は、本来の科学的論理にふさわしいものではない。それ以上にそれは、競争の論理と、卓越的に存在する「必要性」の論理、とりわけ最も手っ取り早く、声高に卓越化する「必要性」の論理に対応するものである。ある理論陣営が一時的に支配しているように見えるとき、達成されたもろもろの研究成果をわがものにしようとするよりもむしろ、急進的に新しい立場を主張するほうを好む対立陣営が現れるのを目にするまでに、それほど長い間待つ必要はない。急進的であること（radicalité）が、最も目立つための条件になるので、科学的な諸問題を解決するよりも、目立つことを目的にする者たちはみな、ある種の理論的急進主義（radicalisme théorique）に関心を抱くのである。しかも、一連のさまざまな点で、自身がそれから区別されたいと願うもろもろの研究成果をまず取り入れることは、満足に注目されず、十分に光を当てられない危険を冒すことにほかならない。このため、多数の著者たちは、「別の方向に棒をねじ曲げる」。そうすることで、知識人たちは、彼らが少しでも多くの真理（あるいは緻密さと複雑さ）に到達することに関心を抱いているというよりも、彼らの競争相手に依存しているということを素朴に証言している。[2] そして、もろもろの知的領域が社会的に機能する仕方を踏まえて、やはり「棒をねじ曲げる者たち」が前途有望なのだと了解したのだろう。

別々に切り離すことができない性向主義的で文脈主義的な科学的方法を要約すれば、以下の公式で言い表せる。

性向＋文脈＝実践

したがって、考察される実践（食事や服装の「選択」、スポーツや政治の「選択」、学校的行動や経済的行動の「選択」、性的行動や文化的行動の「選択」、職業的行動や家族的行動の「選択」などが問題となる）は、一方で、行為にのしかかる文脈的な拘束（文脈が行為者の側に要求あるいは要請するもの）と、他方で、行為者がそれを通して状況を知覚し、表象するとともに、行為者がそれをもとにそうした状況で行為する、社会的に構成された性向を研究してはじめて理解される。そのような公式で実践は、実在する現実として観察され、書き留められうるとするならば、また、行為の文脈は、そのゲームの「規則」、その機能の特性、そこで展開される関係の性質（それによって、学校の文脈は宗教あるいは政治の文脈と区別される一方、教室という学校のミクロな文脈が、運動場という学校のミクロな文脈と区別される、またさらに、フランス語のクラスというミクロな文脈が造形芸術のクラスというミクロな文脈と区別されることになる）を考察することで、研究者によって観察可能なものになるとするならば、それとは反対に、性向は、直接に観察されるものではなく、研究される行為者の過去に帰せられるものだということが理解される。こうして同じ公式は、以下のように表すこともできる。

身体化された過去＋現在の文脈＝観察可能な実践

さまざまな社会化と身体化された過去

公式の前半部――「身体化された過去」――については、行為者が行為の場面に持ち込む一切のもの、すなわち体験した諸経験の総体から行為者が得る、多かれ少なかれ強力で持続的な、行為する、感じる、信じる、考える能力と性向のかたちで行為者に結晶化された一切のものが問題になる。研究者たちは、性向と力量（compétences）[3]（能力（capacités））を形成する過程を社会化の過程と形容する[4]。そして彼らは、経験された行為の文脈が、行為者に変化、修正、変容として「刻み込む」ものを強調しようとするとき、社会化の諸経験を論じるのである[5]。そのため、身体化された過去というのは、（家族、学校、職業、宗教、政治、文化、スポーツなどの）多種多様な行為の文脈の過去の――多少なりとも早期的な、持続的な、体系的な――往来(fréquentation)から生じたものにほかならない。

行為の文脈の過去の往来を内面化した所産+現在の文脈=観察可能な実践

以上が意味するのは、現在の行為の文脈が、二つの異なった視点から考察されうるということである。すなわち、身体化された性向を始動させる枠組みとして、もしくは行為者を社会化する枠組みとして、である。問題になる行為者が子どもである場合、われわれは、どの程度まで行為の文脈が社会化の文脈にもなるのか、したがってどれほどまでそれが能力、嗜好、ないし精神的・行動的習慣がそこで形成されるような枠組みにもなるのかということをすぐさま理解する。ただし、社会諸科学の研究者たちは、不幸なことに、行為者としての子ども(acteurs-enfants)を念頭に置くことがほとんどない。しかし、青年や大人が問題になる場合でさえ、いくつかの行為の文脈を繰り返し往来することは、さまざまな社会化の(あるいは、言い換えるならば、性向的な)帰結を彼らにもたらさないはずがないのである。

研究者たちは「性向」「習慣」「傾性(inclinations)」「傾向(tendances)」「嗜癖(penchants)」「嗜好(propensions)」「能力」「力量」「記憶痕跡(traces mnésiques)」「図式」「エートス」ないし「ハビトゥス」を論じるとき、人間によってなされる身体化が、彼らの社会的諸経験の所産を構成するという明白な科学的事実――社会学の視点からも神経科学の視点からも――を考慮しようと努める。人間は社会的動物なのである。人間は、自らの諸経験の所産を記憶し、蓄積し、結晶化するように――人間に授けられた脳と神経システムとともに――生物学的に作られている。つまり、これらの所産が、明瞭であろうとなかろうと、さまざまな知の習得に向けられているという意味で、そうなのである。(6) 人間が「記憶作用(mémorisation)」(努力によって意識的に達成される記憶作用と同様に無意識的な身体化という意味でも)の能力を――生物学的に――もたないとすれば、人文・社会諸科学には、文脈主義的なプログラムだけが必要なのだということになり、社会的文脈の科学になることで満足してしまいかねない。言い換えれば、われわれの振る舞いは、われわれが行為する諸文脈を確定するや否や、説明可能なものになるということだ。研究される振る舞いや実践の類型に応じて、また、目指される分析の精度に応じて、研究者たちは、相互行為の枠組みや実践分野が、組織や制度での立場が、場や社会的サブシステムでの位置が、観察可能なあらゆる行動を決定するということを証明するのである。[7] このようになれば、人文・社会諸科学の説明は、実際よりもはるかに複雑なものでなくなってしまうことだろう。

何よりもまず、繰り返される相対的に類似した社会的諸経験は、ある種の物事をおこなうための能力ないし力量として結晶化する。能力ないし力量は、潜在的に動員可能であるほかなく、もろもろの状況が要請するときにだけ、実際に行為者によって動員される。例えば、暗算能力、料理の腕前、ブロット（belote）・プレイヤーやタンゴダンサーの実力、書字されたテクストを口頭で説明する（déchiffrer）能力や車の運転能力は、いずれも、それらが発揮されるもろもろの状況を待ち構える（諸個人の能力の遺産として自由に使用できる）知であり、ノウハウ（savoir-faire）である。曲芸をしたり、自転車に乗ったりを定期的に練習すれば、もろもろの能力はもとのまま残るし、例えばボール二つでのジャグリングからボール三つでのジャグリングに移行すると、そうした能力は、向上したり、複雑化したりすることさえありうる。しかし、実践することを断念したり、集中的に実践することが減ったりすれば、これらの能力はまた、いっそう不確実で、不活発なものになる。[8]

しかしながら、身体化されるものは、必ずしも単純な能力や力量の形態をとるわけではない。これらの経験が、行為者のうちに行動、行為、ないし反応に関わる特定の習慣を作り出したとき、行為者が自分の過去の経験によって、ほかでもないある種の仕方で見たり、感じたり、行為したりするようにあらかじめ性向づけられる（pré-disposé）という意味で、それらは性向になる。その場合、「性向」を論じる者は、ある種の様式で信じる、考える、見る、感じる、評価する、あるいは行為する嗜好ないし傾向を論じている。性向は、出来事の推移に関わる実践的な予期として作用する。

哲学者デイヴィッド・ヒュームは、その名高い『人間本性論』の摘要で、「人間の科学」が可能であり、「この科学が最高度の厳密さに到達しうると想像する、この世のありとあらゆる理由が存在するように見える」という考えを主張している(9)。「生得観念（idées innées）」の存在を認めるものの、よき経験主義者としてのヒュームは、われわれの経験の重要性を何よりも強調する。われわれの経験は、反復されると、さまざまな精神的習慣を生み出し、実践の推移のなかで、来たるべき諸現象の前反省的な（pré-réflexives）予期として機能するのである。例えばヒュームは、二つのビリヤード球の相互作用を例にとる。運動している第一の球が、運動していない第二の球にぶつかると、衝突の結果、今度は第二の球が運動し始める。この種の状況を繰り返し経験した者は、そのつど同一の現象を確認することができるので（ヒュームは「因果の恒常的連接」を論じている）、結果として、生み出される諸帰結（衝突、それから当初は静止しているボールが運動し始めること）を類似した諸状況のなかで予期するようになる。「一方の球がもう一方の球のほうへと、まっすぐに移動するのを私が見ているのだと仮定してもらいたい。ほどなくしてそれらがぶつかり、第二の球が運動し始めることになると、私は直ちに結論する」

　ヒュームにしてみれば、もちろん繰り返される経験に基づいて、ある精神的性向が——慣れ（accoutumance）によって——徐々に形成される。そして、ほかならぬこの性向が、知覚し、行為する個人を、自身の過去の諸経験の内面化の所産を未来へと投企する（そのため、まだ生じていない行為を予期する）ように導くのである。ヒュームは「悟性（entendement）は、視線の先を予期し、過去の諸経験に見合った結論を形成するだろう」と述べている。またさらに、「われわれは、未来が過去に一致すると仮定するほかないように慣れによって決定される。一方のビリヤード球がもう一方のビリヤード球のほうへ動いているのを見ているとき、私の精神は習慣によって通常の帰結へと直ちに導かれ、運動している第二の球を想像しながら、視線の先を予期するのである」。ここでヒュームは、まったくもって性向主義的な行為理論モデルをわれわれに提供している。というのも、この理論モデルは、相対的に類似した一連の過去の諸経験の身体化された所産を考慮に入れ、行為ないし相互行為の現在、そしてとりわけ行為の文脈の諸特性が、行為者の行動のすべてを説明するわけではないという事実をはっきりと確認させるものだからである。ヒュームはまた、「理性」と「意志」が、通常の表象にほとんど介在しないという事実を強調する。通常の表象は、経験によって——すなわち、相対的に類似の状況に対する慣れによって——獲得された実践的信念に基づくものであるため、志向的に発動される明瞭で意識的な図式というよりも、前反省的習慣に属することのほうがしばしばである。「したがって、人生の指針になるものは、理性ではなく慣れである。いずれにせよ、慣れだけが、未来が過去に一致すると仮定するように精神を決定する」。しかしながら、第一の球に作用する力に応じて、すなわちじゅうたんの摩擦や、第一の球と、ほどなくして相互作用することになるもろもろの球を隔てる距離に応じて、ビリヤード球の移動をモデル化する学者たちが適用していた反省的図式は、自由と決定論とが対置されるように、前反省的性向に対置されるものではない。それはまったく同じように社会化の所産なのである。計算、戦略や戦術、合理的推論、論理的推論、数学的推論、あるいは物理学的推論は、社会的な無のなかから出現するのではなく、暗黙的なあるいは明白な（ときにはまさに学校的な）訓練に属するような行為や言説の様式である。

　そのような反省が人文・社会諸科学に対してもつ重要性を評価するには、台の上で相互作用するもろもろのビリヤード球の例を、時代や集団に応じて変化しうるまさに社会的な諸状況に置き換えれば十分である。例えば、個人——子ども、青年、あるいは大人——は、ある種の言語ゲーム、ある種の形態の社会関係、ある種の形式の権威行使、ある種の形式の推論、あるいはある種の類型の道徳的・文化的・美的・政治的な行動や態度などの影響をこうむりやすくなるといったことが思い浮かべられるだろう。あれこれの状況に対峙する行為者は、過去の諸経験に照らして、その状況に結び付いた要請（imperatifs）を直ちに認識しているのだという信念によって行為や反応をしている。行為者が現在の状況をどのように知覚するのか、どのように見ているのか、どのように感じているのか、あるいはどのように表象しているのか、そして、行為者が何をしているのかということは、当の状況の（客観化可能な）諸特性と、身体化された諸特性（過去の社会化の諸経験のなかで形成された多少なりとも一貫したあるいは矛盾した精神的・行動的性向）とが交差するところではじめて把握される。現在の行為（l'agir）は、過去の経験という非意図的記憶にとりつかれているのである。

行為傾向、やり方、信念、知覚と表象の図式、性向と力量（あるいは能力）は、「知識」や「解釈格子」や「世界観」に還元できるものではない。それらは、精神的でもあれば、行動的でもある（マルセル・モースは「実践的習慣」と「精神的習慣」を区別していた）[10]。このため、性向主義は、社会的世界の内面化の諸過程を考慮するものの、これらの過程を知識と意味（significations）の習得に還元するような社会学的構想とは区別される。例えば、ピーター・バーガーとトーマス・ルックマンは、彼らの有名な著書のなかで、「世界」や「下位―世界」の内面化を、「意味」「解釈図式」「現実の定義」「意味の場（champs sémantiques）」あるいは「特殊な語彙」の内面化と捉え、「第一次社会化の過程で内面化された知識」を論じている[11]。その際、あたかも行為者たちは、主として、世界を解読し、解釈し、表象する「格子」や「メガネ」を内面化しているかのようになってしまうのである[12]。

人文・社会諸科学で、ある種の「普遍性」をぜひとも獲得したいと望むならば、それを探求しなければならないのは、間違いなく、あらゆる人間社会に存在すると見なされる蓋然的な「規則」や「メタ規則」の次元のうちではない。ある物事を、社会の総体を特徴づける社会的紐帯の基本的形態や不変的形態として同定しようとする一切の試みは、法外な、必ず失敗することを定められた科学的な思い上がりを含んだ企図である。実際のところ、そのような普遍的な規則を引き出しうるほど、現存する社会の総体、あるいはかつて存在した社会の総体を知り尽くしていると、誰が主張できるだろうか。多くの場合、研究者は、「普遍的なもの」に到達するために、調査に対してどのような種類の関心も抱かないような行き過ぎた抽象化をせざるをえない。それとは反対に、どのような人間社会にも、集団、生活形態、集団活動、およびこれらの集団や集合的な生活形態のもとで社会化されて、行為する諸個人が存在している。どのような人間社会でも、性向および能力（さまざまな形態の社会生活との多少なりとも持続的な接触の所産であると同時に、暗黙の社会化もしくは厳格な学習の所産）と、社会類型に応じて、そして所定のある社会の内部でさえ、その性質が異なるような「行為の文脈」は分節化されるのである。したがって、そうした分節化の「普遍性」は、人間生来の生物学的能力や人間の記憶能力と、言い換えれば、人間が所有する、人間をそのほかの動物と区別する脳のタイプと無関係ではない。

　以上のように述べることで、また、人文・社会諸科学の統一的な公式を論じることで、私は、歴史的概念の性質を理念型的構築物として提示するために、マックス・ヴェーバーのような著者が位置づけられる水準と同じ概念的一般性の水準に自らを置いているわけではもちろんない。「性向」「能力」あるいは「行為の文脈」は、研究される社会的布置の性質がどのようなものだろうと、一般的な適用可能性をもった概念である。それらは、社会歴史的に決定された性向、能力、あるいは行為の文脈を指し示すのに使用されるかぎりで、ヴェーバーの意味における理念型的な概念となる。例えば、禁欲的性向や快楽主義的性向、特定の実践的能力や修辞的能力、アート・ワールドや法律場のような特殊な行為の文脈、ラサール派（l'école lassalienne）に固有の徒弟関係をもつ学校形態や宗教組織、官僚制的な労働組織やデパートでの商取引の枠組み、などである。ヴェーバーが、「永久に未熟なままにとどまることを許された科学が存在する」と述べることができたのは、理論的・経験的な現実（réalité théorico-empirique）を媒介するこうした水準に自らを置いていたからである。このようにヴェーバーは、理念型的な概念が、変容可能性をもった歴史的現実に常に依存しているという事実を強調しようとしていた。それは、こうした歴史的現実に立ち返ったり、それに立脚したりするような概念なのだ。これらの永久に未熟な科学は、「歴史的学問」、つまり「永久に流動的な文明のおかげで、途切れることなく新しい諸問題がもたらされる学問である。それらの仕事は、性質上、一切の理念型的な構築物に含まれる脆弱さとぶつかり合うことになる。しかし、理念型的な構築物は、最新の文明を絶えず精緻化せざるをえないのである」[13]。ドイツの社会学者が論じるところの「概念をわれわれが現実を把握しようとするための手段に絶えず変換する過程」[14]というのは、「皇帝教皇主義者（césaro-papiste）の皇帝的権力」や「カリスマ的支配」といった概念のように、経験的な現実のなかから選び出された要素をそれ自体のうちにすでに内包した概念にだけ関わるものである。しかしながら、このことによって、研究者たちが、よりよい認識と彼らの研究のさらなる分節化を目指して顔を上げ、歴史的概念の多元性と絶えざる変化の少し先を考察することを妨げてはならないだろう。

過去の忘却

私の見方からすれば、身体化された過去と現在の行為の文脈とを分節化する公式は、人文・社会諸科学で構造化する役割を果たさなければならないだろう。しかしながら、性向主義者の証言にもかかわらず、いくつかの行為理論は、あたかも行為者が「過去をもたない」かのようにしてしまう。言い換えれば、行為者が、さまざまな行為の文脈にのしかかる諸拘束の影響を受けて、すっかり記憶を失い、完全に順応的になっているかのようにしてしまうのである。これらの理論は、行為者の歴史がどのようなものだろうと、行為する行為者ではなく、行為そのものに関心を抱いている。そのとき、それらは、行為者の研究を経由することなしに社会的世界を分析することが可能であるとか、行為者は一度も子ども時代を経験したことがない最終的にできあがった成人であるとか、そういったことを前提にしている。したがって、社会化の過程、記憶（諸記憶）の構成過程、あるいは精神的・行動的習慣の研究を退場させるのである（exit）。行為者が締め出される社会システム理論、行為者の過去の経験から独立した「相互行為秩序」の研究[15]、一切の過去を取り除かれた行為者の位置を考慮に入れることで満足する組織や制度や行為システムの形式的な研究、行為者（経済的人間〔homo œconomicus〕ないし打算的行為者および戦略家）に略式の普遍的心理を賦与する合理的行為理論、あるいは歴史のない一連の能力を行為者に帰属させるいわゆる「プラグマティック（pragmatistes）」社会学[16]、これらのすべてが、用語の一つを消去することによって、科学的公式をアンバランスなものにするのに一役買っている。身体化された過去＋現在の文脈＝実践。

文脈主義的な研究者たちは、ときに、いくつかの民族誌的研究で、彼らが状況や行為の推移をひとたび正確に記述したならば、また、記述のあとに、彼らが規則性（会話の規則、行為の文法、関係や活動の不変の構造）のような何かをいったん引き出したならば、分析作業をやりとげたと考えるかもしれない。しかし、そのとき研究者たちは、避けて通ることができない事実を前にしてつまずくことになる。つまり、一連の異なる過去の諸経験によって特徴づけられる諸個人が、見る、感じる、そして行為する多少なりとも持続的な仕方として沈澱した身体化された過去の一切を、重くのしかかる文脈（un context lourds）に「加える」という事実を忘れてしまえば、諸個人が、同じ外的「刺激」や同じ文脈に直面した際に、なぜ別様の仕方で――そして、ときに矛盾する仕方で――反応するのかをわれわれは真に理解できないのである。

しかし、身体化された過去の重みに注意を払う研究者たち、すなわち性向主義的伝統にはっきりと書き込まれる研究者たちは、彼らもまたときに、社会的諸事実の研究で、この身体化された過去のさまざまな効果を無視してしまう。このように、例えばノルベルト・エリアスは、「心的経済（économie psychique）」あるいは「ハビトゥス」を論じ、さまざまな社会的拘束の内面化の過程をしばしば想起させるとしても、布置的（configurationelle）思考法をしきりに適用するのである。布置的思考法は、こうした「諸力の平行四辺形」と、社会化された諸個人によって身体化された過去を分節化することよりも、諸個人が彼らの間で形成するさまざまな相互依存関係、およびそうした相互依存関係が彼ら各人の行動に影響を及ぼす諸拘束を強調するのである[17]。似たような文脈主義的な横滑りは、やはり場の理論に基づいておこなわれる諸研究でも観察される。これらの研究は、こうした位置を占める行為者（agent）のハビトゥスに含まれる諸特徴と諸効果をほとんど無に帰することによって、結果的に、各行為者（agent）の実践と表象の総体を、場における位置に結び付けるのである[18]。

文脈の忘却

身体化された過去が、一部の研究者によってしばしば省略され、否定され、削除され、周縁化されるとすれば、それに対してわれわれは、まったく同様に、性向主義のさまざまな偏向（dérives）を強調することもできる。これらの偏向は、行為の文脈の特殊性と多様性をないがしろにする傾向をもっている。それには、こうした多様性に含意される、諸行動の変容に関するあらゆる効果がともなうにもかかわらずである。必ずしも行為者たちの「選択」や「欲望」に委ねられるわけではないけれども、さまざまな拘束力をともなって彼らに課されるような一切の文脈（学校世界、職業環境、病院組織、政治的状況、宗教的状況、植民地支配、戦争、投獄の状況など）を忘却し、身体化された過去を、保存の原理、したがって頻繁に接触した文脈を選出する原理、すなわち性向の危機を回避する原理にするのは、ほかならぬハビトゥス理論（と再生産理論）のケースである。さらには、幼児期の家族的経験に焦点を絞って、ときに成人の生活のすべてを、原初的に構築された経験図式の永遠回帰の歴史にするのは、さまざまに変奏した精神分析理論のケースである。いずれにしても、文脈の重みや役割は、同じ精神的・行動的図式の現動化の地表、同じ場面が絶えず再演される場所、同じ論理の展開の契機にすぎないものへと還元されるだけに、いっそうないがしろにされる。ここでまたしても科学的公式は、今度は身体化された社会化の経験のために、アンバランスなものになる（身体化された過去＋現在の文脈＝実践）。行為者にとってみれば、自らに呈される種々のゲームに加わる機会をもつ前に、すでにプレイされたかのようになってしまうのである。

けれども、一切の性向主義をおとしめるために――性向主義を改善し、文脈がない恒久的な性向モデルの偏向をきっちりと回避しようとするかわりに――、性向主義的伝統に属するいくつかの偏向をよりどころにするやり口は、比較的ここ最近のフランス社会学でなされた最大の知的「悪事」の一つに数えられる。例えばリュック・ボルタンスキーは、「決定」や「特性」を明るみに出すと見なされた諸研究――決して引用されないのだが――を批判していた。というのも、こうした決定や特性は、「行為者（agents）」のうちに「一度期で（une fois pour toutes）」もしくは「後戻りできない仕方で」書き込まれるために、「行為者たちが置かれている状況がどのようなものであろうと、彼らの振る舞いを導く」ものになったり、「どのような場合でも彼らの行動を決定する」ものになったりするからである。[19] 文脈とは独立して天性の「性格」のように機能する不変の性向なのだとする、こうした戯画は、性向主義的な方法の一切を放棄するよう要求するまでにいたった。しかしながら、その要求は「同一社会に属する普通の成員のすべて」が修得していると想定する「能力（compétences）」概念の問題的な使用を付随させるものである。このようにして、能力を普遍化することは、戸口から乱暴に追い出された身体化された過去を、窓からこっそりと帰還させることを承認してはならないだけに、ぞんざいであるものの、「実践的な」仕方をなしているだろう。つまるところ、性向概念は、手っ取り早く拒否する対象にされたのち、信じる、感じる、そして行為する傾向、傾性、嗜好、ないし性向の社会的生成に関わる研究プログラムを根気よく、厳密に探究する唯一のものだった社会化の社会学に対して批判的な態度を示し続ける同様の流れを汲む研究者たちのうちに、今後は、ときに何かしらのわずかな語彙の変更をともないながら（例えば、「行為傾向」が語られるだろう）、ひっそりと（主に理論的な仕方で）回帰しうるのである。ほんの少しユーモアを込めれば、われわれは、同僚たちの理論的豹変（あるいは、理論的ねじれ）が、彼らの長い学問的キャリアの最中に、さらにどれくらい生じるのかを目にすることを待ち焦がれているのだといえるだろう。

そのときわれわれは、性向（図式、習慣など）の転移可能性（transférabilité）あるいは移調可能性（transposabilité）を前提としている。そしてわれわれは、性向あるいは心的構造（structures psychiques）の現実を、比較的均質な現実として思い描いている。こうした現実の一貫性は、家庭環境に固有の社会的な生活条件によるにせよ（ハビトゥス理論）、父、母、および子どもで構成された家族的布置がもつ特徴（多少なりとも普遍的なものと想定される）によるにせよ、それらによって保証されるものである。以上のことに対して、われわれは、身体化された性向の転移不可能性（non-transférabilité）に関する諸事実、および社会的行為者が多かれ少なかれ所持している複数の性向と能力に関する証拠を対置することができる[20]。これらの行為者が、不均質な社会的（および社会化の）文脈を往来する頻度が高ければ高いほど、またこうした往来が、家族的な布置のなかで（特に成員相互のさまざまな社会的差異のため）、あるいは多種多様な社会化の文脈（家族、学校、託児所、乳母、ないしほかのすべての社会化の代理人や制度）のゆえに、早い段階からなされればなされるほど、ますます彼らは不均質で、ときに矛盾する性向を所持するようになる。その性向は、恒久的に機能するのではなく、現れる行為の文脈に応じてのみ機能するのである。そのときわれわれは、同じ性向の体系的な現動化（同じ性向のシステムあるいは同じ実践の生成公式）を問題にしているのではなく、身体化されたさまざまな性向の活性化と抑制のより複雑なはたらき（jeu）を問題にしている。これらの性向は、ある種の状況では相互の間で部分的に組み合わされたり[21]、別のある種の状況ではときに相互に独立して機能したりしうるのである。いずれにせよ、たとえ恒久的な（文脈を超越した）性向が存在しうるとしても、必ずしもそれがその秩序のすべてになるわけではない。

可能態の個別的ケースとしてのハビトゥスと場

ことごとく文脈主義的であったり、ことごとく性向主義的であったりして、そうした一面的な分析へと向かうあらゆる偏向は、社会的実践の分析で、人文・社会諸科学が、科学的公式のバランスを保つことがきわめて難しいことを証明している。しかし、われわれが当の公式を明文化してこなかっただけに、バランスを保つことは、ますます難しいものになっているのである。私がおこなう賭けは、解釈の作業を明確なものにすることによって、できるかぎりバランスがとれた方向に向かう可能性を正しく与えることである。

ピエール・ブルデューの著作に十分に通じた者は誰しも、公式「性向（および能力）＋文脈＝実践」のうちに、社会学者〔＝ブルデュー〕が一九七九年に表明していた方程式「［（ハビトゥス）（資本）］＋場＝実践[22]」の曲用をおそらく認めることだろう。ブルデューの方程式の大原則、とりわけその方程式が研究方法における中心的な要請として書き込んでいる説明のバランス（含意されているのは、ブルデューにおける場のさまざまな文脈主義的偏向、および場の理論の何人かの使用者たちを批判するための支点になる説明のバランス）をたとえ共有しているにしても、私は、方程式の用語それ自体、すなわちハビトゥス、場、および実践といった用語それ自体を対象とする一連の点で、自らをブルデューと区別している。

第一に、「持続的で移調可能な性向のシステム」としてのハビトゥスは、可能態の一ケース、すなわち観察可能な個人の性向と能力の遺産全体のうちの個別的な一ケースでしかない。われわれは、ブルデューがそうするように、すべての性向が「恒久的」であり、したがって、均等な力と持続性を備えていると前提にすることはできない。ここでは、すべてが社会化の時間に依存している。例えば、社会化の諸経験の早期性、それに合わせて性向が形成され、安定化され、維持された集中度、そして最後に、性向の形成と強化に関わる持続の長短。ある種の様態で、信じる、行為する、感じる、考える性向は、必ずしもすべてが同じ社会化の条件にあずかっているわけではなく、そのために、同じ力、同じ程度の恒久性、ある文脈から別の文脈へと転移する同じ能力をもちえないのである。それらは、不均等な強度を有していて、その現動化の条件を見いだすことができなければ、衰弱することさえありうる（チャールズ・サンダース・パースが述べていたように、「疲弊する」）。

もろもろの行動を「生成し統一する原理」としてのハビトゥス、すなわち「実践の生成公式」としてのハビトゥスという考え方そのものは、ある個人ないしある階級の所定の諸個人のさまざまな次元の実践を「統一的に」考察することを可能にする。しかしそれは、ある人が生活のなかで身体化した諸性向の総体が一つの全体を形成している、つまりその内部では諸性向の総体が相互に連帯し、独特な一つの原理として融合した「唯一の人間として」機能するような完成した一つのシステムを形成しているという印象を与えるかぎりで、問題を呼び起こすものになる。個人の性向と能力の遺産に含まれる現実は、労力をかけて念入りに研究された場合、まったくの別物になる。例えば、動員されるのを待ち構える能力は、抑えきれない嗜癖と同じような存在である。現動化することを相当に強制する文脈や、現動化するのにきわめて好都合な文脈を必要とする弱い性向は、最も不適切な文脈を含め、どのような意志とも独立に適用されうるような強い性向と紙一重のものである。きわめて不十分に転移され、非常に個別の社会的文脈に結び付けられる特殊な性向は、一般的で転移可能な性向と区別される。性向は、出現する文脈に応じて活性化されたり、待機させられたりする（客観的に妨害され、抑制され、ときにははっきりと思いとどめられ、制裁を加えられる）[23]。性向は、実践の文脈に応じて、それらの間でさまざまに組み合わされる。不均質で、矛盾さえしたさまざまな性向は、同じ個人の性向の遺産のなかで共存している、など。

性向と能力のさまざまな遺産を個人レベルで研究することによって、精神分析が心的現象（psychisme）について明らかにした多声的で、ときに葛藤的な性格が取り戻される。心的現象は、たいていの場合、対立するさまざまな欲動（tendances）同士の内的葛藤から構成されるものであり、ジークムント・フロイトはそれを、相反するさまざまな傾向（penchants）が対立し合うミクロ社会（microsociété）のようなものだと見なしていた。社会的に構成された欲望と、その欲望を抑制したり抑圧したりする内面化された道徳規範とのさまざまなズレをはっきりと思い浮かべることができるならば、同様に、家族の諸成員の間に、とりわけ父と母との間に、両親が言うことと両親がおこなうこととの間に、両親が明確に「伝達」しようと望むものと「さまざまな伝達」がなされる諸条件との間に（など）、ありとあらゆる緊張や矛盾が存在するのである。多様な類型の性向と能力（身体的、審美的、文化的、学校的、宗教的、道徳的、経済的、政治的など）、そして信じる性向（理想のモデル、志向される規範や理念）と行為する性向との間にある多数の相違やありうる矛盾、以上のすべては、「ハビトゥス」のモデルを、ある種の基本となる理論的なプロトタイプにしている。しかしそれは、諸研究を前途有望な道へと引き込むことを可能にしたけれども、一連の事実の検証には――われわれが、ハビトゥスの最も正確かつ科学的に厳密な定義を真剣に汲み取れば――堪えられないのである。

何人かの者たちは、ハビトゥス概念を、修辞的に、あるいはきわめて近似的に使用することで、ブルデューによって成し遂げられた研究に敬意を表しているのだと信じている[24]。そのとき人びとは、ブルデューがそれらを通じてハビトゥスを定義していた最も強力な特性を頭に思い浮かべることなく、身体化された過去や社会化のさまざまな効果を総体的に想起させるためにハビトゥスに訴えかけることになる。例えば、性向の持続性と転移可能性、一つのシステムのかたちをとった性向の組織化、こうしたシステムがもつ行動や実践を統一化する性格（「実践の生成公式」）などが挙げられる。他方で、まず家族で、それから順番にあるいは交互に、学校、宗教、政治、文化、スポーツといったさまざまな制度や職業世界などで構築される知覚、評価、行為の基盤（matrice）を考察することを当初は野心としていた概念は、あれこれの実践分野での、あれこれの生活次元での、あれこれの制度やあれこれの下位集団での、局所的な一貫性を客観化することに役立てられた。こうしてわれわれは、何にも増して（家族を通じて形成された）階級のハビトゥスであるどころか、学校的ハビトゥス、科学的ハビトゥス、スポーツ的ハビトゥス、法律的ハビトゥス、宗教的ハビトゥス、文学的ハビトゥスなど、さまざまにハビトゥスになりうるような種々のハビトゥス（les habitus）へと増殖するのを目の当たりにしたのである。そのように使用するのであれば、それぞれの個人が多数のハビトゥス、繰り返せば、最初の最も厳密な定義から遠くかけ離れたものを所持しているのだということを考慮せざるをえないだろう。

以降の本書は、先に公式化した方程式、性向＋文脈＝実践の一部をなす「行為の文脈」の概念に関わる諸要素の考察を敷衍することに捧げられることになる。まず、適合的な文脈のすべてが「場」であるわけでもなければ、ベッカーやストラウスの意味での「ワールド」でさえもないということ、また他方では、何種類かの「場」（例えば「二次的な場」としての「ゲーム」）を区別するのが有益であるということを提示する必要があるだろう。ハビトゥスと場の概念のように、一般概念の形態をとって現れる概念が、実際のところ、より一般的な現象の個別の一ケースでしかないということが示されるにいたるとき、われわれはしばしば科学的に前進するのである。こうして私は、これまでのいくつかの研究で、ハビトゥスが個人の性向と能力の遺産の現実的な総体のうちの可能な一ケースにほかならなかったということを示しながら、ハビトゥスの問題に取り組んできた。そして、これと同様の統合的な仕方で、私は場の問題に取り組むことになるだろう。場は、高度に分化した社会における社会的に分化した諸領域の総体のうち、研究することが可能な一類型のミクロコスモスにすぎないのである。

人文・社会諸科学で使用される数多くの記述概念と分析概念は、一般概念あるいは普遍的に適合的な概念として提示されるものを含め、さまざまな妥当性の限界を有した社会歴史的概念である。そうした認識を高める一つの方法は、一般的なものだと主張されるケースの背後に潜む個別的なものを明るみに出すことである。あらゆる社会のあらゆる人間が心的構造によって特徴づけられるとしても、彼らはおそらく、フロイトが第二局所論（イド、自我、超自我）で主張しているものとまったく同様の仕方で構成されているわけではないし、[25] あらゆる社会のあらゆる人間が、性向と能力の遺産によって特徴づけられるとしても、こうした遺産がすべて、ハビトゥス（ブルデューの意味での）の形態をとるわけではない。同じように、あらゆる社会が、そのうちの最も未分化な社会を含め、分化した行為の文脈から構成されているとしても、これらの文脈のすべてが、「場」（ブルデュー）や「ワールド」（ベッカー）として組織されるわけではない。

フレーミングの多様性

他方で、場の理論を援用することによって適合的な仕方で部分的に研究されうるさまざまな社会的事実や社会的現実に関し、そのほかの可能なフレーミング（cadrage）について検討することは、きわめて重要である――ときに、ある種の現象を把握するためには必要不可欠でさえある。同じ事実は、場の理論の視座から考察されることもできるし、まったく別の理論の視座から考察されることもできる。正確なところ、われわれは、さまざまなケースで、現象の同じ次元を強調するわけでもなければ、同じ糸を引っ張るわけでもないだろう。その場合、科学的議論は、どのような理論がある特定類型の問題を最も首尾よく解決することが可能かを決定することを目標にしうる。しかし、社会的世界に関する「真の理論とは何か」という問いに最終的な決着をつけることを決して目標にすることはできないのである。

　こう述べたからといって、私は、どのような種類の科学的懐疑主義であれ、科学的相対主義であれ、擁護したいと考えているわけではない。すべての研究は必ずしも等価でないし、偉大な創始者たちの研究が生み出されて以降、相当の批判的な積み重ねが繰り広げられてきた。論証（l'argumentation）の論理的な堅固さ（robustesse）、解釈の精密さ、および経験的な厳格さのさまざまな度合いが、最も価値がない研究と、最もすぐれていると判断され、よりいっそう時代に長く堪える業績との差異を十分に作り出すのである。[26] しかし、対象の構築に関わるさまざまな理論モデルは、それらを導く原理、ならびにそれらが目指す目標といった観点から見れば、同じ問いに対する異なる回答として見なされたり、同じ問題に対する別様の（alternatives）解決として見なされたりしうるのだということが認められなければならないのである。

　そのため私は、研究者たちが、文脈についての議論で、社会的世界の観察レベル（l'échelle d'observation）（短期の行為や相互行為の研究から、個人的軌道の分析を経て、諸社会、諸集団、ないし諸カテゴリーを比較することを可能にする多数の量的データの研究にいたるまで）だけでなく、彼らが自分たちの認識の貢献をそこに位置づけることができる社会的現実の水準（niveau de réalité）（きわめてミクロなレベルでおこなわれる観察が、マクロ社会学的あるいはマクロ歴史学的な大規模な現象の認識に寄与するために非常に首尾よく構想されることもありうるし、また逆に、それがミクロな過程をよりよく認識するような視点に導かれることもありうる）、持ち込まれる（engagé）認識関心（そのため、同一水準の社会的現実を対象として共有しているにもかかわらず、場の理論とワールドの理論は、真に同一の現実を見ていないことになる）、そして同時に、彼らが解釈の目標にしている（「実践」ないし「事実」の）対象類型（研究者は、職業の選択、まったく見知らぬ二人の者同士の即興的な、制度的枠組みの外での相互行為、スポーツの実践、ないしある作家の文学作品の個別的な性質を理解するのに、同じ文脈を用いることもなければ、身体化された過去の同じ要素を用いることもないだろう）[27] をも考慮することにあらゆる関心を抱いているということを提示しようと努めるだろう。

人文・社会諸科学の現代的な研究の観察者、とりわけいわゆる「社会学的」研究の観察者を驚かせるものは、きわめて多様な類型の研究対象の存在である。例えば、短期の相互行為や個人の生活誌的な道程の検討から、実践ないし集団、制度、特殊な環境の社会的発生過程（sociogenèse）の研究を経て、（不平等という主要な問いをもった）国家的な社会空間レベルでの社会集団や社会階級の比較分析にいたるまで。既存の研究全体のなかには、採用される観察レベルの多様性、それに対して認識を差し向けるように主張される社会的現実の水準の多様性（マクロな構造を対象にするいくつかの研究は、それでもやはり、ときにミクロ社会学的な観察や例示的なケーススタディーに取り組んでいる）、行為者の身体化された過去と、文脈的あるいは構造的な側面とを多少なりともバランスよく考慮した際の多様性、時間レベルの多様性（短期の相互行為の多様性、個人の伝記（biographie）の多様性、あるいは、はるかに長期的だが、大規模集団や大規模制度の寿命の多様性）、および単数の個人――例えば、サン・ルイ、ギュスターヴ・フロベール、ヴォルフガング・アマデウス・モーツァルト、あるいはまったく無名の者――から、諸個人からなる集団（ミクロ集団、組織や機関の成員、職業団体、カテゴリー、階級ないし階級内集団、共同体など）まで、研究される個人行為者の数の多様性が認められるのである。こうした多様性は、欠点や障害を構成するものではない。それはまさしく、すぐれた豊饒とある種の活力の象徴である。しかしそれは、これらの科学の賭け金と目標をいっそう判読しがたいものにするのに貢献している。けれども、社会学、歴史学、あるいは人類学をおこなう多数の方法の背後には、確かに統一性が存在しているのである。私の方法に活力を与える諸問題を解明することへの関心は、次のことを示すことになるだろう。すなわち、社会学者はなぜ、一つの水準の社会的現実の研究に専念することによって、あるいは、社会的世界に絶えず同じ観察レベルを適用することによって、「自陣を選択する」べきではなく、自分が研究する対象の類型（および変化しうる対象の類型）、および自分が解決したい問題に応じて、自分の道具を調節しなければならないかということである。

実際のところ、私は、性向と文脈の概念を使用することによって、これらの概念が、社会的現実に関する個別の一分析レベルないし一分析水準を優先することを前提にするのだと考えさせたいわけではない。性向主義的＝文脈主義的（dispositionnaliste - contextualiste）方法は、集団間の多様性、（比較的均質な集団の内部にいる）個人間ないし個人内の多様性、共時的ないし通時的な多様性、ある行為の文脈から別の行為の文脈にいたる多様性を説明することを目指す研究も、社会間（inter-sociétés）ないし時代間の（inter-époques）――実践、行動、態度の――多様性を把握することをねらいにする研究も鼓舞しうるものである。同じ方法によって、数人の諸個人同士の相互行為、ミクロ集団、制度、ないし社会階級の空間だけでなく、特異な個人を研究することも可能である。「性向」は、唯一の個人の性向でありうるし、家族的状況、職業的状況、遊戯的状況、学校的状況、公共的状況などで、相互行為する諸個人や相互関係を結ぶ諸個人の性向でもあれば、また、部分的に似通った社会化の諸条件（家族的な諸経験[28]、さまざまなジャンルの諸経験[29]、宗教制度、スポーツ制度、軍事制度、政治制度などでの諸経験）を経験したあるカテゴリーの諸個人やある集団の諸個人の性向でもありうる。「文脈」に関していえば、それはまったく同様に、階級と階級内集団を含んだ国家的空間[30]、社会的ミクロコスモス（「場」「ゲーム」「ワールド」）、組織や制度、集団や下位集団、そして局所的な相互行為の枠組みでさえもありうる。

したがって、私が構想するような性向主義的＝文脈主義的な社会学は、アーヴィング・ゴフマン型の相互行為論的な社会学と同様の社会的世界の側面に、それと同様の細部にまで気を配りながら関心を抱くことができる。しかしそれはまた、次のような見方も導入できる。すなわち、対面的に相互行為する者たちは、性向と能力の所持者であり、過去の社会的（および部分的には相互行為的な）諸経験のなかで構成した知覚・評価・解釈の図式、修辞的能力ないし身体動作の（gestuelles）能力、あるいは見る・感じる・反応するさまざまな仕方を、行為するためだけではなく、「定義する」[31]ためにも、相互行為に持ち込むのだという見方である。性向主義的な相互行為論は、同じように、性向の始動ないし活性化の条件も、それらの抑制や待機の条件も綿密に研究することができるのだが、行為者が、自らが絶えず直面するさまざまな種類の社会的な出会いに対して均等に準備ができているのではないという事実、ならびに、彼が多少なりともそこで首尾よく振る舞う、つまり、そこでへまをしたり、ぎこちなさを露呈したりするのを避けることができるという事実を明らかにしなければならないだろう。行為者はまた、彼の過去の社会的諸経験によって、主役あるいは脇役、指導者の役割あるいは追随者の役割などをそこで果たすように、あらかじめ不均等に性向づけられてもいるのである。

観察レベルと社会的現実の水準が特異な個人に近づけば近づくほど、それらが個人の複雑性、すなわち性向と能力の遺産のなかの不均質性と矛盾をますます明らかにできるということはいうまでもない。そうした複雑性が観察されうるレベルで、われわれの身体化された過去が可能にすることと、状況がわれわれに要請することとの間のもろもろのズレによってさまざまに生み出される不可解、不安、欲求不満、「後ろめたさ(mauvaise conscience)」、罪悪感、自己卑下といった感情が把握されるのである。これらの不安は、多かれ少なかれわれわれが部分的にあるいは全体的に矛盾した性向の所持者たちとの対峙や調整を強いられたりすることから、その現動化の諸条件が必ずしも見いだせないようなさまざまに構成された性向と能力の未充足(l'inassouvissement)から、ときに行為の性向と切り離されたり、客観的な生活諸条件と完全に乖離したりしているわれわれの信念の性向(いずれの場合にも、われわれが「いい」または「十分」と判断するものに到達したり、達成したりするのを妨げること)から、そして最後に、異なる活動局面(家族、職業、友人など)に注ぎ込む時間の競合から、生じうるものである。反対に、研究者が、カテゴリー、集団、階級、ワールド、ないし場といったレベルで世界を考察すればするほど、あるカテゴリー、ある集団、ある階級、ないしある場の諸個人が共通にもっている総称的な性向の研究を優先するために、性向と能力の遺産に含まれる複雑性をどうしてもますます縮減せざるをえなくなるのである(フランソワ・シミアンは「共通要素の抽象化[32]」を論じていた)。

ここで、私の研究の一部で実際に適用しようと努めた個人レベルの社会学の地位、ならびに特異な個人に接近する分析の特質を正確なものにしておくことは無駄ではない。私からすれば、数多くの社会学者が、個人レベルの社会的なものに関してわれわれが提起し、検討することができる一般的な諸問題と、当該の諸問題に経験的に少しずつ取り組んでいくための、そのつど特異な仕方とを混同しているように見える。こうしてわれわれは、個人の特異性が、社会化の諸経験の複数の枠組み、これらの経験の多様な濃度、これらの枠組みのなかで過ごした社会化の時間、多様な濃度と持続をもつこれら一切の経験の組み合わせに結び付けられるという事実を一般的な仕方で提出することができる。しかし、一般的な問題と、この問題の部分的な経験的解決とを区別しない者たちは、きわめて特異なものを研究することは不可能だということ、「一般的なもの」だけが研究され、科学的探究の対象になりうるということ（一般的なものについてしか科学は存在しない）、および「集合的なもの」は「社会的なもの」と厳密に等価だということを一挙にかつ決定的に断言するかもしれない。それに対して、経験的な研究者は、個人レベルの社会学の科学的プログラムを部分的に実現することを提起しようとするだろう。個人レベルの社会学は、ある場合には、一連のさまざまな実践分野での少数の個人の行動を体系的に比較することを可能にし、別のある場合には、さまざまな文化的実践の下位分野に関して同様のことを可能にする。またほかのところでは、特異なケースや一連の例外的ケースを非常に掘り下げて研究することを可能にするのである(33)。

一つの事例を検討してみよう。プロテスタンティズムに結び付けられる禁欲的性向は、個人の性向と能力の遺産という現実で、現在の諸個人を形成したジャンル、出自や帰属の社会環境、職業的活動、そしてさらに広げれば、社会化の諸経験の総体――瞬間的なものから持続的なものまで、通常のものから異常なものまで――に結び付けられるそのほかの多数の性向と決して切り離されるものではない。しかしながら研究者が、数世紀を経た制度（プロテスタントの教会）やさまざまな国々で数百万人の成員を数える共同体のレベルに自らを置くとき、われわれは、プロテスタントの多様な生活様式に対して、脱‐個人化（dés-individualisation）ないし脱‐特異化（dés-singularisation）の操作がなされるのを否応なく目撃することになる。研究者は、何らかの大きな性向的諸特性――これらがプロテスタンティズムをカトリシズム、しかしとりわけ儒教、道教、ヒンドゥー教、イスラム教などと区別する――を、それらがそこから取り出されるミクロな文脈の総体から抽象する。研究者は、非常に散らばりかねない種々のデータを統合し、要約し、簡潔にし、総合するのである。そして研究者は、自らが描く図の「空想的な（utopique）」性格（「理念型的な」という意味で）を明示するのを忘れるとき、当の信念が、どのような場合にも、当該の母集団を構成する各個人にとって、純粋かつ強烈に現れるのだという印象を与える恐れがある。このため、ポール・ヴェインは、「大きな歴史に関する数々の章題、例えば「信仰の時代」「イスラム教のアイデンティティー」「異教徒と古代都市国家」は、不規則に反応する虹を見落とすくらいの過剰な解釈をしている」[34]と述べていた。こうした抽象化や類型化には必然的に単純化がともなうといえども、しかしながら、そうした研究に取り組む社会学者[35]は、マルティン・ルター、ジャン・カルヴァン、あるいは匿名のプロテスタントの社会－生活誌的（socio-biographique）研究をおこなうような社会学者と完全に無関係だというわけではない。

人文・社会諸科学の研究者は、大半の場合、さまざまな排除をおこなうことによって自分自身の方法を定義する。例えば、結晶化した歴史の所産（それに対するのは、実行中の行為）、性向（それに対するのは、行為の文脈的拘束）、マクロ社会学の構造（それに対するのは、ミクロ社会学の枠組み）、個人（それに対するのは、集団）などの排除。このような仕方で自らを位置づけることによって、彼らは無条件に、つまり彼らが解決したい問題の類型とは無関係に、自分の視点がそのほかの視点よりもすぐれていると前提するのである。このようにして個人は、しばしば社会諸科学で、そのような排除の犠牲者になる。例えば個人は、集団や制度の研究を推奨するエミール・デュルケムのような著者によって、あまりに特異である（具体的な経験的個人が問題になる場合）、もしくはあまりに総称的である（生物学的な一般性で定義された個人が問題になる場合）と判断される。例えば個人は、諸人格を「諸類型」へと物象化してしまう危険性を指摘し、「人びとよりも諸活動に専心する」[36]ほうを好むベッカーのような社会学者によって、過度に心理学化した本質主義的な現実と見なされる。例えば個人は、「個人への回帰」のうちに、「一世紀以上に及ぶ社会学的研究、経済学的研究、人類学的研究、精神分析学的研究によって」拒否された「社会的原子論（atomisme social）」への後退の一形態を見いだし、もろもろの日常的やり方を研究するミシェル・ド・セルトーによって排除される、など[37]。しかしながら、何人かの研究者たちが覚える、個人行為者の理論（行為の理論あるいは行為の文脈の理論のいずれか一方だけではない）を備える必要性を説明するには、歴史学者たち、社会学者たち、人類学者たち、心理学者たちによって提起された一連のあらゆる問題——なぜある小説家、ある音楽家、ある哲学者が、それほどまでに特異な作品を創作したのか、なぜある個人が、彼の兄弟のなかで唯一の階級の裏切り者なのか、同じ社会集団出身のそのほかの生徒たちが統計的に失敗する傾向をもつのに対し、なぜその生徒は学校的にすばらしい成功を収めているのか、なぜそのようなある個人が、ある種の精神病理学を発展させたのか――を思い浮かべれば十分である。

実際には、「性向＋文脈＝実践」という一公式に書き込まれたプログラムを検証するための数多くの仕方が存在している。この公式は、適用される観察レベルと照準される社会的現実の水準に応じて、非常に異なる諸研究を生み出すことができる。われわれはまた、達成される諸研究に応じて、あれこれの構成要素をことさらに強調することもできる。こうして研究者は、それぞれの個別の研究に際して、むしろワールド、場、ゲーム、制度、小集団、限定的な相互行為の枠組みといった文脈（その構造、それ独自の機能様式、その特殊なゲームの規則、その特殊な賭け金、そこで生起するものの性質）に、あるいはむしろ行為者たちと彼らの性向と能力（行為者が経た継起的および／あるいは類似の社会化の経験の所産）に、探究心（l'effort de recherche）を差し向けることができる。いずれにせよ、研究者は、文脈ないし行為者の形成過程（社会的発生過程）を強調することもできれば、またあるときには、文脈ないし性向と能力の（個人的または集合的な）遺産の状態を研究したりすることもできる。文脈に関していえば、研究者は、その歴史を形成し、ある時代の一時点でのそのはたらきのメカニズムを把握することができるし、あるいはさらに、その社会化の役割という角度から、家族、教会、党派、同輩集団、スポーツ組織、職業環境などが、それらと頻繁に接触する行為者たちの形成に貢献するその様態を観察し、分析することによって、文脈を研究することができる。[38] 身体化された性向と能力については、同じ研究者が、所定の諸個人あるいは諸個人からなる集団において、それらの形成に関する社会発生的な分析をすることができるし、また、性向と能力がいったん構成されたとすれば、それが実践の諸文脈に応じて、もしくは、「さまざまな選択」や「さまざまな決定」、そしてときにはさまざまな分岐点から作り出された生活誌的な道程の全体にわたって、行為と相互行為の力学のうちで巧みに動員され、始動されるその様態によりいっそう注意を払うことができる。[39] 最後に、研究者は、身体化された性向と能力がどのようにしてある形成の文脈から別の文脈へと転移するのか、もしくは転移しないのかを問うことができるのである。

私は、本章の冒頭で、性格上、経験的成果がどうしても不完全な部分をもつということに言及した。というのも、それは、性向主義的＝文脈主義的な科学的公式に含まれる説明上（および解釈上）のバランスを常に目指すことができるわけではないからである。しかし、もろもろの研究が、自身の研究領域のなかで自己完結する（しばしば生じることだが、アカデミックな競争のゲームによって強いられる）というよりもむしろ、プログラムの諸断片、すなわちより完全な一つのプログラムを部分的に実現するものとして明確に示されるならば、それらは同様の仕方で読まれたり、利用されたりすることはないだろう。それらはやはり、包括的視点や全体的視点の拘束を逃れるような、そして分節や結合の追求を思いとどまらせるような部分的視点として認識されるというよりもむしろ、いっそう幅広いあるいはいっそう複雑な諸対象を構築するためのさまざまな支点として理解されることだろう。

歴史上のさまざまな男女

結局のところ、ある暗黙の前提が、これまでのページ全体を覆ってきたことになる。腰を据えて考察を続けていく前に、私は、そうした前提を取り払っておかなければならない。行為の理論あるいは行為者の理論を論じること、行為者の実践を説明することを可能にする最も完全でバランスがとれた科学的公式を表明すること、以上のことは、社会歴史的に位置づけられる行為者たちの実践が、人文・社会諸科学の研究の核心にあるということを前提にしている。こうした関心は、一つの観察レベル（例えば、行為者を、彼らの実践のできるかぎり近くで、あるいはジャック・ルヴェルの示唆的な表現に従えば、「地面すれすれで（au ras du sol）」[40] 把握することができる観察レベル）を最終的に選択したことを意味しているのではない。そうではなく、それは、研究者をして、彼の研究の性質や研究される社会的現実の水準がどのようなものであろうとも、差し迫った必然性として、歴史上にはさまざまな男女が存在することを決して忘れないようにさせるものである。

このことは、人文・社会諸科学の研究環境で必ずしも自明のことではなかった。加えて、われわれは、レヴィ＝ストロースの人類学的構造主義やニクラス・ルーマンのオートポイエーシス的システム理論のようないくつかの理論モデルが、行為者たち、彼らの歴史、彼らの実践、および彼らの行為の相対的な不確実性あるいは複雑性、つまり探究の場の相対的な不確実性あるいは複雑性を、ほとんど完全に排除したことを知っている。構造の文脈主義あるいはシステムの文脈主義は、行為者、小集団や大集団（夫婦、家族、同輩集団、職業集団、共同体）の実際的なはたらき、さまざまな相互行為の舞台、行為あるいは一連の出来事の連鎖、個人あるいは集団の運命（職業的、家族的、友人的、感情的、など）、ある状況のなかでの支配関係、および権力行使の形態を括弧に入れたり、単なる付随現象と見なしたりしたのである。構造主義的な世界観をもってすれば、すべてのもの――不変の社会的・象徴的構造の総体――は、太古から社会のなかに凝結し、書き込まれているように見えたのである。そのうえ、歴史もなく、人間の擾乱（agitation）もないこうした社会観は、人間精神の普遍的特性を本質化するような見方をともなわせていた。歴史と社会を、それらを作り出す行為者たちに気を配りながら考察すること、一つの歴史をもった行為者たちを、歴史のなかに、そして彼らの行為の社会的枠組みのなかに置き直すこと。おそらくここに、人文・社会諸科学がどのような方向へと進んでいくべきかが示されていることだろう。

注

（1）そのような自己表明、および実際にプラグマティストの研究が有する特徴は、私にしてみれば、しばしばかなり疑わしいように見える。

（2）「素朴に」というのは、以上のことは、そうした事態を認めることが、ある種の知的日和見主義（opportunisme）

を白状すると同時に一般化することだと考えるすべての者たちの科学的・道徳的な憤慨を呼び起こすからである。この理由のために、人文・社会諸科学の領域で、敵対者の急進的な批判が企てられるのが、絶えず目撃される。数年後には自己批判がそれに続くのだが。こうして著者たちは、利益をあわせもつことになる。すなわち、最初の卓越化行為に結び付いた利益、それから、自らの「過ち」や「誇張」を部分的に白状する者たちの勇気や明晰性に結び付いた利益である。短期的競争の論理だけに応答する、こうした振り子運動のなかで失われた時間と分散されたエネルギーについても同様である。

（3）私は、「性向主義（dispositionnalisme）」という用語を、実践を説明するために身体化された過去（過去の社会化の所産）を考慮に入れる諸アプローチを指し示すのに使用している。しかしながら、公式のなかで重視されるような「能力」が、正確にいえば「性向」ではなく、「自由にできる」動員可能な能力だという意味で、その用語が完全に満足のいくものではないということが私の頭から離れない。不幸にも、当の理論的視座を全体として形容するのに、完全に満足できる用語が存在しないのである。

（4）Muriel Darmon, *La Socialisation: Domaines et approaches*, 2e éd., revue et augmentée, Armand Colin, 2010 を参照。

（5）われわれは、しばしば学問的外観で対立する、デュルケム社会学とヴェーバー社会学が、いずれも、この問題を検討していたことを確認することになるだろう。

（6）性向主義者の諸概念――これらは、われわれの学習あるいは経験が、多少なりとも持続的な痕跡として脳に刻印されることを前提とする――が、神経諸科学と人文・社会諸科学を接続しうるという、ジャン＝ピエール・シャンジュー（Jean-Pierre Changeux）の直観をきわめて真剣に受け止めなければならない。特に、*L'Homme de vérité*, Odile Jacob, 2002 および « Les bases neurales de l'habitus », *in* Gérard Fussman dir., *Croyance, raison et déraison*, Odile Jacob, 2006, pp. 143-158 を参照。神経諸科学の研究は、実際に、脳の作用（神経回路の動員）が、経験ないし体系的な学習を通じて獲得される能力に非常に影響を受けやすいことを証明している。こうして、ユニバーシティー・カレッジ・ロンドンの認知神経学部の研究者たちは、ロンドンのタクシー運転手の空間表象をつかさどる脳の帯域が、タクシー運転手が経験を積めば積むほど発達し、運転手が非常に広大な市街のなかで自分の位置を突き止める能力を発達させせたということを示したのである。E. A. Maguire, D.G. Gadian, I. S. Johnsrude *et al.*, « Navigation-related structural change in the hippocampi of taxi drivers », *Proceedings of the National Academy of Sciences*, 97(8), 2000, pp. 4398-4403 を参照。

（7）われわれは、組織、システム、場、ないしワールドでの位置が、当の文脈に帰属するだけでなく、こうした位置に適合した能力と性向を備えた人格の存在を前提にしているということを確認することになる。したがって、ときに理論上、行為者に外在する文脈の側へと位置づけられるもの（立場、位置、役割、社会的座（coordonnées sociales））は、こうした行為者の身体化された過去と完全に無関係ではない。

（8）そして、そこでもやはり、集中的なトレーニングも、トレーニングの中止も、脳（神経網）に客体化される。Bogdan Draganski, Christian Gaser, Volker Busch *et al.*, « Neuroplasticity: changes in grey matter induced by training », *Nature*, 427(6972), 2004, pp. 311-312 および B. Draganski, C. Gaser, G. Kempermann *et al.*, « Temporal and spatial dynamics of brain structure changes during extensive learning », *The Journal of Neuroscience*, 26(23), 2006, pp. 6314-6317 を参照。

（9）D.Hume, *Abrégé d'un livre récemment publié, intitulé: Traité de la nature humaine dans lequel le principal argument est plus amplement illustré et expliqué*, [1740], 2002, 〈http://classiques.uqac.ca/classiques/Hume_david/abrege_traite_nature_hum/abrege_traite_nature_hum.html〉.（デイヴィッド・ヒューム『人間知性研究――付・人間本性論摘要』斎藤繁雄／一ノ瀬正樹訳、法政大学出版局、二〇一一年）

（10）Marcel Mauss, « Rapports réels et pratiques de la psychologie et de la sociologie », *Sociologie et anthropologie*, « Quadrige », Presses universitaires de France, 1991, pp. 283-310.（M・モース「心理学と社会学の現実的でしかも実践的な関係」『社会学と人類学』第二巻、有地亨／山口俊夫訳、弘文堂、一九七六年）

（11）Peter Ludwig Berger et Thomas Luckmann, *La Construction sociale de la réalité*, Méridiens-Klincksieck, 1986.（ピーター・L・バーガー／トーマス・ルックマン『現実の社会的構成――知識社会学論考』山口節郎訳、新曜社、二〇〇三年）

（12）エドワード・サピアとベンジャミン・リー・ウォーフもまた、状況の知覚と解釈における言葉の役割を強調していた。しかしながら、われわれは、知覚、解釈、そしてときには行動さえ言語的構造に直接由来させる非常に狭隘な第二の言語的決定論を非難することができる（Benjamin Lee Whorf, *Linguistique et anthropologie*, Denoël, 1969.)。というのも、こうして言語的構造は、それ自体、客体化しようと努めなければならない実践および特殊な使用の文脈に対する関係の――多少なりとも持続的に結晶化された――所産であることが忘却されるからである。

（13）Max Weber, *Essais sur la théorie de la science*, « Agora », Presses Pocket, Plon, 1992, p. 191.（マックス・ヴェーバー『社会科学と社会政策にかかわる認識の「客観性」』富永祐治／立野保男訳、折原浩補訳〔岩波文庫〕、岩波書店、一九九八年）

（14）*Ibid.*, p. 192.（同訳書）

（15）ゴフマンは、相互行為の推移における予期の問題に無自覚でないとしても、こうした問題を、その社会発生が決して研究されないような常識（un savoir commun）によって基礎づけるのである。

（16）例えば、リュック・ボルタンスキーは、いくつかの文献のなかで、「そこに諸人格が位置づけられる状況の装置」に結び付いた「拘束」に主として関心を抱いているのだと述べる際、もっぱら文脈主義的な行為の見方を擁護していた（Luc Boltanski, *L'Amour et la justice comme compétences: Trois essais de sociologie de l'action*, Métailié, 1990, p. 69.)。他方で、ボルタンスキーは、行為者に、その社会発生（歴史的かつ個人的な）が決して研究されることのない「能力（compétences)」を賦与する（「われわれは、同じ社会の普通の成員たちの能力によって、彼らを把握し、考慮することができると考える」*Ibid.*)。

（17）こうして、エリアスは、「個人の行動の構造と形態が、ほかの諸個人との関係構造に依存している」（Norbert Elias, *La Société des individus*, Fayard, 1991, p. 104.〔ノルベルト・エリアス、ミヒャエル・シュレーター編『諸個人の社会――文明化と関係構造』宇京早苗訳〔叢書・ウニベルシタス〕、法政大学出版局、二〇〇〇年〕)、あるいはさらに、「そのなかから彼〔個人〕が選ぶ可能性のあるさまざま方法は、行為圏（cercle d'action）の構成と相互依存関係によって規定される」（*Ibid.*, p. 95.〔同訳書〕）と述べている。

（18）この種の横滑りは、ほかならぬブルデューの研究に見いだされる。例えば、その際ブルデューは、フロベールの作品を主として文学場での位置によって説明し、フロベールが文学作品に持ち込む経験と性向に関する、より綿密な研究を無視する傾向がある。Pierre Bourdieu, *Les Règles de l'art: Genèse et structure du champ littéraire*, Seuil, 1992.

(ピエール・ブルデュー『芸術の規則』Ⅰ・Ⅱ、石井洋二郎訳〔Bourdieu library〕、藤原書店、一九九五—九六年)、および Bernard Lahire, *Franz Kafka: Éléments pour une théorie de la création littéraire*, La Découverte, 2010 での、こうした文脈主義的偏向に対する批判を参照。

(19) Boltanski, *L'Amour et la justice comme compétences*, pp. 65-69.

(20) Bernard Lahire, *L'Homme pluriel: Les ressorts de l'action*, Nathan, 1998.(ベルナール・ライール『複数的人間——行為のさまざまな原動力』鈴木智之訳〔叢書・ウニベルシタス〕、法政大学出版局、二〇一三年); Bernard Lahire, *Portraits sociologiques: Dispositions et variations individuelles*, Nathan, 2002 および Bernard Lahire, *La Culture des individus: Dissonances culturelles et distinction de soi*, La Découverte, 2004 を参照。

(21) いくつかの不均質な性向は、異なる社会化の諸経験、または、同じ社会化の諸経験の異なる側面に由来するものだが、あれこれの行動、あれこれの選択などを可能にするために、相互に組み合わされる。Lahire, *Portraits sociologiques* には、そうした数多くの事例が見いだされるだろう。

(22) Pierre Bourdieu, *La Distinction: Critique sociale du jugement*, Minuit, 1979, p. 112.(ピエール・ブルデュー『ディスタンクシオン——社会的判断力批判』Ⅰ・Ⅱ、石井洋二郎訳〔Bourdieu library〕、藤原書店、一九九〇年)

(23) 個人の性向の遺産が複数的である場合、何らかの文脈での何らかの性向の活性化はしばしば内的力関係と外的力関係との相互作用から生じる。換言すれば、それは、過去の社会化のなかで、多少なりともしっかりと構成された諸性向同士の内的力関係と、行為者に多少なりとも強い影響を及ぼす文脈の諸要素(ときには異なる諸個人)同士の外的力関係との相互作用から生じるのである。

(24) そもそも、自らは、身体化された性向が形成され、現動化される仕方を真剣に研究する努力を決して払わなかったにもかかわらず、ハビトゥス理論の擁護者たちによって私の研究が批判されるのは、私からすれば、かなり滑稽なことである。実際のところ、われわれは、「性向」概念を理論的に正確なものにし、十分に範囲を定められた経験的研究を通して、具体的にその再構築を試みうる仕方を方法論的に明らかなものにした研究者を、こうした社会学的領域に属する陣営に探し求めても無駄だろう。こうして彼らは、何年もの間、麻薬を使用した結果として生じる眠気の現象を説明するために「眠りを誘うアヘンの効果(vertu dormitive de l'opium)」という見方を持ち出すのと同じような、ほとんど意味がないある種の神秘的な力を「性向」概念のなかに見てきた（そして、見続けている）すべての者たちに根拠を与えたのである。

（25）Norbert Elias, *Au-delà de Freud: Les rapports entre sociologie et psychologie*, La Découverte, 2010.

（26）Bernard Lahire, *L'Esprit sociologique*, La Découverte, 2005.

（27）もしこうでなければ、われわれは、一つのグラスの周囲で見知らぬ者同士がおこなう短期の相互行為のなかで生じることを理解するために、あるいは、文法のクラスで教師と生徒が教育上の相互行為をしているなかで生じることを理解するために、なぜ研究者が総じて、相互行為者たちの幼少期の諸経験にさかのぼろうとしないのか、また、彼らの実存的問題（problématique existentielle）に関わる諸要素を再構成しないのか、を理解できないだろう。研究者たちが倦むことなく同じ図式を繰り返しているように見えるとき、すでにかなり多くの関心が、感情的関係（rapports sentimentaux）、とりわけ相次いで生じる感情的な挫折を説明することに見いだされているのだろう。家族を通じて構成された精神的・行動的性向や、学校あるいは職業を通じて構成された単なる能力は、研究される対象類型であると同時に、研究者が自身の主題として提起する問いである。ただし、それらの対象類型や問いが、そうした性向や能力を決定するのである。

（28）Bernard Lahire, *Tableaux de familles: Heurs et malheurs scolaires en milieux populaires*, « Hautes Études », Gallimard/Seuil, 1995 および Gaële Henri-Panabière, *Des héritiers en « échec scolaire »*, La Dispute, 2010 を参照。

（29）Christine Mennesson, *Être une femme dans le monde des hommes. Socialisation sportive et construction du genre*, L'Harmattan, 2005 および Martine Court, *Corps de filles, corps de garcon: une construction sociale*, La Dispute, 2010 を参照。

（30）まったく同じように、手始めとして、社会学ではかなりまれなのだが、国際的データ（就学率や識字率、死亡率や出生率、国内総生産や失業率など）を比較したり、さまざまな国民国家（États-nations）間の経済的、政治的、文化的諸関係などをまさしく対象にしたりするような研究を引き合いに出すことができるだろう。

（31）相互行為論者は、行為者による「状況の定義」を論じている。

（32）François Simiand, « La méthode historique et les sciences sociales Méthode historique et science sociale », *Revue de synthèse historique*, 6, 1903, pp. 10-14.

（33）言及されたさまざまなケースについては、順番に、Lahire, *Portraits sociologiques*, Lahire, *La Culture des individus*, Lahire, *Franz kafka* および Lahire, *Tableaux de familles* を参照されたい。

（34）Paul Veyne, « L'interprétation et l'interprète: À propos des choses de lareligion », *Agone* 23, 2000, p. 73.

（35）*Sociologie des religions*, Gallimard, 1996 でのヴェーバーのさまざまな宗教的エートスの比較方法が認められるだろう。

（36）Howard Saul Becker, *Les Ficelles du métier: Comment conduire sa recherche en sciences sociales*, La Découverte, 2002, p. 90.（ハワード・S・ベッカー『社会学の技法』進藤雄三／宝月誠訳、恒星社厚生閣、二〇一二年）

（37）Michel de Certeau, *L'Invention du quotidien*, 10/18, 1980, p. 9.（ミシェル・ド・セルトー『日常的実践のポイエティーク』山田登世子訳、国文社、一九八七年）

（38）この種の方法は、フランスの小学校に関するギュイ・ヴァンサンの著書（Guy Vincent, *L'École primaire français: Étude sociologique*, Presses universitaires de Lyon, 1980.）、人道主義的な労働者に関するパスカル・ドヴァンとジョアンナ・シメアンの著作（Pascal Dauvin et Johanna Siméant, *Le Travail humanitaire: Les Acteurs des ONG, du siège au terrain*, Presses de Sciences Po, 2002.）、ダンサーの技能習得に関するシルヴィア・フォールの著作（Sylvia Faure, *Apprendre par corps: Socio-anthropologie des techniques de danse*, La Dispute, 2000.）だけでなく、プロサッカー選手の養成に関するジュリアン・ベルランの博士論文（Julien Bertrand, *La Fabrique des footballeurs. Analyse sociologique de la construction de la vocation, des dispositions et des savoir-faire dans une formation au sport professionnel*, Université Lumière-Lyon 2, 2008.）、内臓外科医の職業的社会化に関するエマニュエル・ゾレシオの博士論文（Emmanuelle Zolesio, *Chirurgiens au féminin? Socialisation chirurgicale et dispositions sexuées de femmes chirurgiens digestifs*, Université Lumière-Lyon 2, 2010.）、社会党（ＰＳ）と国民運動連合（ＵＭＰ）に所属する青年の政治的社会化に関するルーシー・バルジェルの博士論文（Lucie Bargel, *Aux avant-postes: La socialisation au métier politique dans deux organisations de jeunesse de parti. Jeunes populaires (UMP) et Mouvement des jeunes socialistes (PS)*, Université Paris 1, 2008.）で適用されている。

（39）Sophie Denave, *Ruptures professionnelles. Processus, contextes et dispositions*, thèse de doctorat de sociologie, Université Lumière-Lyon 2, 2008 を参照。

（40）Jacques Revel, « L'histoire au ras du sol », préface à Giovanni Levi, *Le Pouvoir au village: Histoire d'un exorciste dans le Piémont du XVIIe siècle*, Gallimard, 1989, pp. I-XXXIII.

第2章

社会的分化に関する考察

あらゆる種類の問いに立ち向かう社会学的潮流の総体のうちに、科学的な基本合意が見いだされることはきわめてまれである。しかしながら、もし満場一致の賛同を得る現象があるとすれば、それはまさしく諸活動の社会的分化という現象である。そのような一致を承認することは、多種多様なモデルの背後に存在する人文・社会諸科学のある種の統一性を取り戻すための第一級の方法である。近代的あるいは産業的と形容されるわれわれの社会は、このうえなく多様な著者たちから、諸活動ないし諸機能の強力な社会的分化によって特徴づけられた諸集合（ensembles）なのだと見なされている。このことによって、われわれの社会は、社会的分業がそれ以上に推し進められることがない、人口的にしばしばかなり制限された社会と区別される。アダム・スミスから、ハーバート・スペンサー、カール・マルクス、デュルケム、ゲオルク・ジンメル、ヴェーバー、モーリス・アルヴァックス、カール・ポランニー、タルコット・パーソンズ、シカゴ学派の社会学者たち（ロバート・パーク、ルイス・ワース、ゴフマン、ベッカー、ストラウスなど）、マーシャル・サーリンズ、エリアス、バーガーとルックマン、ルーマンを経て、ブルデューにいたるまで、これらすべての者たちが、こうして増大する異種混交性（hétérogénéité）が考察されなければならないという事実、ならびにそうした異種混交性が心的構造、行動の構造、ないしこれらの諸社会に属する諸個人のパーソナリティー構造に重大な影響を及ぼすという事実に関して少なくとも意見を一致させている。「社会的機能分化」「社会的分業」、複数の「活動局面」、複数の「行為のレジスター(registres d'action)」、複数の「社会圏(cercles sociaux)」、複数の「相互行為の舞台」、複数の「ワールド」、複数の「場」、複数の「下位領域(sous-univers)」、あるいは複数の「システム」。これらすべての社会学用語が、分化という現実に対する研究者の利害関心を証言しているのである。

その問題はきわめて大きくかつ複雑なので、しばしば異なる手段によって、そしてさまざまな現実を通して研究されてきた。例えば、文化的生産の諸領域の分化について研究した者たち(文化史家や芸術史家だけでなく、文化社会学者のなかにも多数いる)と、それよりは、経済的な活動局面の自律化に自らの関心を集中させた者たち。例えば、それぞれの場に特殊な資本の再定義ないし領有に関わるあらゆる闘争がそこで繰り広げられる「権力場(champs du pouvoir)」を対象にした者たちと、それよりは、中心的活動の周囲にある仕事(métiers)、制度、ないし行為者の総体を調整する空間としての「ワールド」に焦点を当てた者たち。ある種の類型のミクロコスモスのはたらきを説明する理論モデル(システム理論、ワールドの理論、場の理論など)を提起した者たちと、それよりは、普通の行為者の「役割のレパートリー」に対して諸活動の分化がもたらす影響を検証した者たち、など。こうした課題と研究を科学的に区分すること——それ自体、研究者たちが把握しようと努める諸過程の一つの帰結である——は、問題をその全体において見ないようにすることに、あるいは社会的世界のいくつかの部分といくつかの次元に対してしか有効ではないような局所理論を一般理論として通用させることに寄与するのである。

社会システムに関するパーソンズやルーマンの理論のように、またさらに、経験的により生産的な、ワールドに関するベッカーの理論や場に関するブルデューの理論のように、一般的だと主張するさまざまな局所理論を理解することは、そうした理論を、社会的諸活動や社会的諸機能の歴史的分化に関わる社会学的・人類学的考察の長い伝統の延長線上に位置づけてはじめて可能になる。ブルデューは、次のように述べていたとき、はっきりとこの長い理論的な連なりのなかに自分自身を書き込んでいた。

権力場の出現は、相対的に自律した複数の場の出現、したがって社会的世界の分化の出現（階層化の過程が社会的ヒエラルキーの成立を導くとはいえ、分化を階層化の過程と混同しないように用心しなければならない）と連繋している。この過程はすでにデュルケムによって分析されている。デュルケムは、宇宙（l'univers）が「均質なものから不均質なものに」移行すると考えたスペンサーを敷衍しながら、アンリ・ベルクソンの「統一主義的生命論（vitalisme unitariste）」に対して、「多様な機能」がすでに存在しながらも、「融合状態」にある「原初的未分化状態」（例えば、儀式、道徳、法、芸術、そして初発の科学までもが混在した宗教生活）から、「これらの多様な、それでいて原初的には渾然一体としていたあらゆる機能の漸進的な分離」へといたる進化を対置した。すなわち、「世俗的思考と科学的思考は神話的思考と宗教的思考から切り離され、芸術は信仰から切り離され、道徳と法は儀式から切り離された」。デュルケムは、こうしたさまざまな形態の活動の融合に、それぞれの活動の十全な実現に対する障害を見ている。「原初的には、あらゆる形態の活動、あらゆる社会的機能が、囚人のように、相互に集結されている。それらは相互にとってさまざまな障害になっている。それぞれがその性質を十全に実現するのを妨げている」。ヴェーバーは、原初的な未分化を脱した突出部（l'avancée）にほとんど言及しないにしても、少なくとも経済のケースで、分離した諸領域の出現には、〜とい、い、い、〜としての〜（経済としての経済など）によって表される、特殊な合法性をもった制度がともなうことを示している。[1]

場の理論が、近年の社会学史で最も実りある理論の一つだったとするならば、それはその経験的な性格によるものであると同時に、きわめて異なる諸領域を対象にするその創始者の意志によるものである。[2] こうした諸領域は一般的に、それら相互の接点をほとんどもたないような専門化された研究対象を形成することになる。非常に異なる社会生活の諸部門で自律化の過程が進行するというやや大きな像をもたなければ、また、社会的マクロコスモスの内部にあるさまざまな類型のミクロコスモスの間に区別を設けなければ、分化した社会の分析を進展させることは不可能だった。しかし、この同じ理論がとりわけ場の自律性の問題に対して示す概念的な揺らぎは、特殊性に比して不変項（invariant）の研究を優先するその傾向と同様に、対象になる社会的分野の拡大によって説明される。現代の社会的世界の研究を前進させるためには、社会的分化の社会的所産を考察することを志した部分理論または包括理論のすべて（デュルケム、ヴェーバー、ポランニー、ルーマン、メイエルソン、ブルデュー、ベッカー、などのそれ）を動員するだけでなく、こうした事実を社会の歴史のなかに書き込み直さなければならないのである。

私は、本章で、社会的諸領域の分化と自律化の問題に関する社会学、歴史学、あるいは人類学の主要な研究と考察から得られた諸原理をあわせもつように努めることになる。実際のところ、ほかと同様ここでも、最も重要な先行研究の批判的検討なくして、どのような科学的進歩もありえない。人文・社会諸科学に痕跡を残したすぐれた考察を経由することによって、部分的分析の諸成果をあわせもち、それらを超え出ることが、言い換えれば、さまざまな問題点やアポリアを画定し、それらを克服することが可能になるのである。そこではまず、専門化された書字実践（pratiques d'écriture）の重要性、ならびに、さまざまに枝分かれした人間活動、特にさまざまな分野の文化的・象徴的生産（宗教、法、科学、文学など）へと漸進的に分離していく歴史のなかで客体化された知を蓄積することの重要性だけでなく、承認をめぐる象徴闘争が人口の拡大した社会の分化過程のなかで果たす役割が把握されることになる。次に、多様な社会的ミクロコスモスの漸進的な専門化（自律性＝特殊性）と、自身に外在する論理あるいは権力に対するこれらミクロコスモスの蓋然的な独立性の獲得（自律性＝独立性）との間に差異を設ける必要性が見いだされる。そして同じく、諸ミクロコスモスの非－自閉性（la non-fermeture sur eux-mêmes）が主張されることにもなる。これらのミクロコスモスは、一方では、相互に支え合うことによってだけその特殊性を発展させうるものであり、他方では、さまざまな相互依存関係（このことは、あるミクロコスモスが変容すれば、そのほかのミクロコスモスは決して不変のままにとどまらず、あらゆる種類の転移と伝播が観察されうるということを説明している）、競争関係、あるいは力関係を保持するものである。最後に、われわれは、諸個人の精神的・行動的構造化に対して、諸活動の社会的分化がもたらす諸帰結に言及することになる。

客体化された知の役割

デュルケムは、彼の社会的分業に関する考察のなかで、この現象が、次第に分岐した職業的部門、とりわけ産業的部門を備えた経済的生産の世界でだけでなく、社会的世界のあらゆる「領域（régions）」でも観察しうるという事実を強調している。政治、文化、行政、法律、ないし科学の分野にさえ、同様の「細分化（fragmentation）」が認められるのである。[3]

そのような絶え間ない進化の過程によって、われわれの社会は、原初的な「区別なき、均質の状態」、そして特に覆い包み込むような宗教的なものの遍在によって特徴づけられる伝統社会から区別される。こうした社会では、

誰もがみな異を唱えることなく、同じ宗教を認め、実践している。宗派および異端派はいまだ知られていない。それらは許されるものではないだろう。ところで、その当時、宗教は一切のものを包摂し、一切のものに及んでいる。宗教は、文字どおり宗教的信念のほかに、道徳、法、政治的組織の原理、そして科学ないし少なくともその代替物までをも渾然一体の状態で包含している。宗教とはまさに私生活の細部を規制するものなのだ。[4]

ところが、経済的なもの、政治的なもの、宗教的なもの、審美的なものなどを相対的に区別しないことは、分析者に対して問題を提起しないわけではない。なぜならば、分析者が社会的世界を論じるために使用する一切の

カテゴリー(「経済」「政治」「宗教」「文化」「倫理」「表象」「システム」など)は、社会的実践の諸分野の分化に関わる言語上の産物だからである。そのようなカテゴリーを不注意に、反省なく使用することで、研究者たちは、現実のいくつかの次元を区別しない、あるいはほとんど区別しない未分化な領域を、高度に分化した領域に由来する言葉で論じるようになるのである。例えば、政治的現実、道徳的現実、宗教的現実などと不可分の「経済的」現実を記述し分析するのに、現代の経済学者の用語を使用することは、分業および残りの社会的世界に対する経済市場の相対的な脱埋め込み(désencastrement)ゆえに[5]、「われわれ」が分離された現実および分離可能な現実として見なすのに慣れてしまったものを区別することがなかった社会に固有の論理を否定することに等しいのである。

同じように、「宗教」の観念をもとにして伝統社会の神話的・儀礼的(mythico-rituelles)現実を把握すれば、誤解を招くことになる。このことは、それ以外の諸実践とはっきりと区別された一つの特殊な社会的実践を問題にしていると考えさせてしまいかねないのである。ところが、アフリカの諸言語に関してジャック・グッディが述べているように、われわれは、「宗教(同じく儀礼)という西洋語に相当するどのような語も」見いだせない。「そしてさらに重大なことに、行為者たちは、宗教的信念と宗教的実践を、その他われわれ、例えばイスラム教徒、ユダヤ教徒、ヒンドゥー教徒、仏教徒、キリスト教徒、無神論者と同様の仕方で見ているわけではない。言い換えれば、彼らはそれらを区別された一つの全体として見なしているわけではないように思われる[6]」。宗教を論じようとするのであれば、同意するか否かを「選択する」ことができる完全に相対的な一つの世界観、つまり数あるうちの一つの世界観ではなく、あらゆる実践を組織し、意味を与える遍在的な一つの全体的宗教が問題なのだということを明確にしなければならないのである。セルジュ・グルジンスキーが説明するように、メキシコのインディアンたちの「偶像崇拝」は、「社会体制(une trame sociale)と不可分のものである。(略)それは、外部の一領域を支配するどころか、社会関係を表現し、それに意味を与え、それを機能させる一つの仕方を構成している[7]」。このように、偶像崇拝は、「現実的なもの(le réel)を延長したり、増幅したりするような、あるいは人間活動のこのうえなく多様な顕現（manifestations）に儀礼的な保証を与えるような補完物では一切ない[8]」。偶像崇拝は、「これは宗教的なものだが、あれは宗教的なものではない」「これは人間のおこないによるものだが、あれは神のおこないによるものだ」と行為者が述べることを可能にしうる、現実の定義に関する類似の競合した数あるシステムのうちの一システムなのではない。「宗教」のような何かが生じるためには、それが、神と人間との間のしかるべき正統な媒介者として組織される、救済財や聖なるものに任を負った専門家集団の独占権になる必要がある[9]。

口承の伝統をもつ伝統社会はまた、「統治者なき（acéphales）」社会、「無国家」社会、「リネージ（lignagière）」社会、「環節」社会と形容されてもきた[10]。これらの社会編成の神話的・儀礼的な諸現象を説明するのに「宗教」という語を使用することが慎重を要するように、われわれは、そのほかの社会的実践から自律し、分離した権力の実践が存在するという意味での「政治」を論じることができない。氏族長の役割は限られているのである。「基本的に、彼の言葉（discours）は、伝統的な生活規範を繰り返し何度も称賛することにある。「われわれの祖先は、いつの間にかそのように生活をしていたのです。祖先の例に従いましょう。そうすれば、こんなふうに、われわれは平穏な生活を送れるでしょう」。ここには、首長の言葉が、結局は何に帰せられるのかということがおおよそ示されている[11]」。この状況は、分離した権力制度が日の目を見ているような諸社会の状況とは何ら関係をもたない。権力の実践が、特殊化するという意味で自律化するとき、よりいっそうはっきりとした断絶が、権力の保持者たちと被統治者たちとの間に作り出される。ただし、こうした断絶は象徴的なものでしかなく、それはまた技術的なものでもある。実際には、そのような権力は常に、能力の習得、すなわち蓄積された知識のストックの領有、および被統治者たちが所有しない特殊な言語の領有を前提としている。そして、権力が専門化され、特殊化されればされるほど、専門家と一般人との溝がますます拡大していくのである。これこそまさに近代民主主義社会のケースであり、そこでは、「政治場」と呼びうるものが、市町村的な（municipal）、地域的な（régional）、ないし国家的な権力の獲得をめぐる闘争と競争の空間として成立したのである。

政治的なものとして社会的に承認される言説(discours)や行為(actes)の生産手段の集中化と相関した剝奪は、常勤の専門職からなる巨大な政治的官僚制の出現とともに、そして、社会的世界の思考図式および表現図式の専門的な生産者たち、すなわち政治家、政治ジャーナリスト、高級官吏などを選抜し育成する任をもった諸制度(フランスでは、政治学院や国立行政学院のような)の出現とともに、イデオロギー生産の場が自律性を獲得するにつれ、絶えず増大してきたのである[12]。

他方で、伝統社会の氏族長や部族長は、彼が(贈与や奉仕を)受ければ、返礼をしなければならない。フィジーの首長の例では、彼は「永続的な贈与に縛られていた。彼に家が建てられたならば、彼は返礼となる贈物をしなければならなかったし、もしこの贈物が十分に豪奢でなければ、彼は人望を失い、死にいたる危険性さえあった[13]」。こうした互酬性の義務は、経済学的観点から見れば、経済資本の原初的蓄積をことごとく妨げる。分離された宗教や権力制度が存在していないのと同様に、区別され、専門化された経済の世界が存在していないのだ。剰余生産およびその商取引へと向けられることがない「家内生産様式[14]」を論じることによって、マーシャル・サーリンズが見事に示したのが、まさにこれなのである。アルチュール・モーリス・オカールは、例えばオーストラリアのアランダ族は「祝宴に先立つ数日を除き、食料を貯蔵すること[15]」がないと記していた。また、ジョルジュ・バランディエが強調していたのは、いくつかの社会が「権力の保持と富の蓄積を制限する慎重な(しかし、効率的な)メカニズムを備えている。例えば、ガボンのファン族では、自らの野心と個別の利害を満たそうとして、氏族的連帯と平等主義的傾向に疑問を呈する者は誰しも、物理的な粛清の脅威にさらされていた。しかしファン族は、不平等を抑制するために使用されるさまざまな手段を正当化していた[16]」という事実である。経済学的研究は、それが自らの分析カテゴリーの歴史的な存在条件を無視し、それを経済と経済以外の活動領域との間に区分を設けることがなかった世界(univers)に不用意に適用するとき、いささか短期の経済主義(économisme)

へと偏向するのである。[17]

さまざまな実践分野の分離には、歴史のきわめて早い段階から、数多くの書字実践と、これらの分野に結び付いたさまざまな知がともなっている。こうして研究者たちは、入手することができる五十万の文書資料に基づいて、メソポタミア（紀元前三〇〇〇年）では、非常に特殊な多様なジャンルの文書が、分化した諸実践（経済的、行政的、法律的、宗教的、政治的、「文学的」、歴史的、医学的、技術的、料理的、占い的、天文学的、数学的、文法的、など）と符合するということを確認している。[18] ところが、これらの文書は、蓄積される、保存される、参照される、などのとき、そうした分離に客観的に関係していると同時に、さまざまな実践分野の特殊性を意識させる手段にもなっている。いまだ存在していないも同然の知もしくは社会的実践のさまざまな仕切りの間にある境界を厳密にしていないとはいえ、にもかかわらず、国家の最初期の社会編成のうちに、さまざまな実践および知の分化＝専門化の論理がすでに観察されるという事実を強調しておく必要がある。正確にいえば、自律した知の分野が存在していないにしても、それでもなお、扱われる別々の主題（thèmes）が存在している。そして、これらの主題は、そうした知の蓄積を通じて、それをもとに文書の新しい言説のジャンルが出現するような真の資料（archives）を構成するのである。既存の文書資料体（un corpus écrit）の研究で繰り返し取り上げられる古典的な例のなかには、エジプトでもメソポタミアでも、[19] 物語、編年史（chroniques）、および年代記（annales）を生み出すようなもろもろの出来事の年代的なリストを含む文書資料体、あるいはまた、書字された神話の文書資料体、もしくは書写生たち（scribes）がそれらの間のつながりを確立し、アッシリア学者アドルフ・レオ・オッペンハイムが「神学」と形容した新たな反省を実践することを可能にする簡単な神性のリストの文書資料体が見いだされる。[20] 書写生たちを通じて世代から世代へと再領有され、徐々に特殊な伝統として構成される相対的に分化した諸主題は、一般人と専門家との断絶をますます表明するような「意味の下位宇宙（sous-univers signification）」[21] という一つの全体を形成するのである。

このことはまた法学のケースにも当てはまる。天文学、数学、ないし医学と同様に、法学は、メソポタミアやエジプトでは、明白に特殊な伝統をもつ完全に自律した分野として構成されていない。メソポタミアには、まったく時代錯誤的に（anachroniquement）、「法典（codes juridiques）」と呼ばれたものが見いだされる。例えば、紀元前二〇八〇年頃にウル第三王朝を築き上げるウル・ナンムの「法典（Code）」の諸節、紀元前一九五〇年から一九〇〇年頃の都市エシュヌンナの法律（législation）の諸節、紀元前一八七五年頃のイシン王リピト・イシュタルの「法典」の諸節、そして特に最も注釈がなされた『ハムラビ「法典」』（紀元前一七二八―一六八六年）。『ハムラビ法典』では「諸条項」（三百ほど）が、主題（偽証、窃盗、農作業、商取引、税と負債、奴隷など）ごとに再編されている。しかし、「法典」という語がほとんど適さないとすれば、それは、ハムラビの石碑が何ら一般法を交付するものではなく、個別の事例だけを提示するものだからである（例えば、「石工の親方に建築させた家屋の強度を彼が一切確かめなかったために、彼によって建築された家屋が倒壊し、家主の死を招いたならば、この石工の親方は死刑に処されるだろう。その家屋の倒壊によって家主の息子の死を招いたならば、石工の親方の息子が死刑に処されるだろう」）[22]。そのうえ、ジャン・ボッテロが強調するように、自称「法典」は、いたるところが支離滅裂である。類似のあるいは同一の事例は、二つの条項によって、ある場合には、非常に冷酷に裁決が下されるものとして（ときには死刑まで）、また別のある場合には敵対者たちのどちらの肩ももたないものとして記述されるかもしれないのである。したがって、『ハムラビ「法典」』は、規則や法律ではなく、書写生がそこにさまざまな判決を書き込んだ「判例集」[23]にずっと近いものである。しかし、それでもなお『ハムラビ法典』は、「人相学（physiognomie）」、「医学」、「占術（divination）」の「概論（traités）」と同様に、推論を体系化する帰納的な（recurrentes）観察の公式ないし格子を適用している。

例えば、医学の「概論」は、頭から始まり、こめかみ、額、鼻などを経て、足に到達するように、まったく理路整然と身体の諸部位を扱っている。それから書写生は、身体の各部位に対して、常に同一の次元（ordre）で適用される諸基準（白、黄、赤、黒のような一連の色、寒い／暖かい、乾いた／湿ったのような類型の諸対立など）によって安定化した一つの公式を変奏させている。法律の「法典」およびさまざまな「概論」のなかに見いだされる公式は、「結論」ないし「帰結」（帰結節〔la apodose〕）をともなった「もし」（条件節〔la protase〕）によって始まる「仮説」からなっている[24]。メソポタミアの書写生たちは、明らかに網羅性を探究するなかで、それぞれの罪、それぞれの対象、ないしそれぞれの身体の部位を、ときに不条理なまでに、同一の基準、同一の観察格子、同一の公式のふるいにかける[25]。そしてとりわけ、これらの「法典」と「概論」は、将来的な体系化、一般化、ないし展開を呼び起こすために再び手を加えられる余地のある資料のようなものである。時間の経過とともに蓄積されていく、これらの書かれたもの、言い換えれば客体化されたデータベースは、社会的世界のいくつかの部門の専門化に影響を及ぼさざるをえない。実際のところ、さまざまな実践、さまざまな知、さまざまな類型の文書の総体を統制することはますます困難なものになっていく。そのとき、われわれは、書写生たち、より一般的には、これらの諸部門に属する行為者たちの専門化の過程に立ち会っているのである。

神話と儀式に関して、書写生たちは、用いられた公式の専門化に貢献することになる。彼らは、おこなうべき所作（gestes）と発すべき言葉（paroles）を規範化し固定化する。メソポタミアやエジプトの文献は、「しばしば、儀礼に関わる各行為（actes）、すなわち人びとが暗唱すべき祈りと決まり文句（formules）も、供物のために必要な奉納物および手段も、きわめて詳細に規定している[26]」のだが、それは用いられる所作と発話（énoncés）の標準化と専門化をもたらし、その結果、一方で、文献の記載（規定として、つまりそれに照らしてさまざまなズレが制裁されうるような参照モデルとして作用する）に「文字どおり」追従する祭司＝専門家と、他方で、必ずしも完全に理解できるとはかぎらない儀式に出席する平信徒との間に断絶を設けるのである。ヴェーバーが祭司を、「その場限りの個別的な関与をおこなう呪術師に対し、神々にはたらきかけるために定期的に組織された不断の事業の職能者」として、そのため、「祭儀用の装置（un appareil objectif de culte）にもっぱら結び付いた、一定の祭儀の場所の存在」および「特別な知識、一定の教義、職業的資質」への執着によって定義していたとしても、それは偶然ではない[27]。唯一文書だけが、客体化された知の固定化および専門化を可能にするのだ。

聖堂と王宮が徐々に機能的に自律化すること、ならびに「宗教的なもの」「政治的なもの」「法的なもの」「文学的なもの」「医学的なもの」「数学的なもの」「天文学的なもの」などがなおいっそう洗練された仕方で徐々に機能的に自律化することは、「文化資本の原初的蓄積」(28)を可能にするような、特殊な伝統を構成する書字の実践と不可分である。手直しされ、改善され、繰り返し精練されたこれらの伝統は、ますます特殊的になる、さまざまな推論の形式、さまざまな対象、さまざまな陳述(énonciation)のスタイルを備えた作業基盤を構成している。「歴史全体を通じて、書写生の専門化は、「諸組織」の構造的な自律化を促すために、書字の伝統の相対的な自律化と結び合わされる。このように、それらの組織は、自分自身の文献資料体、すなわち自分自身の専門化された知識の総体を発展させる傾向をもつのである」(29)

文化的生産や象徴的生産に関わるすべての分野(法、政治、宗教、科学、文学、芸術などの分野)で、分化は、こうした成果と客体化された知の蓄積、それらの物質的・象徴的な組織化、そしてそれぞれの新しい世代の法律家、政治家、宗教家、研究者、作家、ないし芸術家によるそれらの再領有の過程と不可分である。マルクスとフリードリヒ・エンゲルスは、「こうして社会活動を固定化すること、すなわち、われわれ自身の生産物を、われわれを支配する客観的な力(puissance)へと化石化することは、今日にいたるまで、歴史的発展の主要な諸契機の一つである」(30)と主張していた。あれこれの分野に特殊な過去の生産物が蓄積されるにつれ、個人が多数の分野の歴史を統制することができる機会は少なくなる。このため、これらの社会の行為者たちは専門化せざるをえなくなる。文献が重要な役割を果たすあらゆる分野で、図書館への物質的・象徴的な組織化が、書誌の引用と参照の実践を可能にしたことはわれわれの知るところである。間テクスト性(intertextualité)とは、生きた著者だけでなく、死せる著者をも組み込むことであり、それはこのように書物をきちんと保存することによって可能になる。ルイ・マランが述べていたように、「引用文と記録物、引用集と記録集は、同じ過程に従って機能し、言葉の側と物の側で同じ手はずをはたらかせているように見える」(31)のである。

引用文を集成し選定すること、テクストを比較したり照らし合わせたりすること、一群の著作を総合すること、暗黙にであれ明白にであれそれらの著作を参照すること、積極的にであれ消極的にであれ誰かしらの著者を引用すること、ここには、自由に使用可能になるように注意深く保存された特殊な過去に立ち返ること、ならびに時間が経過し、再領有が相次いで生じるにつれ、並行して組織されたそのほかの伝統と常にほんのわずかに区別される特殊な過去に立ち返ることを想定するような相当数の操作がある。クリスティアン・ジャコブが、こうした歴史の最初の重大な契機の一つを観察するのは古代ギリシャにおいてである。そこではじめて、「図書館をめぐる、さまざまな方法、知的作業の義務論（déontologie）が定義される」。なぜなら、「自由に使用可能なあらゆる書物を研究者たちがいつでも手にできるようにすることによって」、図書館は、「実際に、当該の学問がどのようなものであろうと、諸原理、すなわち科学的文献の内的構造を決定する」からである。図書館や古文書館は、知的作業の中心になる装置であり、「科学的概論」の展開された形式も同然のものである。こうした概論は、「そこにそれが書き込まれる学問の過去を統合しなければならない、いうなれば、それが完成させ、拡大させるのに寄与したいと望む知的分野の資料を自ら所有しなければならないのである」。あれこれの文献や著者に賛成したり反対したりして、ある伝統やある系譜のなかに自らを位置づけることは、たとえそれぞれの新たな概論が十分に異なった方向へと進んでいくのを促すのに同一の過去を動員しうるとしても、ある種の反省作業の積み重ね、さらには、ある種の「進歩」の観念さえ想定している。学問的概論は、その学問式の「古文書の保存装置（dispositif d'archivage）」になるのである。

したがって、新たな科学的概論は、こうした引用と批判の過程のなかで、すなわち学問の過去とその未来に向けた進歩とのはざまにあるこうした往復運動のなかで書かれるのである。概論は、大半の地層と同様に、それがそのうえに築かれるための基盤になる痕跡を残さなければならない。新たな科学的概論は図書館のなかで書かれる。そこで地理学者は地図と覚書（mémoire）に囲まれている。しかし、科学的概論は、最終的に、批判的修正を試みたのち、正確だと見なされるすべての情報を資料として保存することによって、それ自体がこうした図書館にならなければならない。ギリシャ人の過度な論争好きによって興趣を添えられた簡素な集成手続きをはるかに超え、科学的発見の駆動的原理として、このように批判的に伝統へと訴えかけることは、知識の永続だけでなく、知識の前進をも保証する基本的手段であるように思われる。

そのため、アレクサンドリア図書館は、知的労働の転換、すなわちアリストテレス学派ですでに素描されていた転換を導いた。学者はみな、文献学者でもあらなければならないし、先行者たちの文献を読み、かつ繰り返し読まなければならないし、ホメーロスの文献の欠陥的な読解を訂正するように、彼らの誤った見方を訂正しなければならない。書字された概論は、作業の道具、つまり新たな書き物（écriture）を生み出す批判的な読解の支柱になった。こうした読解と書き物との戯れ（jeu）は、科学的文献の構成要件になった。科学的文献は、新たな記述や理論に向けた支柱として、ドクソグラフィー（doxographie）とアンソロジー（anthologie）の中間状態にある、過去のさまざまな伝統の要約を提示しなければならない。したがって、概論は、一分野の知の記憶媒体（mémoire）となる。それは、先行者たちの最古の著作物にその起源が置かれるような、一つの軌道の暫定的な結末を定めたものである。こうした伝統の到達点は、それ自体、それを引き継ぐ者たちにとっての新たな出発点になるだろう。このため、図書館という枠組みで知的生産物を体系的かつ適切に資料として保存するということが、科学的概論のまさしく中心に存在する、制度的形態を備えた一つの体制として現れる。まさにこれと同じ運動、同じ論理が、過去の遺産を蓄積し、管理するとともに、こうした新たな知の土台を築き上げるように導くのである。科学史なき科学など存在しない。記憶喪失の（amnésique）学者など存在しない。科学的な書物は、創造的な生きた記憶媒体である。過去を批判的に活用すること（exploitation）に立脚するような進歩の弁証法はそこで打ち立てられるのだ。[34]

知の場あるいは文化分野の自律性が基礎づけられるのは、この特殊な間テクスト性のうちにおいてである。加えて、この特殊性――そのため、医者、幾何学者、数学者、詩人、法学者、神学者などは、彼らの先行者の文献を読み、それに対して反応する――は、外的諸要求ないし外的諸権力に対する一分野の独立とは慎重に区別されなければならない。この正確な意味で、古代から、「哲学場」のような何かが存在している。というのも、固有の伝統をもった、言い換えれば、図書館で参照可能な諸文献（textes consultables）を備えた特殊な領域が当然問題になるからである。人びとは、それらの文献を読み、引用し、そしてときには、きわめて緻密な競争のゲームのうちで、そうした文献との対比で自らを位置づけるのである。

先行するだけでなく、競合しさえする諸学説と関連づけずに、どのようにして哲学的体系を説明しうるだろうか。古代哲学の諸学派同士の論争は、敵対者のテーゼ（thèse）の失墜をしばしば意味していた制度的競争を超え出ていく。第一原理と物質概念それ自体を考察することは、強いテーゼ、いくつかの間接的テーゼ、そのほかの近似的テーゼごとに標識を設置された学説状況のなかで位置取りがなされるということを前提にしている。ドクソグラフィーのなかで図式化される哲学的伝統は、討議に際して先駆者たちを召喚することができる。そこでは、先立つ体系を批判することが真理の証明（établissement）の基礎として役立つのである。しかし、ある哲学者は、相手になる哲学者をおおっぴらにしないかもしれない。しかるに、エピクロス派の論争は、討議が最高潮に達した際、高名な先人にねらいを定めて、ライバル学派のテーゼを失墜させようと試みるのである。例えば、ルクレチウスは、ストア学派をより十分に論駁するために、遠回しに、婉曲表現（une rhétorique du détour）によって、間接的に（par un jeu de ricochet）、ヘラクレイトスを批判している（アラン・ジガンデは「一種のビリヤード」を想起させている）[35]。

文化的活動あるいは知的活動の諸領域に関わるこうした長期の分化の歴史は、やはり社会的分業のより一般的な歴史を論じないとすれば、やるべきことを非常にたくさん残していることになる。下位－宇宙や社会的ワールドやシステムや場、すなわち正確には同一類型の社会的現実に帰するわけではないものの、社会的分化に関する諸現象を考察するという完全に同一の意志を共有する多くの概念はいずれも、研究するように努めなければならないような一つの発生過程（une genèse）を有しているのである。

社会学者タルコット・パーソンズは、宗教的条件から完全に独立した世俗的文化の出現の契機として、また、相対的に特殊な文化的領域と学問的領域の成立の契機として、イタリアでのポスト・ルネサンス期の重要性を強調していた。そこでは、さまざまな所属を兼任することが次第に許容されなくなるのである。例えば、もしレオナルド・ダ・ヴィンチが芸術家であると同時に学者でありうるとしても、それはもはやラファエロ・サンティやガリレオ・ガリレイに当てはまるものではないということだ[36]。しかし、歴史学の権威たる学者たちは、一連の文化的生産の場が自律化する契機を、ためらうことなくさらに中世へとさかのぼらせる。中世研究者ジャン＝フィリップ・ジュネの場合、強力な分化の端緒はまさしく十三世紀に置かれている。

そのため、われわれが歴史的土壌に立ち戻るならば、十三世紀以降、教会の独占が激しく攻撃され、相当数の場が次第に自律化していくことは明白である。ただし、その地位を確立することは決してたやすいものではないのだが。まず、最も目につくものとしては、最もうまく教会から切断された法律場が存在している。しかしそれは、予想にたがわず、象徴財の市場にさえなっていない。次に、大学場が存在している。それは、その諸審級を通じて容易に見定めることができる。しかしそれは、なるほど激しい危機はないにしても、全体的に見れば、教会の権威に支配されたままである。そして、法律は実際的には一挙にそれ固有の機能を獲得し、同様に医学もまたそうした傾向をもつために、大学場はそれ自体、分割される傾向をもっている。さらには、目立った審級をもたないけれども、教会の独占を免れ、まさにシステムとして機能するような文学場、いやむしろ、実際的には複数の文学場と呼びうるものが存在している[37]。

しかしながら、社会学者と中世研究者は、同じ類型の自律性ないし自律化の定義を念頭に置いていないだろう。この点は、正確に議論されるに値するものである。

問題の自律性

「自律性」の観念、そして特になお、「相対的自律性」の観念は、元来マルクスとマルクス主義的伝統の業績と不可分の歴史をもっている。実際に、マルクス主義は、一切の活動──政治的、法的、学校的、芸術的、宗教的、など──を経済的下部構造へと機械的に結び付ける、ある種の経済主義に向かう傾向を示していた。したがって、あれこれの次元の実践のなかで生起するものは、経済的土台に位置づけられる運動の直接的帰結にほかならないのである。こうした経済的還元主義に反発して、何人かの著者たち、そのなかでマルクス主義哲学者のエルンスト・ブロッホとアントニオ・グラムシが中心的な位置を占めているが、彼らは、活動諸領域、それらの実践、およびそこで繰り広げられる個別の闘争の相対的自律性という考えを発展させるにいたった。そのほかの社会の諸領域に対する経済的なものの単純な反映や直接的な決定よりもむしろ、例えば「上部構造の特殊な効果」[38]が承認され始めたのである。

しかしながら、すでにマルクスとエンゲルスは、「歴史の主要な推進力（puissances）の一つ」である分業の研究で、「分割（morcellement）」を認めることを許し、絶えずいっそう強制される「下位区分（subdivision）」に由来する各ミクロコスモスに固有の論理を探求するよう促していた。これらの著者たちに従えば、分業はまず、物質的労働と知的労働の分離という形態をとる。しかし、分業はまた、さまざまな家族の間、都市と農村の間、産業生産と農業生産と商業生産の間、産業労働や農業労働や商業労働といったさまざまな分野の間、さまざまな企業の間などに確立されるものでもある[39]。

こうして、暗黙的にであれ明示的にであれ、なぜ自律性の観念が、人文・社会諸科学の一部の研究者たちにとって、次第に重要なものになったのかが理解される。自律性の観念は、これらの研究者たちが一分野ないし一ミクロコスモスの研究に釘付けになったままにとどまり、それを孤立したもの（isolat）として見なすことに満足しているのではなく、彼らが当の分野あるいは当のミクロコスモスと、その外部にあるものとの関係性を探究しているだけになおさら重要なものになるのである。

自律性＝特殊性と自律性＝独立性――文学的領域の場合

知の諸分野ないし文化的生産の諸領域の分離は、諸社会の歴史のなかで非常に早くから生じている。もろもろの生産物は、新参者たちが領有しなければならない固有の伝統を明示しているとともに、そうした伝統を構成している。誰一人として自分が参入する分野の歴史を知らないとは見なされないのである。文化的分業の所産にほかならない、こうした類型の諸領域の自律化（自律性＝特殊性）は、権力（まず国家権力や教会権力、ついで経済的権力）に対する諸領域の自律化とも、生産者の経済的独立性（自律性＝独立性）とも、大した関係をもっていない。文学的領域（l'univers littéraire）の事例は、この問題に関してきわめて雄弁であり、それを明確にすることができる。

第一に、文学的領域の自律性は、そのほかの社会的諸活動（政治的活動、法的活動、宗教的活動、経済的活動、哲学的活動など）から分離された活動として文学が分化することと対をなしている。数世紀を経るなかで、アカデミー、作家団体、文学専門の出版社、国家的あるいは世界的な文学遺産、図書館と書店の文学専用の棚、文学賞と文学コンクール、文学教育、文学史の本、文学事典や作家事典、文学フェスティバル（manifestations littéraires）などのような特殊文学的な諸制度が誕生した。そのような視点をとるならば、文学分野の自律化は、十九世紀末を待たずに達成されたことになる。このような文学の自律性＝特殊性というのは、何よりもまず、（図書館やアカデミーや学校のおかげで）蓄積され、分類され、序列化され、教育された作品と知の問題である。こうした作品と知が存在するがゆえに、ゲームに参加し、文学作品を生み出したいと望む者たちは、この遺産のすべてもしくは一部を領有しなければならない。この観点から見れば、特殊な遺産を蓄積した文化的領域はみな、そのほかのあらゆる社会的領域（近くても遠くても）から必然的に切り離されて、自律化するのである。

作家たちは、王の要求に応じて戯曲を書くことができる、出版社の注文に基づいてシリーズものの探偵小説あるいは「感傷的な（à l'eau de rose）」小説を執筆することができる、広範な公衆のうちに先在する期待や好みに一致するような小説を書き上げることができる、といった以上のことは、文学の自律性＝特殊性、つまり文学がそのほかの分野から分化する個別の活動分野として存在することを再考させるものではない。ある者たちが執筆している間、別の者たちは絵を描いたり、デッサンしたり、彫刻したり、哲学したりしているのである。「出資者たち（commanditaires）」に対して最も強力に、そして最も直接に依存することは、特殊文学的な能力を発揮することを妨げるものではない。物語のコード、「しかるべき」一節（passages）やテーマをもった「産業文学」（サント＝ブーヴ）は、それが商業的な圧力や期待に合致しているという事実にもかかわらず、最も「純粋な」文学と同様に、文学が活動分野として自律化することから生み出されたものである。同種の圧力、同種の期待、ないし同種の外的な社会的要求（政治的要求、文化的要求、道徳的要求、宗教的要求、あるいは経済的要求）は、文学においてと哲学においてとで、絵画においてと映画においてとで、別様に翻訳されるのである。

スポーツ的なものとスポーツ的でないもの

スポーツ的領域を分析するならば、同様のことを確認し、同様の類型の注釈を述べることができる。ジャック・ドゥフランスは、フランスのケースに関して、一九五〇年代から八五年にかけ、スポーツが劇的に発展し技術化したと指摘している。スポーツの世界は「拡張」し、「外部の世界に対して次第に自閉していく」[40]ほどまでに、（専門化されたクラブと中心人物（piliers）をめぐる競争をともなった）「自らの規則、権力、および伝統を強化したのである」。けれども、自らに固有のゲームの規則と賭け金をもった一領域の特殊性を論じる者が、必ずしも自己への閉じ（clôture sur soi）を論じているとはかぎらない。

> まず、清廉潔白（explicite）であること、そして「善良」ないし「健全」であることを特徴とする、スポーツ競技の精神は、文化の不毛地帯では発達しない。なるほど競技は、そこで特殊な形態をとっている。しかしそれは経済的競争、科学的競争、学校的競争などの存在と無関係だというわけではない。したがって（de ce fait même）、スポーツの場は、暗示的にであれ明示的にであれ、ほかの数多くの競争的世界とひそかに通じている。そのうえ、スポーツ制度は、たとえスポーツを、特殊スポーツ的なもの（技術的なもの）とは異なるさまざまな賭け金ないし機能――例えば、宗教的、政治的、経済的、軍隊的、愛国的、学問的、市民的、道徳的、学校的な――と切り離そうとしても、なかなかそうなるものでもない。現在では、スポーツに結び付いた政治的、愛国的、道徳的、経済的、あるいは医学的な賭け金を見いださないことのほうが困難である。スポーツ場が完全に自己自身に閉じているならば、サッカーの試合の解説はそこまでナショナリスト的にならないだろうし（チームの出自とは無関係にパフォーマンスの質を解説するだろう）、代表チームは国歌を斉唱しないだろうし、サッカーの試合につきものの笛がときに論争を巻き起こすこともないだろう。礼儀作法を尊重する市民の養成機能、「健全な身体」、すなわち「健康」を維持する役割はもはや想起されないだろう。スポーツクラブの株式市場への参入に立ち会うこともないだろうし、広告やテレビの論理が、いくつかのスポーツ組織そのものにまで侵入することもないだろう。
>
> 　スポーツ的なものとスポーツ的でないものとのこれらの分節化、要請ないし要求されるこれらの社会的機能、あるいは純粋に見ればスポーツ的な論理とは無関係なこれらの賭け金は、こうした実践分野が一分野として「個別に」存在することを妨げたり、そこに参加する人びとを特殊な拘束（ゲームの規則、訓練など）に従わせることを妨げたりするものではないのである。

反対に、文学的領域の「自律性」が政治権力、宗教権力、経済権力に対する独立性という意味で理解されるならば、そのとき確信をもっていうことができる唯一のことは、歴史的に見て、政治権力と宗教権力に対する作家の依存、すなわち作品の財政支援者と出資者に対する作家の依存から、市場に対する全面的な依存へと移行したということである。大部分の創作者たちの文学的表現の自由は、自分たちの財政支援者、かつてであれば政治的エリートと宗教的エリート、今日であれば出版市場に対する依存関係によって、そのつど枠づけられ、制限される。ウィリアム・シェイクスピア、ミゲル・デ・セルヴァンテス、ジャン・ラシーヌ、ないしピエール・コルネイユの作品を、自身の出版収入で生計を立てるために大衆的な恋愛小説や探偵小説や歴史小説を執筆する十九世紀や二十世紀の著者たちのそれと比較するならば、強い政治的・宗教的依存がすぐれた文学作品の出現を不可能にしたわけではないということ、そして、質よりもむしろ売り上げによって選別する市場が、文学的視点を変革する可能性を著しく制限しうるということが十分に理解されるのである。

文学的領域の自律性の「獲得」を（フロベールとシャルル・ボードレールとともに）十九世紀末に置くためには、そして、その後二十世紀という時代のなかで再検討されるよりも前に、文学市場の成立が十九世紀におけるこうした自律化に関係していると考えるためには、[41]一方で、自律性に関する独自の定義を採用し、他方で、極端に解放的な美徳を市場のなかに位置づけなければならないのである。もっとも、ブルデューは、文学場に関する彼の論考で、文学市場が成立する際、そうした領域がどのようにして自律しうるのかという点に関して非常にあいまいなところを残している。なぜならば、市場のシステムは、メセナのシステムと同じく、創作者たちの自律性を一挙に――異なった性質の――危険にさらすからである。

ブルデューは、一九六六年に発表されたきわめて初期の論考の一つで、[42]市場の形成が、明らかな自律性の増大（gain）をもたらすということを主張するのに、二つの論点を混同してしまっている。第一の論点は、直接的・人格的依存関係（芸術家が彼らの忠告と批評を受け入れなければならないような直接の付き合いをもつ小サークルの読者たち）から、「公衆（public）、つまり顔が見えない読者たちである未分化で、没個性的な、匿名の「大衆（masse）」[43]」への移行に関わっている。この点について、自律性の増大というのは、かなり異論の余地を残すものである。というのも、われわれは、より「広範に」依存しているほうが、いっそう大きな自由を含んだ文学的駆け引きを可能にするのはなぜかを問うことができるからである。それにわれわれは、直接的・人格的依存から、いっそう緩やかで広範な依存へと実際に移行したといえるのだろうか。それは少しも確実ではないのである。編集者、文学のディレクター、ないし叢書のディレクターは、非常に具体的に見れば、市場の諸制約を忘れてしまいかねない著者たちに、それを思い出させるような人びとである。作家たちの歴史とは、あらゆる制約に対する彼らの漸進的な解放の歴史ではなく、まさに彼らに絶えずのしかかってきた異なる形態の諸制約の歴史なのである。（直接的な）命令から（広範な）需要への移行が意味しているのは、変化するのはただ決定の性質でしかないということだ。なぜならば、諸侯や国王や教会に気に入られようとすること、公衆を引き付けようとすること、あるいは編集者と仲たがいしないこと、以上のことはいずれも、文学外の（extra-littéraires）動機に従って筆を進めるように経済的に制約されることだからである（小説のために、あるいはもっとひどい場合には、大衆演劇や連載小説やジャーナリズムのために詩を諦めることは、十九世紀の小説家たちに繰り返し現れたテーマである）[44]。フロベールは、そのことについて十分自覚的であり、以下のように述べていた。

民衆を宛先にしていないのであれば、民衆が代価を支払わないのはもっともなことです。それが政治経済学というものです。ところで私は、自覚をもって制作されたその名に値する芸術作品が、計り知れないほど貴重なものであっても、商業的価値をもたず、代価を受け取ることができないということがあるのだと主張します。結論。金利収入（rentes）がなければ、芸術家は飢え死にしなければならない！　人びとは、作家がもはや貴族年金（pensions des grands）を受給していないがゆえに、より自由で、より高貴なのだと思っているのです。いまや、社会的に高貴な人びとはみな、食料品屋と同等の存在になっています。何たる進歩！[45]

ブルデューによって用いられた第二の論拠は、私には、やはり問題であるように見える。ブルデューが実質的にそう説明しているように、市場が自律性を生み出すのだとすれば、それは、政治的権威や宗教的権威とは無関係に、市場によって芸術と文化の専門家が存在することが可能になるということである。こうして、「作品に経済的サンクションを与えることができる潜在的な買い手からなる市場」は、「芸術家の経済的・知的独立を保証する」とともに、「文学市場と芸術市場の存在が、文字どおり知的専門家団体の形成を可能にする」[46]ことができる。ところが、歴史的に観察されるのは、まさに正反対のことである。ときに専制的形態のもとで、専門的な創作者団体（喜劇役者、研究者、作家、芸術家などの一団）が発展することを可能にしたのは、市場ではなくて、国家である。真の知的専門家団体が国家（あるいは教会）によってはじめて創出されたということ、作家たちが決して「専門家団体」を結成したわけではなかったということ、そして、彼らが市場を介した経済的独立からほとんど恩恵を得られなかったということを踏まえれば、自律化過程のなかで市場の作用がいったいどこに位置づけられるのかが判然としないのである。ほかの象徴財の生産者たちに向けられた象徴財の生産者である、最も「純粋な」作家たちが、市場の存在から恩恵を受ける機会がごくわずかでしかないということを踏まえるならば、市場のおかげで獲得された文学の自律性の利益はいったいどこにあるといえるのだろうか。ブルデュー自身は、十九世紀に関して、唯一最も「裕福な者たち」だけが、「自分たちの生活の糧を確保するための副業（tâches secondaires）に身を捧げるように迫られずにすんだ」ということ、そして、それ以外の者たちは、小説、演劇、あるいは「執筆すること（l'écriture）を、そのほかの活動と同様の一活動にする産業文学」のような「よりよい報酬が与えられる文学活動のために、多少なりとも早い段階で詩を諦めることを余儀なくされた[47]」ということを強調している。

ブルデューは、彼が次のように述べていた際、国家や教会によって養成され、採用され、報酬を与えられる法律家や祭司と、養成、職業的な安定性、および報酬に関してそのような条件を決してもたなかった芸術家（用語の十全な意味で）との間の重大な相違を見逃していたように思われる。「言い換えれば、エンゲルスがコンラート・シュミットへの手紙のなかで指摘しているように、法としての法の出現、つまり「自律した分野」としての法の出現は、専門の法律家団体を設立するように導く分業の進展と相関している。さらに同じく、ヴェーバーが『経済と社会』のなかで記しているように、宗教の「合理化」というのは、それ固有の「自己規範性（autonormativité）」を、経済的条件（「「発展の方向（lignes）」としてだけ宗教の合理化に作用する」）とは相対的に独立して、それ〔＝宗教の合理化〕が基本的に固有の傾向と利害関心を備えた祭司団体の発展に依存しているという事実に負っている。同様に、芸術としての芸術を成立させる諸過程もまた、芸術家が芸術家以外の者たちと取り結ぶ関係の変容、そしてそれにより、芸術家がほかの芸術家たちと取り結ぶ関係の変化と相関しているのである[48]」。ここでブルデューは、場の行為者（agents）の職業化された性格を自律性の基準にしているので、芸術家と作家が、定義上、自律的たりえないという印象を与える恐れがある。いずれにせよ、創作者たちの職業化の度合いが低いということが、こうした領域の特異性と場の理論の限定化の必要性を示しているのである[49]。

したがって、要するに、文学的領域とそれ以外の社会的領域とを区別する文学の自律性＝特殊性は、社会的、政治的、経済的、宗教的、あるいは道徳的な制約と要求から解放された文学という意味での文学の自律性＝独立性ではないということである。そして十九世紀に発展した芸術のための芸術の理論は、その〔＝自律性＝独立性の〕主要な成果の一つなのである。第二の類型の自律性は、第一の類型の自律性、すなわち、それ以外の文化活動に対する文学活動の分離と専門化にもちろん依存しているけれども、両者が混同されてはならない。自律性＝独立性は、限られた公衆だけが読むことができるテクストを執筆する、ごく少数の作家たち（基本的に、年金生活者か副業をもった作家たち）にだけ関係するものなのだということを付け加えなければならないのである。

文学の特殊性（文学が切り離された分野として存在すること）が外的諸要求に対する文学の独立性と区別されていないとすれば、そして、この第二の特性が――ブルデューのように――場に関わるか否かを決定する基準にされているとすれば[50]、そのとき、場の理論の創始者も使用者たちもおそらく引き出す用意ができていない、明確な一連の帰結を場の理論から引き出す必要があるだろう。

1、まず、自律性＝独立性は、ブルデューによって純粋な立場の創作者と見なされる者たち（フロベールとボードレール）をそこに含むのだが、めったに達成されるものではないということを認めなければならないだろう。

ブルデューは、これらの作家たちが、「専業である、全面的かつ排他的に自身の仕事に打ち込む、政治の要請と道徳の命令に無関心である、そして自身の特殊な芸術規範以外のどのような権限（juridiction）も認めない、近代作家あるいは近代芸術家という前例のない社会的人格[51]」を発明したと主張している。ところが、フロベールがあらゆる権力制度（報道機関、国家権力、雑誌、教会など）に対する自らの独立を叫んでいるからといって、彼を文字どおりに受け取ってはならない。「名誉とは、名誉を傷つけるものだ」と主張するフロベールは、一八六六年に、レジオン・ドヌール大十字（la grand-croix de la Légion d'honneur）を受勲している。彼は皮肉にも『紋切り型辞典』（一九一三年）のなかでこう書いてさえいる。「レジオン・ドヌール勲章。からかいながらも切望するもの。手に入れたときは、望んでいなかったと必ず言うべし」。そして、それでもなおフロベールは、道徳の命令に応じていないと見なされているが、その原稿は道徳的かつイデオロギー的な自己検閲の作業を示している[52]。

2、政治的秩序が文学的秩序のうちに容赦なく介入する時代には、「場」が突如として消滅しうるという考えを受け入れなければならないだろう（例えば、独裁的権力ないし専制的権力を備えた国家の文学[53]）。出版を禁じたり、許可したりするように仕向ける、言い換えれば、特殊文学的な理由に基づいてではなく、イデオロギー的基準によって著者たちを推奨したり失墜させたりするように仕向ける政治的・社会的検閲のために、文学分野が他律的な論理によって侵略されるとき、「場」を論じることはもはや不可能だろう。

3、「他律的な場」という考えそのものが、完全な撞着語法になるだろう。というのも、ときに「場」は、権力に対する自律性によって定義されるからである。実際のところ、ブルデューは、「経済的権力および政治的権力に対する独立性」を、文学的領域の「基本法則」ないし「ノモス[54]」としている。これをもとに考えれば、唯一真の「文学場」というのは、事実上、ごく少数の作家たちだけが関係する「限定的生産の下位場（sous-champ）」にすぎない。ここでこの社会学者は、分析に基づいてその多様な帰結を研究しなければならないはずなのだが、前衛的エスノセントリズムによって、場のわずかな部分にしか当てはまらないものを場の総体へと乱暴に一般化してしまうのである。ここでわれわれは、アラン・ヴィアラが次のように述べるとき、彼の言葉に同意せざるをえない。

われわれは、百年来、それ固有の諸矛盾を引き受けるのに苦労している芸術のための芸術という詩人の想像のなかで生み出されたいくつかのイメージから文学理論を作り出す傾向に、あまりにも屈してきた。あたかも芸術のための芸術が一般的なものであるかのようにして、言い換えれば、それがせいぜい一文学の理論であるにもかかわらず——しかしそれ自体は有意義なのだが——である。理論化することが有意味なもの、首尾一貫したものになるのは、理論化される対象すべてを引き受けるという条件のもとに限られるのである(55)。

ある観点から見れば、多少は自律的であるものの、明らかに他律的でもある「場」の存在を認めることが論理的でありうるように思われるのに、一部の場の理論は、そのような布置（configuration）を考えられないものにしてしまうのである。

4、最後に、「場」（権力に対する独立を推し進める自律的領域という意味で）が出現する以前には、文学分野は論理的に「場」と形容されることができないように思われる。ブルデューは、そうした着想がかかえる困難を十分に自覚していたにもかかわらず、「場」の概念を使用することにともなう恐るべき制約条件に関わる教訓をそこから引き出していなかったのである。

十九世紀末になってはじめて、さまざまな文化的生産の場が出現すること、および画家、作家、学者などといった、それらの場に対応する諸人格が十全に社会的に承認されることを可能にした緩やかな過程がその完成へといたるということが認められなければならないとしても、その第一歩を、できるかぎり遠い過去に、つまり自身の独立性と特別な威厳を承認させることをめぐって（定義上、ほとんど）闘争している文化的生産者たちがその姿を現すまさにその瞬間に、さかのぼらせることができるということは疑いようがないのである。[56]

自律性の基準（特殊性対独立性）は、想定されたケースに応じて、また、著者たちに応じて変化している。そのため、こうした多様性は、ある種の概念的なためらいを示しているのである。先に見たように、ある領域の行為者たち（agents）が職業化することは、達成された高度な自律性に関するかなり信頼しうる指標であると見なされる。その場合、推論（raisonnement）の核心にあるのは自律性＝特殊性である。例えば、職業化することは、特殊な知と能力に基づいて専門化することであり、専門家と一般人との間に社会的・象徴的な断絶を作り出すことなのである。こうしてブルデューは、「政治場の自律性」の増大の指標を、「永続的な専門家組織の発展[57]」に見いだしている。しかし、自律性＝独立性の定義を念頭に置けば、場の行為者（agents）の存在が、最終的には、選挙に基づくものである以上、したがって投票者たちを説得したり、魅了したりする彼らの能力に基づくものである以上、現代民主主義社会で政治場以上に他律的な場は存在しないといえるのである。このため、政治的行為者（agents）は、できるだけ多くの「一般公衆」の好みにおもねり、かつそれに立脚しているような、最も他律的な文化的生産者（商業主義的な極）にきわめて近いのである。唯一内部の闘争だけが、場の行為者たち（agents）に定められた運命を左右するのであれば、われわれは、妙技（virtuosité）、秘伝（ésotérisme）、無垢（pureté）といった諸戦略、および有権者たちの永続的な統制下でなされる最終決定ときわめて異なるそれが下されるのをよりいっそう目にすることになるだろう。実際には、党内部での選出手続きでさえ、場の外部の諸力に依存した状態でなされている。すなわち、さまざまな主張者たちの間に決着をつけるための「知識を何らもたない」一般人に可能性が与えられているのである。

反対に、法律場がそうであるように――法律場は、大多数の一般人にとって理解不能な固有の言語を発明するほどまでに日常世界から切断された、そして、法の観点から見て、適切か否か、処理可能か否かということを決定する、とりわけ専門化された一領域である――、とりわけ自律的＝特殊的な場が存在しうる。しかしながら、こうした場は、その行為者たち（agents）が解決しなければならない諸問題に含まれる実践的な機能と賭け金のせいで、ブルデューによって自律性に乏しいと判断される。[58] 法律場の扱いと政治場のそれとを比較すれば、場が自律的か他律的かを決定することが問題となる場合、理論的な揺らぎは明白である。政治場は、ほかでもないその高度な職業化を理由として、それから、それがまた実践的な諸問題をも解決しなければならないという事実、あるいはそれが外的な（選挙の）諸力に依存しているという事実とは無関係に、「自律的」だと見なされるのに対して、法律場は、非常に強く職業化しているにもかかわらず、それが外的諸要求に従い、それらを自らに固有の論理のうちに翻訳せざるをえないがゆえに、他律的だと判断されるのである。

したがって、場の理論は、非常に異なる二つの類型の自律性を混同し、権力に対する自律化＝独立化の過程での市場の重要性を過大評価するという重大な難点をかかえている。場の理論の使用者たちは、さまざまな契機や事例研究に応じて、これら相異なる自律性の定義のはざまで揺れ動いていて、自律性が存在するか否かを決定するのに必ずしも同一の基準を用いていないのである。こうしてわれわれは、自律性のさまざまな基準として、そのほかの類型の並行する文化遺産から自身を分化させる（そのため、文学は天文学、法、宗教などと区別される）特殊な文化遺産の存在（文献、作品など）[59]、経済市場の設立（直接的命令から解放する）、特殊な判決の審級（instances de jugements）の創出、そして、場に固有の、かつその特殊な法則が引き出される純粋理論、例えば法、文学、経済、政治などの純粋理論の存在さえもが持ち出されるのを目にすることができる。そうした揺らぎをともなっているがゆえに、われわれは、もろもろのケースに応じて、歴史のきわめて早い段階で「場」を開始させたり、歴史のきわめて遅い段階で「場」を開始させたりすることができるということ、そして研究者たちが、同じ現実に、（ある観点から見れば）自律性に乏しい場、（別の観点から見れば）十全に自律した場、もしくは、単に場ではないような領域、またはもはや場ではないような領域を見いだすことができるということを理解しうるのである。

自律性はいつまでさかのぼるのか

アラン・ヴィアラは、特殊な制度、特殊な賭け金、そして特殊な判断カテゴリーを備えた、そのほかの文化的活動領域と区別される文学分野、すなわち彼が「最初の文学場」[60]という表現で指し示す文学分野が、十七世紀フランスで、自律性を増大させていく様相を研究した。慎重に書き付けられたこの表現は、十九世紀末以降にしか「文学場」の生起を見ないブルデューによって提出された命題と関連づけてはじめて意味をもつものである。われわれは、一方の研究者が、他方の研究者が約二世紀半後にしか存在しないと考えるものを、十七世紀初頭に現れるのを見ているという事実に驚くかもしれない。場の定義と、場の存在を決定する基準が同一のものであるならば、そのようなズレが現れることは、もちろんありえないだろう。

相互に支援し合う、相互に読み合う、相互に評価し批評し合う、コンクールを組織し文学賞を授与するといった権限をもつ専門家団体（assemblées）としてのアカデミーの創立（一六三五年のアカデミー・フランセーズの創立、さらにはフランスのいたるところで見られるそのほか数十のアカデミーの創立）にわれわれが立ち会うことになるのは十七世紀である。ヴィアラは、これらの制度の発展のなかに、知的領域の増大する自律性、とりわけ文学の世界の増大する自律性のしるしを見ている。「もろもろのアカデミーは、知識人の場の自律化と、異なる専門分野へのその分割に関わる決定的に重要な要素となった」[61]。ここでの議論は、主として、特殊な討議と正統化を含んだ一つの制度的領域の成立を対象にしている[62]。同じ流れの議論のなかで、ヴィアラは、十八世紀に文学教育が開始されるということだけでなく、作家たちが彼らの公衆の一部と遭遇しうる文学サロンや文学カフェが（十七世紀と十八世紀に）増殖するということも強調している。これらすべての要素が、文学活動の分化に関わる「社会的・精神的基盤」を作り出すのである。

他方で、独立性に関する経済学的説明に従えば、「文学」は、単なるサービスの購入や純粋な注文によってではなく、作家の才能の威信が高い承認形態を構成する国家あるいは民間企業のメセナ（mécénat）によって支えられている。メセナは、作家に、注文されたサービスを正確に実現することなく、自らの芸術を営むための物質的可能性を与えるのである。実際に王権は、一六六四年以降、文学と作家たちを国家の公式事業として、毎年助成金を配分している。結局のところ、無私の趣味あるいは余暇としての文学という貴族的見解と手を切り、作家たちの独立性を獲得するための最初の経済的基盤を構成するのは、作品の取引と著作権の制定（知的財産の承認と盗作者に対する闘争をともなう）なのである。

「作家」が常に文学的な表現の自由を手にしているわけではないとしても（自律性＝独立性の考え方に基づいてヴィアラが述べるように、「他律性の最も露骨な形態の一つ」[63]である検閲は、十七世紀に、もろもろの権力から独立して文学生活を組織することに対する反動として進展する）、そして、諸アカデミーが外的諸力（貴族と聖職者の影響力が次第に強化されるとともに）と内的諸力とのさまざまな緊張関係の現場（lieu）であるとしても、それでもやはり、文学がそれ固有の生産物を所有していること、文学が第一位の文化的価値を帯びていること、そして文学が、固有のゲームの規則と賭け金をともなって、より広範な文化分野の内部で分化することに変わりはないのである。

作家が出版収入で生計を立てることはきわめてまれでしかないので、両義的な身分で文学活動を維持するのに貢献する副業ないし私財の必要性は、決定的に重要なままだった。その必要性は、それ以降も失われることがなかったのではあるが。最も恵まれた作家とは、出版収入とメセナの支援（gratifications）をあわせもつ作家である。市場を通じて、伝統的に作家の生活を成り立たせることを可能にしていた人びとに対する自律性を獲得することができるとしても、それでもなお別様の依存関係（編集者たちが必ず思い出させる公衆の好みや商業的制約に対する）が確立されるのである。

古典主義時代では、副業[64]、いやそれ以上に私財は、分化しながら特殊化する文学的秩序のうちで独立することを可能にする[65]。このため、自覚的な作家たちは、彼らの作品のなかでそのことを証言している。恩顧主義（clientélisme）の体制に依存していた者たちは、もちろん文学的独立性をほとんどもっていなかった。しかし、執筆の仕事で生計を立てたいと望むならば、版元契約（le contrat chez les libraires）を追いかけ回したり、いささか盲従的に心づけを追い求めたりすることを余儀なくされ、いつしかそれは独立性を喪失する危険を招くことになる。今日において、生計のために、公衆の文学的好みや読書習慣あるいは編集者たちの注文に左右される者たち、経済的に十分な所得水準に到達するために、一貫したリズムで出版すること——彼らの文学生産の性質に対する多様な帰結をともなって——を客観的に強制される者たち（しばしば同じ者たちである）は、それ以上に独立性をもっていないのである。昔もいまも、私財ないし副業は、芸術的独立性の最も確実な文学外の保証(garanties extra-littéraires) になっている。しかしもちろん、経済的諸条件が整っているからといって、そのような自律性が一貫して達成されるというわけではない。こうした自律性は、また何よりも、作家たちが文学遺産を領有することに関わるすべての作業——ときに膨大な——に依存しているのである。(66)

ヴィアラのねらいは、特殊文学的な分野の出現を、さらなる長期持続の歴史のうちに書き込み直すことである。このようにして彼は、ドゥニ・サン＝ジャックとともに、こうした歴史における三つの布置と三つの契機を区分する。「文学が主として他律性に従う」歴史（例えば、教会に対する中世文学）、「他律性（例えば政治権力）と自律性（制度および市場の存在）が文学の理念をめぐって闘争するだけでなく、同時に、両者が否応なく結び付いて、文学の地位をめぐってでも闘争する」歴史（ミシェル・フーコー的な意味における「古典主義時代(67)」）、そして最後に、「自律性が、象徴的価値を帯びた狭い範囲の支配的地位で確立される」歴史（ブルデューによって取り上げられた時期(68)）。別の研究者たちのいくつかの考察はまた、遅ればせの自律性命題、すなわち十九世紀における自律性命題に異議を唱える方向へと進んでいる。こうしてミシェル・ジャルティは、十七世紀文学に、すぐれた再帰性が存在することを強調しているのである。

『感情教育』で、デロリエがラスティニャックに対しておこなうほのめかしを注釈することで、ブルデューは、あるフィクションの登場人物が別のフィクションの登場人物にこうして言及することのうちに、「周知のとおり、場の自律性の主要な現れの一つである再帰性への小説の接近、例えばジャンルの内的歴史に対するほのめかし、こうした作品史を領有することができる読者に対する一種の目配せ」(Bourdieu, Les Règles de l'art. Seuil. 1992, p.148.〔『芸術の規則』〕)を見ている。ここでいかなる論証もなされていない以上、周知のとおりというのには驚かずにいられない。しかし、改めて、古典主義時代を、例えば奇跡の異教徒(merveilleux païen)に向けて書かれたフェヌロンの『テレマック』を考慮すれば、あるいは単に、十九世紀以上に、この点に関して、文学をよりいっそう自律した長期の連鎖とするようなモデルにならって考慮するならば、場の自律性との関係はやはり驚かれるべきものである。しかも、読者が、フロベールの時代に、著者の目配せに気づきうる可能性をごくまれにしか示しえないとしても、二世紀も前に、読者はみな、そうしうる可能性を示していたのである。[69]

しかしながら、文学をさらなる長期持続の歴史のなかに書き込み直すという、たいへん望ましいプログラムは、研究者たちが自律性＝特殊性と自律性＝独立性(常に非常に相対的で、時期と状況に応じて多様な形態をとる)との間にはっきりとした概念的区別を設けていなかっただけに、依然として冒険的で、両義的なものにとどまるのである。

経済的領域の自律化

カール・ポランニーの考察は、社会生活の特定の一領域、すなわち経済的活動領域の自律化に関わるいくつかの特性を把握するのに避けて通ることができないものである。それは、十九世紀の西洋社会で特殊経済的な制度と論理が出現したこと、ならびに、こうした特殊性が自己への閉じや残りの社会的世界に対する切断を示すものではないという事実を、同時に理解することを可能にする。特殊な領域またはシステムである経済市場は、決して自己自身に閉じた一つのシステムではない。それは、存続するために、政治的「環境」、文化的「環境」、道徳的「環境」、宗教的「環境」、法的「環境」、学校的「環境」などに依存しているだけではない。それだけでなくそれは、それ以外のあらゆる社会的諸領域へと向けられた一つの領域であり、いくぶん侵略的なシステムにさえなりうるのである。

ルイ・デュモンは、ポランニーの分析の貢献を、以下のように手際よく要約していた。

ポランニーは、歴史を非常にさかのぼって考察することで、経済の観念それ自体が最近のものなのだということを証明している。そのほかの文明と文化で、われわれが経済現象と呼ぶものは、そのほかの社会現象と区別されるものではない、すなわち明確な一つの世界、一つのシステムに格上げされるものではない。そうではなくそれは、いたるところに散らばり、社会的組織（le tissu social）のうちにしっかりと埋め込まれたものである（imbriqué, embedded）。マルセル・モースは、「全体的社会現象」としての贈与あるいは交換を論じていたとき、同様のことを述べていた。そこで、経済的側面、宗教的側面、法的側面などは、それらを分析的に切り離してしまえば、何が問題になっているのかを十分に理解できないほど、絡まり合っているのである。[70]

そのような諸社会では、「構造的に「経済」が存在しない」ので、それらの社会の主題として経済を論じることは、「非現実的なことをおこなうこと」[71]になるだろう。特殊経済的な制度（貨幣、銀行、有利子ローン、株式取引制度、それらに付随する投機など）がなければ、利潤、富の蓄積、利益追求を、適切なあるいは達成に値する目的そのものとする、厳密な意味での経済的動機をもつ行為者は存在しえない。銀行が、芸術、科学、あるいはさまざまな社会活動に財政支援するための財団を創設することができるとしても、このことは、もっぱら経済的なその機能とは無関係である。われわれは、銀行や企業やトレーダーに対し、その実践の次元で、情（sentiments）、道徳、ないしあれこれの宗教規範や文化規範の遵守を示すように要求することはできないのである。

しかし、特殊経済的領域を分離することが、道徳的なもの、宗教的なもの、政治的なものなどをもはや不可分のものとしないような、経済的実践の相対的な脱埋め込み（désencastrement, disembeddedness）を意味しているとしても、このことは、それが法的、政治的、文化的、ないし宗教的な制度と論理から完全に独立して存在するということを表しているのではない。経済的論理の脱埋め込みは、いくつかの社会で、その展開の諸条件を見いだすことができるのだが、互酬的な決定関係や、経済的なものと経済的ではないものとの結び付きを一切妨げるものだというわけではない。経済市場のはたらきの政治的（国家的）・法的諸条件が確かに存在しているのである。商取引の自由化に与えられる公的認可、競争ゲームに非介入的な政治あるいは自由競争を保証するための介入的な政治（独占禁止法）、所有権あるいは法によって保証され、取引の参加者同士の信用を確立するのに貢献する契約を思い浮かべれば、経済市場が、（多かれ少なかれ、その存在にとって好ましい）経済外の（extra-économiques）諸条件の一切を超え出たところで浮動する孤立体（isolat）として出現するのではないということが十分に理解される。以上のことは、さまざまな社会的領域が、自らに固有の論理を発展させる可能性を含みながらも、絶えず相互に依存し合っているということを意味している。例えば法は、商取引に要請される最低限の保護と信用を確保してきた。国家は、文学的領域や芸術的領域や科学的領域の中心にある最も純粋な論理のために、援助の政治や無条件の財政支援を通して介入することができる。宗教は、ヴェーバーが示したように、資本主義的な経済形態の発展にとって決定的に重要な支柱をもたらすことができる、など。

結局のところ、ポランニーは、経済的領域の脱埋め込み過程での自由主義的経済理論の重要性を強調するのに貢献したのである。利潤を追求する合理的行為者と自己調整的な市場の存在を措定する自由主義の教義は、徐々に増大していく自律化の徴候であると同時に、遂行的な効果を発揮しながら、その特殊性、それ固有の論理を自覚させることによって、当の現実をもう少し脱埋め込みするのに寄与するような「純粋」理論の徴候である。[72] なぜなら、これらの理論は、イデア界（le ciel des idées）や学者のミクロ共同体の内輪（l'entre-soi）にとどまるものではないからである。それらは教育されて広められるものであり、経済的実践を具体的に組織するのに役立つものである。フランソワ・クザンとダニエル・ブナムジが述べているように、諸実践に組み込まれた経済理論と管理体制（les dispositifs gestionnaires）は、計算手順を強化し、以前は社会的あるいは文化的諸要因（例えば伝統や慣習）によるものであった、そのほかの決定基準と入れ替わる。そのとき、諸実践への経済体制や管理体制の「遂行的な埋め込み」は、合理的行動の強化および経済的計算に関わる領域の拡大を通じて表れるのである。(73)

文学的・芸術的分野にとっての芸術のための芸術の理論のように、あるいはハンス・ケルゼンのような法の純粋理論と同様に、経済理論もまた科学的分業の所産である。研究者たちは、社会的分業によって自分たちに割り当てられる遮眼革（les oeillères）を装着している。言い換えれば、彼らは、世界のうちに、「経済的なもの」（あるいは「法的なもの」など）がそれとして存在するということしか見ていないのである。またさらに悪いことに、しばしばあるのだが、彼らは、必ずしもそこに見いだせないときでさえ、いたるところに「経済的なもの」を見いだしたりする。その場合、彼らは人間を、もはや経済的人間（homo œconomicus）（あるいは法律的人間〔homo juridicus〕など）にすぎないような存在に還元するのである。

記述と規定の間——自律性に関する事実を検証することの難しさ

研究者たちが、暗示的にであれ明示的にであれ、自律化の増大をしばしば称賛する文化的生産の諸領域とは異なり、現実的な経済の脱埋め込み過程とその自律的なはたらきは、政治的領域と同様に、それらを研究する者たちから、よりいっそう批判的な目で考察される。例えば、ポランニーは、脱埋め込み過程を記述し、分析しているだけではない。ポランニーは、社会的正義の観点から、その否定的帰結を告発してもいる。こうした企図がもつ規範性は、問題を提起せざるをえない。というのも、それによって、文化的生産の領域にも経済的領域や政治的領域にももたらされる分化の諸過程を、必要なあらゆる客観性をもって検討することができなくなるからである。ポランニーは、十九世紀から二十世紀の間に生じる自由主義的な経済の脱埋め込みを批判するがゆえに、市場システムが立脚する人間同士の相互依存関係の布置の研究だけでなく、政治制度、法制度、宗教制度、家族制度の研究、道徳的・文化的表象の研究を一切無視する傾向をもっている。それに対し、別の研究者たちは、抽象的な経済理論モデルを批判するがゆえに、行為者は合理的な経済的人間（homo œconomicus）に還元しえないということ、そして市場は完全に自律した現実ではないということを思い起こさせるのである。[74]自分たちの政治上の主要な得意分野に応じて――経済的行動をその社会歴史的な文脈から抽象化する経済学理論に対する批判と、現実の脱埋め込みの進展に対する批判との対比――、研究者たちは、経済学者たちに抗して、経済の埋め込みのしるしを強調することもあれば、ある種の政治学者たちやある種の経済的実践に抗して、非難されるべき脱埋め込みの徴候を強調することもあるだろう。

ブルデューが、「文学的なもの」を分析する際に特殊「文学的」でないものをすべて無視する傾向があったり、「科学的なもの」を分析する際に特殊「科学的」でないものをすべて無視する傾向があったりするのは、彼が文化的領域や知的領域の増大する自律化を肯定的に捉えているからである。彼が興味を抱いていることは、十九世紀末の作家たちのあらゆる自律性の兆候を明るみに出すということである。その際、市場は、直接的な依存関係から解放するものであるとともに、創作者たちが自律することを可能にするものだろう。しかし反対に、ブルデューは、場の自律性に影響を及ぼすさまざまな脅威に注意を引きたいとき、文化的生産の場に他律的な論理を強制する市場といった否定的な役割をむしろ強調しているのである。

ブルデューは、単なる分析者として、場の発生と変遷を研究し、それぞれの場で達成された自律性＝独立性の度合い、時代や経済的・政治的情勢などに応じて観察可能な自律性＝独立性の獲得と喪失を冷静に確認するだけにとどまることができるだろう。[75]ところが、社会学者〔＝ブルデュー〕は、規範的立場を明白に前提としながら、文化的生産の場の自律性に対して、肯定的なしるしを与えている。ブルデューは、自律性の「獲得」を論じ、それにのしかかる「さまざまな脅威[76]」を危惧しているのだが、そのことによって、自分自身の価値判断をはっきりと表明しているのである。

しかし同時に、それ以外のいくつかの場、とりわけ政治場の自律性は、厳しく批判される。そのため、われわれは、文化（言葉の広い意味で）を問題にするか、政治を問題にするかに応じ、自律性に対して強く肯定的なこともあれば強く否定的なこともある、そうした多様な判断基準が存在することの理由を問うことができる。例えば政治場は、政治家たちをして、もはや政治屋的な賭け金（「政治屋的な政治」）にしか興味を抱かせないように仕向けるその閉鎖性ゆえに厳しく批判される。それは、彼らが一般市民の代表者であるにもかかわらず、その頭上を通過してしまうからである。ブルデューは以下のように述べている。


政治の世界は次第に、自己へと、内輪の競争へと、内部の問題へと、自分たちに固有の賭け金へと閉ざしてきた。偉大な護民官（les grands tribuns）のように、自分の選挙人たちの期待と要求を理解し、表明することができる政治家たちは、ますます少数になっている。そうした政治家たちは、彼らの前線に立っていないのだ。[77]

ほかでもないこうした政治的ミクロコスモスの自律性が、公務に対する市民の関心の薄さを部分的に説明しているだろう。また、多様な判断基準については何ら問われることがないにもかかわらず、ときに芸術場との類似性は記されていさえする。ブルデューが述べるように、政治場は、「ますます自己自身へと閉ざし、依頼人たちとは独立した自律的な場として（つまり結局は、芸術場として）機能する傾向をもつようになる[78]」。

そうであるならば、文学的前衛に対する批判や、「芸術のための芸術」を説くタイプのあらゆる形式的探究に対する批判へとつなげていくためには、政治の世界について展開された推論（raisonnement）を文学ゲームの事例に適用すれば十分だということになるだろう。以上のことは、次のような記述を導くことになる。「文学の世界は次第に、自己へと、内輪の競争へと、内部の問題へと、自分たちに固有の賭け金へと閉ざしてきた。偉大な芸術家たちのように、自分の読者たちの期待と要求を理解し、表明することができる作家たちは、ますます少数になっている」。自らに固有の利害関心（文体的、形式的、構成的、など）[79]をもっぱら気にかけているがゆえに、大多数の人びとの文学的趣味と切断された芸術のための芸術が批判されるようになる、言い換えれば、最も「純粋な」文学、つまり文学的前衛が否定的に見られるようになるということが十分に理解されるのである。そしてそのとき、公衆の期待を聞き取り、先取りする能力を称賛されるのは、ベストセラーの作家たち、あるいは、とにかく、一般大衆（un large public）に応える小説の著者たちだろう。

それに対して、自己への閉じを肯定的に捉える見方は、政治的領域、経済的世界、ないし軍事的活動をどのように考えるのか。「芸術のための芸術」は、一種の「政治のための政治術」（あるいは、それは手段というよりむしろ目的そのものとなるだろう）、「経済的利益のための経済的利益の術」（利益のための利益を無道徳に追求すること）、「戦争のための戦争術」、などを、その等価物とするだろう。ところが、科学、文学、あるいは芸術の「芸術のための芸術」――著者によって、例えば文化的生産の場の一部の行為者たち（agents）によって擁護され評価される――と同様に、政治屋的な政治、経済学的なシニシズム、芸術の域に達した戦争――社会学者に限らず、否定的な評価を下されるかなりの数の偏向――というのは、同じ一つの社会的論理全体の異なる表現であり顕現であるにすぎない。すなわち、活動諸領域の漸進的な分化＝自律化にほかならないのである。これらの領域は、ますます閉じた回路として機能する傾向をもつようになり、一般人から遮蔽すると同時に切断する。それらは、固有の論理、つまり特殊なゲームの規則と賭け金を発展させるのである。

自律性＝特殊性と自律性＝独立性に関わる諸事実を冷静に検証することは、肯定的であれ否定的であれ、それらが呼び起こすさまざまな感情と距離をとることをおそらく前提とするものだろう。一方で、文化的諸領域の自律性を擁護すること、象徴財の領域を過度に自律化させるとして何人かの分析者たちを非難すること、あるいは他律性がかかえる危険性に注意を引くこと、他方で、政治的・経済的領域の現実的な自律化に否定的な評価を下すこと、あるいは実践の社会的諸条件を巧妙に免れるような諸事実に対する経済学主義者の見解やもっぱら政治学主義者の見解を標的にすること、以上のことは、分化という同じ歴史的運動が、こうしたあらゆる現象の起源にあるということを忘れ去ることに等しい。言い換えれば、それは、諸事実の分析を、それらに注ぎ込む自身のあるいは他者の認識視点に対してわれわれが抱いている感情的な結び付き(rapports passionnés)に依存させることにほかならないのである。研究者は、自分の課題とする批判的作業に応じて立場を変え、少しでも客観的に現実を検証することを一切禁じてしまいかねないのである。

私は以前、一九七〇年代末から九〇年代初頭にかけてのソーシャル・ワークの機能を解釈する際に、批判的なてこ入れ効果がもたらす変化(l'effet du changement de levier critique)を強調したことがある。[80]当初は、「支配階級のイデオロギー的使命の請負役[81]」と定義されるソーシャル・ワークは、それから十五年後に、「国家から次第に見捨てられるようになった都市や郊外の最貧層(populations les plus démunies)に、教育、そしてとりわけ保健に関して、最も基本的な公的サービス[82]」を保証するものとして理解されることになった。十五年のうちに、階級関係を批判するものから、国家の傍観(désengagement)と市場の論理の破壊的な拡大を批判するものへと移り変わったのである。道徳的・イデオロギー的支配を機能させる中産階級の者たち(petits-bourgeois)、つまりソーシャル・ワーカーたちは、悪条件下にありながらも、いっそうの弱者たちに奉仕する英雄的な代理人(agents)になったのだ。

分化にまつわる古くからの問題

科学とは、過去の成果に関する知識と批判的検証がなければ、どのような真の前進も可能にならないような文化的生産の領域である。これは、「ただ現代の科学的伝統に固く根差した探究だけが、この伝統を打ち砕き、新たなものを生み出す可能性をもつ[83]」と主張する際に、トーマス・サミュエル・クーンの言葉が意味していたことである。推論の誤りを明らかにしながら、いくつかの分析を敷衍しながら、あるいは、それらの推論の一部を借用しながらも、一連の著者たちと部分的に手を切りながら、過去と対峙することは、新たな体系を堅固に構築しうる唯一の方法なのである。

分業と承認をめぐる闘争

一般に思い浮かべられることとは反対に、デュルケムの社会的世界の見方は、主として合意と社会的凝集にアクセントを置いているとはいえ、純粋に平和主義的な見方であるというわけではない。ただしそれは、ほかの着想、とりわけ紛争や闘争を強調するマルクスの着想とは異なるものである。実際のところ、分化にまつわる諸現象の説明原理として闘争と承認の追求を引き合いに出しているのは、ほかでもないデュルケムなのである。

社会的世界で、分化の方向へと駆り立てるものは何か。デュルケムは、一見したところ、いささか形式的で機械的に見えるような回答をしている。デュルケムが述べるに、「分業というのは、社会の容量と密度に直接比例して変化するものである。もし社会の発展の途上で絶えず分業が進展しているとすれば、それは、社会が一様にいっそう密度を高め、非常に全般的に見ていっそう容量を増しているということである」[84]。これは純粋形態学の問いだろうか。実のところ、デュルケムは、密度と容量といった特徴と結び付けることで、はるかに複雑で独創的な解釈図式を展開している。彼の企図を歪めることなく要約するならば、増大する密度と容量によって、社会編成をなすさまざまな諸個人に、社会的・象徴的地位の問題が提起されるのだといえるだろう。全員が少数の共通目標を追い求めて「競争する」ならば、大半の「競争者たち」は、そこで自分の利益を得られないかもしれない。反対に、一連の分化した特殊な競争が組織されるならば、そのとき各人は、あまりに劣位に置かれないようにするためのいっそう大きな機会をもって競争することができる。このように、諸機能を社会的に分化させることは、社会的に承認される可能性を多様化することで、全般的な不満率を低下させる一つの仕方となっている。「そのため、分業は生をめぐる闘争の結果として生まれたものである。しかし分業というのは、そうした闘争の和らげられた解決である。実際に、分業のおかげで、敵対者たちは、相互に排除し合うことを余儀なくされずに、隣り合って共存することができる」[85]。ブルデューが、自らの企図を中世イタリアに関する法制史家の研究に立脚させながら、次のように述べていたとき、まったく別のことを論じていたわけではないだろう。「ガーシェンクロンが示しているのは、法学者たちが君主に対する自律性を獲得するや否や、彼らの各人が、ローマで二番になるよりもむしろ、自分の村で一番になるように専門分野を区分し始めたということである」[86]。下位領域を創出することは、結果として、過剰な数のライバルたちから生じる緊張、したがって敗者や失望者たちから生じる緊張、ならびに競争者たちが原初の活動と異なる定義をもちうるという事実に部分的に由来する緊張を減少させるのである。

したがって、万人の万人に対する闘争が観察される権力の領域では、手に入る卓越的地位の希少性と競争者数との不均衡によって、不満度がきわめて高いということが説明される。ヴァンサン・デコンブは、この点について『現代生活の画家』[87]で、ボードレールのような詩人が、「芸術の個人主義的体制」の準社会学的、かつ非常に陰鬱な分析をいかに展開しているのかを見事に示した。その体制では、誰もがみな、自らの独創性が承認されることを追い求めるのである。ボードレールが「個人の賛美」と名づけるものは、彼に従えば、解放、自律性、自己実現を導くのではなく、恒久的な「懐疑」「創意の貧困」「消耗的で不毛な自由がもたらす混沌」を導く。要するに、大半の芸術家が、そのような「個人主義的」体制のなかで「幸福」になることは、いっそう困難なものになるのである。アンシャン・レジーム（ancien régime）では、独創性に最も乏しい諸個人は、「強力な指導者の物差しに従い、そのあらゆる仕事で指導者に貢献することによって」、自らの地位を見いだしていた。その当時、誰もがみな、独創的であるとは考えられていなかったのだ。ところがそれ以降、各人は、自身に課される芸術的問題に対して、前例のない解決を与えるものだと見なされるようになる。そして以上のことは、大半の者が現実に独創的な作品を生産する手段をもたないために、漠然とした不安や懐疑を生み出すのである[88]。

各ミクロコスモスは、自らに固有の賭け金と自らに特殊な威信を有している。このことは、軍人が軍事的栄光を追い求め、科学的名声には無関心のままにとどまるということ（学者にとっては逆である）、もしくは「哲学者を地理学者の賭け金でもって競わせる」[89]ことはできないということを説明している。

軍人は軍事的栄光を追い求め、祭司は道徳的権威を追い求め、政治家は権力を追い求め、実業家は富を追い求め、学者は科学的名声を追い求める。したがって、彼ら各人は、別の者たちが自分の目標に到達するのを妨げずに、自分の目標に到達しうる。諸機能がそれほど相互に乖離していないときでさえ、やはり事情は同じである。眼科医は精神疾患を治療する医師と競合するものではないし、靴屋は帽子屋と競合するものではないし、左官は家具師と競合するものではないし、物理学者は化学者と競合するものではない。[90]

デュルケムは、行為者たちが同じ領域に属しているか否かに応じ、大別して二つの類型の闘争または競争（二つの用語が著書のなかで使用される）を想起させている。言及される第一の類型の闘争は、相対的に近い諸機能を果たす諸個人を、けれども同じ専門的環境をともにせずに、舞台に上げるものである。それは、「ビール醸造業者とブドウ栽培業者、ラシャ製造業者と絹織物製造業者、あるいは詩人と音楽家」によってなされる競争のケースであり、彼らは「しばしば互いに地位を奪い合おうとしている」。ここでデュルケムが指し示しているのは、例えば「知識人」の地位を要求するさまざまなカテゴリーの者たちの間に、今日観察することができる闘争とよく似たそれである。特殊な諸領域に携わる哲学者、社会学者、政治学者、論説委員は、そのほかの者たちも含め、それでもなお「公衆の思想家」の地位に接近するためにときに競い合っている。「［これらの諸機能］は、類似の諸要求を異なる諸手段で満たすので、多かれ少なかれ互いに浸食しようとせざるをえないのである」[91]

デュルケムによって言及される第二のケースは、専門的な各ミクロコスモスにおける内部闘争に相当する。そうした内部闘争は、新たな下位分割の原因になりうるものである。人びとが近づけば近づくほど、競争はますます激しくなり、人びとが距離を感じれば感じるほど、相対的無関心がますます緊張を減じさせる。

厳密に同じ機能を果たす者たちに関していえば、彼らは、互いを犠牲にすることによってはじめて繁栄することができる。したがって、もしこれらの諸機能が、共通の根株をもとに枝分かれした一束として表されるならば、闘争は、中心に近づくにつれ、一様に増大する一方、両極で最小になるのである。(92)

活動諸領域と特殊な諸論理との緊張関係

ヴェーバーは、彼の立場として、活動諸領域をその固有の論理で理解することの必要性と同時に、それらの間に存在しうる緊張関係を把握することの必要性を強調していた。ヴェーバーは、「各自の法則に従う」ような「社会的行為のさまざまなレジスターの自律性を主張し」続けることで、絶えず「あらゆる形態の還元主義に反対し」たのである。「固有の法則性（Eigengesetzlichkeit）、文字どおり「固有の法則性（légalité propre）」という概念のうちに要約されているのは、まさにこの考えである。この概念は、「中間考察（Considération intermédiaire）」がはっきりと示しているように、あらゆる領域に適用され、「内的（internes）」論理や「内在的（immanentes）」論理に帰せられる」(93)。実際、宗教に対するヴェーバーのアプローチは、明らかに、さまざまな宗教的生活様式とさまざまな宗教的見解の相対的自律性の問題、すなわち、ある階級やある集団の物質的・象徴的利害の単なる反映では決してないような生活様式と見解の相対的自律性の問題に取り組んでいる。いうなれば、もろもろの外部の影響は、それらが特殊宗教的な言語や行為へと翻訳されるところに見いだされなければならないのである。(94) そして、まさしく行為のレジスターの社会的分化こそが、それらのそれぞれに固有の論理あるいは「法則性」を徐々に意識化するように導いたのである。

確かに、そのとき、人間がさまざまな善の領域と取り結ぶ、外的関係と内的関係、つまり宗教的関係と俗人的関係を意識的に合理化し昇華することにより、さまざまな領域に（略）内在する論理が、内的一貫性をもったものとして意識されることになった。そのため、外部の世界との素朴な関係が支配的であるかぎり、原初の時代には未知のものだったさまざまな緊張関係が、それらの間に出現するようになったのである。[95]

そのため、分化を論じる者は、それぞれの行為のレジスターに特徴的な「内的論理」「固有の論理」あるいは「内在的論理」の構成および意識化を論じているのである。自らを自律化させ、自らを分化させることによって（比較において固有のアイデンティティーを獲得する方法）、各活動領域は徐々に自分自身の法則を発見したり、生み出したりする。商売に道徳も情も持ち込まないことを要請する、経済的領域の「ビジネスはビジネス（business is business）」、あるいは法的秩序に関する「法は法（la loi, c'est la loi）」のような同語反復的な（tautologiques）慣用句は、「宗教的な友愛倫理」、日常道徳、家族感情などに対する経済的なものや法的なものの分離のしるしである。こうして、「戦争は戦争」「芸術のための芸術」あるいはさらに、「社会的なものを社会的なものによって説明する」というデュルケムの有名な教えについても同様のことを述べることができるだろう。こうした表現に含まれる自己言及的な言葉の繰り返しは、分離と操作的な閉じのはたらきをうまく示している。しかし、慣用句以上に、制度的・社会的分離を生み出すことになるのは、もろもろの理論である（経済理論、法理論、政治理論、宗教理論、美学理論、軍事理論など）。というのも、科学的分業は、諸機能の社会的分化に正確に結び付いたものだからである。したがって、それぞれの理論は、自身にあつらえ向きの行為者を構築することになるだろう。例えば、経済的人間（homo œconomicus）、政治的人間（homo politicus）、法律的人間（homo juridicus）、宗教的人間（homo religiosus）、美学的人間（homo œstheticus）、性愛的人間（homo eroticus）など。

結局、特殊な諸法則を分離し意識化することによって、活動諸領域の間にさまざまな緊張関係、競争、ないし矛盾が生じるようになる。実際に、共同体でのさまざまな行為様式を統べるさまざまな法がしばしば互いに両立しないのは、誰の目にも明らかである。例えば、宗教的共同体が預言者や神に対する絶対的で根本的な忠誠を要請するとき、それは、家族の者たちへの忠誠をよりどころにする家族の論理に矛盾するものになった。[96] 同様に、経済的制度が商取引と費用計算の論理を課すとき、それは、道徳的、宗教的、家族的、政治的価値などと必然的に対立する。「時は金なり」のような表現は、「愛するとき、人は（与えられる金と時間を）計算しない」と対立する。[97] そして同じく、裁判官は、情動的、人格的、などの配慮をすることなく、法を適用し、罪人たちを処罰するのである。

しかし、ヴェーバーは、「社会的行為のレジスター」や「活動領域」を論じる際、どのような社会的現実を念頭に置いているのだろうか。ヴェーバーは、ブルデューがのちに「場」という言葉で指し示すことになる諸領域と相似するようなそれをもっぱら思い描いているのだろうか。テクストを正確に読解することで示されるのは、分化過程に関するヴェーバーの理解を、そのような社会的布置に還元することは不当なものであるということだ。いくつかの活動領域は、場になりうるもの（経済、政治、宗教、美学、知識人の活動領域）と相似しているけれども、ほかのいくつかの活動領域は、そうした活動領域と非常に明確に区別される（家庭生活、ヴェーバーがそのうちに売春やオルギア的性愛としての夫婦の性愛を数えている官能的 - 性愛的活動、倫理的次元の活動など）。しかし、しばしば、前者でさえも、相対的に自律化した時空間（espaces-temps）に刻み込まれた活動としてだけでなく、行為のレジスターや社会生活の次元としても考察されうるのである。そのうえ、ヴェーバーは、「領域」だけでなく、「家族の社会的・精神的紐帯、所有、政治的、経済的、芸術的、官能的利害関心[98]」をも論じている。この領域という観念は、そのような専門化された諸機能へと必ずしも転換されることがない諸実践のなかに、性愛的、倫理的、美学的、経済的などの諸次元が存在する場合、自己自身に閉じた三次元の空間を指し示すものになる。同様に、家族のような領域は、そこで複数の諸機能、例えば、両親、情動、官能、倫理、美学、経済、政治、宗教などの諸機能が展開される場所なのである。

行為の論理や行為のレジスターの分化と自律化を仮定するからといって、さまざまな活動が明確に分離しているという幻想を生み出してはならない。その一方で、ある分析水準（これらのさまざまな領域に結び付いた「専門的な生産者」の水準）ではっきりと観察することができるこうした分離が、別の水準（これら諸活動の生産物の伝播や適用や領有の水準）ではほとんど目にすることができないということもありうる。

例えば、それぞれの賭け金という観点からすれば、経済、政治、法、哲学、スポーツの諸領域が、異なりかつ並行した時空間のなかで異なる行為者たちをあまねく「競争」させることが明らかであるように見えるとしても、別の観点から物事を見れば、問題は複雑なものになる。こうして、経済的領域は、現代資本主義社会で、そのほかの諸領域と並行して存続する一「領域」ではなくなるのである。実際に、製品やサービスなどに対する経済的価値帰属の論理または商取引の論理を免れるような活動は、今日、ほとんど存在していない。したがって、経済的論理（推論や経済的計算）は、活動分野全体に関連する横断的な論理であり、何らかの程度で（à un degré ou à un autre）遍在している。ある領域が、その特殊性と自律性を最高度に磨き上げている場合でさえ（例えば、学校的領域や芸術的領域や文学的領域）、何らかの契機で（à un moment ou à un autre）この経済的論理に絶えず遭遇する。例えば、最も「純粋な」学校教育が、常に雇用市場へと——まさしく不利なかたちで——翻訳されることになる。最も「純粋な」作家や芸術家が、自分の作品を売りに出す、など。このことは、性質上、社会生活のあらゆる分野（私生活から公的活動、職業活動、遊戯活動などにいたるまで）を貫くなり、覆うなりしうる政治的論理や法的論理に対しても当てはまる。

分離した領域や圏域だけでなく、論理、行為のレジスター、機能、あるいは社会生活の次元といったさまざまな語彙。こうして使用される多様な語彙は、分析の難しさを表している。それはとりわけ、社会的分化の所産を、決して触れ合うことも交差することもなく、厳密な平行状態で存続する、完全に切り離された領域として表象するというよりもむしろ、互いに頻繁に接触し、接合し、反発し、対立し合い、支え合うような特殊な論理を想像するように仕向けるものである。相互浸透も相互作用もない自己自身に閉じた現実という印象を与えたくないのだとすれば、「領域」「ワールド」「圏域」ないし「場」といった観念——分析という観点から見ればおそらく必要不可欠な——は、それ自体、慎重に使用されなければならないのである。専門家や熟達者によって支えられるそれぞれの実践分野の特殊性は、不断の相互依存のはたらき——相補性、支援、協力関係または緊張関係、競争、矛盾、ないし支配――を免れるものではない。

こうしてわれわれは、さまざまな領域を、社会のほかの諸部門全体に介入する、それらの傾向の大小と現実的能力の高低に応じて、区別することができるだろう。いくつかのケースで、それらの領域は、社会的世界のなかのあらゆる実践を取り扱う資格をもっている。例えば、政治的領域と法的領域は、社会的世界全体（公共圏も私圏も、など）を調整することをその機能としている。しかし、特殊な論理の拡張過程は、使用される語彙によって、しばしば不当に指示されることがある。その場合、社会的世界全体の、あるいは諸問題に取り組んだり、検討したりする方法の「司法化」「政治化」「市場化」[99]「医療化」「心理学化」「メディア化」[100]などが論じられることになる。また、これらの言葉が引き合いに出されるのは、横溢、不当なまたは問題的な拡張、個別の一下位領域の論理による全領土（全社会的下位領域）の侵犯ないし植民地化を批判し告発するためである。例えば、学校の落ちこぼれの問題を医療化すること、夫婦の問題や仕事の悩みの問題をすべて心理学化すること、経済的推論を保健や芸術や文化や教育の分野に導入すること、純粋に私的なものとして認識されるような問題を政治化すること、あまり形式的ではない手段を通じて問題を解決するよりも一貫して司法へと訴えかけること、その必要性がない問題や実践をメディア化すること、など。

ブルデューは、そのほかのすべての場に介入する正統性と手段を所有する国家権力の場のような場を指し示すために、「メタ場（méta-champ）」という用語を提起した。しかし、それぞれの領域の「内的法則」を尊重する際に、国家の介入がどの程度までなされるのか否かという問いが手つかずのままになっている。ブルデューが執拗に場を特殊なゲームの規則を備えた空間として特徴づけていたということを踏まえれば、国家が「さまざまな場を規定する規則を決定するメタ場」[101]として機能するという考えが、彼の文章に見いだされることは驚くに値する。ここでこの社会学者［＝ブルデュー］は、法と国家の偉大な理論家カール・シュミットに接近している。それというのも、シュミットは、「政治的なものの特殊性は、人間活動の考えられるすべての領域が潜在的に政治的たりうるという事実に存し」ていて、「新たな講座」が提供されれば、「政治的なものはどのような題材も独占することができる」[102]と考えていたからである。ある場が「そのほかの場を規定する規則を決定する」ことができるとするならば、このことは、その自律化＝独立性という考えを真剣に再考させるものとなる。そして、国家の場（champ étatique）について述べられることが、そのほかの多数の個別の社会的領域（法的、経済的、科学的、など）[103]についても述べられることになりうるように、以上によって、社会学者は、これらの領域が自己自身に閉じたシステムではなく、社会的実践の総体に関係するとともに、それらに対してはたらきかける可能性をもった領域なのだということを、さらにもう少し考慮するように促されるのである。

サブシステム理論のアポリア

ドイツの社会学者ニクラス・ルーマンの理論は、それもまた、近代社会が社会的な機能的サブシステム、例えば経済的、政治的、法的、宗教的、教育的、科学的、芸術的、メディア的、などの機能的サブシステムに分化するという見解に基づいている。それぞれのオートポイエティックなサブシステム（生物学から借用された用語）は、自己産出的、自己調整的、自己言及的という意味で、自律的に機能する自己自身に閉じた「コミュニケーション」の世界であると考えられている。諸サブシステムは、自身に外在するものを自身の「環境」として扱っていて、非常に驚くべきことに、ルーマンは、諸個人がこうした「環境」に属していると主張する。社会的世界の非実在的な見方であると同時に、まさしくそういわなければならないのだが、明らかに観念論的なこの見方では、人間は自らの歴史を作ることがないのである。唯一存在するのは、自己産出的な種々の有機的な社会的身体であり、その固有の論理は、諸実践の観察および所定の個人行為者たちの研究とは独立して把握されうるのだと見なされる。

観念論と有機体論は、社会的諸サブシステムの平和的に共存する（irénique）見方と結び付く。それらは、その間に、どのような競争関係も緊張関係も支配関係も保持していない。例えば、経済的サブシステムがそのほかのサブシステム全体に決定的なはたらきかけをおこないうるという考え方、あるいは、いくつかのサブシステムが社会的世界全体にずっと弱い影響しか及ぼさないという事実は、等価な重要性をもった自律的な諸サブシステムから構成された社会というルーマンの見方と完全に対立するものである。同様に、ルーマンは、各サブシステムの内部に「コミュニケーション」の展開しか見ていない。ルーマンの世界は、個人行為者たち（彼らの歴史、彼らの性向と能力、彼らの個人的な利害関心と戦略をもつ）も社会階級も存在しない世界である。言い換えれば、諸サブシステム間、諸集団間、諸階級間（性別的、年齢的、ないし社会的）、あるいは諸個人間に支配関係や力関係のない世界なのである。

しかし、システム理論は、機能的に分化した諸システムの研究にとどまらない。ルーマンにとっては、進化した機能的サブシステムから、一連のあらゆる組織を経て、二人の人格同士のつかの間の（éphémères）相互作用にいたるまで、あらゆるものがシステムである。ルーマンは、これらのさまざまな現実を、あたかも相互にはめ込まれた異なるサイズの別々の物を問題にしているかのように、論じているのである。例えば、状況の定められた商取引は、それ自体、経済的サブシステムに包含されるスーパーマーケットのような組織の枠内で生じるかもしれない。各機能システムは、存続するために特殊な組織に立脚しているのである。換言すれば、経済システムは企業に立脚し、法システムは法廷、弁護士事務所、法的サービス、法学部などに立脚し、教育システムは初等教育から高等教育までのさまざまな学校に立脚し、政治システムは政党、議会に立脚している、など[104]。他方で、各組織の生命は、非常に多様な性質を備えた無数の相互作用から生み出される。いずれにせよ、ルーマンにしてみれば、組織や相互作用は、機能的諸サブシステムのようなオートポイエティックなシステムを構成していて、そのきわめてつかの間の性格によってだけ、それと区別されるにすぎないのである。

オートポイエティックなシステムをいたるところに見て、結果的にシステム概念[105]そのものがもつ利益を疑わせるような、この超システム的な（hyper-systémique）見方を脇に置くならば、そして、たとえルーマンが観察レベルの面を熟慮していないとしても、それでもなお、われわれは、社会的現実の非常に異なる水準で研究される諸事実のフレーミング（cadrage）に関して、ルーマンのいくつかの考察を役立てることができる。

システム理論は、社会的現実を、相互に増殖し合い、相互に重なり合い、相互に接続し合う、複数の社会システムの一領域——機能システム、組織、相互作用——として理解させる。この見方は、かように構成された社会がそれを通して自己実現するような一切の出来事をいろいろなものとして捉える見方に接続しなければならない。社会システムで意味を帯びる一切の身ぶり、事物、記号などは、同時に、一つないしはいくつかのそのほかの社会システムを構成するコミュニケーションに参入することができる。[106]

こうして、教員の授業は、教室内での先生と生徒の相互行為の枠組みに、特殊な時間割、教育チームなどをともなって生徒を受け入れる学校組織に、あるいは教育システム全体に結び付けることができる。ルーマンは、彼が記述するシステムの総体を気にかけているのだが、結果的に、研究者によって操作されるフレーミングの重要性をはっきりと示している。したがって、研究者は、浜辺の砂利を観察する人のように、社会的世界のうちに存在する切り離された諸システムの輪郭を浮かび上がらせるだけではない。研究者は、自身が提起する問いに応じて、自身が解決しようとする問題類型に応じて、ほかならぬ一つの類型のフレーミングを採用することになるのである。[107]

表現層同士の相互依存性

研究者たちは、自身の研究関心や自身の学問の研究状況に従って、過去の研究を一様に忘却しながら、同型の問題と答えを絶えず再発明しているかのようである。諸活動の社会的分化にまつわる問題に関し、イニアス・メイエルソン（Ignace Meyerson）のような心理学者の考察を紐解き、活用した社会学者は、きわめて少数である。けれどもわれわれは、この心理学者のおかげで、分化した実践諸分野の特殊性（例えば技術的、経済的、宗教的、法的、芸術的、科学的な諸分野の「大規模な集合的体系化」）に関わる決定的に重大な点、つまり、それらが共有している諸特性、ならびに、知、イノベーション、あるいは問題構成（problématiques）のある分野から別の分野への伝播を対象とする考察をおこなうことができる。

これらの分野は、歴史的に多様であり、社会的分業の状態に依存している。メイエルソンは、特殊な「表現層（classes d'expression）」あるいは「作品体系（systèmes d'œuvres）」としてのそれに関心を抱いている。すなわち、「それぞれが、自らに固有の内容、すなわち、自らの題材、自らの生産の技術的条件、自らの形式的枠組み、自らの規則を有している」[108]。メイエルソンは、社会的分化を論じるあらゆる思想家たちと同じように、全体的な社会的領域のうちにさまざまな下位領域を区分し、それらがもつ特殊な諸論理を強調することに気を配っている。しかし彼は、社会諸科学の大勢の研究者たちとは異なり、さまざまな活動分野で観察することができる内容と手続きを特に重視するのである。メイエルソンは、このように述べている。

人間世界。いやそれよりも、さまざまな人間世界といったほうがいいだろう。人工物かつ構築物であるがゆえに、それらは、おそらく人間の歴史の早い段階でさまざまな層に細分化される。人工物は一体ではない。つまりは分割されるのである。われわれは、人間の経験の諸分野に対応する、構築物の諸分野、すなわち作品の特殊的かつ自律的な諸分野を論じることができる。それぞれが、自らに固有の題材、自分自身の全体構造と自分自身の基本形態、自らの教化規則、自らの意味内容、自分自身の現実的価値のような何かを有している。絵画や音楽などは相互に翻訳不能である、数学の公式で表されるものは日常言語で述べられるものではないということは何の変哲もないことである——少なくとも、そうでなければならないだろう。さらにわれわれは、構築活動は当初からこのように方向づけられて特殊化されるのだということ、言い換えれば、あらゆる作業を開始した瞬間から、われわれがそのうちで、またそれを通じて「思考」し、創造する記号は、定式化された表現層のさまざまなしるしなのだということを付け加えることができる。[109]

このような関心のため、心理学者〔＝メイエルソン〕は、こうした複数の表現層からもたらされる心的効果を考察しようと試みるのである。

しかし、こうした複数性は、自己自身に閉じた多元的世界として考えられているわけではない。特殊であるとはいえ、これらの表現層は、共通の特徴（「共通の歩み、類似のメカニズム、収斂」）を分かちもち、相互依存関係（「互酬的行為」）を維持している。各層の特殊性とその多孔性（その非－閉鎖性）を同時に考慮するために、メイエルソンは、「水平的かつ垂直的な、二重の条件づけ」[110]を論じている。垂直的な条件づけとは、ある作品を同分野の作品史に関係づけることであり、水平的な条件づけとは、ある時代の諸分野全体に多かれ少なかれ共通するものに、ある作品を結び付けることである。[111]メイエルソンは、自らの企図を次のように説明している。

一九四〇年代から五〇年代の絵画における色使い、形態表現、空間表現は、とりわけ印象派たちとキュビストたちの空間、動作、物体、経験、制作に関する諸問題を解決するために、先行する画家たちがなしたあらゆる努力に依存するものである。それらはまた、複雑な階層化、均衡と不均衡の脅威、経済的・技術的現実、科学、理論とイデオロギーをともなった一九四〇年代から五〇年代の社会の実態にも従属するものである。[112]

ある分野に変容が見られるとすれば、そのことは、隣接する諸分野に反響せざるをえない。メイエルソンは、科学的な遠近法の発明がイタリアの絵画制作の規則に及ぼす帰結を例として挙げている。そのため、われわれは、芸術と科学の関係、文学と映画の関係、文学と写真の関係[113]、絵画と写真の関係[114]、映画と絵画の関係[115]などを念頭に置きながら、彼の推論を追跡することができる。われわれはまた、ジャーナリスト作家が、新しい言説のジャンルとジャーナリスティックな新しい文体を文学に導入するときのように[116]、もしくは、フランツ・カフカが、法律的な文体や論証スタイルのいくつかの側面や司法の世界（法廷、弁護士、および訴訟の世界）のいくつかの要素を、自らの文学作品のなかに動員するときのように、ある表現層から別の表現層への性向の転移にまつわる諸効果を、個人レベルで観察することもできる。他方で、個人レベルの社会的なものを忘却しない――分野、階級、システム、群（séries）の論理を優先するような視線をもっぱら採用するというよりもむしろ――歴史心理学者として、メイエルソンは、行為者が決して唯一の社会的領域にだけ書き込まれるものではないということを想起させるにとどまらない。それだけでなく彼は、行為者が「諸作品の世界、すなわち言語、宗教、法、科学、芸術に浸っている」ということ、行為者が「諸作品によって形作られる」ということ、そして、これらのさまざまな分野における諸経験の総体をもとにしてはじめて、行為者自身が所定の一分野での創作に貢献するということも想起させているのである。(117)すなわち、「行為者は、そこ〔＝所定の一分野〕から多少なりとも抜け出し、その精神的努力の諸側面を、ほかの諸作品を通じて表明するのである(118)」。

換言すれば、自律性＝特殊性が意味するものは、諸分野の気密性ではないということになる。「そのため、絶えず相互干渉と相互のはたらきかけが存在している。自律性と干渉は、対立し合うものではなく、補完し合うものであり、ますますそうなっていく(119)」。なぜなら、諸分野の特殊性は、完全に独立した、これら各分野の外部で企てられていることと無関係に発展するようになるわけではないからである。諸分野の外部にあるものは、絶えず内部の諸実践を修正する。これは自律性の程度の問題ではない。というのも、メイエルソンが定義するように、自律性――題材、制作の技術的条件、形式的枠組み、および規則としての――は、一挙に確保されるからである。ミゲル・デ・セルヴァンテスの『ドン・キホーテ』もしくはアイスキュロスやソポクレスの悲劇におけるよりも、フロベールの『感情教育』の文学的表現にいっそうの自律性があるわけではない。もとより、文学史や絵画史で、社会的、経済的、政治的、宗教的諸経験は、テクストと絵画を貫いている。しかし同時に、文学外の社会的諸経験を文学や絵画に転換すること（transposition）に関わる問いもまた提起されているのである。

その基本的特性を構成し、おそらくその駆動的要素となるのは、ほかならぬ表現層の特殊性――意味、内容、形式の独創性――である。そうした特殊性は、特定類型の諸経験を導くことによって、一連の作品の発展に作用する。それは、十分な程度の自律性が存在する場合には、進展し、多様化していく。なるほど自律性というのは、独立性、すなわち孤立を意味するものではない。一つの社会という文脈全体が、各層に作用しうるのである。しかし、その文脈全体は転換されるという条件ではじめて作用する。人間のさまざまな創作は、多様なリズムをもつものであり、多かれ少なかれそれらを根底から覆すような諸経験の影響下に置かれている。これらの創作は、多数の道筋に沿って、すなわち、等しく必要で、相補的なのだが、けれども特殊な諸表現を通じて、同時になされるのである。(120)

分化した社会における複数的行為者

拙著『複数的人間』の主要な目的は、著書のタイトルに気をとられた者たちがそう考えたかもしれないように、行為者が必然的に「複数的」なのだと主張するところにあったのではない。そうではなく、その目的は、行為者が高度に分化した社会に生きていて、多少なりとも早い段階から、異質で、ときに矛盾さえする複数の社会化の文脈を往来しているだけに、性向の観点（「アイデンティティー」の観点ではない）(121)から見て、なおいっそう複数的であるようなさまざまな機会をもつようになっていると主張するところにあった。実際のところ、性向と能力の遺産が、実践の総体を生成し、統一する一つの公式に要約されるような行為者を形成する社会歴史的条件は、分業と社会的機能分化が進展するにつれ、次第に整わないものになった。

これらの分化した社会の行為者たちが、彼らの伝記的道程で、あるいは彼らの日常生活のさまざまな契機で生み出さざるをえないちょっとした移し替え（microdéplacements）や大きなズレを客観化することは、それぞれの行為者が、ときに衝突し合う不均質な（精神的・行動的な）性向と能力の所持者でありうる理由を理解することを可能にする。諸個人が経験する矛盾、動揺、両義性、ないし不協和は、信じる性向（および、とりわけ理念的なものや理念的規範）、知覚習慣、評価カテゴリー、および異なる社会的文脈／社会化の文脈に由来する行為様式の内面化（内部の「折り目（plissement）」）の所産にほかならない。

　フロイトと彼に追随する数多くの精神分析学者たちは、絶えず「心的葛藤」を明らかにしてきた。彼らは「葛藤を人間の構成要件と」さえ見なしている。しかしながら、そのきわめて社会的な特徴には注意を向けていない。「主体のうちで、相反する内的諸要求が対立し合うとき[122]」、葛藤が存在するのである。ところが、これらの内的諸要求は、外部に起源をもつ。それらは、異なる人物や制度によってもたらされる複数の諸要求に結び付けられたり、それ自体が矛盾のかたまりである社会的座標（constellation）の重要人物たち（父、母、配偶者など）が、行為者に差し向ける「矛盾した命令」や「逆説的な命令」に結び付けられたりする。[123]葛藤は、それが「欲望と道徳的要求」、すなわち両立しない二つの欲望や「矛盾した二つの感情」を対立させるとき、明白なものになりうる。しかしそれは、「症状、行動の混乱、性格障害など[124]」として婉曲的にしか表明されない場合、しばしば「潜在的」である。

　それが同一人物によって経験されるかぎりで「心的なもの」と形容される葛藤のきわめて社会的な性格を自覚するためには、エリアスがしばしばそうするように、フロイトの第二局所論――「欲動（pulsions）の貯蔵庫」としての「エス」、意識的な心的構造としての「自我」、そして内面化された道徳的判断あるいは「批判的審級」としての「超自我」――を構成する一切の要素を歴史化しなければならない。[125]エリアスは、超自我をある社会の歴史的所産――その権力行使の形態は、拘束の内面化と自己統制に基づいている――にすることによって、ならびに個人の心的経済を、こうした超自我と社会的に構築された一部の性向とのある種の闘争の場[126]であると考えることによって、精神分析の諸カテゴリーをかなり根本から歴史化し、フロイトの第二局所論を、歴史的に決定され画定された心的経済の作動モデルにするのである。

　フロイトは、権力行使の形態と様態の歴史的・社会的な多様性と、心的経済のはたらきに対するその帰結に敏感ではないにせよ、それぞれの個人のうちに存在する外的権力の一種の代理人たる超自我の社会的性格を十分に認識していた。フロイトはそれを、外部から、つまり両親あるいは彼らのさまざまな代理によって行使される権力の内面化された形態であると見なした。「この新たな心的審級は、以前は外的世界の人物たちに確保されていた機能を継続して引き受ける。それは、この審級によって代理されている両親とまさに同じように、自我を監視し、自我に秩序を与え、自我を指揮し、自我を懲罰で脅かす[127]」。しかし、「欲望」や「欲動」は、超自我とまったく同じように社会的に決定された現実である。エリアスが主張するように、欲望は「あらゆる経験に先立って自らに書き込まれているわけではない」。すなわち、「欲望は、最も幼少の頃から、他者たちとの共存による影響を受けて構成される。そしてそれは、年がたつにつれ、人生の移り変わりを次第に決定づけるようなかたちで定まることもあれば、ときにはまた、主として重大な経験の結果、きわめて不意に定まることもある[128]」。「欲動エネルギー」は、子どもとの最初の相互作用が始まるや、社会的経験によって構造化され、形作られ、指揮され、方向づけられる。

精神分析学者たちのいくつかの著作を読めば、われわれが信じるであろうことに反して、一次的なもの［「欲動傾向と欲動構造」］は、二次的なもの［「自我と超自我の構造」］と同じように、社会的所与に関連づけられる。すなわち、それらは、自我と超自我の機能構造と同じように、歴史的進化の帰結に委ねられるのである[129]。

「不変の人間本性」（「リビドー」や「攻撃本能」や「死の欲動」）は存在しない。そのため、「古代の遺産」と「遺伝的先有傾向」または「生得的先有傾向」を引き合いに出すフロイトの立場に抗して、「両親の影響」や「家庭教育」の諸効果に敏感なフロイトの立場を断固として採用しなければならないのである。

個人行為者の内的複数性はまた、一連のあらゆる社会学者の研究のなかにもはっきりと姿を見せる。これらの社会学者は、そうした内的複数性を、当の行為者が参加せざるをえない社会生活の諸形態と明白に釣り合うものにしている。例えば、ジンメルは、フロイトと同様に、矛盾する力や理念に対する個人の二重の依存関係に帰因する内的葛藤の可能性を考察している。「衝突する両親の間で引き裂かれた子どもたちにおいて[130]」とりわけ観察されるのは、「二人の主人をもった召使」によって典型的に経験される状況である。しかし、この矛盾する二重の依存関係（多元的だと想像することさえ必要だろう）は、すっかり内面化され、「それらの諸要求が人間のまさしく内側に位置づけられる理念的・道徳的諸力」および「さまざまな義務の衝突」のかたちをとりうるのである[131]。「多数の圏の交差[132]」が存在する場合、個人の「道徳的人格」は、どのようなものになるのだろうか。分化した社会の諸個人がそこに参加する複数の「社会圏」や「集団」（出身の家族集団、創設家族〔famille fondée〕、頻繁に触れ合う上司や部下からなるあらゆる下位集団を備えた職業環境、さまざまな交友サークルなど）は、「個人に心的な二重性、すなわち分裂を迫るような内的かつ外的な葛藤を生み出す[133]」。しかし、この同じ複数性が、ちょうどそれぞれの行為者のもつ相対的な特異性の起源となる。なぜならば、

> 「これらの帰属集団」が多くなればなるほど、ほかの人間が同じ集団の組み合わせを示す可能性はますます少なくなる。つまり、これらの多数の圏が、再びほかの点で一致する可能性は、ますます少なくなるのである。われわれは、具体的な対象を、その諸性質の一つに従って、一般概念のもとに整理する場合、もはやそれに個性を認めることはない。しかし、具体的な対象は、ほかの性質がそのもとに位置づけられる、ほかの概念を強調するかぎりで、その個性を取り戻す。同じく、プラトン風に言えば、それぞれの事物は、それが所有する性質と同じだけの理念に関係し、それによって、それぞれの事物は個別に規定される。自身の所属するさまざまな圏に対峙する人格にとっても同様のことが当てはまる[134]。

「個性」ないし「特異性」を把握するのに、社会的拘束のネットワークと同時に社会的決定論から抜け出すことは無駄であり、不可能でさえあるということが十分に理解される。社会的決定論は、力のはたらきによって物体

を動かすことよりもはるかに複雑である。個性や特異性というのは、共有された社会的諸特性の複雑な組み合わせと調合の問題である（「個性的組み合わせの無限の可能性」）。ジンメルが自らの推論の根拠としてプラトンを引用しているのは偶然ではない。なぜならプラトンは、イデアを、現実のなかで決してそのようなものとして観察されることがない純粋な性質であると定義していたからである。「息子」のイデアは、「息子」以外のなにものでもないような「純粋に息子としての息子」である。ところが、社会的現実で、「息子」は、「父」「兄」「夫」「愛人」「労働者」「友人」「トランプゲームのプレイヤー」「卒業生」などでもある。したがって、それぞれの相対的な特異性は、「最も多様な圏と適応期間の遺産としての、無数の社会的な糸の交差」[135]から生み出されたものである。諸活動の強力な社会的分化が意味しているのは、諸個人が多元的であるように決定されているということである。したがって、諸個人に作用する多元的な決定は、決定論の力を何ら減じるものではない。

他方で、ジンメルはまた、自身が帰属するさまざまな圏のなかで同一人物が同時に占める「位置」の多様性（支配的あるいは被支配的な位置、競合あるいは同盟の位置、愛情あるいは憎しみの位置、など）を強調している。しかもジンメルは、同一圏内でのこうした関係相互の「位置」の多様性さえも強調している。彼は、第二の仮定の例として、「家庭教師（professeurs particuliers）」を事例に挙げる。「家庭教師（précepteur）は、生徒に勝っていなければならない。すなわち彼は生徒を支配し、操らなければならない――一方で、家庭教師は使用人であり、生徒が主人である」[136]。行為者は、多様な圏のおかげで、諸現象を相互に補い合い[137]、異なる「好み」や「切望」を満たすことができる。科学的名声、軍事的栄光、道徳的権威、政治権力、ないし富のような賭け金を、分業に由来する専門的集団や専門的環境といった「展開された（dépliée）」視座でしか考察しないデュルケムとは異なり、ジンメルは、（「折り畳まれた（plié）」）個人の観点から見ることで、このように分化した「名誉」の諸形態から次のような帰結を引き出している。「こうして、人格がもつ多面性は、多様な名誉の観念に従いうる。そうした名誉の観念は、人格が同時に帰属するさまざまな集団の反映も同然である」[138]。さまざまな圏に帰属すること、それは、不均質で、潜在的に矛盾するさまざまな賭け金、志向、ないし論理を内面化することにほかならないのである。

のちにパーソンズもまた、さまざまなシステムと多かれ少なかれ持続的に接点をもつ諸個人という観点から、こうした複数の社会システムに由来する諸帰結を引き出すことになる。ジンメルが、個人が経験する矛盾、緊張、ないし代償を分析する際に、これらの現象（規範、好み、切望、義務など）の核心にあるのは何か、また同時に、行為理論の主たる要件とは何かに関する多数の定義のはざまで躊躇しているとすれば、パーソンズは何よりも、分化した社会システムで同一の個人が引き受ける複数の「役割」から生み出される「忠誠心の葛藤」を強調している。

役割の多元性、すなわち同一人格が多数の集団に帰属するという事実は、あらゆる人間社会の基本的な特徴である。総じて、役割の多元性の発展は、近代的類型の社会を導く分化過程がもつ重大な特徴の一つである。このため、共同体あるいはそのほかの集団に対する忠誠心を調整することは、社会的共同体にとって、統合に関わる主要な問題になる。（略）総じて、諸個人の私的な動機づけは、多数の集団帰属とそれに由来する忠誠心のおかげで、社会システムへと首尾よく導かれる。大部分の人びとにとって最も重要な問題は、忠誠心の葛藤が生じる場合に、自分の責務を調整することである。例えば、近代社会の成人男性は、「被雇用者」であると同時に家族世帯の成員でもある。この二つの役割の要求がしばしば衝突するにもかかわらず、大部分の人間は、両者の役割に忠実であることに大いに関心を抱いている。社会的共同体は、諸集団の複雑なネットワークであり、こうした集団に対する忠誠の複雑なネットワークである。このシステムは、機能分化と同時に機能分割によっても特徴づけられる。こうして、家族世帯、営利企業、教会、政府組織、教育集団などが形成する統一体は、相互に分化するのである。[139]

パーソンズは、異なる行為の文脈への関与あるいは書き込みに関わる問いを、当該のさまざまな集団、共同体、ないし制度に対する義務の問題に還元することによって、エネルギー量や時間のように、行為者をやや抽象的な一種の法律的人間（homo juridicus）や道徳的人間（homo moralis）にしてしまう。パーソンズは、異なる領域に関与することが、性向（行為する性向と信じる性向）と能力を前提とするものだということを忘れているのである。

同様に、社会学者モーリス・アルヴァックスは、社会的帰属ないし社会的書き込みの不均質性（hétérogénéité）を、彼の記憶研究で考察の対象とした。主に集団や制度のレベルで思考していたデュルケムとは逆に、心理学に対する関心、とりわけいわゆる「集合的」心理学への関心が高かったアルヴァックスは、「いくつもの集団に同時にあるいは順々に没入する」[140]ことが、それぞれの個人に及ぼすもろもろの効果に関心を抱いている。それぞれの個人が参加する諸集団（家族、学んできた学校、多種多様な同輩集団、職業環境、同じ政治的結社、宗教的結社、文化的結社の成員たちなど）は彼の記憶の社会的枠組みであり、社会的枠組みの不均質性は、身体化された記憶の不均質性をもたらすのである。社会学者〔＝アルヴァックス〕は、『集合的記憶』において、社会的枠組みの複数性を考察すること、そしてあまりにも拙速に同質的なものだと見なされた全体を再考することに関心を示している。

反対に、集合的記憶の多元性を理解するには、次のような場合に、われわれの人生の物語がどのようなものになるのかを想像してみればいい。すなわち、われわれが人生の物語を語っているとき、われわれが横断した集団の一つを想起するたびに、その集団をそれ自体で検討し、自分がそれについて知るすべてのことを述べるために、いちいち立ち止まるとすれば、人生の物語はどのようなものになるだろうかと。いくつかの集合――われわれの両親、学校、リセ、われわれの友人、われわれの職業関係者、われわれの社交関係、さらには、われわれが愛着を抱く政治団体、宗教団体、芸術団体――を区分するだけでは十分でない。これらの大区分は便利なのだが、やはり外在的で単純化された現実の見方に対応している。これらの社会には、空間の一部だけを占める小さな集団が含まれていて、われわれが接触してきたのは、そのような集団のうちの限られた部分にすぎない。それらの社会は、変容し、分割されるので、われわれがその場にとどまり、集団を去らないとしても、その成員たちの緩やかなあるいは急速な入れ替えによって、当初に集団を構成していた人びとと共通の伝統をわずかしかもたないような実質的に別の集団になるのである。[141]

こうした考察は、シカゴ学派がとる方向性と関係がないわけではない。一九三八年の論文で、ルイス・ワースは、諸活動の分化、増大する分業、および空間の密集化に結び付いた専門化を背景に都市的現象を記述していた。社会的分業に関するデュルケムの著作を参照しながら、ワースは、「都市住民は、強く分節したさまざまな役割において遭遇する」という事実を強調している。ワースはこう述べている。

どのような集団も個人の排他的な忠誠を特別に有していない。個人が所属する集団は、単純なヒエラルキー的分類に容易にくみするものではない。個人は、社会生活の異なる諸側面から生み出された多様な関心ゆえ、広範に分岐した集団に参加する。それぞれの集団は、彼のパーソナリティーの一分節と関連してはじめて機能する。[142]

この端緒となる直観は、のちにゴフマン、ストラウス、ウルフ・ハナーツ、さらには、そのほかの著者たちのなかに再び見いだされることになる。ストラウスは、その間で必ずしも両立するわけでなく、ときに対立関係にさえある、こうしたさまざまな社会的ワールドと社会的下位ワールドへの多元的帰属（multi-appartenance）を、現代的な社会生活がもつ基本的条件の一つとする。[143]反対に、ストラウスは、唯一の社会的領域で行為し、それだけにしか関与しない諸行為者から構成される社会編成がほとんど存在しないという事実を強調している。ハナーツもまた、そうしたところに、都市化された社会の基本的特徴を見ている。ハナーツは、「大部分の個人が演じる多元的役割は、それが同じ舞台の上で演じられるわけでない以上、相互に区別される」[144]という事実に基づき、

「大都市」の現実を「部族社会」に対置するマックス・グラックマンのテクストに依拠しながら、ほかの一切の場所とやはり異なる宗教的な場所や政治活動に従事する場所だけでなく、学校、すなわち家庭生活の場と区別された勉学の場に通うために自宅を出かける子どもを想起させている。役割の凝離と道徳的判断の凝離は、諸活動の社会的分化の帰結なのである。

しかしながら、シカゴ学派出身のあるいはシカゴ学派から示唆を得た多数の著者たちにおいて、社会生活は、「役割」（と「役割レパートリー」）の問題、「自己提示」と「自己提示の駆け引き」の問題、「舞台裏の情報操作」の問題、「印象管理」の問題、「他者たちが自己に関して抱くさまざまなイメージ」と「これらのイメージの運命についての気がかり」の問題、自分自身に委ねられた「情報提供」と「情報隠蔽」の問題などに還元される。[145]ところが、「役割」概念やそれに付随するあらゆる概念（操作、提示、駆け引き、欺瞞など）には、意識的どころか、むしろ戦略的な次元が強く存在している。例えば、われわれは役割がまったくもって「自己」ではないということを自覚しているにもかかわらず、ある役割を採用したり、ある役割を演じたりする。さまざまな役割は、それらを宿すなり、演じるなりする者たちに大きく影響を与えたり、変容させたりすることなく、着脱されるかのようになるのである。複数の役割とそれらの分節化において、ゴフマンやハナーツのような著者たちの興味を引くものは、諸個人が分節化されたさまざまな場面で他者に自己提示するという事実によって開かれる欺瞞や隠蔽のあらゆる可能性である。そのような「語られること」と「語られないこと」のゲーム、すなわち提示と隠蔽のゲームは、異なる場面で同じ人物と接触する恐れがきわめて大きい、相互の面識の限定された社会になおいっそう限られる。しかし、分化した諸文脈のこうした往来が身体化されることによって生み出される社会的効果を評価するのに、これらの著者たちが欠いているものは、明らかに社会化の理論である。

最後に、誤った推論を不条理なまでに推し進めるかもしれないような仕方に、何よりも利害関心をもつ著者たちが存在する。調査の精神を一切欠いた純粋理論家として、システム理論の論理（パーソンズのそれ）を発展させたルーマンのケースである。ルーマンは、やはり経験的研究の論理といささか断絶しているので、最も純粋な構造的見方ないし構造主義的見方[146]によく似て、個人行為者や社会システムの歴史を徹底的に排除している。各個人は、（非常に異なる資格をもつ）並行するいくつもの機能システムに参入し、「矛盾する多元的なゼマンティクのうちで[147]」生きることができるので、個人行為者は、自身の一貫性や統一性を喪失していると見なされる。と同時に、個人行為者は、社会の説明体系のうちに、もはやどのような地位ももたなくなる。ルーマンは、エリアスのように[148]、意識的な個人主体に関するルネ・デカルトの見解、すなわち自己自身に閉じた調和したモナドを批判するというよりもむしろ、こうした主体が唯一の同じサブシステムにだけ帰属する伝統社会には存在していたけれども、多元的な社会的機能システムのせいで消失したのだと考えるのである。

かつて、それぞれの主体は、まず環節化され、続いて階層化された、唯一の社会システムに属していた。そうした主体は、システム内部での自らの地位の帰結として、自身のアイデンティティーを受け取っていた。人格の個人的アイデンティティーは、自身の社会的アイデンティティーと一致していたのである。以上のことは、近代的機能システムとともに消失する。諸個人同士の関係ではなく、諸システム同士の関係を基盤として構造化される社会で、それぞれの人格は、そのうちの一つに限らず、すべての社会システムと接触しなければならない。「いまや、社会の一サブシステムのうちに、そしてそのうちの一つだけに恒久的に根を張り続けることができる者など誰もいないのである」［Niklas Luhmann, *El amor como pasión. La codificación de la intimidad*, Peninsula, 1985, p.16.］。同一人格、言い換えれば、それぞれの人格が、法の主体、消費者、政治参加者などとして機能することになる[149]。

ルーマンは、複数帰属（pluri-appartenance）と結び合わされる場合に、そのような複数のシステムが、諸個人の社会的生成（la fabrication sociale）に対してもたらす帰結を引き出すのではなく、展開された状態の社会的なものを離れたところから検証することを優先するために、この厄介な（あまりにも複雑な）個人を葬り去るのである。すなわちルーマンは、自らに固有の論理を備え、それらを存続させる行為者の諸実践を正確に記述し分析することなしに記述され分析されうると見なされる、諸サブシステムの検証を優先するのである。けれども、われわれは、分化した諸社会を個人レベルで研究することによって、それらをよりいっそう十分に理解することができる。例えば、衝突する社会的論理や時間の投資、サブシステム相互にはたらく補完現象などが把握されるであろう。しかしそのため、やはり研究者は、大雑把におこなわれた抽象的分析だけで満足してはならない。なぜなら、そうした分析は、行為者を決して観察したり、検討したりしないだけに、あたかも行為者が存在しないかのようにしてしまうからである。以上のことはまた、諸個人の社会的生成における各サブシステムの大小の重み、まさに内面化されるものの性質、そして複数性が内面化される仕方を研究するような社会化の観点からのアプローチを要請するだろう（「多元性がサブシステムに内在している」[150]と主張することは、うまくいけば、研究の可能な方向を指示するけれども、それ以上ではない[151]）。

しかしながら、ルーマンが論じるさまざまな「機能的に分化したシステム」ないし「機能システム」は、まったく等価な性質をもつわけではない。学校教育が、大半の社会で義務であり、主として非常に強く諸個人の社会化に寄与するのに対し、芸術や宗教は、社会の一部の成員たちにしか関係しない。法システムは、法学に社会化された者が少数であるとしても、外部から万人に課される（「何人も法を知らないとは見なされない」）し、法を無視する者と法を破る者は処罰を受ける）、など。ルーマンは、諸個人を体系的に変容させる手段を有するシステム（教育）、あるいは諸個人の活動全体を決定する手段を有するシステム（経済、政治、法）と、大部分の人びとに対してよりわずかな重要性しかもたないか、何ら直接的な影響をもたないシステム（宗教、科学、芸術）の間に、どのような区別も設けていないのである。

性向主義的かつ文脈主義的な社会化の社会学という観点から見れば、以上のすべてはどのように考えられるだろうか。機能分化と相対的に自律した（特殊的という意味での）ミクロコスモスの成立に関わる長期の歴史的変動は、諸個人の社会的生成に関して重大な帰結をもたらす。特殊な論理を有する多元的な社会的文脈は、いずれも性向と能力を形成する潜在的な社会化の枠組みである。不均質な社会化の枠組みを同一個人が頻繁に往来するとき（実のところ、各個人が複数の枠組みにめったに直面しないような分化を想像することもできる）、そして、これらの経験が比較的早期からなされるとき、多元的な社会的文脈は、相対的に不均質な個人の性向と能力の遺産を形成するための基盤となるのであり、こうした個人遺産の活性化は、現在の行為のそのつど新しい文脈に依存することになるのである。

分化した社会での諸個人の多元的な社会化は、何よりもまず、彼らの社会的行動の個人間の多様性を説明している。そのような社会では、同じ階級や同じ社会的下位集団や同じ家族に属する同じような二人の個人は、厳密にいえば同じ社会化の枠組みに従うわけではないので、彼らの一部の実践を相異なるものにする可能性が高くなる。他方で、社会的行動の個人内の多様性の存在を証明することは、したがって、社会的分化と複数の社会化の枠組みの効果を示すことなのである。こうした社会編成を構成する諸個人は、彼らが経験した複数の社会化の影響と、彼らがそこで行為せざるをえない多種多様な文脈のために、性向の複数性によって特徴づけられる強い可能性をもっている（多元的な社会化の諸経験は、多少なりとも強力な性向と能力のかたちで結晶化する）。個人内と個人間の多様性に相当するミクロな現実は、現代社会の複雑な、そして分化した構造化によって特徴づけられるマクロな現実の最も基本的な特性へと立ち返るのである。

ブルデューの性向主義的社会学が、複数の活動領域や行為のレジスターが個人に対してもつさまざまな効果を体系的に掘り下げられなかったとするならば、それは逆説的にも、彼が不均質な世界に住まう均質な個人を想定していたからである。しばしばブルデューは、複数の社会的枠組みがもつ社会化の効果を考慮するかわりに、あたかもすでに社会的に（暗に出身家庭のなかで）構成された行為者が、不均質な状況に直面するかのようにしていたのである。ブルデューはこう述べていた。

ハビトゥスがもつ固有の効果は、ハビトゥスがその現動化の条件の所産にならないようなあらゆる状況（社会が分化するにつれ、ますます頻繁になっていく）で、きわめて明瞭に観察される。まさしくそれは、前資本主義的経済のなかで形成された行為者（agents）が、資本主義的世界（cosmos）の要求と衝突し無力化されるケース、あるいはさらに、ドン・キホーテのように、老人たちが場違いな性向を永続させるケース、もしくは、社会構造のなかで上昇なり下降なりした行為者の性向が、自らの占める位置と調和しないケースである。(152)

したがって、このように記述された個人行為者は、基本的に、自らの性向と能力の遺産に関して、往来した社会的文脈の複数性による影響を受けないのである。単一的社会化の（mono-socialisé）所産である個人行為者は、自身に外在する複数性を事後的にしか発見しないように見える。そしてもちろん、個人行為者は、保存の原理を通じて、抵抗したり、危機に陥ったり、困惑したりするのだが、自らを変容させることはないのである。

同様の見方をとることで、ブルデューは、次のような研究をおこなうことが興味深いと述べている。

いくつもの場に参加したために、典型的にライプニッツ的な可能世界のモデルに従って、多少なりとも「創造的な」仕方で、同一のハビトゥスからいくつもの成果（réalisations）を生み出した人物の研究（消費の領域で、さまざまな芸術が、ルイスがいう意味での同じ趣味の「対応物（contreparties）」として、客観的に見て体系的な表現を与えるように）。(153)

ここでもなお、前提にされていることは、体系的で均質的な一体（Un）としてのハビトゥス――さまざまな場のなかで異なる特性と可能態に翻訳される実践の一つの生成公式――の存在である。諸個人は分化した社会に生きているが、彼らのハビトゥスは奇妙なことにその影響を受けない。言い換えれば、あたかも諸個人は不均質性から保護されているかのようである。というのも、彼らは、均質な社会的条件のなかで構成されたあとではじめて不均質性に遭遇するからである。しかしながら、それとはまったく反対に、現代的な状況を検証しようとするならば、分化した社会で社会化された行為者の特殊性を、そしてとりわけ、多元的な社会的書き込みと複雑な社会化の経験の所産以外のなにものでもない、性向と能力の遺産という幾重にも折り重なった構造（*structure feuilletée*）を、考察するように努めなければならないのである。

注

（1）Pierre Bourdieu, *La Noblesse d'État: Grandes écoles et esprit de corps*, Minuit, 1989, p. 376, note2.（ピエール・ブルデュー『国家貴族――エリート教育と支配階級の再生産』Ⅰ・Ⅱ、立花裕英訳〔Bourdieu library〕、藤原書店、二〇一二年）

（2）これはとりわけ、« Pierre Bourdieu face au problème de l'autonomie », *Critique*, 579/580, août-septembre 1995, pp. 697-703 での歴史学者カール・エミール・ショースキーの見解である。

（3）Émile Durkheim, *De la division du travail social*, « Quadrige », Presses universitaires de France, [1893]1991, p. 2.（E・デュルケム『社会分業論』上・下、井伊玄太郎訳〔講談社学術文庫〕、講談社、一九八九年）

（4）*Ibid.*, p. 105.（同訳書）

（5）Karl Polanyi, *La Grande Transformation. Aux origines politiques et économiques de notre temps*, Gallimard, 1983.（カール・ポラニー『新訳 大転換――市場社会の形成と崩壊』野口建彦／栖原学訳、東洋経済新報社、二〇〇九年）

（6）Jack Goody, *La Logique de l'écriture*, Armand Colin, 1986, p. 16.

（7）Serge Gruzinski, *La Colonisation de l'imaginaire: Sociétés indigènes et occidentalisation dans le Mexique espagnol (XVIe-XVIIIe siècle)*, Gallimard, 1988, p. 217.

（8）*Ibid.*, p. 221.

（9）Erwan Dianteill, « Pierre Bourdieu et la religion. Synthèse critique d'une synthèse critique », *Archives de sciences sociales des religions*, 47(118), 2002, pp. 5-19.

(10) Georges Balandier, *Anthropologie politique*, Presses universitaires de France, 1967.（ジョルジュ・バランディエ『政治人類学』中原喜一郎訳、合同出版、一九七一年）

(11) Pierre Clastres, *La Société contre l'État*, Minuit, 1974, p. 135.（ピエール・クラストル『国家に抗する社会——政治人類学研究』渡辺公三訳〔「叢書言語の政治」第二巻〕、書肆風の薔薇、一九八七年）

(12) Pierre Bourdieu, « La représentation politique: Élements pour une théorie du champ politique », *Actes de la recherche en sciences sociales*, 36-37, fèvrier/mars 1981, p. 6.

(13) Arthur Maurice Hocart, *Rois et courtisans*, Seuil, 1978, p. 270.

(14) Marshall David Sahlins, *Âge de pierre, âge d'abondance: L'économie des sociétés primitives*, Gallimard, 1976, p. 270.（マーシャル・サーリンズ『石器時代の経済学』山内昶訳〔叢書・ウニベルシタス〕、法政大学出版局、二〇一二年）

(15) Hocart, *op. cit.*, p. 272.

(16) Balandier, *op. cit.*, pp. 77-78.（前掲『政治人類学』）

(17) この主題については、Pierre Bourdieu, *Le Sens pratique*, Minuit, 1980.（ピエール・ブルデュー『実践感覚』１・２、今村仁司ほか訳、みすず書房、一九八八・九〇年）を見よ。

(18) Jean Bottéro, *Mésopotamie: L'écriture, La raison et les dieux*, Gallimard, 1987, pp. 35-36.

(19) Jack Goody, *La Raison graphique: La domestication de la pensée sauvage*, Minuit, 1979, pp. 64-69.

(20) Goody, *La Logique de l'écriture*, pp. 48-49.

(21) Berger et Luckmann, *op. cit.*, p. 118.（前掲『現実の社会的構成』）

(22) Bottéro, *op. cit.*, p. 198.

(23) *Ibid.*, p. 200.

(24) *Ibid.*, pp. 208-209.

(25) 例えば、このことは、次のような流れを生じさせる。「鼻の病気になれば、血が流れる……体液が鼻から流れれば……鼻先が湿っていれば……鼻先が交互に冷たくなったり、温かくなったりすれば……鼻先が黄色くなれば……鼻先に赤い発疹が残っていれば……鼻先に白い発疹が残っていれば……鼻先に赤い発疹と白い発疹が残っていれば……鼻先に黒い発疹が残っていれば……」。*Ibid.*, p. 211.

(26) Goody, *La Logique de l'écriture*, p. 49 でのオッペンハイムからの引用。

(27) Max Weber, *Économie et société*, Plon, 1971, p. 450.

(28) Pierre Bourdieu, « Les modes de domination », *Actes de la recherche en sicences sociales*, 2-3, juin 1976, p. 124.

(29) Goody, *La Logique de l'écriture*, p. 172.

(30) Karl Marx et Friedrich Engels, *L'Idéologie allemande*, Éditions sociales, [1845]1968, p. 63.（マルクス／エンゲルス『ドイツ・イデオロギー』廣松渉編訳、小林昌人補訳〔岩波文庫〕、岩波書店、二〇〇二年）

(31) Louis Marin, *De la représentation*, « Hautes Études », Gallimard/Seuil, 1994, p. 76.

(32) Christian Jacob, « La mémoire graphique en Grèce ancienne », *Traverses. Revue du Centre de création industrielle*, 36, Centre Georges-Pompidou, 1986, p. 62.

(33) *Ibid.*, p. 65.

(34) *Ibid.*, p. 66.

(35) C. Jacob, « Postface », *in* Laetitia Ciccolini, Charles Guérin, Stéphane Itic et Sébastien Morlet dir., *Réceptions antiques: Lecture, transmission, appropriation intellectuelle*, éditions Rue d'Ulm/Presses de l' école normale supérieure, 2006, pp. 154-155.

(36) Talcott Parsons, *Le Système des sociétés modernes*, Dunod, 1973, p. 49.（タルコット・パーソンズ『近代社会の体系』井門富二夫訳〔「現代社会学入門」第十四巻〕、至誠堂、一九七七年）

(37) Jean-Philippe Genet, « La mesure et les champs culturels », *Histoire&Mesure*, 2(1), 1987, p. 139.

(38) Louis Althusser, « Contradiction et surdétermination (Notes pour une recherche) », *La pensée*, 106, 1962, pp. 3-22.（ルイ・アルチュセール「矛盾と重層的決定――探究のためのノート」『マルクスのために』河野健二／田村俶／西川長夫訳〔平凡社ライブラリー〕、平凡社、一九九四年）

(39) Marx et Engels, *op. cit.*（前掲『ドイツ・イデオロギー』）

(40) Jacques Defrance, « La politique de l'apolitisme. Sur l'autonomisation du champ sportif », *Politix*, 13(50), 2000.

(41)「自律性に対する脅威は、芸術の世界と金融の世界のますます増大する相互浸透から生じる」Bourdieu, *Les Règles de l'art*, p. 468.（前掲『芸術の規則』Ⅰ・Ⅱ）。同じく、A. Boschetti, « Légitimité littéraire et stratégies éditoriales », *in* Roger Chartier et Henri-Jean Martin dir., *Histoire de l'édition française. Le livre concurrencé 1900-1950*, Fayard/Cercle de la Librairie, 1991, pp. 511-551 を参照。

(42) Pierre Bourdieu, « Champ intellectuel et projet créateur », *Les Temps modernes*, 246, 1966, pp. 865-906.（ピエール・ブルデュー「知の場と創造投企」北沢方邦ほか訳、ジャン・プイヨン編『構造主義とは何か』伊東俊太郎ほか訳、みすず書房、一九六八年）

(43) *Ibid.*, p. 870.

(44) Marie-Ève Thérenty, *Mosaïques: Être écrivain entre presse et roman (1829-1836)*, Honoré Champion, 2003.

(45) G. Flaubert, « Lettre à George Sand, 12 décembre 1872 », *Correspondance*, t. IV (1869-1875), « Bibliothèque de la Pléiade », Gallimard, 1998.

(46) Bourdieu, « Champ intellectuel et projet créateur », p. 870.

(47) Pierre Bourdieu, « Le champ littéraire », *Actes de la recherche en sciences sociales*, 89, septembre 1991, p. 40.

(48) Pierre Bourdieu, « Le marché des biens symboliques », *L'Année sociologique*, 22, septembre 1971, p. 51.

(49) 以下参照、« Le jeu littéraire comme champ secondaire ».

(50) ブルデューは、まさしく十九世紀末における「場の発生」を論じている。

(51) Bourdieu, *Les Règles de l'art*, p.115.（前掲『芸術の規則』Ⅰ・Ⅱ）

(52) Claudine Gothot-Mersch, *La Genèse de Madame Bovary*, Slatkine, 1966 および Yvan Leclerc, *Crimes écrits. La littérature en procès au XIXe siècle*, Plon, 1991 を参照。ジゼル・サピロは、あるテクストのなかで、「外的、イデオロギー的、ないし道徳的諸拘束の内面化が、古典となった数多くの作品に痕跡を残した（例えば、フロベールの『ボヴァリー夫人』の草稿は、「淫売」「売春宿」のようなあまりに下品な言葉、淫らなイメージ、冒瀆的なもの、政治的ほのめかしを削除する作業を示している）」ことを指摘した。だが、そのテクストは、図らずも、彼女が主張する命題のすぐれた反例を提供している。Gisèle Sapiro, « L'autonomie de la literature en question », *in* Jean-Pierre Martin, *Bourdieu et la littérature*, Éditions Cécile Defaut, 2010, p. 49.

（53）ヴィシー政権下のフランス文学については、以下の著書を参照。Fabienne Federini, *Écrire ou combattre: Des intellectuels prennent les armes* (*1942-1944*), La Découverte, 2006.

（54）Bourdieu, *Les Règles de l'art*, p. 93.（前掲『芸術の規則』Ⅰ・Ⅱ）。場の総体のノモスを構成すると見なされるものは、芸術のための芸術の支持者たちによって擁護される理念的規範以外のなにものでもない。以上のことから、問題は、唯一前衛だけに当てはまるような規則を、場の総体（前衛、アカデミーの諸極、ブルジョア的なもの、庶民的なもの、ないし商業的なもの）に適用するところにある。

（55）A. Viala, « Ah, qu'elle était jolie… », *Politix*, 5(17), 1992, p. 141.

（56）Bourdieu, *Les Règles de l'art*, pp. 357-358.（前掲『芸術の規則』Ⅰ・Ⅱ）

（57）Bourdieu, « La représentation politique », art. cité.

（58）「文学的解釈学や哲学的解釈学とは異なり、法律テクストの理論的解釈の実践は、それ自体で完結するものではない。そうした実践は、実践的な目的へと直接方向づけられるため、そして実践的な帰結を決定するのに適しているため、その効果の代償として、自律性を制限しているのである」。Pierre Bourdieu, « La force du droit: éléments pour une sociologie du champ juridique », *Actes de la recherche en sciences sociales*, 64, septembre 1986, p. 4.

（59）ブルデューは、「蓄積された科学的資源が増大するにつれ、相関的に場の自律性も増大する」（Pierre Bourdieu, « Le champ scientifique », *Actes de la recherche en sciences sociales*, 2-3, juin 1976, p. 89.）と述べ、科学場に関しても、明らかにこの定義を採用している。しかしながら、この蓄積された特殊な文化遺産は、（国家的、宗教的、あるいは経済的）権力に対して非常に大きく依存するなかで、科学としても、芸術、文学、法などとしても構成されうるのである。

（60）Alain Viala, *Naissance de l'écrivain: Sociologie de la littérature à l'âge classique*, Minuit, 1985.（アラン・ヴィアラ『作家の誕生』塩川徹也監訳、藤原書店、二〇〇五年）

（61）*Ibid.*, p. 50.

（62）反対に、中世研究者ジャン＝フィリップ・ジュネは、アカデミーのような制度が出現するよりも先に、文学的領域の自律化が実現していたこと、ならびに、こうした制度が、いささかも文学場の存在を「証明するものではない」こと、すなわち「自律度に関する数ある指標のうちの一つにすぎない」ことを、躊躇なく断言している。Genet, art. cité., p. 140 を参照。

（63）Viala, *op. cit.*, p. 115.（前掲『作家の誕生』）

（64）「副業は、それが文学活動からかけ離れている場合、能力の一部をそこに割くことになるため、キャリアを妨げる。例えば、メーナールと彼の司法職がそれにあたる。あるいは、文学者の関心に結び付いた地位が問題になる場合、それは軌道を変えてしまう。例えば、教授、史官、司書の職がそうである」。*Ibid.*, p. 191.（同訳書）

（65）*Ibid.*, p. 161.（同訳書）

（66）「完全に文学者の道に入ってしまおうという君の決心について、非常に長い手紙を書こうと思う。書かなければならないという抑え難い欲求を感じているのならば、また、ヘラクレスのような気質を備えているのならば、大いに結構。さもなければ、否！（略）継続してたくさん読書をし、長く複雑な主題を取り上げなさい。学校でのようにではなく、自分のために古典をすべて読み直しなさい。そして現代作家を判断するように、大胆かつ繊細に、君の良心に基づいて判断しなさい」。G. Flaubert, « Lettre à M.X…, avril 1858, du 5 au 9 », *Correspondance*, t. II（juillet 1851-décembre 1858）, « Bibliothèque de la Pléiade », Gallimard, 1980.（ギュスターヴ・フロベール『フローベール全集9　書簡2』筑摩書房、一九六八年）

（67）その際、サン＝ジャックは、「市場」が自律的な力を構成するという見解を、批判的な距離をとらずに継承している。

（68）Denis Saint-Jacques et Alain Viala, « À propos du champ littéraire. Histoire, géographie, histoire littéraire », *Annales. Histoire, sciences sociales*, 49(2), 1994, pp. 400-401.

（69）M. Jarrety, « Marginalia », *in* Martin, *op. cit.*, p. 189.

（70）L. Dumont, « Préface », *in* Polanyi, *op. cit.*, p. 12.

（71）Sahlins, *op. cit.*, pp. 118-119.（前掲『石器時代の経済学』）

(72) ルーマンの論考に、経済システムと経済理論との同型の関連づけが見られる。Niklas Luhmann, « L'économie de la société comme système autopoïétique », *Sciences de la société*, 52, 2001, pp. 23-58.

(73) François Cusin et Daniel Benamouzig, *Économie et sociologie*, « Quadrige », Presses universitaires de France, 2004, p. 428.

(74) ここでは、ヴィヴィアナ・ロトマン・A・ゼライザーの全著書が参考になるだろう。Viviana A Rotman Zelizer, *Morals and Markets: The Development of Life Insurance in the United States*, Transaction Publishers, 1983（V・A・R・ゼライザー『モラルとマーケット――生命保険と死の文化』田村祐一郎訳〔「保険学シリーズ」第十二巻〕、千倉書房、一九九四年）; *Pricing the Priceless Child : The Changing Social Value of Children*, Princeton University Press, 1994.; *The Social Meaning of Money*, Princeton University Press, 1997. (trad. fr. par Christian Cler: *La Signification sociale de l'argent*, Seuil, 2005.) ; *Economic Lives: How Culture Shapes the Economy*, Princeton University Press, 2010. 同様に以下の著書、Paul DiMaggio et Sharon Zukin, *Structures of Capital. The Social Organization of the Economy*, Cambridge University Press, 1990、および Neil Fligstein, *The Architecture of Markets: An Economic Sociology of Twenty-First Century Capitalist Societies*, Princeton University Press, 2002 または、以下の論文、Mark Granovetter, « Economic action and social structure : the problem of embeddedness », *American Journal of Sociology*, 91(3), nov 1985, pp. 481-510 も参考になるだろう。

(75) Pierre Bourdieu, « Post- scriptum : pour un corporatisme de l'universel », *in* Bourdieu, *Les Règles de l'art*, pp. 459-472.（ピエール・ブルデュー「追記　普遍の協同主義のために」、前掲『芸術の規則』Ⅱ所収）

(76)「自律性に対する脅威は、芸術の世界と金融の世界のますます増大する相互浸透から生じる」。*Ibid.*, p. 468.（同論文）

(77) Pierre Bourdieu dir., *La Misère du monde*, Seuil, 1993, p. 941.

(78) Pierre Bourdieu, *Intérêt et désintéressement*, Cours du Collège de France, *Cahiers de recherche du GRS*, 7, sep 1989.

(79)「機能に対する形式の優位、すなわち表象の対象に対する表象の形式の優位を主張することは、外的諸要求との断絶、およびそれらに従属する恐れがある芸術家を排除しようとする意志を表明するかぎりで、場の自律性の要求の最も特殊な表れであり、芸術作品の生産の次元でも、受容の次元でも、特殊な正統性の原理を生産し、強制しているという自負の表れである」。Bourdieu, *Les Règles de l'art*, p. 412.（前掲『芸術の規則』Ⅰ・Ⅱ）

（80）Bernard Lahire, *L'Invention de l'« illettrisme »: Rhétorique publique, éthique et stigmates*, La Découverte, 1999 を参照。

（81）Jeannine Verdès-Leroux, *Le Travail social*, Minuit, 1978, p. 57.

（82）Bourdieu, *La Misère du monde*, p. 223.

（83）Thomas S Kuhn, *La Tension essentielle*, Gallimard, 1977, p. 307.（トーマス・クーン『本質的緊張――科学における伝統と革新』1・2、我孫子誠也／佐野正博訳、みすず書房、一九八七・九二年）

（84）Durkheim, *De la division du travail social*, p. 244.（前掲『社会分業論』上・下）

（85）*Ibid.*, p. 253.

（86）Bourdieu, *Choses dites.*, p. 53.（前掲『構造と実践』）

（87）Charles Baudelaire, *Le Peintre de la vie moderne*, éditions du Sandre, [1863]2009.（シャルル・ボードレール「現代生活の画家」『ボードレール批評』第二巻、阿部良雄訳〔ちくま学芸文庫〕、筑摩書房、一九九九年）

（88）Vincent Descombes, *Proust: Philosophie du roman*, Minuit, 1987, pp. 142-143 を参照。

（89）Pierre Bourdieu, *Questions de sociologie*, Minuit, 1980, p. 114.（ピエール・ブルデュー『社会学の社会学』田原音和監訳〔Bourdieu library〕、藤原書店、一九九一年）

（90）Durkheim, *De la division du travail social*, p. 249.（前掲『社会分業論』上・下）。ジンメルは、それぞれの「社会圏」が「特殊な名誉」（家族的、軍事的、商業的など）を生み出すと述べる。Georg Simmel, *Sociologie: études sur les formes de la socialisation*, Presses universitaires de France, 1999, p. 422.（ゲオルク・ジンメル『社会学――社会化の諸形式についての研究』上・下、居安正訳、白水社、一九九四年）

（91）Durkheim, *De la division du travail social*, p. 249.（前掲『社会分業論』上・下）

（92）*Ibid.*

（93）Jean-Pierre Grossein, « Présentation », *in* Weber, *Sociologie des religions*, p.122.　同じく、P. Fritsch, « La

Zwischenbetrachtung », *Enquête*, no7, « Max Weber », 1992, 〈http://enquete.revues.org/document134.html〉を参照。

(94) Weber, *Sociologie des religions.*, p. 335.

(95) *Ibid.*, p. 417.

(96) *Ibid.*, p. 418.

(97)「結果として、合理的・資本主義的な近代経済のコスモス（*Kosmos*）は、それ固有の内在的な論理にいっそう従えば従うほど、宗教的な友愛倫理を備えた、考えられうるかぎりのあらゆる関係に対して自らを閉ざすことになった。それが合理的で、そのため非人格的になればなるほど、こうした閉鎖はますます強化されたのである」。*Ibid.*, p. 421.

(98) *Ibid.*, p. 194.

(99) 例えば、クザンとブナムジは、「そのうえ市場は、社会の市場化過程を通じて新たな諸分野に拡張された」と述べている。Cusin et Benamouzig, *op. cit.*, p. 66.

(100) われわれは、メディアの発展を考察するためにメタ場の考えを応用するニック・クルドリーの方法を参照することができる。なかでも、Nick Couldry, « Media meta-capital: extending the range of Bourdieu's field theory », *in* David L Swartz et Vera L Zolberg dir., *After Bourdieu : Influence, Critique, Elaboration*, Kluwer Academic Publishers, 2004, pp. 165-189 を参照。

(101) Pierre Bourdieu, « De la maison du roi à la raison d'état », *Actes de la recherche en sciences sociales*, 118, juin 1997, p. 67. われわれが確認することになるのは、ブルデューがすべてを場の観点から考える傾向を示す際、彼は、国家の作用（action）が、国家がそれ以外の「場」に及ぼす作用に還元されるのではないということを忘れているのだということである。同じく国家は、このうえなく多様な社会生活の諸状況で、家族、あるいは個人の私的行動にも公的行動にも当然介入するのである。

(102) Carl Schmitt, *La Notion de politique : théorie du partisan*, Fammarion, 1992, p. 79.（C・シュミット『政治的なものの概念』田中浩／原田武雄訳、未来社、一九七〇年）

(103) 国家は、あらゆる実践分野に介入する唯一の領域だというわけではないし、おそらく、その点に関して、最も強力なものでもなければ、最も効果的なものでもないだろう。この観点から見れば、経済の世界は間違いなく、元来最も寡黙な分野を侵略した世界である。

(104) われわれは、いくつかの組織が、いくつもの機能システムに帰属するものと見なされうるということに気づくだろう。例えば、法学部は、教育システムにも、法システムにも、科学システムにも関係している。あるいはさらに、ある種の経済の専門家集団は、科学システムにも、政治システムにも、経済システムにも帰属している。

(105) システムが、システム以外のものによって自身を定義するように、システム概念は、すべてが「システム」ではない場合にかぎり、記述的・分析的な意味あるいは妥当性を有するということを、われわれは皮肉にも指摘することができるだろう。いつものように、こうした場合には、二兎追う者は一兎をも得ずということができる。

(106) Pierre Guibentif, *Foucault, Luhmann, Habermas, Bourdieu. Une génération repense le droit*, LGDJ, 2010, p. 116.

(107) 第4章「文脈化」を参照。

(108) Ignace Meyerson, « Discontiuités et cheminements autonomies dans l'histoire de l'esprit », *in* Meyerson, *écrits: 1920-1983: Pour une psychologie historique*, Presses universitaires de France, [1948]1987, p. 61.

(109) Ignace Meyerson, « Problèmes d'histoire psychologique des œuvres: spécificités, variation, expérience », *in Ibid.*, p. 82.

(110) *Ibid.*, p. 84.

(111) カール・エミール・ショースキー（*Vienne fin de siècle: Politique et culture*, Seuil, 1983, p. 13.〔カール・E・ショースキー『世紀末ウィーン――政治と文化』安井琢磨訳、岩波書店、一九八三年〕）が、次の二つの「力線（lignes de force)」を引き出そうとする際に、このメタファーを同じように使用しているのが見られる。第一の使用法は、彼が「垂直的」および「通時的」と形容するものであり、それはある作品と、過去の作品との相互の関係を確立するものである。第二の使用法は、彼が「水平的、共時的」と形容するものだが、それは作品を、異なる分野に属する同時代のそのほかの作品に関係づけるものである。

(112) I. Meyerson, « Problèmes d'histoire psychologique des œuvres: spécificités, variation, expérience », *loc. cit.*, p. 85.

(113) J.-P. Montier, L. Louvel, D. Méaux et P. Ortel dir., *Littérature et photographie*, Presses universitaires de Rennes, 2008.

（114）Jean-Luc Chalumeau, *Peinture et photographie: Pop art, figuration narrative, hyperréalisme, nouveaux pop*, Éditions du Chêne, 2007.

（115）Luc Vancheri, *Cinéma et peinture : passages, partages, présences*, Armand Colin, 2007.

（116）Thérenty, *op. cit.*, および Marie-Eve Therenty et Alain Vaillant dir., *Presse et plumes: Journalisme et littérature au XIXe siècle*, Nouveau Monde Éditions, 2004.

（117）このため、メイエルソンは、「自我は多数の本分をもつ」と考えている。Ignace Meyerson, *Les Fonctions psychologiques et les œuvres*, Albin Michel, [1848]1995, p. 153 を参照。

（118）I. Meyerson, « L'entrée dans l'humain » [1951], *in* Meyerson, *Écrits*, p. 77.

（119）*Ibid.*, p. 83.

（120）*Ibid.*, p. 91.

（121）ここで私は、私の研究の使用者や注釈者によってときに忘れ去られた、こうした複数性の性向的な性格を強調しておく。この十年ほどの間に、私が明らかにしたことは、「アイデンティティーの複数性」であると想起させる著者たちによって、拙著の主題が要約されるのを目にしてきたことに驚きを禁じえない。多少なりとも意識的かつ戦略的に個人の多元的アイデンティティーを利用することに関する考察、すなわち絶えずアイデンティティーを探究したり、確認したりする行為者のポートレートをときに描き出すような考察は、性向の複数性を研究する研究者を駆り立てるものとは、あまりにかけ離れているため、もろもろの相違を明確にしておく必要もないだろう。

（122）Jean Laplanche et J-B Pontalis, *Vocabulaire de la psychanalyse*, 10e éd., Presses universitaires de France, 1990, p. 90.（J・ラプランシュ／J・B・ポンタリス『精神分析用語辞典』村上仁監訳、みすず書房、一九七七年）

（123）グレゴリー・ベイトソン、ポール・ワツラウィック、およびパロ・アルト学派の研究に帰せられるダブル・バインド概念が想起されるかもしれない。

（124）Laplanche et Pontalis, *op. cit.*, p. 90.（前掲『精神分析用語辞典』）

（125）分裂した心的構造のケースに関する社会発生の分析としては、私が *Franz Kafka* で展開したカフカの社会学的生活誌を参照されたい。

(126)「ある意味で、戦闘の場は、人間の心の底に移し替えられた。最近まで、人間が直接的に対峙し合う格闘の際に表面化していた一部の緊張と情熱と闘わなければならないのはそこにおいてである。他者とのつながりによって人間に及ぼされる穏やかな拘束は、心理現象に反映される。人間は、特殊な習慣のメカニズム、すなわち社会構造に応じて、感情を統制し、変容し、抑圧するのに適用される超自我を発達させる。しかし、欲動、言い換えれば、人間同士の闘争のなかでもはや直接的に表明されない激しい感情は、しばしば、個人の内部で、「監視された」自我の一部に対して反抗するのである」。Norbert Elias, *La Dynamique de l'Occident*, Calmann-Lévy, 1975, p. 197.（ノルベルト・エリアス『文明化の過程・下　社会の変遷／文明化の理論のための見取図』波田節夫ほか訳〔叢書・ウニベルシタス〕、法政大学出版局、二〇一〇年）

(127) Sigmund Freud, *Abrégé de psychanalyse*, Presses universitaires de France, [1938]2009, p.82.（ジークムント・フロイト、渡辺哲夫監修『フロイト全集22　一九三八年　モーセという男と一神教／精神分析概説』岩波書店、二〇〇七年）

(128) Norbert Elias, *Mozart. Sociologie d'un génie*, Seuil, 1991, p. 14.（ノルベルト・エリアス『モーツァルト――ある天才の社会学』青木隆嘉訳〔叢書・ウニベルシタス〕、法政大学出版局、一九九一年）

(129) Elias, *La Dynamique de l'Occident*, p. 255.（前掲『文明化の過程・下』）

(130) Simmel, *op. cit.*, p.201.（前掲『社会学』上・下）

(131) *Ibid.*

(132) *Ibid.*, p. 417.

(133) *Ibid.*

(134) *Ibid.*, p. 416.

(135) *Ibid.*, p. 417.

(136) *Ibid.*, p. 426.

(137)「こうして、ある圏の内部で激しい競争が支配するとき、成員たちは、できるかぎり競争のないほかの圏を進んで追い求める。そのため、商人には、友人関係に対する著しい好みが見られる。それに対し、貴族は、自分自身の圏の内部ではむしろ競争を排除する貴族の身分意識によって、こうした代替物をほとんど不必要なものとし、スポーツ的な関心に結び付いたあらゆる競争のように、より激しい競争がそこで繰り広げられる社会化へと引き付けられる」。
Ibid., p. 427.

(138) *Ibid.*, p. 432.

(139) Parsons, *op. cit.*, pp. 13-14.（前掲『近代社会の体系』）

(140) Maurice Halbwachs, *La Mémoire collective*, Presses Universitaires de France, [1950]1968, pp. 67-68.（M・アルヴァックス『集合的記憶』小関藤一郎訳、行路社、一九八九年）

(141) *Ibid.*, p. 76.

(142) Louis Wirth, « Le phénomène urbain comme mode de vie » [1938], *in* Yves Grafmeyer et Isaac Joseph dir., *L'école de Chicago. Naissance de l'écologie urbaine*, Aubier, 1990, pp. 255-281.（ルイス・ワース「生活様式としてのアーバニズム」松本康訳、松本康編『近代アーバニズム』〔「都市社会学セレクション」第一巻〕所収、日本評論社、二〇一一年）

(143) Anselm L Strauss, *Continual Permutations of Action*, Aldine de Gruyter, 1993, pp. 41-42.

(144) Max Gluckman dir., *Essays on the Ritual of Social Relations*, Manchester University Press, 1962, pp. 35-36.

(145) こうした一群の表現は、Ulf Hannerz, *Explorer la ville : éléments d'anthropologie urbaine*, Minuit, 1983 に見られる。

(146) Alban Bensa, *Après Lévi-Strauss: Pour une anthropologie à taille humaine*, Textuel, 2010.

(147) H. Rabault, « Sens et portée de l'œuvre de Niklas Luhmann: un liberalism désenchanté? », *Droit et Société*, 65, 2007, p. 181.

(148) Elias, *La Société des individus.*（前掲『諸個人の社会』）

(149) Juan Antonio Garcia Amado, « Introduction à l'œuvre de Niklas Luhmann », *Droit et Société*, 11-12, 1989, pp. 36-37.

(150) Estelle Ferrarese, *Niklas Luhmann, une introducition*, Presses Pocket, 2007, p. 66.

(151) こうした行為者の内的複数性という直観は、ルーマンよりも「経験的な」多数の著者たちのうちに見いだされる。

けれども彼らは、そこからどのような理論的帰結も引き出さなかったのであるが。例えば、ウィリアム・ラボフと彼の「複数的スタイルの発話者」(それに対するのは「単一的スタイル」)、ミハイル・バフチンと彼の「スタイルの混合」、そして性向主義的方法により近いミシェル・ド・セルトーと「もののやり方」あるいは「操作スタイル」によって貫かれた彼の個人像。セルトーが考えていたのは、「さまざまな「方法」は、同じ場においてであれ、同じ行為者においてであれ、共存しうる。それは、同じアパルトマンのなかで、同じ住民が、空間を「扱う」のに、近代主義的な仕方、伝統主義的な仕方、ないしフェティシズム的な仕方を同時にとりうるのと同じである」ということだ。Michel de Certeau, « Le rire de Michel Foucault » [1986], *in* Certeau, *Histoire et psychanalyse Entre science et fiction*, « Folio histoire », Gallimard, 2002, p. 151.(ミシェル・ド・セルトー「ミシェル・フーコーの笑い」『歴史と精神分析――科学と虚構の間で』内藤雅文訳〔叢書・ウニベルシタス〕、法政大学出版局、二〇〇三年)。彼は、数年前にも、「関係(常に社会的な)が条件を決定するのであって、その逆ではない。それぞれの個人は、こうした関係的決定という非一貫的な(しばしば矛盾した)複数性がはたらく現場である」と述べていた。Certeau, *L'Invention du quotidian*, pp. 9-10.(前掲『日常的実践のポイエティーク』)

(152) Pierre Bourdieu, « Le champ économique », *Actes de la recherche en sciences sociales*, 119, septembre 1997, p. 65.

(153) Pierre Bourdieu, « Le champ littéraire », p. 18, note 33.

第3章

場の限界

ブルデューが、場の理論でもって、われわれの分化した社会を考察するための、きわめて一般的なモデルを提出しようとしていたことは明らかである。[1] ブルデューは、ブローデル歴史学の三つの時間――長期の、ほとんど動かない「地理的」時間、社会史の時間、そして事件史と現代の永続的騒乱の時間[2]――をおそらく念頭に置きながら、自身の研究プログラムと場の概念を、長期持続の歴史というマクロな文脈と、事件史というつかの間のミクロな文脈との間にはっきりと位置づけている。

実際のところ、現実のあらゆる実践領域を不測の事態や謎にしてしまわないようにするには、経済的あるいは人口学的下部構造の鈍くてゆっくりとした変動と、政治史や文学史や芸術史の日々の年代記が記録する表面上の騒乱との間の深い溝を埋める手段を、「偉人たち」を作り出す性向が、そこで生み出され、実現される社会空間の構造的歴史のうちに、すなわち権力場や芸術場や知識人場や科学場の歴史のうちに探し求める必要がある。[3]

したがって、現実の実践領域が理解されるには、場の理論に訴えかけなければならないのだということになるだろう。ほかの論述にいたっても、社会の理論としての場の理論という「一般的」野心に関しては、何ら疑いを残していない。

高度に分化した社会で、社会的コスモスは、相対的に自律した社会的ミクロコスモスの総体からなっている。こうしたミクロコスモスは、客観的な諸関係の空間であり、そのほかの場を支配する論理と必然性に還元できない特殊な論理と必然性をもつ場所である。例えば、芸術場や宗教場や経済場は、相異なる論理に従っている。経済場は、歴史的に見れば、いわゆる「商売は商売」、ビジネスはビジネス（business is business）の領域であり、血縁、友情、愛情といった魅惑的な関係が原則的に排除される領域として出現した。対して芸術場は、物質的利益の法則の拒否あるいは転倒において、またそれによって成立したのである。(4)

非常に頻繁に引用されるこの個所は、あたかも社会的コスモスの総体がもろもろの場（もろもろのミクロコスモス）から構成されていることが自明であるかのように論じているので、一般的に見れば、個別の批判的な注釈を寄せつけるものではない。しかしながら、著者〔＝ブルデュー〕が商売で（経済場で）情けは無用という事実を強調しているとしても、実態はまったく異なっていて、そのことは取り違えとなって再び現れてくる。なぜならば、「血縁、友情、愛情といった魅惑的な関係」は、正確にいえば場に帰せられるものではなく、諸集団、諸制度、諸個人間の関係、例えば家族、同輩集団や社交のネットワーク、愛情や友情に関わる人格同士の関係に帰せられるものだからである。

「場」の概念は、その創始者によって、「現実の実践諸領域」を説明することができる唯一の文脈であるとしてしばしば提示される。けれども、その概念は、ありうるすべての認識関心のうちから特別な一つを選択したものであるということだけでなく、特定の一分析レベル（長期持続と一度期の歴史との間にある）を選択したものであるということも含意している。それは、社会的行動を説明するための、そして社会空間全体を網羅するための最も適合的な唯一の文脈（*le* contexte）として定義されるのだが、結局のところ、特定の一類型の社会的文脈を指し示しているにすぎず、このまさに同じ文脈の一定の側面（全体ではない）にアクセントを置くものなのである。あるいは、別言すれば、場の概念は、分化に関わる諸現象の全体を汲み尽くすものではないということだ。そのため、もしわれわれが場の理論を発展させたいと望むならば、それがわれわれに対して語っていることを無視するのではなく、それがわれわれに何を語っているのかを正確に問い、それがわれわれに何を語っていないのかを把握する必要がある。(5)

議論の詳細へと入る前に、以下の六つの命題のかたちで、私の提示する論理を要約しておくことにしよう。

1、「場が存在しなくても」社会は存在する（「国家が存在しなくても」「書字が存在しなくても」「学校が存在しなくても」もしくは「分化した経済的活動領域が存在しなくても」社会は存在するように）。場は、一つの歴史を有していて、分化した社会という枠組みにおいてのみ意味をもつ。したがって、場の概念は、普遍的に妥当するものではなく、場の存在は、社会的行為者たちが彼らの間で形成する社会的布置の歴史的性質に依存する。

2、分化した社会においてでさえ、適合的な行為の文脈のすべてが場であるとはかぎらない。場は支配階級やエリートに適した領域である。何よりもまず、「権力場」が問題になる（ときに、ブルデューが明確にしていたように）。さらに場は、支配階級内での分業の現実のすべてを網羅するものではない。それは、特殊な資本（政治的、法的、ジャーナリスト的、宗教的、科学的、経済的、芸術的、文学的、スポーツ的など）の領有あるいはその資本の再定義をめぐる絶えざる競争と闘争という角度から、これらの現実を見る特定の様式である。

こうして簡単に確認をしただけでもわかるのは、研究者たちが、以下の点について考察を展開し、調査の現場を開拓しなければならなくなるということである。

—場に相当しないような社会的領域（ワールド、制度、相互依存関係の大小の布置、あるいは相互作用の枠組み）について（例えば家族は、用語の正確な意味で、「場」ではない）。

—場に属している行為者たち、あるいは他方で、場に属していない行為者たちが、そこで行為し、相互行為する場の外部（局所的である以外の賭け金が存在せず、場におけるそれと同様の闘争を生起させないような「アマチュアの」実践や余暇の実践）のあらゆる契機（例えば、見知らぬ者同士、もしくは近しい者同士による日常生活のインフォーマルな相互行為の総体、特殊な活動の場に必ずしも割り当てることができず、しばしば相互行為論やエスノメソドロジーの分析対象となる即興的あるいは一時的な言語的出来事［シクレル］）について。

—ある場の個人成員たちと、場の内部で組織された競争に参加するのではなく、「競争者たち」に対して単に支持や支援をする者たち（例えば下級技術職員の総体。彼らは競争を起こさないわけではないが、彼ら自身は場の行為者［agents］ではない）とが、相互行為を開始する社会的に混成的な場面について。

—被支配者がもっぱら巻き込まれる、権力という重大な賭け金がない被支配的な場面について（庶民階級の「場」、専業主婦の「場」、長期失業者の「場」、ホームレスの「場」などはもちろん存在しない）。このことは、被支配的な集団やカテゴリーにはどのような競争もないということを意味しているのではない。しかし、それにもかかわらず、競合、競争、闘争の存在は、「場」を論じることができるほど十分なものでないのである。

3、概念の歴史的な意味で、まさしく場を論じるとき、つまりそのほかの既存のミクロコスモスから歴史的に分化した、そこで特殊な「権力」の領有をめぐる闘争が繰り広げられる社会的ミクロコスモスを論じるとき、われわれはやはり、一群の場の間に区別を設けることができる。さまざまな場の不変の諸特性だけでなく、それらの特殊な諸特性も考慮することは、これまでにもその概念の使用者たちから非常に大きな重要性を与えられてきたのだが、この理論を必然的に限定することになる。

ブルデューはおそらく、経済的類型の利害や経済的利潤の最大化の追求をいたるところに見る経済学的還元主義と格闘することによって、あらゆる場を構成する不変項を明らかにしただけでなく、場の特殊性を正当に評価したのだと考えていた。ブルデューは、利害、資本、戦略、そして闘争の形態までもが、それぞれの場に特殊なものだということを示していたために、次のような差異をうまく設けることができたのである。ブルデューが述べていたように「最も「純粋な」科学という純粋な領域は、ほかの場と同様に、力関係と独占、闘争と戦略、利害と利潤を備えた一つの社会的場だが、そこではこれらの不変項がすべて特殊な形態を帯びている」[6]。しかしながら、このモデルは、そのほかの差異に対して盲目のままにとどまる。これらの差異は、まったく同じように重要なものであり、いくつかの「場」を別様に命名するように導きうるものである。例えば、場の職業化の度合いと、とりわけ場における行為者の安定化の度合い、場の行為者たち（agents）と彼らが宛先とする「公衆」や彼らが自身の生産物（作品、言説、能力など）を差し向ける「公衆」との関係、場の行為者たち（agents）が自身の活動をそれに基づいて実践することができる秘儀や公儀の程度、など。こうして私は、自身の立場として、わずかな報酬しかともなわず、あまり制度化されておらず、職業化されていない「二次的な場」を指し示すために「ゲーム（jeu）」を論じるようになった。

4、場の概念によって実践や生産物（例えば、作品、言説など）を還元主義的に説明する方向へと横滑りするのは残念である。すべては場における位置によって説明されることになるだろう。場の内部でのあらゆる実践の真理は、ことごとく場の境界内に見いだされなければならなくなり、社会的行為者もまた、場の成員としての存在に還元される。これによって、諸行動に影響を及ぼすさまざまな社会的決定因を特殊化するところに存していた科学的な突出（l'avancée）から（特に、すべてを階級諸関係の構造に結び付けるマルクス主義的分析と比較せよ）、場の限定的な境界内に閉じ込める方向へと横滑りするのである。研究者は、場の外部の生活（場への——家族、学校、およびそのほかの一連のあらゆる社会化の枠組みへの——参入に先行しているが、場における生活に並行してもいる）が、内部でおこなわれることを理解するのに重要なのだということを忘れてしまうのである。

5、場の理論の還元主義的な偏向に対する批判は、私が「ゲーム」と呼んだものに関わるだけに、なおいっそう妥当なものになる。場の外部の空間と時間を考慮に入れることは、非常にあいまいな「自律性」の観念を部分的に再度問題化することに等しい。その際、われわれは、自律性の観念よりも特殊性と独立性の観念のほうを選び取ることができる。文学ゲームでおこなわれることは特殊的であり、哲学場や社会学場でおこなわれることに還元不可能である。しかしそれは、ゲームの外部で作家たちが経験していることや経験したことと、どのような場合も切り離せるものではない。
6、非常に多数の領域に関わる機能を記述し分析するために、研究者が場のモデルを転移させようとする傾向は、権力の社会学の観点から不変項の分析を優先させ、実践と作品（ジャーナリスト的、哲学的、科学的、法的、文学的、など）の核心部（chair）（「内容」と「形式」）に迫ることを可能にしていた認識と実践の社会学を手放させた。それと相まって、行為者たち（agents）の社会的特性、彼らの軌道、彼らの位置、彼らの戦略、および彼らが巻き込まれる闘争を分析するために、言説、作品、あるいは実践の研究が放棄されたのである。

場の際立った特性

すぐれた社会学的概念は、科学的想像力を高めるものであると同時に、これまでにない経験的課題、すなわち社会学者がそれなくしては決して実現するにいたらなかったであろうような研究活動を強いるものである。そのような定義に基づいて考えるならば、場の概念は、間違いなく社会学的研究にとって有用な概念である。そのため研究者は、もっぱら装飾的にあるいは修辞的に（そして同一的に）[7]使用することをやはり超え出ていかなければならないし、その要求が多い定義の大半を途中で忘れてしまうことによって、場を「領域」や「分野」や「ワールド」のあいまいな等価物にしてしまうのを避けなければならない。「場」が存在するためには、その概念の一つか二つの特性、もしくは、その定義のいくつかの要件が確保されるだけでは十分とはいえない。イルーシオ（illusio）や利害は、場を作り出すのに十分とはいえない。闘争や競争の存在でさえそうである。同様に、関係的思考様式や構造的思考様式を適用することは、ある位置ないしある行為を、所定の一領域内におけるそのほかの位置や行為と比較考察することなのであるが、それは場の理論に固有のものだというわけではない。その定義において、最も要求が多いと考えられるどのような科学的概念も、それを使用する者たちに方法論的・経験的な義務を課す。こうした義務を守らなければ、科学的概念は、もはや根拠がない音声の風（flatus vocis）にすぎなくなる。そして、ヴェーバーが強調していたように、「そのつど研究を方向づける特異な視点として、厳密で一義的な概念を構築する」場合にだけ、「その妥当性の限界をそのつど明確に意識することができる」[8]。

ブルデューは、われわれがその主要な貢献を検討してきたような、異なる理論的領域に属する諸特性（とりわけデュルケムとヴェーバーのそれ）を組み合わせることによって、自身の場の概念を定義していた。場の本質的な特性を要約するのは、それほど容易なことではない。実際のところ、一九八〇年代以降、彼の社会学で中心的位置を占めることになった概念に何度となく立ち返った著者自身によって課題が示されているとしても[9]、その課題はまた、概念がそれぞれ個別に使用される機会にこうむる、ごくわずかな、ほとんど気づかれない屈折によって厄介なものになる。

この問題に関して、ブルデューのさまざまな著書や論文から抽出することができる場の定義の基本的かつ相対的に不変的な要件は、以下のとおりである（私は、事あるごとに、ほかの著者たちやほかの社会学的潮流の理論や考察に関連づけて、可能なかぎり比較し、最も重要なズレを角括弧で示すことにする）。

—場は、全体的（国家的、または、かなりまれだが、国際的）社会空間が構成するマクロコスモスのなかのミクロコスモスである［この概念は、こうした特性を、社会的分化に関する別の理論家たちの大半の概念と共有している。ヴェーバーの活動領域、ベッカーとストラウスのワールド理論、パーソンズとルーマンの社会的機能システム理論、バーガーとルックマンの下位宇宙、ミシェル・ドブリーの活動部門[10]、など］。

—それぞれの場は、そのほかの場のゲームの規則と賭け金に還元できない、特殊なゲームの規則と賭け金を有している。例えば、数学者を競わせるもの——および、数学者が「競う」仕方——は、企業経営者や一流デザイナーを競わせるもの——および、競う仕方——と一切関係をもたない。社会的利害は常にそれぞれの場に特殊なものであり、したがって経済的類型の利害に還元不可能である［ここには、分業の諸帰結に関わるデュルケムの分析の一要素だけでなく、ヴェーバーにおけるそれぞれの行為レジスターの「特殊合法性」や「内的法則」といった図式が再び見いだされる。反対に、場の理論は、自由主義あるいはマルクス主義から着想を得ているような、いくつかの行為理論の経済主義と区別される」。

―場は、「システム」、ないし、場のさまざまな行為者（agents）によって占められる諸位置の構造化された「空間」である。行為者の実践と戦略は、場における彼らの位置に結び付けられることではじめて理解される。不変の戦略のなかには、現行の力関係の状態の保持的戦略と転覆的戦略との対立が見いだされる。多くは、前者が支配者の戦略であり、後者が被支配者（そのなかでも、とりわけ「新参者」）の戦略である。こうした対立は、「旧」と「新」、「正統」と「異端」、「保守」と「革新」、などの衝突というかたちをとりうる［ブルデューは、その考察から行為者（acteur）を排除するすべての著者たち（そのなかにシステム理論を備えたルーマンがいるのだが）と自らを区別している。逆にブルデューはまた、相互依存関係の布置における位置を中心的な分析要素とするエリアスの関係的な見方に接近している。しかしブルデューは、別の仕方で、同様の行為者をゲームに参入させることがないワールド理論と自らを区別してもいる。社会的ワールド理論で研究対象となるのは、製品や作品の物質的・象徴的生産に寄与する行為者の総体である。したがってその対象は、権力をめぐって闘争している中心的な行為者ではない。つまり、そこには、音楽家も楽器の製造者も、作家も印刷工も、研究者も技術助手も、含まれている］。

―この空間は闘争の空間である。つまり、さまざまな位置を占める行為者（agents）同士で競合や競争がなされる闘技場（arèna）である［社会空間に含まれる好戦的（agonistique）性格は、マルクスによってだけでなく、すでに見たように、デュルケムによっても主張されたものである。ここで場の理論は、部分的にワールド理論――配分された認知という観点からのアプローチと同様に――と区別される。その点、ワールド理論は、ワールドの中心的な行為者同士の闘争だけでなく、協力したり、共同したり、一緒に作り出して練り上げたり、互いに支え合ったりする同じワールドの行為者同士の行為の調整と機能的連帯も強調している］。

―闘争は場に特殊な資本の領有（特殊な資本の正統的独占）および／あるいはその資本の再定義を賭け金としている［ここで場の理論は、承認をめぐる闘争に関するデュルケムの分析と象徴的報酬（les gratifications）を結び合わせる。場の理論は、ワールド理論が各ワールドの境界の定義をめぐる闘争という問いを提起するとき、ワールド理論とそれほどかけ離れているわけではない」。

―資本は場の内部で不平等に配分されている。したがって、支配者と被支配者が存在する。資本の不平等な配分は、場の構造を決定する。その構造は、場のなかで対峙する諸力（行為者と制度）の間の歴史的な力関係の状態によって定義される［場の理論は、こうした特徴を、権力や支配の問題を社会的世界の中心に位置づけるマルクスやヴェーバーやほかのすべての理論と共有している。場の理論は、暗示的にであれ明示的にであれ、平和的に共存する見方と区別される］。

―しかしながら、相互に闘争している場の行為者たちはみな、場が存在することに対して利害をもっているがゆえに、彼らを対立させるさまざまな闘争を超えたところで「客観的共犯関係」を維持している［ここでブルデューは、闘争における連帯あるいは闘争による連帯という見方を精練させるために、闘争の原理と、連帯ないし団結の原理とを結び合わせる］。

―それぞれの場に対して、場に固有のハビトゥス（身体化された性向のシステム）が対応する（哲学的ハビトゥス、法的ハビトゥス、サッカー的ハビトゥスなど）。場に固有のハビトゥスを身体化した者だけが、ゲームをおこない、そのゲーム（の重要性）を信じることができる［そのほかの理論も、同じミクロコスモスへの参加者たちが共通特性をもつという考えを共有している。しかし、必ずしもすべての理論が、これらの共有された事実に関して、同じ次元を強調しているわけではない。意味（significations）、認識、価値、理念、規範は、性向、より厳密に見れば、性向のシステムとしてのハビトゥスと同じ水準に分析を位置づけるものではない］。

―場は相対的な自律性を有している。場の外部の闘争の結果が、内的な力関係の結末に強く影響を及ぼすとしても、そこで展開される闘争は独自の論理をもっている［場の理論は、マルクス主義的理論と経済的なものによる「最終審級における」決定と区別される。その一方で、ルーマンのシステム論的な見方とも区別される。ルーマンにとっては、社会システムの自律性とオートポイエーシスがすべてだからである］。

このような諸特性のリストは、特定の分野内での研究状態の暫定的な要約と見なされなければならないだろう。そうした要約は、多少なりとも首尾よく導かれ、多少なりとも詳述された（すでに重要なものになっていようとも、限定的な）一連の事例研究に基づいたものであり、[11] 研究の途上で研究者を手引きすることが可能である。不幸にもわれわれは、研究者たちが「場」をうかつに（あれやこれやと）論じているのを目にする機会があまりにも多い。その際、研究者たちは、調査するよりも先に、彼らの論じる領域が場のように組織されているということを即座に仮定している。大半の研究者は、「その仮説に従えば、問題になっている領域は場であるという仮説を立て、それが実際に場であるのかどうかを検証してみよう。それから、いずれにせよ、それがどのような種類の領域なのか、そして、その相対的特殊性や相対的特異性はどのようなものなのかを問うことにしよう」といった類の科学的推論をおこなうかわりに、この歩みを省略し、たいていの場合、研究にとりかかる前に、既知の研究結果を前提にしてしまうのである。

適合的な行為の文脈のすべてが場であるわけではない

われわれは、文学場が十九世紀末になってはじめて成立すると主張することによって、ブルデュー自身が場の概念を、個別の社会歴史的な文脈に接合される歴史的概念にしていたということを確認した。ブルデューは、「場」がいたるところ、いたる時代に見いだすことができ、「場」を論じることが研究者の単なる恣意的な理論的決定に属するものではないということを、このようにはっきりと示している。もしそうであったならば、場の概念は、歴史的であれ社会的であれ、考察される土壌（terrain）がどのようなものであっても使用することができる、いささか形式的な観念になるだろう。場の概念が指し示すものは、諸機能と活動諸分野の長期にわたる社会的分化過程の所産以外のなにものでもないのである。そのため、厳密に定義された概念としての場の概念は、歴史的・社会的な妥当性の限界を有している。

われわれは、こうした概念の歴史化から、分化した場がその内部に出現しうるというふうに、社会は必ずしも構成されるものではなかったということ（「場が存在しない社会が存在する」）を演繹することができる。そしてわれわれは、高度に分化した社会という枠組みにおいて、相対的に自律的＝特殊的なすべての領域が、必然的に「場」になるわけではないと付け加えることで、この推論を延長することができる。もっとも、ブルデューが、例えば次の点を明確にしているとき、この種の敷衍をするように促されるのである。

> 経験的な仕方で研究されなければならない、いくつかの歴史的条件では、場は一つの装置として機能し始めるかもしれない。支配者が、被支配者の抵抗と反発を叩きのめし、無効にするのに成功するとき、あらゆる変動がもっぱら上位から下位に向かってなされるとき、場を構成する闘争と弁証法は、消滅する傾向がある。（略）このように、装置というのは、場の限定的ケース、すなわち病理的状態と見なされうるような何かを表している。(12)

われわれは、「都市化し分化した国民国家社会(13)」のなかで生きている。したがって、集団帰属や階級帰属に結び付いた社会的決定に付け加わる特殊な社会的決定をとりわけ考慮するために、社会的分化の諸現象を把握することは、きわめて重要である。そのような決定は、行為者たちを拘束し、彼らの行動を構造化するのに貢献する。しかし、これら分化した社会的文脈とは、どのようなものだろうか。われわれは、社会学がその周囲に自らの研究分野の大部分を作り上げた、活動圏域、社会的領域、制度をごく自然に思い浮かべる。例えば、家族、学校、職業的領域、教会、スポーツクラブ、芸術の世界、政治の世界、法の世界、文学の世界、科学の世界などである。しかしながら、これらのさまざまな社会的領域は等価なものではない。

例えば、観察可能なあらゆる形態のもとで、家族の枠組みが、われわれの社会で最もあまねく普及した社会化の母胎（matrices socialisatrices）になっているのに対し、教会――今日ではもはや――やスポーツの世界は、一部の人びとだけが出入りする社会的領域を構成しているだけでなく、一部の行為者たちが、そこで自分たちの主要な社会的活動をおこなう場所ともなっている（祭司、スポーツの推進者（animateur）やプロスポーツ選手）。その一方、それ以外の行為者たちは、限られた時間だけをそこで過ごし、わずかな量のエネルギーしかそこに費やさない。したがって、いくつかの社会的領域は、行為者を「生産者」（そのうちの一部は「プロ」であり、「専従」である）と「消費者＝観客」、または「生産者」と「アマチュアの実践者」に分割するような仕方で構造化される。しかし、そのような区別は、例えば家族の領域に相当するようなものに対しては意味をなさない。つまり、われわれは、個人の余暇として家族の領域に出入りするわけではない。われわれは、ほかの者たちが「プロ」としてそうした活動を実践しているのに対し、「アマチュア」として父、母、配偶者、息子や娘、兄弟や姉妹などの活動を「実践している」わけではないし、「家族の芝居」を「観客」に見せるわけでもない。そのため、われわれは、場の理論が、その注意を「生産者」や「実践者」に集中させていることに気づくのである。彼らは、これらの領域の中心的な行為者たち（acteurs）、言い換えれば、場に固有の資本の領有や自らの利害関心に合致する特殊な資本の正統的な再定義をめぐって闘争する行為者たち（agents）なのである。

これらの事例を踏まえることによって、ある社会的領域が、それを一つの場として定義することを可能にするような諸特性のすべてを兼ね備えていない場合でも、人びとがそうした社会的領域に固有のイルーシオを抱きうるということを認めることが可能となる。家族は、この事例に当てはまるものであり、ジャーナリストや哲学者や政治的アクターによって形成される領域ときわめて明瞭に区別される。ゲームに対する没入ないし信念としてのイルーシオは、より一般的に見れば、社会生活の非常にさまざまな状況に適用される、気晴らしに関するパスカルの図式に帰せられるかもしれない。実のところ、社会的活動に対する最低限の没入の必要性と、そうした活動の重要性に対する最小限の信念の必要性は、次のパスカルの考察から引き出すことができる。「情熱もなく、用事もなく、気晴らしもなく、熱中することもなく、完全に安息することは、人間にとって耐えられるものではない。その場合、人間は、自らを無価値であるとか、孤独であるとか、無力であるとか、従属であるとか、無能であるとか、空虚であるとか、感じるのである」。しかし、人間が「ゲームに夢中になる」のは、文学、科学、ジャーナリズム、政治、経済などの競争的な領域が組織する、賭け金が大きなものばかりではない。精神と身体は、まったく同様に、単なる遊戯活動に際しても夢中になり、没頭し、没入する。「熱中することが必要で、また賭事をやらないという条件つきで人が与えてほしくないものを、それを設ければ幸福になると思い込んで、自分をだます必要があるのである」。人間が悲惨な条件について考えないために没入するに足りないものであっても、彼の気を晴らすのには十分である[14]」。イルーシオは場を作り出すには十分でないし、場はイルーシオを生産する唯一の領域ではない。しかしながら、場の概念の普遍化をすることは、ブルデューがイルーシオやリビドーの問題に取り組む際にも観察される。こうして彼は、社会的世界によって、一つの未分化なリビドーから社会的に構成された特殊な諸リビドーへと移行すると説明しているのであり、しかも「場の存在と同じ数だけのリビドーが存在する[15]」と付け加えている。こう定式化するブルデューは、専門分野や公的分野に対する没入（コミットメント、介入）の範囲（l'éventail）を限定しているだけではない。それだけでなくブルデューは、唯一場だけが諸リビドーを形成していて、したがって、彼にしてみれば、場が社会空間のありうるかぎりのミクロコスモスをすべて網羅していることが前提になるのである。

反対に、こうした領域に固有の権力という賭け金によって支配されたり、つきまとわれたりすることなく、こうした領域に固有のイルーシオを帯びることなく、つまり競争に参入したり、こうした領域に特殊な資本を獲得するための戦略を展開したりすることなく、実践のある領域やある分野のなかで「生活する」ことも可能である。現にわれわれは、単なるアマチュアの実践者（それに対するのはプロの実践者）として、消費者（それに対するのは生産者）として、あるいはさらに、そこでおこなわれるゲームに直接関わることなく、その領域の物質的な準備への単なる参加者として、ある社会的領域に参加することができる（ベッカーは、「支援スタッフ」や「援軍」

〔個人的サポート〕を論じている[16]。例えば、ある個人は、ランクづけされたり、ランクづけを追い求めたりすることなく、プライベートの休息として週に一度テニスクラブで練習することができる。そのため彼は、プロテニスプレイヤーたちの間に存在するような競争の賭け金につきまとわれることはない。彼はまた、自分自身でテニスをしなくても、テニスの試合の観客になることもできる。最後に、こうしたゲームに固有の闘争や競争の賭け金の影響が及ばなくとも、彼はテニスの世界へと実質的に根を下ろすことができる。なぜなら彼は、芝の手入れに従事したり、ボールを拾い集めたり、チケット売場の一つでチケットを売ったり、ロッカーの清掃チームの一員になったりするからである。これらの三つの仮定では、テニス関係者たち（tennismen）（プロ選手、われわれが観戦することができる大会の主催者、場に特殊な資本を領有するために闘争する場の中心的な行為者（agents））に非常に強力に刻まれるもろもろの力が彼に作用することはない。正確にいえば、そのような行為者（acteurs）は、当のスポーツ場の行為者（agents）ではないということだ。場は、それが「包含する」一切のものから構成されているような物理的空間や幾何学的空間ではない。場は、社会的世界の一部の行為者（agents）だけを対立させたり、集合させたりするような科学的に構築された闘争の領域なのである。前述の職人、事務員、技術者、およびそれ以外の二次的スタッフは、「テニス・ワールド」（ベッカーの意味で）には属しているとしても、「テニスの場」（ブルデューの意味で）に属しているわけではないのである。

「都市や農村は、遠くから見れば、一つの都市であり、一つの農村である。しかし、近づくにつれ、それは、延々と、家、木、レンガ、葉、草、蟻、蟻の足になる。これらすべてが農村という名のもとに包括される[17]」と述べることができたパスカルとは異なり、社会学者は場を、その境界内に見いだされる現実のあらゆる要素を包括した単なる物理的領域と見なすことができない。しかも、概念のいくぶん厳密な意味で、農村や都市は、そこに生きる蟻を含んでいない。いうなれば、それらは、社会空間的（sociospatiales）組織形態、すなわち諸要素間の特定の結び付きを意味するような特異な布置なのである。はじめから（a priori）、そのなかに蟻は存在しないのだ。農村社会学者や動物行動学者や昆虫学者は、同じ仕事をしているわけでもないし、同じ現実を語っているわけでもない。農村のなかに位置づけることができるからといって、蟻が農村の一部をなしていると述べるのは、素朴実在論に基づいた誤謬である。現実の領域として、農村は確かに蟻を含んでいるのだが、社会学的現実あるいは歴史学的現実としてのそれは、一種独特の（sui generis）現実である。つまり農村は、それが現実に含むすべてのもの（蟻、ほこり、細菌、分子など）で構成された容器ではなく、特異な水準で把握可能な一つの構造である。したがって、純粋な実在主義的幻想によってだけ、「農村」と呼ばれるものは、蟻を含んだり、収容したりしていると考えることができるのである。

ブルデュー自身は、彼が「法律場は、そこに入場することを承諾することによって、自らの紛争に（暴力や非公式の調停者に訴えかけて、あるいは示談による直接的な解決を求めて）自ら立ち向かうことを断念する者を、専門家の顧客にする[18]」と述べるとき、容器としての場という幾何学的な概念に屈しているのである。ピエール・グイバンティフは、この点に関し、「誰かがそれによって場に介入する資格を与えられるような過程（とりわけ「入場権」の概念を参照せよ[19]）を指し示すために」、ブルデューによって全般的に使用される動詞「入場する（entrer）」が孕む両義性を指摘している。そして彼は、非常に適切な仕方で、状況と、それを指し示す言葉を区別するように提起している。「おそらく、「法律場」の概念を、非法律家（non-juristes）が不在で、互いにそうであると自認する法律家たちが衝突し合うような審級のために確保しておくこと、ならびに、法律家と非法律家が衝突し合うような審級（顧問関係、場合に応じて伝統的メディアや電子メディアによって組織される法律家と非法律家との討論、さまざまな専門をもつ専門家同士の議論）を、特殊な概念によって同定することが必要だろう[20]」。法律場が、法的なものを取り扱ったり、法的なものに結び付いたりするすべてのものを、その内部に位置づけうるような単純な枠組みでない以上、この指摘はきわめて重要である。理論的に欠陥を有するこうした観点から見れば、一般人は建物に入るかのように場に入場するので、彼が弁護士や裁判官などと交わす相互行為が法律場に収められることになるのである。

おそらく場の理論は、場の行為者（agents）（そのようなものとして、ある種の権力を所持している）と一般人（患者、顧客、消費者、読者、観客、利用者など）との間でなされる、こうした混成的なやりとりを研究するための最適な武装がなされていない。反対に、かかる混成的なやりとりは、アーロン・ヴィクター・シクレルのように、こうした形態の権力掌握に関心を抱く社会学者にとっての研究対象となる。それは、日常の論理を、専門化された所定の一領域の特殊な論理（と言語）に翻訳する過程によって構成される。

患者の知識と医者の知識の対照性を明らかにするために、われわれは、ダンドレイド（一九八一年〔Roy Goodwin D'andrade, "The Cultural Part of Cognition," *Cognitive Science* 5, 1981.（「認知の文化的側面」「認知科学」第五巻）〕）に負うところの「再コード化による抽象化」と「内容に基づく抽象化」の概念を拡張することができる。「再コード化による抽象化」の観念によって、商取引がどのようにして代数のような形式的な象徴システムに再コード化されるのかが説明されうるとすれば、同じようにその観念は、ある個人の法律問題、医療問題、税務問題、保険問題などが、そこで専門的あるいは官僚的な象徴システムに再コード化されるようなあらゆる状況に拡張されうるのである。（略）ところが、医者は、患者の発話行為（les actes de parole）を、異なる象徴システムに再コード化することを常としている。そうしたシステムは、医学用語辞典、医学概論、研究所の検査、ないしレントゲン撮影のような外的記憶を使用しながらも、抽象的言語あるいは形式的言語を特権化する。（略）患者は、医者の説明とそれに付随する象徴的な再コード化をいつでも理解できるわけではない。そうした説明は、そのままやり過ごされるか、特別に説明されるかするものである。患者が啓発されるとしても、彼の知や理性（rationalité）は、医学用語やすべての医者が依拠する外的記憶システム（最新の医学の進歩に通じた臨床医によって絶えず再活性化される追加システム）と張り合うことはできないだろう。われわれは、官僚的な手続きに直面しなければならない場合はいつでも、さまざまな象徴システムに情報を再コード化する術に長けた者たちと対峙しなければならない。われわれの医者、弁護士、歯医者、会計士、およびそのほかの管理職や技術者との関わり合いは、たいてい、権力の不均衡によって特徴づけられる相互行為である。これらの文脈では、官僚的な人格と手続きのため、われわれが直面するほかない再コード化の操作とは正反対に、われわれは普通、相互作用したり、相互浸透したりするさまざまな形態の推論と感情に訴えかけなければならないのである。[21]

そのため、厳密な科学的概念としての場は、一つの実践分野（法、文学など）に属するすべての事実、すべての制度、すべての相互行為、すべての実践を考慮に入れるのではなく、場に特殊な資本の領有あるいは再定義をめぐる闘争に関係するものだけを保持するような選択的枠組みなのである。正確にいえば、弁護士と依頼人の関係は、医者と患者の関係が医学場に属していないのと同様に、あるいはプロテニスプレイヤーとトーナメントの際に居合わせる技術スタッフの相互行為がテニス場に属していないのと同様に、法律場に属していないのである。しかし、法制度において場の行為者たち（agents）の間で生じるすべてのことは、当の場に必ず結び付けることができるというわけではない。例えば、他方で、家族関係、夫婦関係、友人関係、隣人関係などを維持している、法律場の行為者たち（agents）同士によるいくつかの類型のインフォーマルな相互行為がそれにあたる。哲学場の概念が、シンポジウム会場やセミナー会場の準備、あるいは教育プランの編成などをする者たちに関心を向けることを計画していないのと同様に、法律場は、法務秘書、裁判書記、裁判所の案内役や警備役の職員などのような二次的行為者たち（ベッカーがいうところの「支援スタッフ」）を組み込むものではない。場は、一般人（法律家以外の者、作家以外の者、哲学者以外の者など[22]）も、支援スタッフ（そのかわり、ワールド理論には大いに存在している）も、ほかの社会的枠組みに関係する場の行為者（agents）の実践や相互行為も、主として考慮しないような仕方で定義されている。理論的観点から見れば、場のなかに含まれず、場の理論の観点からは適合的なものとされないような経験的現実の諸要素がはっきりと存在するのである。

　したがって、われわれは、より一般的な意味で、いくつかのカテゴリーの行為者が、どのような「場」にも属していないということを理解する。実のところ、場の定義を正確に遵守するならば、われわれの社会の大部分の諸個人――定義上、権力の領域から排除される中間階級や庶民階級や主婦や失業者――は、場の外部にいることが明らかになる。彼らは、家族関係や友人関係などの布置に組み入れられるか、所有された資本の量と構造（主に文化資本と経済資本）だけを構造化の軸とする全体的社会空間のなかで溺れるかしている。ブルデューは、ある著名な作家の作品を理解することが、「一般人」（匿名という意味で）とのインタビューを理解することに比べて、そして「とりわけその著者がある場に所属しているために」[23]、独特の問題を提起すると説明しているとき、彼自身がそのことを間接的に告白しているのである。観客のメタファーを展開することによって、場の理論は、権力という賭け金がそこで賭けられるような大舞台を明らかにするということができる。だがそれは、演出家、舞台装置を組み立てる技術者や職人、衣装係、経営管理役の職員、台本をコピーする者や文字をタイプする者が行為するような舞台ではない。要するに、われわれの社会の大部分の行為者たちは、「偉大な競争者たち」と彼らの特殊な賭け金の研究――競争が繰り広げられる分野がどのようなものであれ――を優先する場の観点から見て分析の場外（hors jeu）に置かれるのである。

場の理論が正統主義的であること（légitimisme）は、場の偉大な行為者たち（agents）から離れていくにつれて、行為者たち（acteurs）に与えられる関心が減少するところに見られるものなのだが、それは場の被支配的なすべての行為者や、十分に制度化されていないあらゆる形態の周縁的な経験を研究する際に、必ずや問題を引き起こすことになる。正統主義は、あまりに被支配的な行為者や場の中心から非常にかけ離れた実践を場から一挙に排除するまでにいたる。社会学者たちは、排除という現実の状況に依拠することによって、こうした科学的排除を正当化しているので、結果として、ある種の行為者やある種の実践は、実際に、国家的な（フランスの場合、一般的にパリの）賭け金やグローバルな賭け金から隔たった位置に置かれることになる。したがって、そのとき彼らは、進行中の闘争や、それによって生じる力関係の特定の一状態を物象化するのである。闘争の空間と文学的な投資をパリの小さな一ミクロコスモスに還元すること、より強い政治的責任を主張する者たち（大統領選、大臣ポスト、議員の職をめぐるライバルたち）を舞台に上げるゲームだけを政治権力のゲームとして考慮すること、さまざまな宗教の代表者同士の闘争だけに関心を抱くことは、周縁的、被支配的、周辺的、新興的（émergents）、あるいは二次的な非常に数多くの行為者を、多少なりとも永続的にその犠牲者とするような排除を倍加することなのである。地方の多数の文学出版社（ときに、最も純粋な支配的極に結び付けられるパリの大手出版社よりも、はるかに「純粋な」文学的意図に駆り立てられている）から出版する作家たち、自身の活動を地域の、県の、自治体相互の、あるいは市町村の空間の境界内に書き込む政治活動家たち、新たに浮上した問題や古くからの問題を担っているが、周縁的にとどまり、闘争の空間の裏側に（少なくとも、一時的に）位置づけられる落選した政治活動家たち（例えば、古くからのエコロジー運動の活動家たち、新しい反成長〔décroissance〕の活動家たち、もしくは狩猟や釣りの擁護者たちが思い浮かぶ）、近年制度化された教会の階層（助祭、地区のイマームなど）、あるいはさらに、新たな形態の宗教心（religiosité）を突き動かす一切のもの……これらの行為者たちと彼らの行為はみな、場の理論に存在していないのである。

それらは、自らに固有の論理を有する、相対的に区別された実践と闘争の空間のなかで進展することもあれば、ブルデューによって研究された場を駆動する賭け金とは別のところで進展することもある。また、それらは、種々のレベルで、あるいは分化したさまざまな空間のなかで、実践と野心をあわせもつこともできる（図1と図2を参照）。

磁力の場というメタファーは、提起された問題を非常にうまく示している。場の最も正統的な行為者たちが、磁極の非常に近いところにある砂鉄のように、彼らの中心的な賭け金によって強く引き付けられるとするならば、われわれは、当の力がきわめて微弱にしか作用しない、もしくはまったく作用しないような、最も正統的ではない、最も被支配的で、最も周辺的で、最も周縁的な行為者たちをどのように論じることができるだろうか。支配の問題を先験的に（a priori）自覚し、しばしば被支配者を科学的に正当化するのに熱心な社会学が、全体的社会空間の被支配者ではなく、自らの研究する場の被支配者を問題にするとき、もしくは、研究者が多少なりとも意識的に自らの調査フィールドから一挙に排除するように決断する人びとを問題にするとき、とりわけ正統主義者

図1 制度化された実践と闘争の空間——国家から地方まで

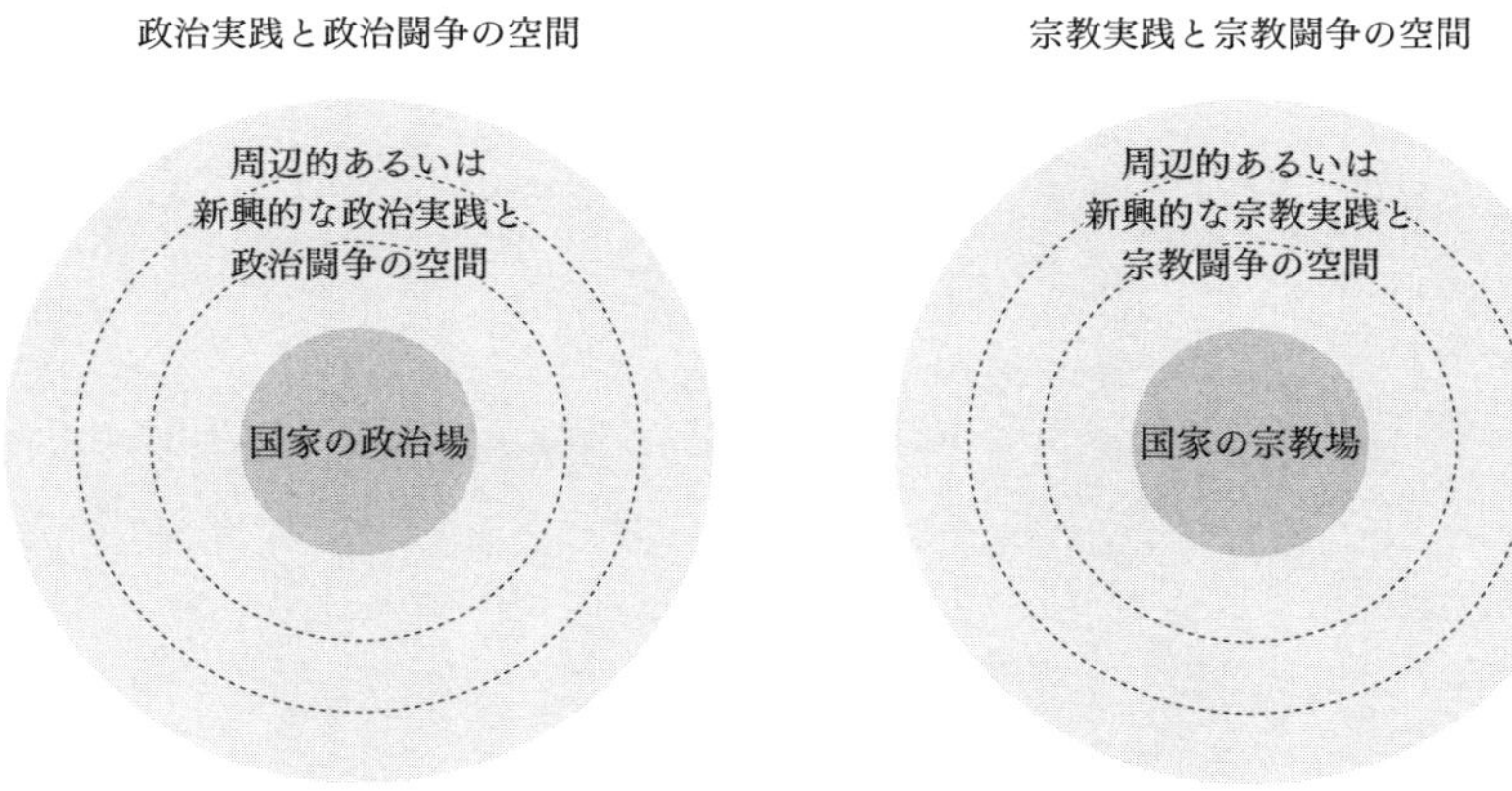

図2　実践と闘争の空間——中心から周辺まで

のように——そして、最もアカデミックな研究分野の側近のように——振る舞うのが認められるのは驚くべきことである。

このように、ブルデューと彼の社会学から示唆を得た文学社会学は、いずれも、非常に正統的な著者のケース（フロベール、ボードレール、ギヨーム・アポリネール、ステファヌ・マラルメ、ジャン＝ポール・サルトル、サミュエル・ベケットなど）を研究しているにすぎない。したがってそれは、その注意を、文化的生産の場の支配的な部分にだけでなく、限られた生産の極に集中させてもいる。(24) このことはまた、エルワン・ディアンテイルが示したように、新たに生じた、あるいは、十分に制度化されていないさまざまな形態の宗教的経験の分析にも影響を及ぼしている。

実際のところ、「宗教場」、すなわち全体的社会構造と結び付いた専門家たち同士の闘争に焦点を絞って「宗教」を定義すれば、聖職者たち——彼らが「新たな聖職者」になるとしても——の統制を大きく免れるような宗教的現象を研究するのは、なかなか困難である。この視座の誤りは、分化した社会も含め、制度外の宗教的事実にいっそうの地位を与えることで回避されえただろう。例えば、信仰の寄せ集め（les bricolage des croyances）や近代（modernité）における信徒の系譜の作成、秘教主義の愛好家ネットワークの組織やペンテコステ派（pentecôtismes）のいくつかの非官僚的な組織に関心を注ぐことによって、われわれは、宗教的事実の研究を、教会制度の権威喪失を単に確認するだけのことにしてしまわずにすむのである[25]。

同様に、われわれがもっぱら一時的にそこに参加するような活動の総体（サッカーの練習やアマチュアのチェス、私的ないし公的空間での友人や見知らぬ者とのその場限りの出会いや相互行為など）は、特定の場に割り当てることが困難である。なぜなら、こうした諸活動は、諸位置の空間とこうした諸位置を占めるさまざまな行為者（agents）同士の闘争というかたちで体系的に組織されているわけではないからである。そのため、同じく場の理論は、場の内部で闘争する行為者たち（agents）の場外の生活全般（le continent de la vie hors champ）にも、ほとんど関心を示さない。しかしながら、それぞれの場に激しく没入しているとはいえ、ジャーナリストやプロサッカー選手や哲学者や法律家が、場の成員としての存在に還元されうるかのように、すなわち、彼らが場のなかで生まれ、場の賭け金のために死ぬ覚悟をしているかのようにすることはできないのである[26]。

したがって、最も一般的な公式が考えさせうることとは反対に、一切――個人や制度や実践や状況や相互行為――を、一つの場に結び付けることができるわけではない。つまり、場は、プロのおよび／あるいは公的な一部の活動分野――そのうちの最も正統的な活動分野――しか含んでおらず、プロ活動をしていない人びと――そして、そのなかでも、大半の女性――に関わるものではない。より正確にすれば、場は、威信が高いプロ活動および／あるいは公的活動に関わっている。「資本」概念は、これらの活動に対して意味をもつものであり、そのため、これらの活動は、こうした特殊な資本の獲得をめぐる偉大な行為者たち（agents）同士の競争と闘争の空間として組織されうるのである（それに対するのは、劣位な〔sublternes〕職業ないし活動。例えば「しがない」行政スタッフ、福祉スタッフ、労働者、農民など）。

政治場、法律場、ジャーナリスト場、出版場、オートクチュールの場、哲学場、経営者の場、宗教場、科学場を考察すれば、われわれは、プロ活動をする行為者や高貴な公衆を選出しているだけでなく、これらの行為者が、私的であれ公的であれ、永続的であれつかの間であれ、ほかの多数の社会的枠組みに書き込まれているにもかかわらず、唯一の活動を通して彼らを観察していることにも気づかされる。この観点に基づき、「場の外部の時間」と「場の外部の行為者」に関するこうした二重の排除を踏まえるならば、この社会学が、ほとんど「場のなかで生まれた」といえるような人びとの状況に関心を抱いていることに加え、そうした状況のモデルを不当に一般化していることは、まったくもって明らかなのである。

イルーシオとは、ゲームのなかに生まれ、生まれつきゲームに帰属しているという事実に基づいた一種の認識である。私がこのようにゲームを知っているということは、私が皮膚のなかに、身体のなかにゲームを有している、つまりゲームが自我なくして自我に作用するということを意味している。私の身体が、自分がそうと認識するよりも前に、正反対の反応をとるときのように。(27)

場の理論は、一連の科学的問題に応答する一つの方法である。しかしそれは、とりわけ場があらゆる実践を文脈化するアルファとオメガとなるとき、今度は社会的世界の認識に対する障害を構成しうる。まず、場の理論は、行為者(acteur)を一つの場の成員としての存在(être-comme-membre-d'un-champ)に還元するために、そのなかでは自身が生産者である場、そのなかでは自身が単なる消費者=観客やアマチュアでしかない場、そして、一つの場に準拠不能な多元的な状況の間を、行為者(agents)が絶えず移行することを無視する。この第一の限界は、場の内部での実践や作品を理解する際に重大な結果——われわれは文学的領域について考察する予定である——を招く。場の理論は、適合的な説明の文脈を「場」に押し込めることによって、場への参入に先立つ社会化の経験あるいは場の往来に匹敵する社会化の経験のすべてを省略してしまう。しかし、それは、まったく同じように、場のなかに書き込まれた実践や作品を具体的に解釈するために考慮すべき重要なものなのである。次に、場の理論は、ある所定の場のあらゆる活動の外部で社会的に定義され、精神的に構成される者たちの状況をないがしろにする。例えば、多少なりとも突如ゲームの外部に置かれる一部の定年退職者[28]と同様に、職業的活動も公的活動もしていない専業主婦がそれに相当する[29]。最後に、場の理論は特に、われわれから、支配的ではない諸階級（中間階級、庶民階級、下層プロレタリアート）や、支配的な場の周辺ないし周縁にいる被支配的な行為者たちを理解する術を欠いている[30]。こうしたあらゆる理由のために、場の理論は、一般的で普遍的な理論ではなく、社会的世界の局所的な理論である。したがって、とにかくそれを「権力場の理論」と呼ぶように努めなければならないだろう。

　人文・社会諸科学の一部の研究者たちは一致して、身体化された過去と、そこに実践が書き込まれる現在の社会的文脈とが交差する地点でのみ実践が理解されるのだと述べることだろう。しかしブルデューは、彼のいくつかのテクストのなかで、あらゆる文脈が必然的に場であるのだということを示唆している。この確信を備えているために、ブルデューは、次のような社会学的方程式「[（ハビトゥス）（資本）]＋場＝実践[31]」を提出することができるのである。同様に、ブルデューはしばしば、「ハビトゥス」と「場」の概念的な依存関係を強調している。「ハビトゥスは場と関係してはじめて意味をもち、資本は場と関係してはじめて意味をもつ[32]」あるいは「分化した社会における人間の実践を理解するためには、場を認めなければならないし、他方で、私がハビトゥスと呼ぶものを考慮しなければならない[33]」。しかしながら、ここまでの場に関する考察を念頭に置くならば、われわれは、そのような強制的なカップリングに驚かざるをえない。というのも、場の概念を厳密に適用すれば、多元的な実践者と実践の考察を禁じてしまうことになるからである。

　「ハビトゥス」は——幸いにも——「場と関係してはじめて」意味をもつわけではない。ハビトゥス概念は、社会化の理論を搭載した（arrimé）概念として、社会的世界のうちの、身体化された状態で生き続けるものを把握することをねらいとする。けれども、その概念は当初、分化の程度が弱い世界、すなわち分離された活動領域をもたない社会（例えば、カビール社会）での実践の論理を把握するために作り出されたのである。実践は、身体化された性向と能力（ときにハビトゥスのかたちをとる）と、行為の文脈とが交差するところで把握される。しかし、こうした文脈は、いついかなる場合にも、必ずや場になるわけではないのである。

歴史的な概念から柔軟な観念へ

場の歴史的な性格を保持し、できるかぎり正確かつ厳密な定義だけをもって、それを使用するべきなのだろうか。それとも、場をより柔軟であまり厳密に定義されていない普遍的な適用可能性をもった観念にするべきなのだろうか。その際、研究者は、その定義については、あまり切り詰めたものにせず、その用法を維持することができるように、あれこれの特性を途中で手放すべきだろうか。言い換えれば、「場」という用語を、社会的機能分化の過程で歴史的に構成され、その内部で特殊な資本の領有をめぐって闘争する行為者たち（agents）が対立し合う特殊な下位領域を指し示すのにとっておくべきだろうか。それとも、どのような類型の歴史的・社会的状況をも論じるために、その観念を使用することが許可されうるのだろうか。正しいのが前者の選択肢であるならば、そのときわれわれは、国家や社会階級や経済市場がどんな時代にも存在したわけではないように、すべてが「場」であるわけではないということを認めるだろう。つまりは、場に先立って社会的現実が存在したのであり、場の観点から分析される余地のない社会的文脈が今日でも存在しうるのである。定義の使用にいっそう厳密であると同時に、概念を歴史化することにいっそう気を配ったこうした方法、すなわち概念を万能のパスワードに凍結させないようにするこうした方法こそ、私にしてみれば、科学的に最も実り豊かなものであるように見える。なぜなら、ヴェーバーが述べていたように、「包括的概念の妥当性、つまりその外延が広がれば広がるほど、われわれは豊饒な現実からますます遠ざけられるようになる。というのも、それは、できるかぎり多くの現象に共通するものを包摂するために、できるかぎり抽象的でなければならず、したがって内容に乏しくなければならないからである[34]」。

しかしこれは、必ずしもブルデューが選んだ方法ではない。そのため、その方法は科学的な議論をいっそう困難なものにしている。社会学者は、必要に応じて、「場」を「実践分野」の純粋な等価物にすることができるのである。こうしてブルデューが、ハビトゥスがそこで表現されるさまざまな場を想起するとき、

その内部で文化的消費が定義されるライフスタイルの空間を完全に構築するためには、（相対的に）均質な生活条件をもった各階級に特徴的な必要性と傾向（les facilités）を個別のライフスタイルへと再翻訳するハビトゥスの生成公式を、各階級と階級内集団に応じて、つまりそれぞれの資本の布置に応じて、確立する必要がある。それから、それぞれの場、すなわちスポーツ場や音楽場、食事場や装飾場、政治場や言語場、以下同様によって供される、スタイル的な可能性のいずれかを実現することで、それぞれの大まかな実践分野に応じて、ハビトゥスの性向がどのようにして特殊化されるのかを決定する必要がある。(35)

歴史的な機能分化の過程ゆえに、ほかの下位空間と切り離された特殊な下位空間として場が定義されていたことを念頭に置けば、言語的実践が、どのような場合でも、切り離された一つの実践分野を構成するものではないということ、ましてや、ほかのどのような場とも同じように研究しうる、一つの「場」を構成するものではないということは明白である。

家族という原初的世界

ときに、「場のように機能する」(36)可能性があるものとして示されるのは、まさに集合的なもの――「集団や家族や企業」――である。ブルデューは、家族を場として論じることで、用語の隠喩的な、あまり厳密でない使用法を許可していた。その使用法はもはや、客観的特性、利害関心、および分化した戦略をもった行為者（agents）同士の力関係がその内部で賭けられるような布置だけを指し示すものではないのである。ブルデューはこう述べ

ている。「家族は、それが存在し存続するのに、集団（corps）として機能しなければならないとしても、物理的、経済的、そしてとりわけ象徴的な力関係（例えば、さまざまな成員によって所有される資本の量と構造に結び付いた）をともないながら、すなわちこれらの力関係の保持あるいは変換をめぐる闘争をともないながら、絶えず場として機能する傾向をもっている」(37)。ブルデューは、数年後にも、「家庭の場（champ domestique）」や「家族の場（champ familial）」(38)を論じることで、場の観念を繰り返し曖昧に使用している。その一方、いくつかの表現を見れば、逆に、家族の領域は場と区別される(39)と考えさせる傾向がある。

ところがこれは、家族がそのほかのどのような社会的現実とも同じように、関係的思考様式(40)に基づいて研究されなければならず、部分的に、分化した社会的特性を所持する諸個人同士の力関係の現場（lieu）として理解されうるからではない。言い換えれば、家族が有効に一つの場として見なされうるからではない。相対的に自律した、持続的な社会化の審級が問題になっているのだが、けれどもそれは場ではないのである。

それ固有の作動（fonctionnement）の論理を有する特殊な領域である家族は、相互依存関係の布置である。こうした布置は、たいていの場合、場とは異なり――この領域に含まれる大人たちがときに場に属しているとしても――、そこに子どもが生まれ落ち、社会的世界を発見するような枠組み、つまり早期から、体系性を通して、密度に応じて、彼の行為の持続によって、大きな社会化の効力を子どもに発揮するような枠組みを構成している。その後の関与（engagements）と緊張関係（relations contractées）の原理となる精神的・行動的性向を構成するのは、家族的社会化である。このように各個人は、自分が接点をもつことになるだろう無数の他者たちとの未来の関係、あるいは自分が直面することになるだろう数多くの状況を条件づけるような、魅力と拒絶、類似と無関心、共感と反感といった一連の対極を幼少期から身につける。彼の行為の習慣と反応は、こうした拘束的な枠組みのなかで鍛え上げられる。それは、実在するかのように存在するという唯一の事実によって、そして数あるうちの一つの枠組みとしてではなく、行為と相互行為の自明な地平(41)として出現するという唯一の事実によって、その明証性を認めさせる。したがって家族は、そこで「家族資本」(42)――とても謎めいた――の領有をめぐる闘争が主に観察される空間を構成するものではない。親子関係や夫婦関係は、闘争であるだけでなく、連帯や相互扶助や協同でもある。それと並んで、家族のさまざまな成員たち――とりわけ両親と子ども――は、同じ地位をもっているわけでもなければ、同じ役割をもっているわけでもない。両親は子どもを保護し、世話し、教育する機能を――多少なりとも長期にわたって――果たしているのである。

結局のところ、家族は、場と異なり、その「影響力」を、場を構成する行為者たちに「特化」しないような集合生活の一形態である。家族は、分化したさまざまな場に配分される、そのほかのあらゆる社会的次元（経済的次元、道徳的次元、政治的次元、宗教的次元、審美的次元、スポーツ的次元、食事的次元など）が、そこにおいて絶えずもつれ合った仕方で処理されたり、介在したりするような特化されない場所なのである。デュルケムが、家族と同業組合との間に明確な差異を打ち立てることができたのは、こうした理由のためである。

おそらく両者の間には、次のような差異が常に存在することだろう。すなわち、家族の成員たちは、彼らの生活全体をともにしているのに対し、同業組合の成員たちは、彼らの職業的関心だけをともにしているという差異である。家族は、宗教的活動、政治的活動、科学的活動などだけでなく、経済的活動にもそのはたらきが及ぶような、一種の完全な社会である。家の外においてであろうと、われわれにとって少しでも重要性をもつすべてのものが、そこへと反響し、それにふさわしい反応を呼び起こす。同業組合の影響の範囲は、ある意味で、より限定的である。とはいえ、労働がさらに区分されるにつれて、職業が生活のうちで占めるようになるいっそう重要な位置をなおも見落としてはならない。なぜならば、各個人の活動の場は、個人が専門的に引き受ける機能によって定められたもろもろの境界のうちにますます閉じ込められるようになるからである。さらに、家族の活動が全体に拡張されるとしても、それはごく一般的なものにしかなりえない。細部は目にとまらなくなるのである。最後に、とりわけ家族は、かつての統一性と不可分性を失うことによって、同時に自らの効力の大部分を喪失してしまった。今日では、家族が各世代に分散しているので、人間は自らの生活のかなりの部分を、家庭の影響から一切免れて過ごしている。同業組合は、こうした断続性をもたず、一つの生命体として生き永らえてきた。したがって、ある意味で、同業組合が家族と比べて示しうる弱点は、その代償がないわけではないということである。[43]

家族が場でないとしても、しかしながらそれは社会的分業によって影響を受ける最初のものである。最初の重大な分離は、家族と労働の世界、とりわけ企業の世界との間でなされるそれである。伝統社会では、家族は消費と同様に生産の単位であるのに対し、分化した産業社会では、家族はますます労働と労働の組織化の現場でなくなりつつある。[44]こうした公と私の区別、職場と家庭の区別、そして生産的職務の専門化はまた、両親が必ずしも習得しているわけではなく、彼らが教える能力をもたないような知識がそこで伝達される特殊な領域としての学校制度を前提としてもいる。家族がそこに刻み込まれる社会環境に応じて、家族的社会化の枠組みと学校的社会化の枠組みの関係は、連続していることもあれば、連続していないこともあるし、補い合うこともあれば、矛盾していることもある。しかし、いずれにせよ学校は、個人の性向と能力の遺産のなかに――義務的、早期的、体系的、および持続的なその性格によって――もたらされる不均質性のきわめて重大な根拠になる。マルティン・セガレンが述べるように、

万人に対する義務教育の誕生は、家族制度と社会全体のうちに著しい変化をもたらした。しかしそうした変化は、女性労働や自由な避妊の権利ほど注目されてこなかった。庶民階級と労働者階級の子どもは、家族が所有する財産だった。子どもは家族のなかで社会化されていた。父親のそばで農業を習得すること、母親のそばで家事を習得することは、子どもの社会化の主要な枠組みを構成していた。しかし、学校が家族の中心へと侵入していく。学校は、ブルジョアジーの新たなパートナー、すなわち家族計画の味方になるのである。かつて学校は、労働者の環境では、商売敵だった。というのも、子どもたちに見込まれる運命に対して、そ

の有用性をほとんど見いだせなかったからである。その内容が彼らの文化とかけ離れ、彼らに期待される労働にとって役に立たず、そのうえ、彼らの就労を遅らせることになった勉学に、どうして子どもたちを縛り付けるだろうか[45]。

家族の大人の成員たちが、家族外の（extra-familiaux）職業的賭け金[46]にとらわれればとらわれるほど、当初は家族によって果たされた機能はますます外部化され、幼小期や青年期から、保健、文化と芸術、宗教教育、教育、家事労働などの専門家たちによってますます引き受けられるようになる。例えば、託児所や保育所や幼稚園や乳母は、赤ちゃんと幼児の世話をする。学校システムは、子どもと青少年と青年の教育に責任がある。保健システム（小児科医、発音矯正士、一般医、専門医、病院など）は、万人の治療を担う。無数のあらゆる活動に関わる社会文化的制度やスポーツ制度は、家族が自ら組織する能力と時間をもたないもの、例えば教理を教える教会、人間関係の問題、すなわち不満や行動のトラブルの問題を扱う心理学者、……そして、かつては死にいたるまで家族領域に組み込まれていた高齢者の老人ホームにまで及んでいる。財力が許せば、やはりそのほかのさまざまな機能が、両親の家事負担を軽減するために外部化される（ベビーシッター、家政婦など）。結局のところ家族は、未分化な社会ではほぼ完全にその内部で確保されていた諸機能を外部化することによって変容するのである。最も分化した社会では、デュルケムが記しているように、「隣人たちや同じ家族の成員たちでさえ、多数の関心事や、合間合間に関わり合う（intercurrentes）人びとによってそのつど隔てられるために、接触する機会が減少し、不規則になっているのである[47]」。

諸機能と諸活動を別々の制度に振り分けることは、子どもの社会化の条件と社会生活の枠組みをよりいっそう不均質なものにするのに貢献する。職務と機能の専門化も、本来は内部で達成されるこれらの職務と機能を外部化する過程も、放棄（dessaisissement）の過程に通じるものである。家族から剝ぎ取られた（あるいは、その成員が多かれ少なかれ自発的に放棄する）各機能は、物事の家族的秩序を大きく変えるのに寄与する。確かに、家族的空間からの「退場」あるいは家族外の人びとや制度への職務の委託はいずれも、子どもに対して及ぼされる権力行使を家族に独占させないようにし、その社会化の力を制限する傾向をもっている。それにもかかわらず、家族は、高度に分化し、超専門化した世界のうちで、社会的に専門化されることがない最後の場所の一つにとどまるのである（そこでは、文化的なもの、倫理的なもの、感情的なもの、宗教的なもの、政治的なもの、スポーツ的なもの、などが絶えず交ざり合っている）。

実際、家族――それぞれの個人は、それを媒介にして社会的世界を発見し、そこに（両親や兄弟姉妹との関連で）自分の地位を見いだすようになる――は、可能なものと望ましいもののさまざまな境界を――知も意志もなく――客観的に定める傾向をもつような一次的（原初的）空間である。そこで子どもたちは、両親の遺産に応じるかたちで自身の欲望と志向を形成する。こうした両親の遺産は、強力な自明性をもって子どもたちに課されるものであり、彼らはそれと妥協しなければならない。子どもたちは、大人の領域に自らを投影すること、すなわちあれこれのジャンルの大人像に同一化することを学ぶ。要するに、彼らは、ある点では、場に相当する専門的領域に多少なりとも早い段階から投資する準備を整えているのである。あれこれの社会的位置、あれこれの物質的あるいは象徴的資源に到達する機会に関する主観的な見積もりは、何ら意識的な計算によるものではないし、蓋然性の問題を解決するほど決してはっきりと現れるものでもない。事実、研究者たちが統計的に測定できる客観的可能性は、さまざまな仕方で日常生活に現れる。そしてそれは、目指したり期待したりすることが普通または異常だ、可能または不可能だ、道理的または非道理的だと思われることに関する、行為者の実践的直観を生み出すのである。客観的に到達できないものは、もはや主観的に望みうるものとはならないので、結果的に、客観的状況がわれわれに好きにさせるものだけを好むようになる。言い換えれば、好きになるということは、自らの欲望を現実として見なすのではなく、可能な現実を自らの最も個性的な欲望だと考えさせることなのである。

企業と職業環境

同じようにブルデューは、もろもろの企業を、企業の場のなかのミクロな場のようなものだと見なしている。「場としての企業」というタイトルが付された一節で、ブルデューとモニック・ド・サンマルタンは以下のように述べている。

企業の内的分化がある水準を超えると、すなわちある規模を超えると、企業に対する権力を異なる資格でもって切望する行為者たちは、それ固有の論理を有する闘争に巻き込まれる。とはいえ、そうした闘争の結末は、論理と賭け金を完全に同じくした、経済的権力の場の全体で繰り広げられる闘争の帰結に大部分依存している。(48)

このような使用法を一般化するならば、各大学を大学場のなかのミクロな場にする、各出版社を出版場のなかのミクロな場にする、各報道機関をジャーナリスト場のなかのミクロな場にする、各研究所を科学場のなかのミクロな場にする（以下、同様）ように促されることだろう。ところが、こうしたマトリョーシカ人形のようなシステムは、分析上の問題を提起しないわけではない。(49)

場は、場の内部で闘争あるいは競争している行為者たち（agents）が、ほかのさまざまな類型の活動から分化した一活動（場には特殊な資本が存在する）に関して闘争あるいは競争しているということを想定するものである。例えば、経済場の内部には、あるいはより正確にいえば、企業の場の内部には、ほかの諸部門から自律し、所定のある活動をめぐって自分自身の賭け金を発展させるようないくつかの生産部門が存在している（競争している情報業の企業は、建築業の企業や食産業の関連企業から切り離されている）。したがってわれわれは、情報業市場が徐々に自律化し、特殊な専門的部門を構成すると考えることができる。しかし、各企業の内部でさえ、競争や力関係や闘争（例えば、オーナーとマネージャーとの）は、同じ性質を備えているわけではなく、それらが存在するだけでは、ほかの企業の賭け金とは区別された特殊な賭け金をめぐって組織される、特殊な空間としての「企業の場」を論じるには十分ではないだろう。

要するに、概念の歴史的な定義において、場は、残りの社会的世界と切り離されることで自律化する、（特殊な資本をめぐる）競争と闘争の空間なのだが、一方でブルデューは、労働者の直接的な職業環境を想起させるのに、その用語を躊躇なく使用している。ブルデューにしてみれば、次の二つの特性が場を語らしめる。一つは、労働への没入＝投資（investissement）。これは場のイルーシオに帰するものである。そして、もう一つは、卓越化ないし競争の論理。このため、熟練工は、自分よりも不安定な、あるいは被支配的な労働者から卓越化するのである。ブルデューは、以下のように述べている。

ここで、労働者たちが自身の労働と労働条件に順応すべくおこなっているまさにその努力のなかに、彼らをして自分自身の搾取に寄与させるようなあらゆる没入＝投資の過程を思い起こす必要があるだろう。こうした没入＝投資の過程を通じて、労働者たちは、彼らが好きにする自由（しばしば取るに足りない、ほとんど常に「関数的な」）さえをも媒介として、またもちろん同じように、場として機能する職業空間を構成するさまざまな差異（単能工、移民、女性などに対する）のなかで生み出される競争によって、自分の仕事（その語のすべての意味で）に専心するようになる。(50)

しかし、「労働者の場」を存在させるには、これらの二つの特性だけでは不十分である。われわれは、賭された特殊な資本、当の場に固有のノモス、残りの社会的世界からのこうした場の分離＝分化、保持および転覆の戦略、などをいたずらに探し求めることになるだろう。

二次的な場としての文学ゲーム

文学的創作の実践的条件の社会学という精神のもと、近年、作家に関しておこなった研究の途上で、私は次第に「文学場」の概念から距離をとり、「文学ゲーム」[51]の概念を使用するようになった。このように概念を変更するきっかけは、場の理論が場の外部の時間を考慮しないこと、そして社会的行為者を結果的に「場の成員としての存在」に還元してしまうことに結び付けられる。このような批判が、諸個人がさまざまな社会的文脈を頻繁に往来しなければならない、分化した社会におけるすべての社会的行為者に関係するものであるとすれば、やはりそれは、経済的理由のために、主に断続的にしか文学的領域に参加しない作家のような行為者にとって、きわめて重要なものになる。

象徴的にたいへん威信が高く、使命感(vocation)と強烈な人格的没入を生み出しうるという事実にもかかわらず、文学的領域は、全体的に見て、非常に弱い程度にしか制度化やコード化がなされておらず(公式の入場権、特殊な編成様式、コンクール、学位、必修課程がない)、ほとんど職業化されていない(職務規定、「職位」、達成段階の安定化や具体化に関する制度的メカニズム、安定した「キャリア」がない)と同時に、その主要な行為者たち、つまり作家たちに対してほんのわずかな報酬しかもたらさない(定収入がない)領域である。逆説的にもそれに対し、いわゆる「書物の専門家たち」、例えば印刷工、編集者、書店主、図書館員などはみな、作家たちが生み出すものによって、直接的にであれ間接的にであれ、生計を立てることができる。このように文学的領域は、多種多様な専門領域(教育、ジャーナリズム、自由業など)に属する非常に幅広い多数の諸個人を結集している。そのため、文学的領域に参入する者たちは、慣例的に「副業」と呼ばれるもの——大半のケースでは、報酬をともなう仕事だけが問題になることを知っているならば、逆説的な表現である——をたいていの場合おこなわざるをえないので、場の理論がわれわれに提示するような、一つの場の「専従の行為者」というよりも、外部へと「自分の生活費を稼ぎ」にいくために定期的にゲームを抜け出すようなプレイヤー（joueurs）にずっと近いのである。とりわけこの理由のために、私は「文学場」よりもむしろ、「文学ゲーム」を論じるほうが好ましいと考えたのである。[52] 実際、「文学ゲーム」の概念は、類縁的な場――とりわけ学問場と科学場――とは、その機能においてきわめて異なる二次的な場を指し示している。それに対し、類縁的な場は、そこに参加する諸個人を、報酬を支払われる安定した行為者（agents）へと変換し、エネルギーの大半を自分の勤めにあてさせるためのさまざまな経済的手段を備えているのである。

　場とは何かということを理解させるための単なる教育上の方法としてゲームのイメージを使用するブルデューとは異なり、私は、きわめて異なる生活諸条件をそれぞれの参加者たちに供するさまざまな類型の領域を分化させる目的で、「文学ゲーム」のメタファーを展開し、その可能性を開拓してきた。何らかのゲームの理論を社会的事実の研究に再び導入することではなく、「ゲーム＝遊び（jeu）」という言葉が「労働」という言葉と取り結ぶ対立関係を活用することが問題となるのである。例えば、報酬をともなう労働／無私のゲームやレジャー、主要な活動／二次的な活動、真剣な活動／取るに足りない活動、義務的活動／「自由な」活動など。望もうと望むまいと、社会的世界は、客観的に見て――事実において、そしてときには言葉のうえでも――、文学に従事することを単なる娯楽、つまり取るに足りない、二次的で、周縁的な活動として取り扱うのである。しかしわれわれはそこで、「真剣な」活動に束縛されない時間に没頭することができる。

　そのほかのゲーム（用語の通常の意味での）の特性は、文学的領域での創作者の活動を特徴づけるようなそれに反響する。[53] ゲームとしての文学的創作には、固有の規則と賭け金がともなう。文学的創作は、審美的にも経済的にも、その展開と帰結において不確実なままにとどまる（経済的な不確実性の原理および審美的な不確実性の原理）。それは、直ちに経済的報酬をもたらすとは考えにくく、少なくともプレイヤーたちを楽しませるという精神のもと、「無償の」ままであらなければならない。そして最後に、それは、「日常生活」に対する強力な「非現実」感をもたらすような活動である。しかし、そうした活動は、「にもかかわらず、プレイヤーをことごとく没頭させうる」（ヨハン・ホイジンガ）ものであり、ゲームにできるかぎりの投資をしたプレイヤーによって、経験に値する「真の現実」や「唯一の現実」として認識されさえしうる。[54]

大部分の芸術場は、一部のスポーツ場と同様に、非常に競争的で、激しい没入を要求するといえども、それらが、行為者の生活のなかで、報酬をともなう「副業」を並行しておこなっていることを、しばしば、そして長期にわたって前提にするという意味で、ゲームなのである。[55] 文学ゲームは、「メインとして」出入りされることはめったになく、むしろごくわずかな報酬しかもたらさない二次的な領域として、したがって、絶えず二重生活の状況を生きているような行為者によって出入りされる。このとき、社会的ゲームの概念が解決しようとする問題は、研究者をして、包括的で、長期の、体系的な社会化と、専門化された、短期の、断続的な社会化とを区別するよう仕向ける問題と同型のものである。芸術家たちを、彼らの芸術的特性だけで定義される存在であると見なすことは、実践を抽象化し、集約化（intensification）する誤りを犯すことに等しい。というのもわれわれは、「医者」や「弁護士」がそうであるように、いつも「作家」であるわけではなく、このことは、生み出される作品の性質に関して重大な帰結をもたらすからである。

場の理論の使用者たちは、文学的領域を、ほかの領域と同様に、一つの場であるかのように扱うことによって、諸個人を「場の行為者（agents）」の地位に還元することが、ほかの場所以上に問題なのだということに気づかなかった。当の領域の特性ゆえに、それらの個人が頻繁な二重帰属によって定義されるにもかかわらずである。「ゲーム」の観点から、こうした再定式化をおこなう科学的賭け金の一つは、場の理論を特殊化する試みのうちにある。実際には、それぞれの公衆に対する関係性、あるいはその成員たちの生活条件という観点からだけでなく、国家および市場と取り結ぶ関係という観点からも区別されるようなさまざまな社会的領域を別々に指し示す必要がある。

ほかの領域とは異なる社会的領域

したがって、文学を書く行為（l'écriture littéraire）は、大部分、自身の主たる収入をそれに従事することから得る（主として、作家がほとんどもっぱら読者市場に依存するようになって以来の著者の権利）わけではなく、それによって自身を定義したいと願う活動とは異なる活動で、金銭的に生計を立てなければならない諸個人によって実践される活動である。教員、ジャーナリスト、医師、論説委員、エンジニア、ないし「食い扶持を稼ぐための」、ときに不安定な仕事をかけもちする者としての作家たちが、「専業作家」であることはめったにない。しかも彼らは、文学的慣例や公衆の期待と断絶して、非常に奇妙な作品や非常に不可解な作品を創作するだけに、専業であることがよりいっそう少ないのである。例外を除いて、前衛作家たち、言い換えれば、最も純粋な選択をし、慣例を革新したり覆したりする（詩人や実験作家やあらゆるジャンルの形式の革新者）と同時に、文学を前進させるのに最も貢献する者たちは、文筆で生計を立て、ひたすらそれに打ち込む可能性がかぎりなく低い者たちである。

しかしながら、ブルデューは、フロベールやボードレールのような作家たちが、「全面的にひたすら自分の仕事に身を捧げる、専業の近代作家や近代芸術家に相当するような先例がない社会的人格(56)」を発明したと主張している。「専業」という表現は、二重に欠陥をもったものとして現れる。というのも、作家たちは、その大部分が、「プロ」（語の経済的な意味で）とは定義されえず、彼らが文学に身を捧げるとき、「専業で（à plein-temps）」そうすることはかなりまれでしかないからである。こうした定義に合致する作家というのは、産業文学、商業文学、あるいは非常に学究的な文学で生計を立てる作家である。前衛の小説家や詩人は、一生涯、「副業」を持ち続けることを余儀なくされたのである。エリオット・フリードソンが明確にしているように、「厳密にいえば、芸術は仕事（métier）でも余暇活動でもない。芸術は両者の変則的な混成物（hybride）なのである。われわれは、それを緻密に研究することによって、労働の社会学的分析のために利用される概念や理論の理解および妥当性を拡張し深化することが可能とならなければならないのである」[57]。

自身の作品に、しかも自身の作品だけに集中する作家＝金利生活者（l'écrivain-rentier）というフロベールのモデルは、文学ゲーム全体を考察するのに、あまり効果的なモデルではない。フロベールは、独身で子どもをもたない金利生活者であり、副業をしておらず、その日常生活は、文学であれ書簡であれ、書く行為でほとんど尽きてしまうような「文筆家[58]」である。また彼は、その文学的性向の力によって、自らの本来の活動領域として文学を生業とするような「文筆家」である。したがって彼は、諸活動の兼任規則を立証するには例外となる。

フロベールのように、「身も心も」自分の仕事に専心することができるような作家モデル、すなわちそれほど激しく没入していない作家たちの目には、ときに「尋常ではない」と判断される時間とエネルギーをそこに注ぎ込むような作家モデルはまた、結果として、ほかのすべての生活分野（家族的、政治的、スポーツ的、文化的などど）をできるだけ放棄したり、それに対する投資を減少させたりするような行為者モデルである。したがって、高度な投資＝没入（investissement）というのは、そのほかの社会的領域に対するこうした関係が管理され、引き受けられることを前提としている。文学外の（extra-littéraires）人間関係を制限した行為者、家族の人間関係に限定した行為者、毎日の家事をほかの人に任せた行為者、「理解があって」、ときには財政的にも精神的にも「支援してくれる」配偶者を見つけた行為者、あるいは、自分のすべての時間を文学に捧げるために独身を選択した行為者だけをモデルにすれば、われわれは、狭い視野で文学ゲームを見ることになるだろう。そして、われわれは、大多数の行為者がそれほどまでに「理想的な」条件で、あるいはとにかく、ゲームにほぼすっかり没入するのに「好都合な」条件でプレイしていないのだということを理解しないことになるだろう。

『芸術の規則』のいくつかの節を読めば、われわれは、文学的領域への完全な没入を可能にする経済的資産を所有しない者たちが、唯一文学的ボヘミアンに属するのだという印象を抱くかもしれない。ともかく、十九世紀後半におけるボヘミアンの定義が前提にしているものが、まさにこれなのである。というのもそれは、作家たち、とりわけマラルメ、カフカ、および大半の前衛詩人や前衛作家のように、あまりに風変わりで、商業的に利益を上げられるほど多数の読者によって読まれることがない文学を生み出すような作家たちのきわめて一般的な状況と見事に一致するからである。「アンリ・ミュルジェールやシャンフルリーやルイ・エドモン・デュランティといったボヘミアンは、真の知識人予備軍を構成している。彼らは、市場の法則に直接従い、自分たちの生活の糧になりえない芸術を存続させうるために、ときに文学と直接には無関係な副業に従事せざるをえないのだ」(59)

　市場に対する、一般的には文化的生産者、個別的には作家の特殊性を適切に認識するためには、彼らの知とノウハウを理解できる依頼人だけを弁護する弁護士や、そうした患者だけを治療する医師の状況に相当するものを想像しなければならない。そうであるならば、われわれはおそらく、弁護士と医師が、自分の仕事で生計を立てようと望み、簡潔でわかりやすい法的弁護や医療実践をおこなおうと努める者たちと、何にも増してことごとく洗練された自分の技術を実践することにこだわり、その技術の訓練とは別のところに主要な生計の手段を探し求める者たちとに分かたれるのを見ることになるだろう。作家や芸術家や画家や弁護士や医師はみな、自らの領域の「専門家」や「識者」であると見なされうるという事実にもかかわらず、ここで言及された文化的生産者と自由業者の重大な相違は、前者が、自分の知とノウハウの所産を、それらを象徴的に領有しようとする欲望とそうするための能力を有する公衆に売るという事実に対して、後者が、はたらかされる知を領有する必要なしに、つまり、その理解に不可欠な文化的能力を備える必要なしに、そこから利益を引き出すことができる「依頼人」に自分のサービスを売るという事実にある。

　われわれはまた、さまざまな類型の文化的生産物が要求する能力と努力の程度に応じて、さまざまな文化的生産の場を分離するような偏差を測定することができる。例えば、小説は、できるだけ幅広い公衆を感動させようとする意図をもって書かれるとき、「消費される」(読まれる)ために、「消費者」(読者)が、少なからぬ読書の能力(主として学校で獲得されるもの、つまり長期のトレーニングの成果)と時間(数時間、しばしば数日さえも)を自由に使用できるということを想定している。劇場の観客、オペラの観客、映画の観客、コンサートホールの観客やテレビの前の視聴者の状況、あるいはさらに、絵画や写真の鑑賞者の状況は、小説と大きく異なっている。

たとえ文化的コードの無理解に帰すべき途方もない文化的な誤解を代償にするとしても、絵画、写真、映画、コンサート、オペラ、舞踏ショー、ないし戯曲は、読者が適用するのと同じ特定の技能なしに鑑賞されうるし、聴取されうるし、評価されうる。それらはまた、数分、さらには数秒で（絵画鑑賞）、もしくは数時間（映画、演劇、コンサートの所要時間）で評価されうることもある。理解されようと理解されまいと、ショーや映画は、公衆の理解力とは独立した始まりと終わりをもった出来事であり、興行である。それに対し、書物の場合、書かれたことの把握度に応じて、ページをめくり、「物語」を進行させなければならないのは読者のほうである。[60] こうした状況は、それが含意する経済的帰結の観点から見れば、文学ゲームに重大な影響を及ぼすのである。

続けてケースを異にするならば、われわれは、科学者のケースが、類似したケースであることに気づくかもしれない。このケースは、すでに触れた文化的生産者と自由業者の間に位置づけられるものである。科学者は、国家によって給与を支払われるか（公的研究機関における常勤の教員＝研究者あるいは研究員）、民間企業や民間研究所から給料を支払われるかしている。彼らは、一般の学生に向けて複雑な知識を作り出し、伝達し、普及させることを使命とするとき、文化的生産者に近いのだが、その収入水準が教育される学生数によらない公務員であるかぎりで、明確に文化的生産者と区別される。多少なりとも幅広い公衆を宛先とする著作を上梓するとき（教科書、一般書など）、科学者がそこから得る収入は、国家によって保証された主収入に対するおまけにすぎない。他方で、彼らは、大多数によって理解されない自分たちの知識が、にもかかわらず、長期であれ短期であれ、消費者によって容易に利用可能で、公衆が専門的な使用者を媒介にして恩恵をこうむることができる技術的革新、医学的革新、などに到達しうるかぎりで（病院に備えられた高性能機器を思い浮かべることができる）、弁護士や医師にいっそう近づく。国家によって識者たちに強い責任を負わせること（la prise en charge）を正当化する、科学を通じた市民養成の教育的使命を除き、国家と企業が科学者たちに給与を支払い、研究に投資する用意をしているのは、科学的知識の所産が市場のなかに、自らの場所を見いだすことができるからである。

反対に、民主主義社会における政治場の行為者たち（agents）のように、そのほかのカテゴリーの行為者たち

(acteurs) は、全体的な難易度を必然的に制限するにいたる。実際、政治場の行為者たち (agents) の選出と、そのために彼らが所持する権力は、市民の声を巧みに捉える能力に依存している。公衆に対するこうした直接的な依存――芸術と文化の最も商業的な部門に彼らを接近させる――は、客観的に見て、「デマゴギー的な」戦略へと彼らを向かわせることになる。そしてそのことは、彼らの話を聞いたり、彼らの書物を読んだりする者たち (顧客＝有権者) から多少なりとも根本的に彼らを切り離すような、最も「純粋で」、最も秘儀的な戦略をとることを一挙に禁じる方向へと彼らを向かわせるのである。こうして、政治に関する真の「芸術のための芸術」は、政治的な自殺に通じることだろう。

> 敵対する小セクトへと自律化し、無限に分裂していく傾向は、特殊な利害関心を備え、政治場で権力をめぐって競争している専門家団体の構成のなかに、客観的可能性の状態で書き込まれているのだが (略)、次の事実によって、異なる程度で釣り合っている。すなわち、内部の闘争の問題は、その闘争に関与する行為者 (agents) と制度が場の外部で動員しうる力に依存するという事実である。別言すれば、核分裂への傾向は、言説の力が、言説に内在する特性よりも、言説が発揮する動員力に依存するという事実のうちに、その限界を見いだす。つまり核分裂への傾向は、少なくともある意味で、言説が、それと自任する多数者で構成された強力な集団によってどの程度まで承認されるのか、そして言説がそうした集団の利害関心をどの程度まで表明しているのかに依存しているのである (多少なりとも変形されて、見分けられないかたちで)[61]。

ある場の全体的なはたらきは、場の行為者たち (agents) が、彼らの公衆、顧客、聴衆、出資者、ないしスポンサーと取り結ぶ関係の類型に依存しているだけではない。それだけでなく、場における諸位置の構造は、これらの公衆、顧客、聴衆、出資者、ないしスポンサーに内在するもろもろの差異にも依存している。「一般大衆向けの (grand public)」商売の論理に従わず、ほぼもっぱら専門家を宛先とする、国家や民間企業によって出資された物理学場のような科学場――文化的生産の場に含まれる限定的生産の下位場に似た科学場の総体――と、潜在的な公衆のタイプに応じて多数の極が現れうるような市場体制をもった芸術場との間には、どのような共通点も存在しない。そのため、最も秘教的な科学場は、大衆の極と学者の極の間に、どのような分化も認めるものではない。しかしそれは、直接的な有用性の要求に対する関係に応じて、しばしば「応用的な」極と「基礎的な」極に構造化される。あらゆる者たちと関係を築くことができる芸術場は、「社交界」「ブルジョア」「プチブルジョア」「知識人」「前衛家」あるいは「大衆」といった諸極が、その内部で対立し合っているのがしばしば見られる。

しかし、さまざまな文化的生産の場は、すべてが同じ外的拘束に従っているわけではなく、一部の差異は、文化的供給とその商品化の性質に基づいている。こうして、書物の経済は、絵画の経済と別物になる。書物（傑作も三文小説も）は単価を下げるのに貢献するように、数千冊単位で出版され、重版されるのに対し、巨匠の絵は唯一無二である。すなわち後者は、価格を高騰させ、潜在的な買い手の数と人種を制限すると同時に、暗黙的な公衆の性質に対して重大な帰結を生み出す傾向をもつ。こうした単純な事実を踏まえることで、われわれは、大衆本が存在するように、大衆絵画は存在しえないのだということを理解する。そのため、ブルデューが、すかさず次のことを注記していたのは偶然ではない。「クールベは別として、画家たちがポピュリズム的な正当化にめったに頼らなかったとするならば、それはおそらく、彼らの作品が唯一無二で、単価が相対的に高いこと、そして彼らが知りうる唯一の成功が、社会的効果のうえで演劇の成功に近い、社交界での成功であることを理由に、大量頒布の問題に直面することがないからである」[62]。作品の経済的価値に及ぼすその影響を強調するために、唯一無二の作品と複製可能な作品との差異が、すでに芸術市場の経済学と社会学[63]にとって考察の対象になっていたとすれば、そうした差異の影響が、場の内部での諸位置の配分構造そのものにかなり色濃く残っていてもおかしくない。非常に裕福な買い手だけが、唯一無二の芸術作品を購入することができる以上、創作者は、この基本的データ、すなわち絵画場の内部では、大衆文学や大衆音楽に相似する大衆絵画が存在を認められないということを内面化しないわけにはいかない。大衆的な造形芸術家は、自分の作品の複製を商品化してはじめて頭角を現すことができるのである。

場の理論が特殊化されなければならないとすれば、それは、さまざまな社会的領域（医学的、法律的、政治的、ジャーナリスト的、科学的、芸術的、文学的、など）への参加者たちの状況が、彼らの生産の性質（多少なりとも高い入場料と引き換えに、多少なりとも能力を必要とするような供給物など）に応じて、潜在的な公衆とこれらの領域の成員たちとの間の経済的・象徴的関係の性質（サービスと能力の購入、あるいは多少なりとも秘教的な象徴財の購入と領有）に応じて、国家と個人出資者と市場と当の領域との間に形成される関係の性質に応じて、非常に異なっているからである。こうして、公衆が存在しなくても、もしくは、きわめて限られた公衆しかいなくても、国家によって財政支援された学問場や科学場の専任の行為者（agents permanents）は、最も秘教的な知識を生産し続けることができる。このことは、市場に従属し、国家からよりいっそう限られた支援しか受けていない文学ゲームのような社会的ゲームに断続的に参加する者たちには当てはまらない。しかしながら、秘教的な学者のいとこ（詩作をおこなった多数の数学者が存在しさえする）たる難解な詩人は、諸条件を共有しているのである。

作家の二重生活

ブルデューは明らかに、彼が研究する文化的諸領域（芸術的ないし文学的）を、科学場や学問場をモデルとして、つまり、その成員たちの経済的な生活条件の問題を多くは解決ずみのものとするような、制度化され、コード化され、職業化された（用語の経済的な意味で）社会的諸領域をモデルとして考察していた。(64) コンクール、学位、試験、選挙に基づいた入場権の制定に関しても、「キャリア」のさまざまな段階の調整に関しても、これらの制度化された諸領域は、場の主要な行為者たち（哲学、物理学、数学、社会学などの研究員ないし教員＝研究者）に、職業的義務によって、ことごとくそこに身を捧げうるような、いわばことごとくそこに身を捧げなければならないような文字どおりの職業を提示している。成員たちに「十分な時間（temps plein）」を提供し、そのため、彼らの主要な帰属先となる社会的領域を構成する場は、文学的領域のような諸領域とは異なるものである。というのも、これらの諸領域に刻み込まれる一部の者たちは、たとえこうした帰属先を自身の主要な帰属先だと見なしているとしても、客観的に見れば（経済的にも時間的にも）、たいてい二次的にしかそれらと関係を取り結ばないからである。実際のところ、並行して、教員、司書、職業訓練の教官（formateur）、弁護士、ジャーナリスト、医師、心理学者、企業の管理職、あるいは農家として生活を送り、一部の時間だけ、あるいは断続的にだけ文学に生きるような作家と、それぞれの社会的領域で、それらの活動にすっかり従事し継続しているような医師、哲学者、経営者、弁護士、あるいは農家の間に、どのような共通点が存在するのだろうか。

（構造主義的な）方法を採用すると決めてしまえば、われわれは、その生産者がどのような存在で、何をおこなっているのか（「場の内部で」も「場の外部で」も）とは無関係に、またその生産の具体的な社会的条件とも無関係に、作品だけを考察するということを選択することができるだろう。こうして、文学作品に応用された構造主義は、作品のために作家を消去するのである。「場」の概念を用いることによって、テクスト主義的な構造主義（シニフィアンの構造として、もっぱら作品に目を向ける）と手を切ることが可能だとしても、結局のところ、その概念が、作品の生産者の研究よりも、作品および作品を出版する出版社の位置と分化した価値の研究にいっそう適しているというのは十分にありうることである。

個人内の行動の多様性（variations intra-individuelles）と個人の性向の遺産に関心を抱く社会学者は、社会的世界が多少なりとも統合失調症的な（schizophrénique）二重生活を社会的常態（regularité）とするとき、自らの芸術に没頭できないという事実に結び付いた絶え間ない苛立ちの感情を日常のものとするとき、自己の主観的な定義（作家としての）と大部分の客観的な生活条件とのズレに結び付いた苦悩を「正常のもの」とするとき、それがどのような「人間類型」（ヴェーバーの意味で）を形成するのかを問わないわけにはいかないのである。人格の中心的かつ不変的次元として自身の職業を生きることができるすべての者たちとは異なり、物事の経済的な力によって、「食べるための職業」に従事する作家たちは、文学に人格的足場を有すると同時に、文学の外部に物質的足場（しかし、職業が公認の地位〔lettres de noblesse〕を有する場合、ときに「人格的」でもある）を有している。物質的足場は、市場の拘束に対する依存から人格的足場を解き放ってくれるのである。

いずれにしても、文学的領域のはたらきがもつ特殊性を説明しようと企図するならば、研究者は、枠組みを拡大し、文学的領域のうちに標定可能な行為者たちが、文学の外部でどのような存在であり、また何をおこなっているのかを問わざるをえない。場の理論（イルーシオ、ハビトゥス、投資＝没入といった概念をともなう）が提起する問題の観点から見れば、頻繁に生じる作家たちの二重生活は、取るに足りない事実や無意味な事実などではなく、文学生活の絶対的に中心的な事実を構成している。作家たちは、彼らの文学活動が「断続的」にのみ、また、ほかのさまざまな義務――とりわけ家族的・職業的な――が彼らに残す「空白」や「隙間」に従ってのみ存続する場合、どのようにして社会的投資を管理するのだろうか。われわれは、闘争の場のかたちで組織されることもあれば組織されないこともある、別々の社会的領域に同じように濃密に「投資＝没入する」ことができるのだろうか。そして、別々の「場」（文学的かつ医学的あるいはジャーナリスト的、大学的、外交的、など）に参加するとき、作家たちはさまざまな投資＝没入やイルーシオ（信念という意味で）をあわせもつことができるのだろうか。われわれは、別々の二つの場に帰属し、両方の場に固有のイルーシオを身体化しえたのだろうか。作家や文学的領域のケースは、分化した社会における個人の経験に特徴的である、不均質な社会的枠組みへの、つまり、強力に分化した機能、実践、賭け金、イルーシオへの共時的で通時的な関与に関わる一ケース――ほかのケース以上に明白で際立った――にほかならない。分化したさまざまな社会的領域に参加することは、できるかぎり持続的に関わり合うことから、多様な社会的枠組み（家族や集団や制度）にできるかぎり偶然的で一時的に没入することへと向かわせるかもしれない。家族のようなそのほかの社会的枠組みを計算に入れないとしても、文学と副業のはざまにある作家たちは、少々特異ではあるが、周辺的ではない、複数的な社会帰属の一ケースを構成している。

社会的世界の全体的なはたらきが、社会生活の非常に異なる文脈で行為し、思考し、感じるのが同一の個人であるという事実とは無関係だとしても、また、こうした個人が、ある領域や下位領域から別の領域や下位領域へと絶えず往来することに結び付くさまざまな緊張や矛盾を生きているという事実とも無関係だとしても、そのとき社会学者は、自身の調査と分析のなかで、そのことをできるかぎり体系的に考慮することがきわめて重要である。それは、個人内の行動の多様性の社会学[65]に関する可能性の条件と道具が明確にされることを想定するものである。この観点から見れば、場の理論は、さまざまな研究者がさまざまな場の専門家になるために、創始者の意に反し、時期尚早な社会学の高度専門化にくみしてしまうかもしれないし、高度に分化した社会で決定的に重要となる、多元的な社会的帰属ないし社会的書き込み（inscriptions）という現象を見えなくしてしまうかもしれないのである。

場とワールド――同じ闘争なのか

場の理論には、大西洋の向こう側で生まれたいとこがいるように思われる。社会的ワールドの理論である。ベッカーのアート・ワールド理論は、芸術場の理論と少々異なる説明の仕方をしているように見える。両理論はいずれも、局所的な行為の枠組みを重視する研究者たちよりも、マクロ社会学的な社会的現実の水準に位置づけられる、すなわち、諸活動の社会的分化過程の所産を考察する一つの仕方を構成している。そして両理論は、結果的に、個人の特異な投企（projets）やおこない（gestes）として、つまり芸術的才能の成果としておのずと考えられるものが、多種多様な行為者と制度に関わる集合的所産なのだということを提示するのである。しかしながら、これらの理論は、適用される観察レベルによって区別されるけれども（われわれは、ワールドの理論家たちの側に属する領域に対してはエスノグラフィー的な調査手法が、また、場についての研究に対しては統計調査とインタビュー調査が、非常によく用いられていることに気づくだろう）、とりわけ、それらが行為者として何を選択するのか、行為者が彼らの間で取り結ぶ関係の類型として何を選択するのかによっても区別される。

私がこれまでのところで強調したように、場は、それが内包する一切のものによって定義されるような物理的な領域に相当するわけではない。文学場は、文学的生産の領域で繰り広げられるすべての事物と行為を考察する野心を有していない。まず、場は、その視線をある種の個人的行為者か集合的行為者（作家、文芸批評家、雑誌、出版社）に定めている。場は、構造の相同性を考察するまで、彼らを混合せず、別々に（編集者、雑誌、作家、文芸批評家の下位場で）研究するのである。次に、ブルデューは、場のすべての行為者たち（少なくとも、場が存続することに共通の利害関心を有している）をつなぐ客観的共犯をしばしば考慮していたとしても、作家同士、出版社同士、文芸批評家同士、雑誌同士、などの間でなされる闘争にアクセントを置いている。したがって、社会学者たちは、作家同士、出版社同士、批評家同士、雑誌同士などの個別の力関係の状態を研究するのである。

ワールド理論[66]がおこなおうとしているのはこれではない。それは基本的に労働の社会学であり、どのようにして芸術作品が、一連の行為者や制度によって、物質的にも象徴的にも生産され、製造されるのかを問うものである。場の理論が下位場へと切り離す行為者たちが、まさしくワールドに所属している。研究者たちは、アート・ワールドで協同しているさまざまな職業部門同士の間で結ばれる協力関係や調整関係を記述し分析することをねらいとしているのである。印刷工や製紙業者や報道担当者や広告業者や出版社の営業部長は、作家や出版社社長や文芸批評家や雑誌編集長と同じワールドに属していて、客観的な協同関係を取り結んだり、直接的なやりとりを相互に始めたりする。ベッカーが述べるように、

芸術作品が最終形となる前に、首尾よく処理する必要がある一切の活動を思い浮かべてみよう。例えば、交響管弦楽団がコンサートをするためには、さまざまな楽器を考案し、それらを製造し、すぐれた状態に維持する必要があった。音符を開発し、その音符を使って音楽を作曲する必要があった。人びとは、このように記された楽譜を、それぞれの楽器で演奏することを学ばなければならなかった。リハーサルに必要な時間と場所を見つけ、コンサートのプログラムを発表し、広告を打ち、座席を売り、コンサートを聴いて、多少なりとも理解し、評価することのできる聴衆を引き付ける必要があった。[67]

アート・ワールド概念が指し示すのは、「あらゆる人びとのネットワークである。そうした人びとのネットワークによる諸活動は、労働慣行に対する共通認識のおかげで調整され、諸作品の生産に貢献する」[68]。同じワールドのなかで考慮され、そこに位置づけられるより多くの行為者たち、支配関係や権力の獲得戦略の研究よりも協力と協同の研究に対する一貫した関心、客観的関係よりも諸個人相互の関係に対する一貫した関心、より一般的な彼らの社会的特性や社会的「軌道」（特定の社会環境に生まれ落ちることによって始まる）[69]よりもむしろ、協同のネットワークのなかのさまざまな行為者たちによって果たされる諸役割および同じワールドのなかの彼らの「キャリア」に対する一貫した関心、まさしくこれらがワールドの理論と場の理論を区別するものである。

彼らが同じ行為者を選択しておらず、同じ社会生活の次元に関心をもたず、同じタイプの問いに真に応答していない以上、あるモデルが、ほかのモデルよりも芸術的現実をうまく定義すると主張することは非常に困難である。しかしながら、しかるべき科学的競争の帰結として、ブルデューは、アート・ワールド理論を「場の理論と比べて後退したもの[70]」と見なしていた。ブルデューは、場に固有の象徴資本の領有をめぐって競争する者たちを特権化しているために、ベッカーによって考慮される多様な行為者たちに、ある種の実証主義的な後退を見ることができる――ブルデュー自身の問いに基づいて――にすぎないのである。けれども、後退という語は、ベッカーがまったく同じ問いに答えようとしていたとすれば適切であるが、それは当てはまらない。フォーカス・レンズ（la focal de l'objectif）を開き、作品の集合的生産に寄与するすべての人びとを観察範囲に招き入れる、拡張された労働の社会学に基づいて理解される芸術活動は、同じ様相を帯びるものではもはやない。

したがって、アート・ワールド理論は主に、いくつもの類型の行為者たち（および、とりわけいくつもの職業集団）を巻き込むような集合的労働（travail collectif）としての芸術に関心を向けている。焦点が当てられるのは、創作者でも創作者の作品でもない。ベッカーが述べるように、「私は、作品そのものや、伝統的な意味でのその創作者たちよりも、作品を制作する人びとによってなされる協力体制にさらなる関心を抱いているために、芸術を一つの労働と見なしたのである」[71]。アート・ワールド理論は、自らを場の理論から区別するようなもろもろの相違点を有しているにもかかわらず、あるワールド（もしくは、ある場）の成員としての行為者に焦点化するということを場の理論と共有している。ところが、「文学ゲーム」を論じることで、場の理論を特殊化するように私を導く疑問は、当の文学的領域の外部での行為者たちの生活（彼らの社会化、彼らの経験）を考慮するところに根拠を置いている。そして、こうした疑問を投げかけることは、私からすれば、芸術家たちが並行した生活を送らざるをえないだけに、ほかのどのような行為者たちよりも、なおいっそう適切であるように見える。場の理論もワールド理論も、そうした区分によって、作品がワールドや場の内部の行為者、制度、人間関係、ないし相互行為によってしか影響されないということを一挙に前提としてしまうのである。その一方で、個人の経験の総体は、ことごとくワールドや場の窮屈な境界内に位置づけられるわけではない。それは規定力をもち、それらの構造化に関わっていくものなのである。

行為者（agents）、闘争、および実践の忘却

同じ領域に属する行為者たち（agents）同士でおこなわれる闘争の分析、あるいは分化した場から生まれた行為者たち（agents）の間に確立される闘争の分析に専心するために、場の理論は、結果として、考察されるさまざまな領域のなかで繰り広げられる諸活動の性質や特殊性についての研究をないがしろにしてしまった。場は、諸位置の空間、闘争する行為者たち（agents）の諸戦略、力関係と支配関係、特殊な資本の不平等な配分構造──無視しえない分析の成果を表すものではあるが──をわれわれにうまく理解させるだけでしかないのである。(72)以上のことは、生産者たち、彼らの力関係、および彼らの諸戦略が抜け落ちた社会学を導きかねない。

文学なき文学場

作品の価値の象徴的生産、作家たちの軌道の構築、文学的戦略、文学的位置空間の構造化、ないし文学制度の歴史を優先するために文学テクストをないがしろにする文学社会学は、得るところがないわけではないけれども、文学社会学がそれ自体、その対象と考えるものの中心的な次元を明らかに取り逃している。たとえブルデューが、外的読解／内的読解という「致命的な」二元論を乗り越えたと確信しているとしても、[73] このような乗り越えが実際に証明されたような経験的研究は存在していない。われわれは、ブルデューが、多数の文学社会学者たちと同様に、文学的分析や審美的分析や形式的分析に土壌を譲り渡すことで、テーマの研究もスタイルの研究も放棄し、文字どおりテクストの領土外に追いやられたままになっているのだということを確認しうるにすぎないのである。では、作品に外在する決定因（個人の軌道の途上で蓄積されるさまざまな類型の経験、作家の出身社会階級、世代的帰属、性別、地理的出自、宗教的帰属、文学的な形成過程、文学場における位置、などのどれだろうか）とテクストがもつ文学的特徴をどのようにして接合するのか。非常に一般的に見て、文学社会学者がぶつかるのは、この種の問いである。そしてここでは、ブルデューもこの法則を免れてはいない。

ブルデューの文学場の社会学は主として、生産の社会学というよりもむしろ、生産者の社会学である。どのような分析も、この生産者の社会学が、生産の秩序をその特殊性において把握可能にするということを真に確証させるまでにはいたっていない。このことは、場の特殊性、つまり流通する「生産物」の特殊文学的な性格が、場のあらゆる行為者たち（agents）に作用すると同時に、それが場の内部の差異と闘争を一部超越するという事実によって部分的に説明される。ところが、社会学者〔＝ブルデュー〕は、生産者たちの位置の差異の把握、および文学資本を増大させたり、文学の正統な定義を変更したりする彼らの闘争と戦略に何よりも釘付けになっているので、作家や批評家や文学理論家や哲学者が慣例的に自身に提起する問い、すなわち「文学とは何か」という問いに応答する立場にないのである。

めったにそのようなものとして取り上げ直されることはないけれども、こうした分担や共通利害を前提としているので（ブルデューが述べるように、同じ場に属する多様な敵対者たちの間に存在する「客観的共犯」を所与としているので）、場の理論に固有の諸現象を枠づける仕方は、「共通点」となる性質、すなわち現実的なものの文学的構築としての「文学」を検討するのに収まりが悪いということを説明している。さまざまな社会的領域の比較歴史社会学は、世界構築の形式としての文学的世界観が、どのような点で科学的世界観、法律的世界観、哲学的世界観などと区別されるのかを探究することで、結果として、そのフォーカス・レンズをさらに大きく開くのであるが、それは「文学とは何か？」という問いに応答することを可能にするだろう。そのようなアプローチは、宗教や科学に関するヴェーバーおよびデュルケムの見解と関係を結び直し、力と闘争の場を離脱しないことを、言い換えれば、そこで繰り広げられるさまざまな実践、行動、そして生活方針（orientations）の特殊性を忘却しないことを可能にするだろう。美的生産物の特殊性とは何か。「文学」とは文学制度がそうと見なすものである、「芸術」とは美術館で展示されるものである、「科学」とは科学雑誌に発表されるものである、などと述べるような回答は、私からすれば不十分である。こうしたトートロジーが、行為（actes）の意味や行為の所産が社会的世界によって制度化されることを思い起こさせるのに有益なのだとしても、それは、こうした現実的なもののさまざまな象徴的構築を特徴づけるものは何かという問いに答えていないのである。しかしながら、われわれは、芸術や科学の社会的機能（例えば、文化的卓越化の機能）を想起させることでは、それ以上その問いに答えることはできないだろう。

焦点の問題、そして場の内部の（intra-champ）比較[74]に与えられる優先権の問題が考慮されるかぎり、われわれは、そのような憂慮が、社会学者よりも歴史学者や人類学者にいっそう顕著に現れるものだということを十分に理解することができる。人類学者や歴史学者が、神話的思考と宗教的思考との対立、あるいは神話的思考と合理的思考や哲学的思考や科学的思考との対立を研究するとき[75]、すなわち彼らが合理的思考や実験科学や哲学や文学の発明を研究するとき、彼らは、何人かの社会学者たちが、しかしながらあまりに「哲学的」、つまり「形而上学的」だと判断しうるような問いに――まったくもって科学的に誠実な仕方で――答える立場にある。

実際、歴史学者や人類学者と同様に、社会学者が、自身の世界構築の特殊性、現実的なものに対する自身の社会学的視線や歴史学的視線や人類学的視線の特殊性を問うことは、そのほかの知や知的ノウハウ（savoir-faire）との対比で自らを位置づけなければならないとき、まさしく認識論的反省の機会になる。歴史物語は、物語であるにもかかわらず、物語に還元不可能であると同時に、文学物語と区別されるのはどうしてなのか。人文・社会諸科学が、文学（最も写実主義的であろうと）、ジャーナリズム（それが調査に関する場合でさえ）、哲学（最も社会的あるいは政治的であろうと）、物理化学、生活科学、ないし形式論理学と区別されるのはどうしてなのか。社会学の見方は、そのほかの学問の世界観とどのような点で区別されるのか。

われわれは、ブルデューが、フロベールについての研究のなかで、文学場の社会学が作品よりも生産者に集中しているという反論に十分に応答しているのだと考えるかもしれない。しかし、『感情教育』が、フロベール自身がそこに根を下ろす社会的世界の暗黙の社会学を含んでいることを示し、「彼の〔＝フロベールの〕」社会学とフロベール流の文学を比較することで、ブルデューがおこなっていることは、そのあらゆる次元（ジャンル、スタイル、言葉の調子〔registres〕、ないしテーマ）で、文学作品の社会的創作を説明するものではない。文学作品のなかに、暗黙の社会学理論や「社会的なものの感覚」の存在を見ることは、彼の社会学的想像力を増大させるすぐれた仕方ではあるものの、文学的創作の社会学というプログラムをとうてい実現するものではないのである。[76]

言説なき言説の生産者

それぞれの場は、諸位置の構造と同時に、それに対応する位置取りの構造によっても特徴づけられる。場合に応じて、第二の条件は、作品（文学、写真、音楽、科学などの）、実践、ないし言説（政治、法、宗教などの）に及んでいる。しかし、いずれにせよ、場の理論は、作品、実践、ないし言説に入り込むためのどのような道具も提示していない。それは、場における客観的位置の指標と位置取りの指標（作品のタイプ、言説のジャンル、宗教的・政治的帰属、趣味、意見、ないしあらゆる種類の実践）を対応させること（たいていは統計的に基礎づけられる）を特権化するものである。

場の観点に基づく分析が体系的に用いられる以前でさえ、不平等構造や支配関係や社会集団間の隔差の研究を特権化する傾向は、教育社会学と文化社会学の研究で強いものだった。学校のケースだけを取り上げてみても、知と実践の特殊性に関する分析の不在は、まったくもって明白である。[77] こうして、イギリスの教育社会学者バジル・バーンスタインは、次のように述べている。

文化的再生産の一般理論は、再生産の手段や支柱の内在的分析——専門化された言説の個別の性質——よりも、教育のなかで、そして教育によって何が再生産されるのかに関わる分析に集中しているように見える。あたかも教育的言説はそれ自体、外在する権力関係の中継地以外のなにものでもなくなるかのようである。その中継の形態は、教育的言説が何を中継するのかということに比べれば取るに足りないものなのだ。(略)彼ら[ブルデューとパスロン]は、教育的コミュニケーションの内部の諸関係ではなく、教育的コミュニケーションに対する関係に関心をもっている。つまり、正統な教育的コミュニケーションに対する受容者たちの弁別的性向(それ自体、彼らの社会的位置づけの関数である)、および受容者たちが正統な教育的コミュニケーションに関して抱くさまざまな知覚に関心をもっているのである。[78]

学校的不平等の現象を、文化資本の不平等な配分構造や文化的相続の現象に結び付けるブルデューとパスロンは、社会的世界の非歴史的で、[79] いくぶん形式的な社会学的見方に達していた。彼らは、不平等構造、つまり弁別的な隔差ないし近接性を把握しているだけにすぎない。われわれは、学校を特殊なものにするもの、すなわち、学校で企画される諸活動の(歴史的に変わりうる)内容や学校で流通する知、学校で伝達される勉学の姿勢、学校で絶えず構成され、かつ再構成される精神的・行動的性向、学校で取り結ばれる教育的関係の形態(権力関係でもあるような)などを取り逃がしたまま置いていかれるのである。同じように、学校の資格付与の効果に対する教育社会学者のより一般的な焦点化(部分的には「学位のインフレーション」という考えに結び付く)は、「教育内容と教育組織、選抜基準や選抜メカニズムを対象とする教育的実践の社会学」[80]に属するものを無視するように導くことだろう。同時に、「文化資本」概念は、社会的再生産や文化的支配（不平等に配分される資本）に関する諸現象を理解する道具としてだけでなく、文化的内容、実践、知、姿勢、知に対する関係、言語に対する関係などを指し示す方法としても機能しえたのだが、結局のところそれは、第二の視座（知識社会学）よりも、第一の視座（支配と権力の社会学）に利するほうへと舵を切ったのである。

より一般的にいえば、場の行為者（agents）が諸言説（口頭であれ、書字であれ）を生み出すとき、これらの言説は透明で、かたちをもたないかのようであり、また、その行為者は分析者によって容易に言表可能ないくつかの特性に要約することができるかのようである。このような言説の軽視は、部分的に、社会学者〔＝ブルデュー〕が、権力は言葉（mots）に存すると信じる者たちと正反対の立場をとろうとしているという事実によって説明される。この「権力と言葉」という古典的問いをめぐって、ブルデューは、スポークスマン（porte-parole）の社会的正統性、言い換えれば、言説によってではなく、言説に外在していると見なされるもの、つまり彼が代理＝表象する制度（国家、政府、行政機関、教会、党、労働組合、医師団体、科学、大学など）によって授けられる権威を強調していたのである[81]。

逆説的に、概念的・方法論的装備を備える必要性を強調する者たちは、位置、社会構造、ないし制度を客観化しなければならなくなるや否や、専門的読者としての彼らの唯一の常識で武装された言説をしばしば読み取ることになる。それぞれの「位置取り」や「視点」が、分析者の目には、一人の著者の思想ないしより大きな思想潮流の凝縮や要約や生成公式として映じるものへと還元されてしまったならば、そのあとは、議論のなかでこうした瑣末な要約や速記を操って、そのような視点を可能にするもの（「社会的カトリシズム」「能力エリート主義」「牧歌的ポピュリズム」「経済的ヒューマニズム」などが語られることになる[82]）に集中するしかなくなるだろう。研究者は、当の場を権力場の内部に位置づけようと試み、それから、場の内的な構造も、社会的軌道と場の内部の行為者たち（agents）によって占められる諸位置も分析し終わってしまうと、言説の戸口で精根尽き果ててしまわざるをえなくなるのである。

消費なき消費者の場

ブルデューの文化的生産の場の社会学は、基本的に、場に特殊な資本の領有をめぐって闘争する生産者の社会学である。こうして作品は、位置（被支配者か支配者の位置、新参者か聖別された者の位置、「純粋な」生産者か「商業的な」生産者の位置など）と、生産者の保持あるいは転覆の諸戦略によって定義される。しかし、作品の「消費者」あるいは「受容者」が、明らかに、この社会学の関心の中心ではないにしても、それにもかかわらず、彼らにどのような位置が与えられるだろうか。権力場に属していようといまいと、支配的であろうと被支配的であろうと、われわれの社会編成の行為者たちは、多少なりとも頻繁にショーを鑑賞したり、多少なりとも熱心にさまざまな場の行為者たち（agents）の生産物を消費したりしている。彼らは、小説や哲学的エッセーや社会科学の著作や漫画や新聞を読む、映画や劇場や美術館に通う、テレビで政治家を見て、話に耳を傾ける、などしているのである。ショーやテクストやイメージや音声に関するこれら多様な「受容者たち」の経験についてはどうだろうか。

場の社会学が「消費者」を統合する第一の仕方は、消費者が、作品のなかに書き込まれていると見なされる文化的コードを修得しているか否かを問うところにある。「芸術作品は、教養、すなわち文化的能力、言い換えれば、それに従って芸術作品がコード化されるコードを身につけた者にとってだけ意味をもち、利害を帯びる」[83]。このような文化的消費の社会学は、文化的作品に対するアクセスの社会的不平等の社会学に結び付けられる。この社会学にとって、芸術作品は、嚢腫化したもの（enkysté）として、「消費者」が「解読する」ために所有しなければならないようなコードを有している。受容の様式は常に非常にシンプルなものにとどまる。推論は、あるときは二値的（binaire）であり（「コードを所有する」VS「コードを所有しない」[84]）、またあるときは、三大社会階級の関係を統合できるように、三要素からなるのである（文化的ブルジョアジーは「コードの修得」によって、庶民階級は「コードの未修得」によって、文化的プチブルは「コードの修得に対する野心」もしくは「コードの部分的修得」によって特徴づけられる[85]。

場の理論の枠組みで、文化的生産とその消費者＝受容者との関係を考察する第二の仕方は、「生産者の空間と消費者の空間の相同性[86]」という見方にある。こうして、公衆のタイプ、作品のタイプ、生産者のタイプの間には対応関係（correspondance）が存在することになるだろう。この社会学は、文化的感性や審美的感性が天性のものだと考える人びとに対して、一方で、芸術のヒエラルキー（最も正統的なものから最も非正統的なものまで）、およびそれぞれの芸術の内部では、ジャンルのヒエラルキーと、他方で、消費者（公衆）の社会的ヒエラルキーとの間の強い統計的対応関係を暴露しようとするのである。

例えば、ブルデューは、そのような文学場（生産者）と権力場（消費者）の相同性の存在を措定している。

> 生産者の空間と消費者の空間の相同性、すなわち文学場（など）と権力場の相同性は、需要と供給の意図せざる調整を基礎づけるものである（場の物質的に被支配的で象徴的に支配的な極には、仲間たちのために、つまり場それ自体のために、あるいはこうした場の最も自律的な一派のためだけに生産する作家たちがいる一方、対極には、権力場の支配的領域のために生産する作家たちがいる[87]）。

反対に、支配者の境界を超え出て、容易に構造化できない広大な全体的社会空間に入り込んでいくと、そうした接続は、ブルデューの目にも、いっそう曖昧なものとして現れてくる。「文学場（など）における諸位置と全体的な社会的場における諸位置の相同性は、文学場と、たいていの場合そこで大部分の顧客が調達される権力場との間に確立される相同性ほど完全なものではない[88]」

その妥当性が主としてさまざまなカテゴリーの「支配者たち」同士の「コミュニケーション」に制限される（社会的世界は、とりわけ最も正統的な極に、すなわち権力の空間に還元される）とするならば、われわれは、この生産者の空間と消費者の空間の相同的対応関係のモデルに、どのような発見的力（puissance heuristique）があるのかを問うことができる。しかし、より一般的に見て、消費者を考察するこうした仕方、例えば消費者を「文化的コード」を不平等に所持する個人と見なす仕方は、同じ作品を多元的に領有するといった事態を把握することを禁じてしまう。ブルデューは、なおも「両者に共通する諸前提に基づいて」確立された「発信者と受容者との解読の協定」の存在を想定することにより、[89] 解読の経験とはどのようなものかということに関して、きわめて貧困なイメージを与えている。[90] このようにブルデューは、社会学、とりわけ文化的形態の受容あるいは領有の歴史に関わる研究全体を無視している。[91] これらのアプローチによれば、作品に頻繁に接する者たちにとってそれが帯びる意味は、明るみにされたり、解読されたりするのを待ち構えるかのように、作品のうえに書き込まれているわけではない。それは、作品とその「受容者たち」との出会いから生み出されるものであり、その場合彼らは、作品の意味の共同制作者なのである。したがって、さまざまな公衆が解読できたり、できなかったりする「作品の一つの意味」が存在するのではなく、特殊な公衆と作品とが特異な出会いを果たすたびごとに生み出される複数の意味が存在するのである。

多元的な領有の形態を研究することは、結果として文化的正統主義の陥穽を回避させる。さまざまな権力制度によって目指されるイデオロギー的、象徴的、文化的、宗教的、あるいは政治的効果が、現実に生み出された効果に相当するかのようにするかわりに、最も被支配的な人びとに自らの文化を押し付ける（acculturer）支配者の能力を過大評価するかわりに、この見方は、普通におこなわれている領有行為を通じてなされるような、あからさまな抵抗や沈黙の抵抗に敏感である。作品についての美学的、学者的、ないし碩学的論評は、それらが「コード」、すなわち作品の真の「意味」を語っているのだと主張しているとしても、唯一の可能性というわけではない。したがって、われわれは、規範やコードと無関係な作品との出会いを記述し、分析することにしばしば無力な正統主義が、文化的消費の社会学につきまとっていることに気づかされる。実のところ、「コード」を所有しない者たちは、彼らの実践、趣味、経験が記述されることも、分析されることもなく、その「文化的貧困」によって定義される（および、還元される）のである。[92] 作品の受容ないし領有の社会学と歴史学は、最も正統的なものから最も不可思議なものやとっぴなものや非標準的なものにいたるまで、あらゆる形態の経験や領有に関心を抱いている。それらは、現になされるような実際の領有を重視するものなのである。[93]

現代の分析者たちは、そのような解釈的視座を採用することに関心をもっている。やはりアンシャン・レジームの社会におけるよりもはるかに、大部分の文化的生産物が、とりわけテレビ放送やラジオ放送のかたちであらゆる社会環境のなかに存在する今日、趣味の画一化や規格化や均等化に関わる悲観的、かつ科学的に貧弱な言説に抵抗しようと望むならば、同じ生産物、つまり同じ作品がどのようにして分化した領有の対象となるのかを研究することが重要になるのである。

場の境界内に含まれる説明

場の理論の初期の定式化で、ブルデューは、場の自律化の現実のプロセスと、自律化の方法論的操作との関係について説明していた。なぜならば、彼が説明していたように、社会学が「知識人場を、それ固有の法則によって規定される一つのシステムとして扱う」ことによって、「方法論的自律化」を可能にしうるのは、文化的場が「相対的自律性を備えている」からである。[94] この関係に立ち返ることは重要である。というのも、私が考えるように、こうした「自律性」が十分に定義されなかったとするならば、そのとき部分的に疑いをかけられなければならないのは、方法論的自律化の原則だからだ。

場の自律性の観念は、事実上、文脈主義的な性質の説明的または解釈的偏向をもたらした。この偏向は、場の内部で生じるすべてのことが、当の場の境界内でのみ説明されなければならないと考えるところにある。こうしてわれわれは、場の概念の使用者たちが、さまざまな実践や生産を場による還元主義的な説明へと横滑りさせてしまうことを残念に思う。つまりは、一切（文化的生産の場に関していえば、キャリアの戦略から作品にいたるまで）が、場における位置によって説明されるのである。場の内部のあらゆる実践の真理は、場の境界内に残らず探し求めて見つけ出さなければならず、だからこそ、社会的行為者は、場の成員としての存在に還元されてしまうのである。

われわれは、諸行動にのしかかる社会的決定因を特殊化する（行為者の社会階級あるいは時代の効果にことごとく還元するのを避けることによって）ところに存する科学的突出から、場の限られた境界内に閉じ込める方向へと横滑りしている。したがって、われわれは、事実上、予告された相対的自律性から、当の領域の閉鎖原理としての絶対的自律化へと移行しているのである。研究者たちは、結果的に、当の場あるいはその一部の行為者たち（agents）が非常にわずかしか自律していないと考えられる場合を除き、場の外部に位置する社会的決定因の研究をすべて疑ったり、思いとどまらせたり、批判したりすることになる。最も被支配的な国内の場（例えば「マイナー」文学や「マイノリティー」文学の場）、「大量生産の下位場」（このうえなく一般大衆向けの商業生産をともなう）、あるいは、支配的な場に属する最も被支配的な行為者たちは、研究者が場の外部に、場の内部での行動および作品の説明の原理や要素を探し求めにいくことが許される唯一のケースである。「非創造の創造主」の神話を批判する場の理論の使用者たちは、にもかかわらず、芸術家を最も「純粋なもの」として扱うとき、彼らの社会的経験の芸術的側面（最も崇高なもの、最も高尚なもの、最も高度なもの）にほとんどもっぱら集中することによって、その神話に思いがけない敬意を表している。しかしながら、最も月並みな芸術外の（extra-artistiques）経験――家族や夫婦の経験から、政治、宗教、スポーツなどのあらゆる経験を経て、職業的経験にいたるまで――は、被支配者の作品(95)を理解するためだけでなく、支配者の作品を理解するためにも考慮すれば役立つものである。

その場合、研究者は、作家や芸術家の場の外部の生活（場に入場する以前の生活――出身家庭での生活、学校での生活、そして宗教的制度や政治的制度などのようなそのほかの一連のあらゆる社会化の枠組みでの生活）が、場の内部でおこなわれていることを理解するのに非常に重要なのだということを忘れているのである。しかも、以上のことは、最も制度化された、最も正統な場、あるいは「限定的生産の下位場」（例えば、少数の玄人たちを宛先とする、売り上げが鈍い、最も純粋な文学の下位場）に属する生産者たちに対してもまったく同じように当てはまる。例えば、『芸術の規則』でのブルデューによる生活誌的手法——彼の頭のなかでは、必要な冷静さと慎重さをもって考慮されるにはあまりにサルトルに結び付いた手法——の完全な排除は、ハビトゥス理論（確かに修正されるのだが）が詳細に研究するように強いる必要があったもの——それには、特殊文学的秩序のなかで、著者によって社会的に構成され、文体にかたちを与える性向の移調現象だけでなく、実存的な問題と呼びうるものを構成する諸要素の移調現象も当てはまる——から、社会学者をもう少し引き離すのに寄与している。[96]

行為者たちが文学ゲームの外で経験することが、ゲームのなかでおこなうことや創り出すものに重大な帰結をもたらすということを示すことによって、われわれは、むなしくも必然的に、自律性概念のある種の使用法が呼び起こすリスクをあらわにする。すなわち、創作過程のなかで、文学外の経験や文学に準じた（para-littéraires）諸経験が果たす役割についてのあらゆる探究、より正確には、著者たちが執筆するものや彼らの執筆の様式についてのあらゆる研究を禁じるというリスクである。以上のことは、文学的領域が十分に特殊的だとしても（われわれは哲学や法律を書くように、文学を書かない[97]）、にもかかわらずそれが、作家同士のある種の自己調整的な競争の帰結として作品が生み出される、自己自身に閉じた領域のように扱われることはできないと考えさせるものである。文学ゲームのなかでおこなわれることは特殊的である（そして、哲学的領域や法律的領域のなかでおこなわれることに還元できない）けれども、作家たちがゲームの外で経験するもの、および彼らの使命や表出的欲動（pulsions expressives）の根源にあるもの——われわれはあまりにしばしばそれを忘れてしまうのだが——からどのような場合も切り離すことができない。ブルデューは、作品も、作品のテーマも、作品の形式も、「文学場」でのその著者の位置との関連で理解できると考えていたのである。詳細な事例研究は、われわれが作品を正確に説明しようとするならば、このように手順を踏むことができないこと、もしくは、そのような研究プログラムに立脚することができないことを示している。作品の創作過程に注目する社会学者は、創作者たちの文学外の（ゲームの外の）経験図式の研究を省略することができないのである。

場の概念の使用者は、あたかも作家が、そのときの文学的供給の状態と、場の内部での位置に応じて、ジャンル、スタイル、テーマを選択しなければならないかのようにしている。このようにして作家は、こうした位置と、（社会的に決定された）野心の高低に応じて、ジャンル、スタイル、テーマに関する一連の序列化されたリストのうちから、大胆な選択あるいは大胆でない選択、一か八かの選択あるいは型どおりの選択、前衛的な選択あるいは古典的な選択をすることになる。

［場は］可能態の空間を指し示している。それは、作家たちにしてみれば、場の歴史のなかで、そのようなものとして多少なりとも構成されたさまざまな選択肢（韻文あるいは自由詩、物語外の〔extradiégétique〕語り手あるいは物語内の〔intradiégétique〕語り手、間接スタイル、直接スタイル、あるいは間接自由スタイルなど）のうちからなすべき選択というかたちをとって現れるものである。審美的選択は、所持された特殊な象徴資本の量と構成に応じて、著者が場のなかで占める位置と相関している。(98)

しかし、作家たちは、規定の主題リストのうちから学校的主題を選択しなければならないような生徒たちや学生たちの位置にあるわけではない。彼らの創作の題材と形式は、文学場の内部で入手可能な在庫から取り出されるわけではない。彼らは、お互いが明白に競い合っている、引用し合ったり批判し合ったりしている、自らを訂正したり顔をそむけたりしている、などの学問場の著者たちと同じ状況にあるわけでもない。哲学的研究や社会学的研究は、「学の現状（états de l'art）」を書き付けるように入場者たちを習慣づける学問分野、学術雑誌、および対応する大学組織の要求と拘束に従って組織されているので、研究者が、過去の著者たちと現在の著者たちに照らして自らを位置づける（自らの研究を位置づける）ことを厳しく学ぶという意味で、明白に関係的かつ「論争的」な次元をもっている。(99) こうした次元は文学ゲームに存在しないわけではないけれども、特殊な編成（文学の創作の歴史を修得していない者たちを制裁する教師を備えた）が存在しないため、すなわち、生産の調整に関わる専門的審級や目指される目標の差異が存在しないため（学問的知識の生産を志向する領域は、創作を志向する領域と同じ性質をもっていない）、同じ形式をとるものではないのである。

こうして私は、カフカが追求する飾り気のない文体、装飾のない文体が、確かに、誇張した文体、新ロマン主義的な文体、抒情的な文体、そして過剰なメタファーによる大げさな文体をもつ彼の多数の同時代作家たちの傾向に対して特定の意味を帯びているけれども、それが反動の文体ではないということを示すことができたのである。それは、家族によって構成され――あるタイプのインテリア家具や建築に対する好みと同様に、飲食の仕方や服装の様式や身体的運動の仕方や金銭の使い方に関係する――、法律の勉強（厳密性と正確性をもった学校）のなかで追求された禁欲的性向に関連づけてはじめて意味をもつ。いくつかの短篇小説は、法律的な訴訟文書が踏むような手順でまさに書かれていて、このように職業的な文書モデルを文学的な目的に転用しているということを考慮しなければ、形式的に、審美的に理解することができないのである。短篇小説や物語や小説の「さまざまなテーマ」に関していえば、カフカがそれらを取り出すことになるのは、彼自身の生活の漠然とした深部――彼の矛盾と苦悩をひとまとまりとした――からなのである。

場の理論は、経済学理論を、普遍的な推論能力と計算能力を付与して、行為者たちを脱社会化された、脱歴史化された存在にしてしまう非現実的なモデル化をおこなうとして非難しているのだが、それでもなおまったく同様に異論の余地のある抽象化の手続きをおこなっている。ある個人がある場の成員になるや否や、その個人は、彼を構成した過去と現在の具体的な相互依存関係を剝ぎ取られたかのようになってしまう。そして彼は、場の内部でのその行動の総体が、この同じ場での彼の位置と、彼がそのほかの諸位置と取り結ぶ客観的関係にもはや依存するしかないような場の行為者（agents）として見なされてしまうのである。作品を、そのほかの「位置取り」の総体に対する「位置取り」として考察するように駆り立てる構造的（関係的）原理は、場の自己への閉鎖を前提とする一つの仕方である。このことは、場のなかで生じることが、当の場に外在する諸力によって何ら決定されうるものではないと考えることに等しい。

ところが、関係的な説明原理を改めて問題にする必要はない。そうではなく反対に、創作者は場のなかで形成しえた関係とは別の関係によって、また、場のなかで築きえた経験とは別の経験によって定義可能であると考えることによって、その説明原理の適用範囲を拡張していく必要がある。場が場の行為者たち（agents）に磁場のように力を及ぼすとしても、[100]行為者たち（acteurs）が過去にさまざまな力の場を横断してきたという事実、ならびに、現在において唯一の場に限られないさまざまな力の場に従属しているという事実を念頭に置き、それを行動の説明モデルに統合することができなければならないのである。ブルデューはときに、こうした場の外部の諸経験を相対的に消去することを受け入れていた。

> 私は、知識人場を論じるとき、磁場においてと同様に、この場のなかに引力、斥力などの影響下にある「諸粒子」（当面、物理学の場を問題にしていることにしよう）を発見できることを十分に知っている。場を論じることは、諸粒子それ自体に関するこうした客観的関係のシステムを優先させることにほかならないのである。ドイツの物理学者の公式を踏襲するならば、個人は、電子と同様に、場の放射（Ausgeburt des Felds; une emanation du champ）なのだということができるだろう。個々の知識人や芸術家がそのような資格をもって存在しているのは、知識人場や芸術場が存在しているからこそなのである。[101]

猛烈に批判しなければならないのは、こうした場の排他主義的な文脈主義であり、それを捨て去らなければならないのである。

私が考えるには、対立する二つの理論的誤謬が回避されなければならないだろう。第一の誤謬は、場の概念が普遍的な適用可能性をもつかのようにして、適合的な行為の文脈のすべてが必然的に場であると考えるところにある。その場合、場の歴史性と、場とは異なる形態の集合的組織の存在が否定されることになるだろう。反対に、第二の誤謬は、場の概念にすっかり代え、別の形式の対象区分を都合よく用いることができると考えさせるところにある。アクター・ネットワーク理論の創始者が「社会的領域、サブシステム、場といった考え方を一切拒否する」(102)と述べるとき、ミシェル・カロンが仮定しているのは、まさにこれである。そのときわれわれは、社会歴史的現実のなかに、そのような社会的ミクロコスモスが存在することを何ら確かめることができないかのようになり、さまざまな対象の構築の形式――「ネットワーク」「場」あるいはそのほかのもの――は、研究者たちの側に主導権がある、単なる選択や視点や決定の問題なのだと理解させてしまうのである。

本章の目的は、まさしく、ドグマ的な実在論と相対主義的な唯名論から等しく距離をとるところにあった。社会的分化を考察することは、社会的世界の内部で、ミクロコスモスのさまざまな構成過程がはたらいていること(ワールド、領域、サブシステム、ないし場として把握される)を承認することなのである。このことはまた、さまざまな類型のミクロコスモスの現実的な多様性だけでなく、多様な認識関心をも認めさせる。こうした多様な認識関心は、何らかの次元の行為を理解可能なものにしようとすれば、行為者たちがそのなかに再度書き込まれなければならない適合的な文脈を、別々に「切り分ける」ように導くのである。

注

(1) ここで私が「場」の概念についておこなう批判的考察は、ブルデューが、場の理論を構築しようとした際に、彼自身、ヴェーバーの社会学と対話しながらおこなった批判的考察とまったく同じように理論的なものである(Pierre Bourdieu, « Genèse et structure du champ religieux », *Revue française de sociologie*, 12(3), 1971, pp. 295-334 を参照)。それは、いまやほぼ二十年にわたり、学校、文化、それから文学といったさまざまな領域について私がおこなった経験的な調査研究に由来するものであり、したがってそこから着想を得たものである。私は、経験的な問いをもとに理論的な議論をすることによって、議論の方法と概念の使用法を同時に推進するのに貢献しうると期待している。社会学者は、こうした概念を、道具以外のなにものでもないと考えなければならない。道具は、達成すべき課題に応じて、役立つこともあれば役立たないこともある。日常生活において、分別ある人間はドライバーで釘を打とうとは思わないだろう。ところが、人文・社会諸科学の多数の研究者は、不幸にも、それに気づくことさえなく、この種の過ちを犯している。

（2）Fernand Braudel, *Écrits sur l'histoire*, « Champs », Flammarion, 1969.

（3）Pierre Bourdieu, *Leçon sur la leçon*, Minuit, 1982, p. 37.

（4）Pierre Bourdieu et Loïc J D Wacquant, *Réponses: Pour une anthropologie réflexive*, Seuil, 1992, p. 73.（ピエール・ブルデュー／ロイック・J・D・ヴァカン『リフレクシヴ・ソシオロジーへの招待――ブルデュー、社会学を語る』水島和則訳〔Bourdieu library〕、藤原書店、二〇〇七年）

（5）こうした科学的討議の構想については、« Scène II : Champs de pertinence », *in* Lahire, *L'Homme pluriel*, pp. 241-254.（ベルナール・ライール「第二場　適合性の場」鈴木智之訳、前掲『複数的人間』所収）を参照されたい。

（6）Bourdieu, « Le champ scientifique », p. 89.

（7）理論的提携を示すためである。

（8）Weber, *Essais sur la théorie de la science*, p. 194.（前掲『社会科学と社会政策にかかわる認識の「客観性」』）

（9）とりわけ、Pierre Bourdieu, « Quelques propriétés des champs », in Bourdieu, *Questions de sociologie*, pp. 113-120.（ピエール・ブルデュー「場のいくつかの特性」、前掲『社会学の社会学』所収）および Bourdieu, « Le champ littéraire ».

（10）Michel Dorby, *Sociologie des crises politiques: La dynamique des mobilisations multisectorielles*, Presses de la Fondation nationale des sciences politiques, 1986.

（11）これこそ批判の仕事が専念しなければならないことである。言い換えれば、それは、「場」の概念が現代社会学の語彙に定着することを可能にしたさまざまなケーススタディーの、現実のあるいは見せかけの貢献、決定的なあるいは修辞的な貢献、重要なあるいは不十分な貢献を検討することである。

（12）Bourdieu, *Les Règles de l'art*, pp. 78-79.（前掲『芸術の規則』Ⅰ・Ⅱ）

(13) Elias, *La Société des individus*, p. 119.（前掲『諸個人の社会』）

(14) Blaise Pascal, *Pensées*, Larousse, [1670]1965.（パスカル『パンセ』前田陽一／由木康訳〔中公文庫〕、中央公論社、一九七三年）

(15) Bourdieu, *Intérêt et désintéressement*, p. 14.

(16) アート・ワールドでは、いずれにせよ、その中心となる「行為者」や「創作者」ではなく、作品（および作品の価値）の物質的制作や象徴的制作に寄与するすべての者たちが問題になる。Howard S. Becker, « Art as collective action », *American Sociological Review*, 39(6), 1974, pp. 767-776.

(17) Pascal, *op. cit.*, p. 104.（前掲『パンセ』）

(18) Bourdieu, « La force du droit », p. 11.

(19) Guibentif, *op. cit.*, p. 284.

(20) *Ibid.*

(21) Aaron Victor Cicourel, *Le Raisonnement médical: Une approche socio-cognitive*, Seuil, 2002, pp. 84-85.

(22) もっとも、われわれがまさしく目にするのは、一般の人びとが、社会的特性という観点からのみ、場の理論のなかに現れるということだ。社会的特性は、彼らを特徴づけるものであり、場の行為者（agents）のそれと相同的なものだと仮定されるのである。こうして、文学場での諸位置の構造は、読者の社会的特性の構造と相同関係を取り結んでいる（前衛的な著者、学術的な著者、そして産業文学の著者は、所有された資本——経済資本と文化資本——の量と構造という観点から見て、別々の階級内の下位集団に属する人びとを自身の宛先とする）。同様に、法律家に関して、ブルデューは、「社会的ヒエラルキーでの顧客の位置に常にきわめて厳密に一致するような法律家集団内部のヒエラルキー」を論じている（Bourdieu, « La force du droit », p. 6.）。

(23) Bourdieu, *Les Règles de l'art*, p.418, note 25.（前掲『芸術の規則』Ⅰ・Ⅱ）

(24) 文学ゲームの被支配者の問題を再導入することは、ジェラルディーヌ・ボアの学位論文の賭け金そのものである。Géraldine Bois, *Les écrivains dominés du jeu littéraire. Définition de l'espace d'investissement et rapports aux enjeux littéraires*, thèse de doctorat de sociologie de l'Université Lumière-Lyon 2, 2009 を参照。

(25) Dianteill, art. cité., p. 18.

(26) このことは、社会的実践の説明原理の探究について、重大な帰結をもたらす。以下の「場の境界内に含まれる説明」を参照。

(27) Bourdieu, *Intérêt et désintéressement*, p. 44. 同様の前提は、ブルデューが提起する以下の問いに再び見いだされる。「恣意的に設定されたゲームとしてではなく、人びとがそこで生まれた現場として場を考察することは、なぜ重要なのだろうか」。*Ibid.*, p. 49.

(28) この主題に関わる数多くの文献のなかでも、以下の著書を参照のこと。Martin Kohli, Martin Rein et Anne-Marie Guillemard, *Time for Retirement: Comparative Studies of Early Exit from the Labor Force*, Cambridge University Press, 1991.

(29) レスリー・マッコールは、ブルデューにおいては、「社会構造が（略）職業と職業に結び付いた資本によって定義される」こと、ならびに、ハビトゥスが「多くは公的な」次元を帯びていること、を指摘している。したがって、いっそう私圏にとどまる女性の社会的実践は、社会空間の定義——職業的および公的な——にほとんど寄与していない。Leslie McCall, « Does gender fit? Bourdieu, feminism, and conception of social order », *Theory and Society*, 21(6), 1992, pp. 837-867 を参照。

(30) 必ずしもすべての行為が場に結び付くわけでないということをはっきりと打ち出す見方は、ジョン・レヴィ・マーティンの 論文 « What is field theory? », *American Journal of Sociology*, 109(1), 2003, pp. 1-49 に見いだされる。しかし、著者は、この命題を発展させておらず、理論的にも経験的にも、そこからどのような帰結も引き出していない。

(31) Bourdieu, *La Distinction*, p. 112.（前掲『ディスタンクシオン』Ⅰ・Ⅱ）

(32) Bourdieu, *Intérêt et désintéressement.*

(33) *Ibid.*

(34) Weber, *Essais sur la théorie de la science*, p. 159.（前掲『社会科学と社会政策にかかわる認識の「客観性」』）

(35) Bourdieu, *La Distinction*, p. 230.（前掲『ディスタンクシオン』Ⅰ・Ⅱ）

(36) Bourdieu, « Le champ économique », p. 49.

（37）Pierre Bourdieu, « À propos de la famille comme catégorie réalisée », *Actes de la recherche en sciences sociales*, 100, décembre 1993, p. 34.

（38）Pierre Bourdieu, *Méditations pascaliennes*, Seuil, 1997, pp. 197-199.（ブルデュー『パスカル的省察』加藤晴久訳〔Bourdieu library〕、藤原書店、二〇〇九年）。「家族の場」と「家庭の場」という項目は、同書の索引にまで登場している。

（39）例えば、限定的な使用法（家族と場を区別するような）と、あまり厳密ではない使用法（家族を「家庭の場」にするような）との揺らぎが、以下の引用に見いだされる。「家族内での一次的ハビトゥスの獲得は、拘束によって強制される「活字＝性格（caractère）」の印刷＝刻み込み（impression）に類似した、単なる教え込みといった機械的な過程とは一切無縁である。場が要請する特殊な性向の獲得に関しても同様である［言外の意味は、家族は場ではないということ］。こうした性向の獲得は、場が要求する性向と多少なりともかけ離れた一次的性向と、場の構造に書き込まれた諸拘束との関係のなかでおこなわれる。特殊な社会化のはたらきは、原初的リビドーの変容を促す傾向をもつ。言い換えれば、この原初的リビドーが場に属する行為者（agents）や制度へと転移されるおかげで、家庭の場で構成される社会化された情動を、あれこれの形態の特殊なリビドーに（例えば、宗教場に関していえば、キリストや聖母マリアのような偉大なる象徴的像を、さまざまな歴史的形象に）変容させる傾向をもつのである」。*Ibid.*, p. 197.（同訳書）。強調は筆者。

（40）エリアスにおける相互依存関係の布置（configuration）という観念もまた、そのような科学的方法の所産である。

（41）根本的な社会化の枠組みとしての家族の力は、子どもの一次的な経験と習得を構成することである。子どもは、形成されると同時に、自分を形成するものを意識することはできない。というのも、そのためには、自分ではどうしようもない土台や支点が必要になるからである。ルートヴィヒ・ヴィトゲンシュタインが述べていたように、「実際のところ、どのようにして子どもは自分に教え込まれることに疑念を抱きうるのだろうか。このことはただ、習得しえない、いくつかの言語ゲームが存在することを意味しうるにすぎないだろう」（Ludwig Wittgenstein, *De la certitude*, « Idées », Gallimard, 1976, p. 79.〔ルートヴィヒ・ヴィトゲンシュタイン『ヴィトゲンシュタイン全集9　確実性の問題・断片』黒田亘／菅豊彦訳、大修館書店、一九七五年〕）。

(42) 家族外の領域に没入するために家庭の領域を抜け出す男性の傾向は、家庭活動の承認と威信の度合いを雄弁に物語っている。

(43) Durkheim, *De la division du travail social*, p. XIX.（前掲『社会分業論』上・下）。他方で、唯一の領域に出入りしているのでないかぎり、「職業」の影響は非常に相対的であり、各個人は、分化した社会で、職業活動に固有の規則が普遍のものでないことを自覚しているという事実に関しては、*Ibid.*, pp. 289-290 を参照。

(44) Cusin et Benamouzig, *op. cit.*, pp. 74-75.

(45) Martine Segalen, *Sociologie de la famille*, 6e éd., Armand Colin, 2008, p. 194.

(46) セガレンは、一九九〇年代初頭以来、「二十五歳から四十九歳の女性のうち、一人の子どもをもつ女性の八六パーセント、二人の子どもをもつ女性の七六・五パーセントが就業している」と指摘する。*Ibid.*, p. 253.

(47) Durkheim, *De la division du travail social*, p. 285.（前掲『社会分業論』上・下）

(48) Pierre Bourdieu et Monique De Saint Martin, « Le patronat », *Actes de la recherche en sciences sociales*, 20-21, mars-avril 1978, p. 57.

(49) 同じ論文のなかで、「階級闘争の場」「支配階級の場」「経済権力の場」「諸企業の場」および「企業の場」が問題になっている。したがって、多数の場に当てはまる。

(50) Pierre Bourdieu, « Le mort saisit le vif. Les relations entre l'histoire réifiée et l'histoire incorporée », *Actes de la recherche en sciences sociales*, 32-33, avril/juin 1980, p. 11.

(51) Bernard Lahire, *La Condition littéraire: La double vie des écrivains*, La Découverte, 2006.

(52) ゲームのメタファーとは無関係に、ゲームの概念は、私の精神の面でも、研究の面でも、文学的実践と文学的闘争の空間に関する正統主義的ではない見方に結び付いている。場の概念を使用する文学社会学者は、実際に、周縁的、周辺的、非正統的なあらゆる種類の作家たちを場から排除する困った傾向を有している。問題は、文学場の境界に関する支配者中心の定義（大手出版社で繰り返される出版に基づく）とともに、当の文学社会学者が、カフカのような著者を、生前「文学場」から排除していたことである。その際、文学社会学者は、しかるべき身分の作家として、確信をもって断言する詩人フランツ・ヴェルフェルと同様の軽率さを見せている。「ジェチーンとボーデンバッハの向こう側でカフカを理解する者は誰もいないだろう」。ジェチーンとボーデンバッハは、プラハ―ベルリン鉄道線の国境検問所である。

(53) Johan Huizinga, *Homo Ludens: Essai sur la fonction sociale du jeu*, Gallimard, [1938]1951（ホイジンガ『ホモ・ルーデンス』高橋英夫訳〔中公文庫〕、中央公論社、一九七三年）、あるいは、Roger Caillois, *Les Jeux et les Hommes: Le masque et le vertige*, Gallimard, [1958]1967 (édition revue et augmentée)（ロジェ・カイヨワ『遊びと人間』多田道太郎／塚崎幹夫訳〔講談社学術文庫〕、講談社、一九九〇年）を参照。

(54) 私は、*La Condition littéraire* で、プレイヤーを三類型に区分している。「一時的なプレイヤー」「ゲームの愛好者」「プロのプレイヤー」である。

(55) 短期の間行為者を駆り立てる社会的領域と、労働生活全体に関係しうる社会的領域との間に区別を設けることができるだろう。第一の類型の領域は、かなり多くの身体的資源を必要とする多数のスポーツ領域や芸術領域に関わる（百メートル走者、体操選手、あるいはダンサーの活動期間は、とりわけ短い）。

(56) Bourdieu, *Les Règles de l'art*, p. 115.（前掲『芸術の規則』Ⅰ・Ⅱ）

(57) Eliot Freidson, « Pourquoi l'art ne peut pas être une profession? », in Pierre-Michel Menger et Jean Claude Passeron dir., *L'Art de la recherche. Essais en l'honneur de Raymonde Moulin*, La Documentation française, 1994, p. 134.

(58) 「私の人生は、規則正しく回転する歯車装置です。私が今日おこなうことは、明日もおこなうことになるでしょうし、昨日おこなったことでもあります。私は十年前も同じ人間でした。私の体の組織はシステムなのだと気づいたのです。白クマを氷上に生息させ、ラクダに砂の上を歩かせる物事の傾向によるように、自分ではどうすることもできない全体なのです。私はペンの人間です。ペンによって、ペンのために、ペンを通して感じ、ペンとともにずっと多くを感じるのです」。G. Flaubert, « Lettre à Louise Colet, 31 janvier 1852 », *Correspondance, t. II*.（フロベール『フローベール全集９　書簡２』筑摩書房、一九六八年）

(59) Bourdieu, *Les Règles de l'art*, p. 88.（前掲『芸術の規則』Ⅰ・Ⅱ）強調は筆者。

(60) 読書やテレビについて話すコレージュやリセの生徒の言葉のなかに、客観的な差異の痕跡が見いだされる。テレビ番組や映画が、観客の行為とは独立して、「短い」時間で展開するのに対し、読書は、より集中した特別なはたらきかけと注意を要求する（「読書は、自分自身でそれに専念する必要があります。だから、本当にストーリーを知りたいと思うときに読書をします」「本の場合、自分をストーリーに集中させなければならないですよね。でもテレビは、私たちのかわりに読み上げてくれる誰かがいるような感じです」）。François de Singly, *Matériaux sur la lecture des jeunes*, Ministère de l'éducation nationale et de la Culture, DEP, no25, janvier 1993 を参照。

(61) Bourdieu, « La représentation politique », pp. 12-13.

(62) Bourdieu, *Les Règles de l'art*, p. 169, note 2.（前掲『芸術の規則』Ⅰ・Ⅱ）

(63) 特に社会学側のものとして、*De la valeur de l'art : recueil d'articles*, Flammarion, 1995 におけるレイモンド・ムーランの考察を参照。

(64) 他方で、ブルデューは、文化的生産（芸術的生産、文学的生産、哲学的生産、科学的生産など）の諸場の間の差異を過小評価するのにあらゆる手を尽くした。ブルデューは、「諸場の間の差異を無視し」ようとするのを差し控えているとしても、彼が読者に向けて採用し、説明する取り決めによって、差異よりも類似点のほうが重要だということを示している。「このテクスト全体を通して、作家は、芸術家、哲学者、知識人、学者などに、そして文学的なものは、芸術的なもの、哲学的なもの、知識人的なもの、科学的なものなどに取り替えることができる（必要になるたびに、つまり特別な楽しみもなく選ばれた文化的生産者という総称に頼ることができなくなるたびに、読者にそれを思い起こさせるために、言い換えれば、「創作者」のカリスマ的イデオロギーとの断絶を示すために、作家という言葉のあとに「など」をつける）」。Bourdieu, « Le champ littéraire », p. 4.

(65) Bernard Lahire, « Les variations pertinentes en sociologie », *in* Jacques Lautrey, Bernard Mazoyer et Paul van Geert dir., *Invariants et variabilité dans les sciences cognitives*, Éditions de la MSH, 2002, pp. 243-255. および Bernard Lahire, « Post-scriptum: individu et sociologie », *in* Lahire, *La Culture des individus*, pp. 695-742.

(66) Becker, art. cité. および Howard Saul Becker, *Les Mondes de l'art*, Flammarion, 1988.

(67) *Ibid.*, p. 28.

(68) *Ibid.*, p. 22.

(69) 「キャリア」の観念の支持者と「軌道」の観念の支持者とのお決まりの対立は、あたかも現実で別々の「物事」が問題になっているかのようにするのに貢献する。ところが、「キャリア」は、決まった一区間でしかなく、「軌道」の特定の一次元でしかない。したがって、なぜ「キャリア」の観念を使用する者たちがしばしば、キャリアへの参入可能性に関する社会的条件を理解することだけでなく、キャリアへの参入の全段階に位置づけられる社会的経験（例えば、とりわけ家族的および学校的経験の一切）、あるいはキャリアに並行した社会的経験（例えば、決して完全に独立してではなく、軍事的キャリアに並行して、行為者は、恋愛生活、ときには夫婦生活、学校的道程や職業的道程などをもっている）に応じて、さまざまなキャリア段階を経験するその様態を理解することも禁じているのかが問われるのである。

(70) Bourdieu, « Le champ littéraire », p. 4.

(71) Becker, *op. cit.*, p. 21.

(72) 同じくブルデューは、権力、資本獲得の戦略、資本の再生産や転換の問題に焦点化しているために、社交、人間関係（なかでも友人関係）を、潜在的に動員可能で、見返りをえられる「社会関係資本（capital social)」にしばしば還元しているのだと指摘することができる。そのような仮定で無視されるのは、社会的紐帯の性質である。「社会関係資本」概念を通じてなされる還元は、対照的に、Claire Bidart, *L'amitié: un lien social*, La Découverte, 1997 の研究を読めば明らかになる。

(73)「場の概念は、内的読解と外的分析との対立を、伝統的に相いれないと考えられてきた、これら二つのアプローチの成果と要求を何ら損なわずに乗り越えることを可能にする」Bourdieu, *Les Règles de l'art*, p. 288.（前掲『芸術の規則』I・II）

(74) 場の内部の比較に言及するのは、こうしたさまざまな場の力関係、あるいはこうしたさまざまな場に帰属する行為者（agents）同士の闘争を強調するためである。

(75) ほかの多くの研究成果のなかでも以下を参照。Marcel Detienne, *L'invention de la mythologie*, Gallimard, 1981. および、Marcel Detienne, *Les Savoirs de l'écriture en Grèce ancienne*, Presses universitaires de Lille, 1988. ; Florence Dupon, *L'Invention de la littérature: De l'ivresse grecque au livre latin*, La Découverte, 1994. ; Goody, *La Raison graphique* ; Gruzinski, *op. cit.* ; Eric Alfred Havelock, *Preface to Plato*, Harvard University Press, 1963.（エリック・

A・ハヴロック『プラトン序説』村岡晋一訳、新書館、一九九七年）; Claude Lévi-Strauss, *La Pensée sauvage*, Plon, 1962.（クロード・レヴィ＝ストロース『野生の思考』大橋保夫訳、みすず書房、一九七六年）; Jean-Pierre Vernant, *Les Origines de la pensée grecque*, Presses Universitaires de France, 1969.（J・P・ヴェルナン『ギリシャ思想の起原』吉田敦彦訳、みすず書房、一九七〇年）および Jean-Pierre Vernant, *Mythe et pensée chez les Grecs*, II, Maspero, 1981.（ジャン＝ピエール・ヴェルナン『ギリシア人の神話と思想――歴史心理学研究』上村くにこ／ディディエ・シッシュ／饗庭千代子訳、国文社、二〇一二年）; Frances Yates, *L'Art de la mémoire*, Gallimard, 1975.（フランセス・A・イエイツ『記憶術』玉泉八州男監訳、水声社、一九九三年）

（76）カフカの作品の研究に身を捧げたのは、こうした科学的挑戦を再建するためである（Lahire, *Franz Kafka.*）。

（77）数少ない例外は以下である。Mathias Millet, *Les étudiants et le travail universitaire: Étude sociologique*, Presses Universitaires de Lyon, 2003. ; Fanny Renard, *Les Lectures scolaires et extra-scolaires de lycéens: entre habitudes constituées et sollicitations contextuelles*, thèse de doctorat de sociologie, Université-Lumière-Lyon 2, 2007, et Jérôme Deauvieau et Jean-Pierre Terrail dir., *Les Sociologues, l'école et la transmission des savoirs*, La Dispute, 2007. 他方で、Bernard Lahire « La sociologie de l'éducation et l'opacité des savoirs », *Éducation et sociétés, Revue internationale de sociologie de l'éducation*, 4, 1999, pp. 15-28 および Bernard Lahire, *La Raison scolaire: École et pratiques d'écriture, entre savoir et pouvoir*, Presses Universitaires de Rennes, 2008 を参照されたい。

（78）B. Bernstein, « La construction du discours pédagogique et les modaliés de sa pratique », *Critique sociales*, 3-4, novembre 1992, pp. 20-21.

（79）Passeron, *op.cit.*, pp. 89-109.

（80）Jean-Claude Passeron, « L'inflation des diplômes Remarques sur l'usage de quelques concepts analogiques en sociologie », *Revue française de sociologie*, 23(4), décembre 1982, p. 553.

（81）Pierre Bourdieu, *Ce que parler veut dire: L'économie des échanges linguistiques*, Fayard, 1982, pp. 103-105.（ピエール・ブルデュー『話すということ――言語的交換のエコノミー』稲賀繁美訳〔Bourdieu library〕、藤原書店、一九九三年）

(82) Pierre Bourdieu et Luc Boltanski, « La production de l'idéologie dominante », *Actes de la recherche en sciences sociales*, 2-3, juin 1976, pp. 3-73 を参照。

(83) P. Bourdieu, « Consommation culturelle », *CD Encyclopœdia Universalis*, 2008.

(84) Pierre Bourdieu et Alain Darbel, *L'Amour de l'art. Les musées d'art européens et leur public*, Minuit, 1966.（ピエール・ブルデュー／アラン・ダルベル『美術愛好――ヨーロッパの美術館と観衆』山下雅之訳、木鐸社、一九九四年）

(85) Bourdieu, *La Distinction.*（前掲『ディスタンクシオン』Ⅰ・Ⅱ）

(86) Bourdieu, *Les Règles de l'art*, p.347.（前掲『芸術の規則』Ⅰ・Ⅱ）

(87) *Ibid.*

(88) *Ibid.*, p. 349.

(89) *Ibid.*, p. 329.

(90) Bernard Lahire, « De l'expérience littéraire : lecture, rêverie et actes manqués », *in* Lahire, *L'Homme pluriel*, pp. 107-118.（ベルナール・ライール「文学的経験について――読書、空想、失錯行為」鈴木智之訳、前掲『複数的人間』所収）

(91) Carlo Ginzburg, *Le Fromage et les Vers: L'univers d'un meunier du XVIe siècle*, Flammarion, 1980.（カルロ・ギンズブルグ『チーズとうじ虫――16世紀の一粉挽屋の世界像』杉山光信訳〔始まりの本〕、みすず書房、二〇一二年）; M. de Certeau, *L'Invention du quotidien.*（前掲『日常的実践のポイエティーク』）; Roger Chartier, « Du livre au lire », *in* Chartier, *Pratiques de la lecture*, Rivages, 1985, pp. 62-88.（ロジェ・シャルチエ「書物から読書へ」、ロジェ・シャルチエ編『書物から読書へ』所収、水林章／泉利明／露崎俊和訳、みすず書房、一九九二年）および Roger Chartier, *Lectures et lecteurs dans la France d'Ancien Règime*, Seuil, 1987.（ロジェ・シャルチエ『読書と読者――アンシャン・レジーム期フランスにおける』長谷川輝夫／宮下志朗訳、みすず書房、一九九四年）; Ien Ang, *Watching Dallas: Soap Opera and the Melodramatic Imagination*, Methuen, 1985. ; Jean-Claude Passeron, « L'usage faible des images. Enquêtes sur la réception de la peinture », *in* Passeron, *op. cit.*, pp. 257-288. ; Isabelle Charpentier dir., *Comment sont reçues les œuvres*, Créaphis, 2006.

(92) Claude Grignon et Jean-Claude Passeron, *Le Savant et le Populaire: Misérabilisme et populisme en sociologie et en littérature*, « Hautes études », Gallimard/Le Seuil, 1989 および Bernard Lahire, *La Raison des plus faibles: Rapport au travail, écritures domestiques et lectures en milieux populaires*, Sociologie, Presses Universitaires de Lille, 1993.

(93) 文化的消費の社会学もまた、それがしばしば過剰に富裕者たちを重視するという点で、正統主義的である。言い換えれば、それは、最も教養ある公衆に「コード」の修得を認めるものである。しかるに、富裕者たちが潜在的な芸術史家や文芸批評家でないことは明らかである。

(94) Bourdieu, « Champ intellectuel et projet créateur », p. 866.

(95) 当然、マイノリティー文学のケースでは、一部の著者たちの政治的介入（engagements）を考慮せずに生産された作品を理解することは、厳密にいえば不可能である。特に、Clémence Scalbert-Yücel, « Politics, identity and the theory of fields : a sociological approach to "small literatures" », *Nationalities Papers*, numéro spécial (à paraître). を参照。

(96) Bernard Lahire, « Une problématique existentielle transposée », *in* Lahire, *Franz Kafka*, pp. 77-87 を参照。

(97) 加えて、以上のことは、労働災害に関わる保険会社の会社員として、文学テクストと並行して法律テクストを執筆するカフカのような著者に対して全面的な意味を帯びる。

(98) Sapiro, art.cité., pp. 45-46.

(99) 反対に、絶えず対峙し合い、対立し合う、明らかに関係的な存在であるさまざまな学術的研究は、多様な社会的経験に立脚するものでもあるということを忘れてはならない。研究者は、哲学的反省を方向づけるために、あるいは社会的世界の科学をおこなうために、そうした社会的経験をよりどころにしている。哲学的な研究成果や社会学的な研究成果を理解するには、まったく同様に、哲学場や社会学場に特殊な論理から抜け出し、いかにして研究者が、身体化された過去と現在の生活状況を、対象の選択や、その処理の仕方に投影ないし投入するのかを問わなければならないだろう。

(100)「第一に、場は、磁場のように、客観的力の構造化されたシステム、言い換えれば、特殊な重力を備えた関係的布置である。そうした布置は、そこに入り込むあらゆる事物と行為者（agents）に特殊な重力を課すことができる」。

Bourdieu, *Les Règles de l'art*, pp. 24-25.（前掲『芸術の規則』Ⅰ・Ⅱ）

(101) Bourdieu et Wacquant, *op. cit.*, p. 82.（前掲『リフレクシヴ・ソシオロジーへの招待』）

(102) Michel Callon et Michel Ferrary, « Les réseaux sociaux à l'aune de la théorie de l'acteur-réseau », *Sociologies pratiques*, 13(2), 2006, p. 43.

第4章

文脈化
——レベル・水準・対象

人文・社会諸科学の研究者たちは、彼らが実際にそうする以上にはっきりと、社会的現実の観察レベル（ないし測定レベル）を、つまりは、彼らがそれをもとに世界を眺める最もマクロなレベルから最もミクロなレベルにいたるまでを、彼らがそれについての認識を前進させようとする社会的現実の水準から区別しなければならないだろう。両者を分けて考えることによって、われわれは例えば、何人かの研究者が、マクロ構造的な諸要素（階級間の関係、言語的かつ文化的に分化し、ヒエラルキー化した人びと同士の社会関係、男女間の支配関係、ワールドや場、職業的環境、宗教的環境など）に関する知を生み出そうと試みながらも、最もミクロ社会学的な観察レベルに適した方法論（状況を定められた、非常に短期の行為や相互行為の研究、あるいは別種のものとしては、生活誌による綿密な事例研究）を採用することができるということを理解する。大半の相互行為分析——相互行為の現実の根本的な特殊性を説く研究を除いて——は、暗黙にであれ明白にであれ、控え目にであれ執拗にであれ、これらの社会的現実を、組織の枠組み、制度の枠組み、ないし構造の枠組みに関係づける。この分析は、それらの枠組みを、一般的現象を叙述したものにすることによって、あるいは、社会構造のいくつかの基本的側面を解明しうるようなものとして選択することによって、そのように関係づけるのである。しかしながら問題は、行為や相互行為や個人の経歴や生活誌が、正確に解釈されるためには、どの程度まで局所的な文脈、あるいはより全体的な文脈に関係づけられなければならないのか、という点にある。この問題に対する回答は、一般的かつ決定的なものにはなりえない。なぜなら、それは、研究対象の性質、および、研究者が提起し、解決しようと努める問題の類型と切り離すことができないからである。

実践を説明するために研究すべき身体化された過去の性質もまた、研究対象の類型に依存している。観察レベル、社会的現実の水準、および研究対象の類型がどのようなものだろうと、研究者が再構成しようとすることができる、一類型の特異な身体化された過去が問題になるのではなく、多少なりとも精密に再構成された身体化された過去および変化しうる構成要素が問題になるのである。人がコピー機に向かうときに[1]、互いに見知らぬ二人の人物同士の日常生活の相互行為で[2]、あるいは競売人(commissaire priseur)と古物鑑定の対象との間で生じること[3]を理解するために、研究者は、スポーツ実践、恋人関係や友人関係、文化的・学校的事象に対する好みや無関心、子どもの学校を選ぶためにある行為者が下す裁定、文学作品や芸術作品の受容や生産、などの決定因を理解したいと望む場合と同様の身体化された過去の諸要素を動員する必要はない。ケースに応じて、研究者は、関係する諸個人の生活を強く構造化する結晶化した諸要素という意味で、能力、性向、相互行為の相手に共有された知識や経験、あるいは実存的問題を再構成しなければならないだろう。あれこれの人格が取り結ぶ愛情関係や友情関係の性質を理解するために、研究者がフロイト派の精神分析が専心するのと同一ジャンルの過去(幼児期にさかのぼる家族的経験の核心)を探し始めることができるとしても、スーパーマーケットでの店員と顧客との相互行為、あるいは、街ですれ違う二人の見知らぬ者同士のありきたりな相互行為がどのように繰り広げられるのかを理解するために、この種の過去の経験を召喚することは、もとより(a priori)不適切だろう。また、このことは、どのような類いの対象であっても同様である。研究者によって犯される過ちはしばしば、研究対象がどのようなものだろうとも、同じ類型の身体化された過去を召喚しようとするところにある。例えばその場合、文学テクストの創作を理解することが、著者の出版戦略、友人関係、高等教育の選択、ないし「副業」の研究と同種の分析に属しているかのようにされたり、ある作家の特異な作品を研究することが、所定の時期や特定の流派の文学作品全体の研究と同じ道具を動員し、それと同じ手順を踏むことができるかのようにされたりするのである。

用いられる観察レベル、照準される社会的現実の水準、および研究される事実類型を自覚することは、逆説的にも、視野を広げることであり、多様な研究の存在によって、結果的にそれらを生み出す者たちの目から隠されてしまうような人文・社会諸科学の統一性を取り戻すことなのである。実際のところ、意識的だろうとなかろうと、さまざまな研究が残らず、一つの観察レベルを選択していること、非常に異なる社会的現実の水準で社会的事実の認識を豊かにするのに貢献していること、そして、特定の対象類型を選択していることを認めることで、直接目にしえないつながりや関係をそれらのうちに確立する手段が与えられる。それによって、それらの研究は、いっそう容易に比較可能で、ある程度まで、同時におこなうことができるものになるのである。われわれはまた、このようにして、特定の一観察レベル、社会的現実の特定の一水準、ないし特定の一対象類型を不当に普遍化したり、一般化したりするような科学的戦略がさらなる苦境から救い出されることを期待することもできる。目下のところ、さまざまな理論モデルは、理念上、それらがより完全なプログラムの諸断片にすぎないときでさえ、たいていの場合、諸行動を説明する普遍的モデルとして自己提示している。しかし、それらの理論モデルは、一般的プログラムとして発表される局所的プログラムにすぎないのである。

観察のさまざまなレベルと文脈化

「文脈」の観念ほど、社会学的推論に必要不可欠であると同時に、無視される観念はない。しかも、研究作業が、この観念を明白にあるいは暗黙に使用せざるをえない場合でさえ、文脈という用語が、無定形で、大した利得がないものになっているのを目にすることはしばしばである。ある行為（用語の広い意味で）を理解するためには、確かに、それに内在する諸特性を把握して、それを詳細に記述する作業を決して無視してはならない。しかし、人文・社会諸科学はまた、抽象化、反歴史主義、およびその事実が生まれた現実の引き剝がしといったあらゆる偏向に抗して、この同じ行為を、それを包含し、その一構成要素とするような全体に置き直す必要があるということをわれわれに教えていた。このように考えるならば、文脈は、研究者が自分が観察するものを具体的に解釈することを可能にするものとなる。そのため、研究者は、知らぬ間に、これらの行為を自分自身の文脈（国家的、歴史的、科学的、人格的など）に還元することによって、それらを直接理解していると信じるよりもむしろ、研究される社会的現実のうちに、諸個人の行為がそこに書き込まれる適合的な全体を探し求めなければならないのである。

この意味で、硬直した諸文脈が存在するのでは決してない。そうではなく、研究者が正確に理解しようと努めるものに依存するような文脈化の操作が存在するのである。[4] 文脈は、文脈化の操作と決して切り離すことができない。というのも、文脈は、その所産にほかならないからである。ラテン語の Contextere は、織り合わせる、結び直す、あるいは組み合わせて作るといった行為を指し示している。そのため、文脈化する（contextualiser）ということは、明らかにしたいと望む中心的要素（個人的事実あるいは集合的事実、身ぶりあるいは実践、事物あるいは言表、出来事あるいは軌道、行為あるいは相互行為など）と、それを取り巻く現実から抽出された一連の諸要素とのつながりを織り成すことなのである。[5] このように手順を踏むことで、われわれは、当の中心的要素が、ある所定の枠組みに関係づけられるかぎりで、すなわちこの枠組みのなかに置き直されるかぎりで、完全に理解可能で解釈可能なものになると想定することができる。したがって、文脈化とは、中心的要素に個別の意味を付与することを可能にする組み合わせの操作なのである。また、われわれは、異なる組み合わせをとれば、同じ要素が、完全には、さらには一切同じ意味をもたなくなることを知っている。ジョセフ・ヴェンドリーが想起させるように、「操作（opération）」という言葉は、それが医療の文脈、数学の文脈、軍事の文脈、あるいは金融の文脈で発せられるか否かによって、当然同じ意味をもたなくなるのである。[6]

したがって、文脈は、われわれが理解しようと試みる要素に外在する現実なのではない。それは、当の要素を収容し、包含し、内包しているのである。それは、当の要素がそこに帰属するような「総体」や「全体」を、あるいは当の要素がそのなかに挿入され、それに意味を与えるような「総体」や「全体」を指し示している。分離された二つの実体として、一方で切り離された事実（出来事、言説、行為など）が、他方でその文脈が存在しているのではない。そうではなく、関係づけられた諸要素の総体が形成する編み合わせ（*contexture*）、すなわち一全体（un tout）に含まれるさまざまな要素が構成する配置構造（*agencement*）が存在しているのである。

行為者たち自身は、彼らがそこに自分たちの行為を書き込む文脈を実践的に統制する必要がある。彼らは、他者たちと相互行為するために、やりとりをする参加者全員によって共有された空間的－時間的文脈、つまり、ある所定の状況で聞かれたり、見られたり、触れられたり、感じられたりするような直接的に知覚可能なすべての要素に絶えず依拠している。言語学者たち、会話分析者たち、エスノメソドロジストたち、あるいは直示（私、あなた、ここ、そこ、いま、以前、以後、昨日、今日、明日などは、発話行為〔l'énonciation〕の空間的－時間的文脈でだけ意味をもつ）[7]や暗示を研究する一部の相互行為論者たちが立ち返ることになるのは、すべての行為者にとって直接的に知覚可能な文脈というこうした定義に対してである。行為者たちは、文脈がどのようなものであろうとも、同じ仕方で行動するわけではない（例えば彼らは、同僚、友人、配偶者、子どもに話しかけるように上司に話しかけたりしない）。また、展開される言葉によるやりとり（échanges verbaux）、あるいは言葉によらないやりとり（échanges non verbaux）の大部分は、共通の認識と信念、あるいは共有された経験に基づくものでもある。例えば、共通の認識と信念というのは、同じ時代、同じ社会環境、同じ職業分野に生きる者たちにとって自明のものであり、それは、彼らが同じ文化的教育や宗教的教育などを経験したからである。例えばまた、一組の夫婦、互いを熟知する教師と生徒、仕事のチームのメンバーたちによって共有された経験というのは、共通の過去を有している、など。

何人かの研究者たち――たいてい「プラグマティスト」として自己提示する――は、行為者たちが何を必要としているのか、そして彼らが自分たちの行為を調整したり、一緒に行為したり、自分たちの活動を展開あるいは維持したりするために何をおこなっているのかを理解することを自らの目的としている。このようにして、そうした研究者たちは、行為者たちが彼らの間でどのように相互行為しているのか、あるいは、物体、空間、技術装置などとどのように相互作用しているのかを問うことができる。そして彼らは、行為や相互行為の文法のある種純粋な記述へと到達することを夢見るのである。しかし、いまここで（*hic et nunc*）生起していることが研究者にとってしばしば意味をもちうるのは――行為者たちの直接的理解と互酬的調整という観点からだけではなく――、行為者たちが、一般に何ら意識しないような、より全体的な文脈の諸要素と関連づけられるかぎりにおいてである。そのため、人文・社会諸科学の研究者たちは、諸現実を文脈化するのである。文脈化の結果として、そうした現実からこのように引き出された意味は、行為の当事者たちによる理解が一切及ばないものなのである[8]。

しかも、すべての研究者が、同じ現実に、すなわち同じ現実の同じ水準＝側面＝次元に関心を抱くわけではないために、認識関心の多様性と観察レベルの多様性が認められるとすれば、そのとき、当の中心的な現実を説明する、できるかぎり多様な類型の適合的な文脈を認めなければならないのである。

そのような姿勢に基づくことで、われわれは、実現された調査研究の読解に着手する際に、批判的態度を示しうると同時に、可能な科学的方法に関する多元主義的な構想を抱きうるのである。このようにして私は、すべての文脈が必ずしも場ではないという見方を主張すること、また、場が存在するときでも、そうした概念が何の役にも立たないという結論を導かずに、場の概念がすべてを理解させてくれるものではないという見方を主張することができたのである。例えば、著者を場という文脈に置くことは、その形式においてもその意味においても、特異な作品や個別のテクストの創作を説明するのに十分ではない。決まった著者の特異なテクストを、この著者の場における位置にのみ「接続すること」や「結び付けること」は、テクストを正確に解釈することを不可能にする（それを全体的社会空間における著者の位置やある集団における著者の位置に関係づけるときも同様である）。しかし反対に、文学生活のそのほかの諸側面――出版戦略、賞やコンクール、雑誌の創刊など――は、文学ゲームで占められる諸位置と関連づけられることで理解されうるのである。

文脈化の問題に対する、そうした批判的かつ多元主義的な態度によって、次の二つのことが一度に可能になる。①そのほかのあらゆる種類の文脈化は「間違い」だと考えることで、「普遍的に適合的な文脈」が存在すると見なすのを回避すること、②相対主義的多元主義（pluralisme relativiste）の考えに基づく、文脈化の操作に関して未分化な、ある種のラディカルな平和主義（pacifisme）に陥らないこと。この相対主義的多元主義の立場は、科学的前進を企てるうえで、やはり問題となる。なぜなら、決して交差することも、互いに矛盾することもない、並存する複数の科学的方法という考えは、ほかの研究者たちによってなされた文脈化を批判することが、何の役にも立たないと考えさせるものだからである。

科学的帝国主義も相対主義的多元主義も、真正な議論が生じるのを妨げるものである。こうした真正な議論は、主として、目指される認識の目標に応じた、文脈化の適合性の度合いを対象にしなければならないだろう。私がここで念頭に置く研究者のモデルは、還元不可能な認識関心および適用される概念的・方法的道具の複数性を意識したものである。と同時にそれは、認識の対象と目的に応じて、これらの道具の適合性を競い合わせることを自らに許すという意味で、闘争的あるいは批判的なものである。

相互行為――特殊な秩序か、それとも構造の例示か

相互行為論は、非常に異なる立場と方法を含んでいる。これらの差異は、観察レベルと社会的現実の水準の不一致を示すものである。込み入った科学的状況を明らかにするために、われわれはまず、相互行為論が、何にも増して、社会的世界の一観察レベルに結び付けられるということを明確にすることができる。ベルナール・ルプティが指摘するように、「二万五千分の一の地図は、住民分布と農道の道筋との関係を理解したいと望む地理学者にとっては大事であるかもしれないが、地域の交通網の布置を調べたいと望む地理学者には何も教えるもので

はない」[9]。この指摘は、社会的現実の秩序において有効である。言い換えれば、相互行為は、出来事の間近にいる観察者か、視聴覚的な情報技術を使って出来事に接近する観察者を前提にしているのだ。

相互行為論的なミクロ社会学者たちは、彼らを民族学者に接近させるような方法を使用して、本来の場所で（*in situ*）、つまり社会生活の「ありのままの（naturel）」（「普段どおりの（habituel）」という意味で）枠組みにおいて相互行為する諸個人を観察する。例えば、ゴフマンは、「二人ないしそれ以上の個人が、そこで物理的に対面的な応答をし合うような環境[10]」あるいは「どのような場所であれ、二人ないしそれ以上の人格が、互いに視線と聴力が届く範囲にいるようなすべての物理的区域[11]」を論じることによって、彼の好みの対象を記述していた。したがって、相互行為論は、「人間の集まりや会合、言い換えれば、対面的相互行為の形式や状況のありのままの研究[12]」なのである。よりマクロな観察レベルでは目にしえない、いくつかの事実は、顕微鏡下の微生物のように、研究者によって可視的なもの、そして研究可能なものになる。すなわち、視線、一瞥、身ぶり、姿勢、イントネーション、会話の間（pause）などである[13]。

しかしながら、相互行為論的な研究者たちがみな、例えば彼らの採用する観察レベルが、彼らの明らかにしようとする社会的現実の水準と一致していると主張することに必ずしも同意するわけではないだろう。例えば、ベッカーやストラウスの視座による社会的世界の研究は、状況ないし相互行為の水準ではなく、よりマクロ社会学的な「ワールド」に相当する社会的現実の水準に関する知見を提供しながらも、しばしば民族誌的な観察に基づいている。われわれは、大体において、この種の相互行為へのアプローチを指し示すために、方法論的相互行為論（*interactionnisme méthodologique*）を論じることができるだろう。正確にいえば、こうしたアプローチは、相互行為を研究対象としてではなく、異なる秩序の社会的現実に接近する（ときに特権化された）一つの手段として見なすのである。相互行為論者ではない研究者たちは、相互行為秩序よりも社会構造を把握することに熱心なのだが、彼らは、構造的諸拘束が交差するところで、そうした相互行為のうちのいくつかを研究している。それらの相互行為は、構造的諸拘束の表明ないし現動化であり、彼らは、まさに同じような手順を踏んでいるのである。そのように相互行為の取り扱いを区別することが可能だとすれば、それは、研究者があれこれの契機に適用しうるミクロ社会学的な観察レベルによって、よりマクロ社会学的なレベルでなされたいくつかの研究成果を念頭に置くことが妨げられるわけではないからである。確かにわれわれは、相互行為の状況で、行為者たちを「地面すれすれで（au ras du sol）」観察することによって、諸階級間の隔差を測定し、その存在を確証することはできない。しかし、特殊な相互行為の論理に絡め取られているものの、なおも階級帰属によって特徴づけられる諸個人を観察する場合に、そうした隔差の存在を忘れ去る必要があるのだろうか。

相互行為を、土壌や手段としてだけでなく、対象として見なす研究者たちはまた、社会的現実の水準としての相互行為と、そのほかの社会的現実の水準（組織ないし制度の水準、あるいは、全体的社会構造の水準）との間に確立されるべき関係性という問題に関して、相互に対立し合ってもいる。こうして、相互行為が、それが展開される局所的枠組みにだけ位置づけられなければならないと考える者たちは、自分の同僚たちによって操作された脱文脈化を批判するがゆえに、相互行為を、より全体的な組織の水準やマクロ社会の水準に接続することを説く者たちと区別される。

ゴフマンは、「相互行為秩序を自律的な一分野として正当に扱うこと」を要求した。このことが意味するのは、「この分野に含まれる諸要素は、秩序の外部に位置づけられる諸要素に対してよりも、内部の諸要素間で緊密に結び付いている」ということである[14]。そのような「分析的抽出」の権利を主張することは、相互行為がマクロな社会的現象の叙述や構造的拘束の現動化ではなく、いわばシステムをなすような、そして必ずしもそれに外在する諸要素に関係づけられる必要がないような、固有の現実として見なされるということを前提としている。ミクロ社会学的な観察レベルで目にしうる素朴な現実以上に、言葉による相互行為は、特殊な秩序か特殊なシステムなのである。会話は「それ固有の生命と要求をもったものである」[15]。すなわち、ゴフマンが述べるように、「会話は、自らの境界を守る傾向をもった小さな社会システムである。会話は、従属と忠誠の小島（îlot）であり、英雄と裏切り者がいる小島である」[16]。ゴフマンは、彼が自身の社会学的視座を、研究される当の組織が「家庭的、工業的、あるいは商業的」であれ、「社会生活、より正確には、ある建物やある施設といった物理的境界内で組織されるような類型の社会生活の研究」を可能にする枠組みとして定義しているとき[17]、近隣の生活、社交のネットワーク、家族の生活、あるいは職業の領域を対象にしようとはしていない。そうではなく、ゴフマンは、「最も月並みな状況で、ある人物が自分自身を提示し、その活動を他者に提示する」仕方、「ある人物が「それを通じて」自分が他者に対して生み出す印象を方向づけ、操作する［さまざまな］方法、そして、ある人物が自身を表象する最中に許されたり、許されなかったりしうるいくつかの種類の物事[18]」を対象にしようとしている。そこで相互行為が展開される枠組みそのものは、ゴフマンにしてみれば、さほど重要でない。なぜなら、唯一かつ真の研究対象を構成するのは、相互行為だからである（いやむしろ、よりいっそう正確にすれば、そこで観察されるのは「自己提示」である[19]）。

そのような観点を主張しているために、ゴフマンは、対面的相互行為を「関係、インフォーマル・グループ、年齢層、性別、エスニック・マイノリティー、社会階級、および、ほか同様のような社会構造の命令、表出、あるいは徴候として[20]」考察する、方法論的相互行為論とほとんど敵対している。しかし、ゴフマンは、ここからもう一つの結論を導き出してもいる。それは科学的な慎重さに関わるものである。というのも彼は、相互行為の研究をマクロな社会現象をよりよく理解するための方法にしようとする者たちとの齟齬をはっきりと表明しているからである。相互行為秩序を重視すること（社会的現実の水準として）は、確かに、相互行為を構造的現象の単なる例証ないし純粋な例示として扱わないことを仮定している。しかし、このことは、「出会いという現実のなかに突き止められうるもの」の単なる「合成物」、すなわち「相互行為の諸帰結の集積や外挿（extrapolation）」の所産にほかならないような、より全体的な社会的現実の水準を把握しうると主張しているのではないということでもある[21]。

ゴフマンの立場は、二重のメッセージを表明するものになっている。第一のメッセージはマクロ社会学者の同僚たちに宛てられたものであり、次の言葉に要約することができる。「それ固有の論理、すなわちそれ固有の組織と複雑性の水準をもった相互行為秩序を重視すべし」。相互行為論者の同僚たちに宛てられた第二のメッセージは、次のものである。「相互行為によって構成される社会的現実の水準を重視することを望むとしても、よりマクロ社会学的な社会的現実の諸水準は、それらに包含される相互行為に還元されうるものではないということを認めると同時に、これらの水準は、社会的現実の固有の秩序を構成するものだということを承認しなければならない」。この第二の側面について、ゴフマンは、以下のように、非常に明確に主張している。

私は、消費財市場の状態に関する何もかも、ある都市の多様な不動産価値、あるいは市役所行政での民族的継承形式、あるいは親族体系の構造、あるいはさらに、あるコミュニティーの方言の音韻論的変化を、これらの領域に含まれる諸人格同士の社会的出会いの外挿や集積によって、知ることができると考えているわけではない。[22]

そしてゴフマンは、彼ののちの研究で、「社会生活の個人的経験の構造」に比べて、相互行為秩序を研究することが少なくなると、「私としては、社会に優先権を与え、一個人の関与（engagements）を二次的なものと見なす」と明言している。しかし彼は、自身の提出する分析が、「恵まれた階級と恵まれない階級との隔差」といった問題と決定的に乖離しているように見えるということを認めている。[23]

ゴフマンの社会学は、その特徴をなす採用される観察レベルと照準される社会的現実の水準でもって、社会階級を考察し研究することができないとしても、だからといって、それらの現実を否定しているわけではない。反対にゴフマンは、こうした水準の社会的現実が存在することを絶えず想起させていて、そこには、彼自身が研究することがない集団や階級のようなさまざまな実体（entités）が位置づけられている。ゴフマンが述べるように、「社会学の中心的対象、すなわち社会組織や社会構造に取り組むことは、私の意図するところではまったくない」[24]。相互行為を研究するある社会学者たちは、集団、階級、あるいは人工物にすぎないようなそのほかのあらゆる集合的実体が存在しないと主張することによって、こうした対象の選択をおこなうことができる。しかし彼らは、ゴフマンのような認識論的な慎重さと理論的な謙虚さを備えている場合でさえ、やはりこれら集合的なものの存在を否定する別の社会学者たちによって疑いをかけられるかもしれない。ほかの分野の科学者たちの耳に届けば、そうした状況は、まったくばかげたことだと思われるだろう。実際のところ、顕微鏡を使って微生物を観察する生物学者や無限小について研究する物理学者を疑問視する、すなわち人間有機体や惑星の存在を否定する、どのような天文学者も思いつかないだろう。こうした相違をきたす理由は、研究者が自身の理論の妥当性を主張するその仕方だけではなく、対象（社会的あるいは物理的）の性質のうちにも位置づけなければならない。もろもろの社会的対象は、常に政治的性格もしくはイデオロギー的性格を有しているのである。研究者は、自分自身あるいは自分の研究に外部から向けられる視線のために、自分の研究の政治的帰結に関して、この種の判断や疑念を免れることはめったにない。しかし問題は、研究者が、普遍的な説明モデルや解釈モデルとして、しばしば自分の理論モデルを主張するという事実によって、悪化させられるのである[25]。

ゴフマンは、ミクロ社会学的なレベルの選択および特殊な相互行為秩序を重視しようとする意志を、相互行為を社会生活の基本形態とするような、そして、相互作用している諸行動を全体的社会構造の一切の説明原理とするような認識論的に実在主義的な立場へと横滑りさせないように努めている。同様の類型の諸状況を研究する多くの研究者たちとは異なり、彼は、社会的世界が「具体的な諸行為が推移するなかでの行為者たち同士の絶えざる調整[26]」を通して「存続している」と考えているわけではない。われわれは、ゴフマンに、行為者たちによる継続的な再創造過程といった社会生活の空想的見方を何ら見いだすことはできないのである。むしろ反対に、ゴフマンは、マルクスやデュルケムやレヴィ＝ストロースのように、多数の制度あるいは社会構造の先在性を主張したすべての研究者たちと足並みをそろえている。

しかし、私が問題にする諸個人は、彼らがゲームの席に着くたびに、チェスの世界を作り出しているのではない。まして彼らは、何らかの株を購入する際に株式市場を作り出しているのでもなければ、街へ出かける際に歩行者の交通システムを作り出しているのでもない。彼らは、自らの動機づけと解釈がどれほど特異なものだろうと、参加するためには、自らをそのように行為させる活動と推論の標準的フォーマットに組み込まなければならないのである。(27)

そのような推論は、暗に社会化理論を想定している。なぜなら、行為者たちは、先在する学校的、経済的、文化的、などのやりとりのフォーマットに組み込まれるには、彼らの前に立ち現れる多様な状況に正しく適合することを許すような能力と性向を形成したのでなければならないからだ。彼らは、そうした状況の性質を認識することを学習したのである。しかし、ゴフマンは、彼が研究する経験の諸枠組みが「さまざまな様式で制度化され」「歴史的に変化する」ことを明言しているにもかかわらず、(28)自身の仕事を社会発生的な研究に向かわせていない。

ゴフマンが検討するさまざまな類型の対象はしばしば、ワールドや場の理論家たちを駆り立てるようなそれとは非常にかけ離れている。例えばゴフマンは、「会話、偶然の出会い、パーティー、裁判、遊歩の社会学的研究(29)」をおこなっている。こうした舞台の一部は、場の外部に位置づけられるし、しばしばあらゆる制度の外部に位置づけられさえする。実のところ、われわれは、結婚パーティー、二人の見知らぬ者同士の街中でのつかの間の相互行為、性生活についての夫婦間のプライベートな会話、あるいはバーでの友人同士のインフォーマルな会話が、場のような観念に基づいてどのように研究されうるのかがよくわからないのである。すなわち、ここで行為者(acteurs)は、所定のある社会的領域の競争的な行為者(agents)として行為しているのではないし、ときには、労働者のケースと同様に、定義上、場の外部の行為者(acteurs)でさえある。また、出会いという対象は、ある場に特殊な何らかの資本の領有に結び付けられるものではない、など。

しかしながら、ゴフマンが研究するもの、および彼が相互行為秩序の水準に位置づけるものが、ある時代の、そしておそらくある階級状況を備えた、ある（都市的）社会の特徴を示すような、より普遍的な洗練性（urbanité）の規範にしばしば関連づけられるものだと考えないようにするのはなかなか困難である。ゴフマンが述べるところの「自尊心と思いやりの規則」[31]は、行為者たちが他者に対する「面目を失わない」ように、また、「面目を保つ」ように仕向けるものなのだが、彼によればそれは、「基本的な社会的拘束」もしくは「相互行為の基本的な構造特性」である。こうした方向性は、ゴフマン以上にいっそうはっきりと「相互行為の秩序と社会構造の秩序」[32]を区別するアン・ウォーフィールド・ロールズによって追求されてきた（また、とりわけそれが理論的にとどまるだけに、いっそう急進化された）。相互行為は、現実では、それ自身の規則、それ自身の拘束、あるいはそれ自身の要求（「自己および社交の命令」[33]）を備えた、それ以外の秩序と異なる秩序に属しているだろう。ロールズは、「一種独特な（*sui generis*）相互行為秩序の平等主義的な命令」[34]あるいは「相互行為秩序の下に横たわる純粋な互酬性の価値」[35]を論じることで、こうした特殊性を明確なものにしている。

しかし、どのような類型の社会的な人格形成（formations）が、そのような行動（自尊心、思いやり、互酬性、平等主義）の原理を支持したり、産出したりするのだろうか。相互行為秩序が、包括的なマクロ構造の一切から独立した普遍的な構造であるならば、以上のことは、これらの規則や原理が、あらゆる種類の社会（伝統社会も近代社会も）、そしてあらゆる種類の活動分野（社交界でも経済市場でも）やあらゆる種類の社会集団（ブルジョアや貴族も、下位プロレタリアートやホームレスも）に観察することができるということを意味しているだろう。だが、これはかなり疑わしい。ゴフマンは、礼儀（politesse）の規則が、家族の枠組みにおいても家族以外の成員たちと接触する機会においても同様に学習されるということ、またそれが、社会に応じて、特に習俗の平和化（pacification）と期待される自己コントロールの程度に応じて変化しうるということを忘れているように見える。[36]そのほかの研究者たちが、社会学者〔＝ゴフマン〕の一部の研究に構造的枠組みが欠けている、あるいは目にすることができないと考えているとしても偶然ではない。こうしてわれわれは、ゴフマンがアメリカの中間階級、とりわけこれらの階級のうちの対等な人びと同士の関係を論じていたのであり、さまざまな社会階級の成員間で紡がれる、よりヒエラルキー的で暴力的な、対称性に乏しい関係を忘却していたという仮説を表明したのである。[37]相互行為者たちの一般的な社会的特性を無視すれば、あるいは、彼らを集団や制度や場に書き込むことが、分析の二次的側面であるかのようにすれば、そのほかの者たちに社会的・歴史的秩序をどうしても想起させてしまうかもしれない。なぜなら、相互行為秩序は、たとえそれが社会的現実の特定の一水準を構成しているとしても、検討される時代、社会、階級が何であれ、普遍的に妥当するものではなく、同一の論理や同一の規則を展開することができないからである。

何人かの研究者たちは、ゴフマンのような研究が、常にマクロ社会学的な背景を暗に有しているという見方を表明しさえしていた。ロベール・カステルはその一人である。ただし、彼は主に、ゴフマンが精神病院でおこなった、より制度的な枠組みによる研究に依拠している。カステルは、「一方で、一時的な（ponctuelles）布置のうえに張り出すような、包括的なマクロ社会学的概念と、他方で、これら個別の状況の、最も点描的な（pointilliste）、最も差し迫った、最も繊細な分析との間にはたらく方向性を［カステルがそこに］見ていたがゆえに」[38]『アサイラム』に引き付けられたと述べている。全制的施設（institution totale）の概念は、修道院、兵舎、寄宿舎、監獄、強制収容所、病院、精神病院などの異なる現実を比較するための「さまざまな不変項」に基づいて構築された「構造的概念」（行為者たちは、施設による任務をことごとく負う、外部と切り離された一つの空間内で雑居する、共通のイデオロギーを参照する、など）だが、それは観察される相互行為を意味づけることができる。そしてカステルは、「サービス関係」（医者と患者、修理工と顧客の間に観察できる）の観念に、同類型のマクロ社会学的な枠組みを見いだすことによって、分析をおこなっている。こうした分析のいくつかにおいて、社会秩序は確かに中心にないけれども、暗黙の背景のような存在感を示している。そのときゴフマンは、相互行為を、それ固有の規則や規範を備えた、完全に自律した閉鎖的な現実としてしか見ないような徹底した相互行為論者でもなければ、相互行為を、真の分析対象となる別の次元の現実――よりマクロな次元、つまりミクロ集団、制度、ワールド、場、ないし全体的社会空間――の機会や例証だと見なすようなマクロ社会学者でもない。

マクロ社会学的な背景――「現代社会、官僚制社会、および産業社会」――は、ジョン・ガンパーズのような著者によって、いっそう明確に引き受けられている。ガンパーズは、さまざまなコミュニティーが、「飛び地」のように存続しているのではなく、そこで絶えず接触しているような多文化社会のイメージから出発している。

われわれは、日常生活で、公共サービスに、そしてわれわれの文化を必ずしも共有しているとはかぎらない人びとと協同することに、ますます依存するようになっている。ところが、異なる文化的出自をもつ諸個人が、公用語という出来事に巻き込まれるや否や、すなわち委員会の会議、面接、採用の場面、あるいは、そのほかのあらゆる目的をもった言葉のやりとりがおこなわれる状況に関わるや否や、特有のさまざまな困難が生じる。(39)

ガンパーズは、ゴフマン以上に、結果として重大な決定がなされるかもしれない、社会生活の肝要な状況（それに対するのは、月並みな状況である）を強調している。そうした状況はしばしば、制度的に定義された枠組みのなかで、個人あるいは諸個人からなる集団を、制度（制度の代表者）と接触させる試金石になる。そのため、公的な制度と、それに巻き込まれる諸個人の生活に対して持続的な効果をもちうる、多様な文化的コミュニティーに帰属する諸個人との接触機会――および、誤解や不適切な行動に対するサンクション――を検討するために、さまざまな状況が選び出される。例えば、試験に合格するまたは失敗する、雇用や賃上げを獲得するまたは獲得できない、あれこれの種類の特典（昇進、扶助、奨学金など）を付与する委員会を引き付けるまたは引き付けない、などの状況である。

観察レベルは、相互行為を詳細に研究することを可能にする当のものであり、分析は、誤解の原因と様態（特定の状況での行動のあるべき仕方についての誤った文化的諸前提、すなわち礼儀の規範、文法、語彙集、論証や情報伝達の戦略、自己提示、声のトーン、韻律、リズム、間、身ぶりやものまねやまばたきや姿勢のようなノンヴァーバルなサインなど）の正確な記述を適切に経由している。しかし結局、研究者は、慎重に選び出された相互行為のケーススタディーを、全般的な社会的・間文化的関係を明らかにする方法にしようとしている。ガンパーズが述べるように、「社会的・民族誌的背景を分析するためには、典型的ケースになる肝要な状況や雄弁な言語的出来事を見つける［40］」必要がある。実際のところ、「異なる文化的諸前提」、およびこれらの状況に対して権力を保持する者たちの暗黙の文化的恣意を明るみに出さなければならないのである（社会言語学者は、「支配的文化や判決を宣告する組織に特有の、しばしば表明されない前提条件」、あるいはさらに、「暗黙に認められた選好の規則、妥当だと見なされるものや権威ある情報に関する表明されない慣習」を論じている［41］）。

ガンパーズが、自身の研究する相互行為を、さまざまな文化的差異を含む全体的空間に結び付けるのに対し、シクレルは、制度や組織（主として学校と病院）によって枠づけられた相互行為を研究し続けた。シクレルは状況を、「所定のある社会に内在する地位と権力の差異を反映する、より大きな組織的・制度的拘束と資源［42］」を「ミクロな水準」に屈折させる現場（lieu）だと考えている。患者と医師は、同じ目的をもつこともなければ、同じ文化的コードをもつこともない、つまり病気や身体に関して同じ表象をもつこともなければ、痛みに対して同じ感覚をもつこともない。彼らは必ずしも同じ仕方で状況を解釈するわけではなく、以上のことは、性別、地位、民族的出自、宗教的信念、患者の羞恥心の程度に応じて変化するのである。しかも、医師は、異なる地位にある多数の人びと（寄宿生、親、その子ども、など）と相互行為しうるのであり、このことは、異なる言語的レジスターを使用することによって（異なるトーン、語彙の構造、および統辞論を使って）翻訳されるのである。

ゴフマンは、特殊な相互行為秩序という考えを主張しているとしても、文法学者や言語学者の分析が、厳格な会話分析派の社会学的分析（直接的な文脈に含まれる言葉以外の〔extra-verbaux〕客観的諸要素のやりとりの構造を、同等の権利をもった構成要件として考慮しない［43］）と同様に、「自己充足的な語句＝模範（phrases-exemples）」あるいは「自己充足的なやりとり」を研究することで、彼が呼ぶところの「脱文脈性（non-contextualité）の誤謬」を犯していると見なしていたのである［44］。ところが、もう少し先で再度対象にするが、まさしく同じ論拠でもって、シクレルは、言語学者が相互行為の「文脈」を過度に制限していると考えている。というのも、言語学者は、「医師―患者の局所的な会話」を研究しているにすぎず、また「地位や役割や組織的関係――個人的なものであれ、局所的なものであれ、あるいは一般的なものであれ」が、再構築すべき文脈に属するものではないと見なしているからである。シクレルは、会話分析派のアプローチ(45)にとりわけ批判的である。なぜならば、会話分析派のアプローチは、あまり「専門化」されておらず、やりとりの参加者たちと同じ社会に属する研究者にとって比較的理解しやすい日常的やりとりに関する分析道具を精緻にするものだからである。それは、相互行為に外在するいくつかの情報(例えば、病院での権力の配分について)を手にしていないすべての人びと、いくつかの専門用語やいくつかの推論を理解するための科学的、技術的、ないし専門的知識(46)をもたないすべての人びと、あるいは相互行為者たちによって共有された過去の経験を同じくしなかったすべての人びとにとって、相互行為がまったく理解不能なままにとどまりうるという事実をすぐに忘れてしまう傾向をもつのである。

シクレルは主として、以上のことが、これらの契機、出会い、相互行為で、どのように生じるのかということに関心を抱いている。身ぶりや発話は、言語的知識や医学的知識、暗黙の文化的慣習や文化的コード、組織的拘束や技術的拘束や実践的拘束に関連づけると、どのように解釈されたり、産出されたりするのだろうか。患者は、特殊な信念に基づく医学外の(extra-médicales)カテゴリーから、自身の病気をどのように語り、自身の問題をどのように経験するのだろうか。医師は患者から引き渡される情報をどのように再コード化するのだろうか。診断はどのように確立されるのだろうか。実践的な決定はどのようになされるのだろうか。シクレルが把握しようと試みるのは、こうした現実の水準である。そして、そのためにシクレルは、地位、役割、および責任をつなぎとめる「活動の制度的フレーミング」を再構築しなければならないのである。しかし、相互行為者たちを病院の構造の内部に位置づける場合に、あるいは、より全体的な社会空間で患者を論じるとき、シクレルは、研究される対象類型に応じて、相互行為に加わる患者たちの、例えば社会的軌道あるいは家族的社会化や学校的社会化などを再構築する必要性を必ずしも感じているわけではない。実際に、研究者は、当該類型のやりとりを理解するために、彼が別の類型の諸事実（実践、選択など）を把握しようと試みる場合と同様の、状況に外在する（文脈的な）あるいは状況に先立つ（そして、患者の人格のなかに身体化された状態で存続する）諸要素をほとんど召喚する必要がないのである。

シクレルの研究がまさに明らかにしていること、それは最も日常的な言葉のやりとりが依拠している共有された暗黙の知と経験の一切である。こうした経験は、それが専門的、文化的、ないし学校的であろうと（そして、参加者たちの出身社会階級や帰属社会階級に結び付いていようと）、あるいは、やりとりの相手たち同士（配偶者、両親と子ども、教師と生徒、仕事の同僚、友人など）の過去のやりとりの歴史にいっそう直接的に結び付いていようと、沈黙としての発言、一を聞いて十を知ること、あるいは誤解や緊張を非常に大きく構造化している。[47] 相互行為の相手と面識があるかないか、共通の過去をもっているかいないかに応じて、こうした相互行為が制度的特性によって、もしくはある社会空間内の十分に定められた位置によって構造化されているかいないかに応じて、相互行為を理解するのに必要な「文脈」の類型は変化するだろう。そして、ほかならぬこの理由のため、「言語的出来事を前にした研究者は、読み手に提示されるさまざまな類型のデータに応じて、「文脈」という語——狭義のものから広義のものまで——の多様な意味を考慮せざるをえないだろう[48]」。

ガンパーズやシクレルは、厳密にいえば、彼らの研究対象を構成しているのが、まさに特定の社会的現実の水準としての相互行為であるかぎり、方法論的相互行為論を実践していない。しかしながら、彼らは、自分たちが問題にする相互行為の類型に応じて、多少なりとも包括的な文脈を構築する必要性を認めている。すなわち、社会的・文化的に分化し、ヒエラルキー化した国家的空間という文脈、やりとりの構造を広範に編成する組織や制度という文脈、相互行為の相手との以前の相互行為あるいはこの同じ相手に共有された知という文脈、ヴァーバルな要素だけで形成されるのではないような直接的な相互行為の文脈である。[49] 反対に、方法論的相互行為論は、ある種の経済的相互行為（売り手と顧客との相互行為）を研究したブルデューのケースにかなり明瞭であるけれども、それは間違いなくマクロ社会学的現象を明らかにするためのものである。[50] 特に注意を要するいくつかの相互行為（採用面接、口頭試験など）を選び取るガンパーズ、あるいは医学的診断の形成過程の最中に潜入したり、小学校の国語教育の授業のなかに学校制度によって（scolairement）きわめて構造化されたやりとりを観察したりするシクレルと同様に、一戸建て住宅市場やその建築史に結び付けられることで十全な意味を帯びる周到な経済的相互行為の研究は、「即興的でつかの間の言語的出来事」、遊歩、公共の場での儀礼的な（phatiques）やりとり、あるいは、ときに何人かの相互行為論者たちによって研究対象とされるカウンターでの偶発的な会話からわれわれを引き離す。研究者たちをそのつど導くのは、同じ類型の相互行為でも、同じ認識関心でもないのである。

ブルデューにとって、当の相互行為（「一九八五年の一戸建て住宅展示場の訪問者との特異な、個人差がある、状況と日付が定まった相互行為」）は、「銀行の金融力と顧客との間の客観的関係が経済的局面に応じて現動化したものにすぎない。一方で、金融力は、如才なくそれを行使する権限をもった代理人に体現されている（逃走以外の自由をもたない顧客をたじろがせないために）。他方で、顧客は、それぞれのケースで、ある種の購買力によって、そして副次的には、その購買力を運用するある種の能力によって定義される。その種の能力は、文化資本に結び付いたものであり、それ自体、統計上、購買力に結び付いているのである」[51]。それぞれの新たな言表（énoncé）を、ラングという仮構の構造が現動化したものにするフェルディナン・ド・ソシュールのラング／パロール・モデルのように、ブルデューは、これらの相互行為を、社会構造（ここでは経済的かつ国家的な）が現動化したものとして構成している。そのため、何よりもまず、客観化すること、とりわけ歴史的分析と統計的分析に訴えかけることから始めなければならないのである。最も確実な実在に触れているのだと考えて、直接相互行為へと向かっていくような研究者の超経験主義（l'hyperempirisme）に対し、社会学者（＝ブルデュー）は、方法を逆転させ、状況の定まった相互行為の研究が、分析の最後の契機にしかなりえないと考えるよう強く促すのである。「こうしてわれわれは、構造の分析、および行為者（agents）と制度の間の客観的力関係の分析を経由する長い回り道をしたのち、すぐれて経験的な方法あるいは経験主義的な方法に基づいて、研究の最初の契機、かつしばしば最後の契機と見えるものにたどり着く。すなわち、売り手と買い手との間で観察され、記録されうる直接的な相互行為であり、それはときに契約によって締めくくられる」[52]

しかし、論理上の事柄（les choses de la logique）を、あまりにしばしば物事の論理（la logique des choses）と取り違える人類学的構造主義に批判的であったために、やはりブルデューは、こうした実践的な出会いの経験が、規則化された、完全に予見可能な現動化の過程に相当するものではないということを自覚している。

相互行為は、経済的な関係構造の単なる追認であるどころか、不安と驚きに満ちたその展開のなかで、そしてその存在そのものにおいて、常にそうした構造の不確実な現動化なのである。こうして民族誌的な観察と記述は、行為者（agents）の生きられた経験のなかで、諸要因の作用がとる形態を把握し、再現する唯一の手段を提供する。諸要因は、そうした形態を通して自己実現することによってはじめて作用しうるのである。[53]

この説明は、包括的な文脈に接続可能であるにもかかわらず、相互行為秩序が、自らに固有の力学と論理を有していると同時に、その力学と論理が、社会的世界の実践的経験に属しているということを思い起こさせる。離れて見れば「同じ客観的事実」のように見えるものが、生きられた経験の現実のなかで、同じように姿を現すわけではないのだ。例えば、ゴフマンが注意を促すように、解雇されたり、妻が夫と別れる決断をしたりすることは、物事が展開するその仕方とは独立した意味と帰結を有する客観的事実である。しかしながら、「これらの悪い知らせは、私的な話し合いを通じて伝えられるかもしれない。その心遣いと感じのよさによって衝撃は和らげられる」のであり、「そのような敬意は、相互行為の資源に左右される」[54]。実際のところ、解雇あるいは夫婦の離別の諸様態、ならびに該当する諸個人にそれらが必ずや生み出すことになる諸効果を研究する研究者たちは、解雇率や離婚率を調査する研究者たちと同じ現実を研究していない。というのも、後者は、個人の軌道におけるそのさまざまな効果を測定するために、解雇率や離婚率を一群の従属変数と関連づけるからである。

同様に、幸福な（友人としてのあるいは恋愛としての）出会いの可能性の社会的条件を統計的に研究する研究者は、必ずしも、幸福な出会いが、一連の多少なりとも長期の相互行為（「所定の状況で、所定の相手とともに、互いを知り合う段階的なゲームが可能にする互酬性を、漸進的に、徐々に考慮すること」[55]）の最中でなされるその仕方を研究する研究者と同じ対象や同じ関心主題をもっているわけではない。われわれは、相互行為の諸関係が、相互行為者たちの精神的・行動的性向、したがって彼らの多様な社会的諸特性（学校的・社会職業的（socioprofessionnelles）・文化的・宗教的・政治的諸特性など）と無関係に展開すること、ならびにそれら諸関係が、自らに固有の力学と論理を有しているという意味で、社会的性向の単なる現動化に還元されるものではないということを理解するのである。

美しすぎるか醜すぎるかして、裕福すぎるか貧しすぎるかして、上品すぎるか下品すぎるかして、誰かが「あなたにふさわしくない」とき、あるいは反対に、「通じ合う気持ち」がはっきりと存在するとき、それは単に、それぞれの両極にある物理的・社会的属性の自動的かつ「客観的な」調和の問題ではない。この種の調和の法則が存在するならば、恋愛の互酬性の研究は、現実におけるよりも、例えばそれぞれがなしえた経験よりも、はるかにわかりやすいものになるだろう。ここで、最も興味深い点は、恋愛関係の特徴を二つの部分として構成することになるような継続的な承認の連鎖である[56]。

しかし、ブルデューが直接的状況を超越した構造の現動化として相互行為を定義する仕方はまさに、彼が会話分析派のエスノメソドロジストあるいは相互行為論者によってなされるのと同じ仕方で相互行為に関心を抱いているのではないということを示している。ブルデューのアプローチの中心にあるものは、常に、発話者同士の社会的隔差ないし非対称的隔差のはたらきが産出しうる社会的隔差、支配関係、ないし象徴暴力である。

フランス人がアルジェリア人に話しかけるとき、あるいはブラック・アメリカンがワスプ（ＷＡＳＰ）に話しかけるとき、言葉を交わしているのは二人の人格ではない。そうではなく、二人の人格を通じて現れる、植民地の全歴史、あるいは合衆国でのブラック（または女性、労働者、マイノリティーなど）の経済的・政治的・文化的隷属の全歴史である。ちなみにこのことが示しているのは、「直接目にすることができる段取り（ordonnancement）への［エスノメソドロジストの］執着」（Sharrock et Anderson, 1986, p. 113）、および「具体的現実」のできるだけ近くで分析を維持することへの配慮——それが会話分析（例えば Sacks et Schegloff, 1979）に示唆を与え、ミクロ社会学的な志向を養う——が、直観を免れるような現実を欠くことになりうるということである。というのも、現実は、相互行為を超えた構造に存しているのであり、その構造が相互行為に意味を付与するからである。(57)

意図的な無視（non-dits）、暗示、前提（背後仮説）、沈黙、パラバーバルな標識の使用、間、会話の始まりと終わり、発話の順番、バーバルなプランとパラバーバルなプランとエクストラバーバルなプランの関係、以上のすべては、特にブルデューの関心を引くものでないか、もしくはそれらが集団間あるいは階級間の不平等関係というマクロ社会学的な問題に接合することが可能であるかぎりにおいてのみ、彼の関心を引くかである。相互行為の研究は、より一般的な社会構造に到達する一つの手段になりうるが、彼の真の研究対象ではない。この種の方法において、研究される相互行為は何でもいいというわけではなく（むしろ不平等な資源をもった行為者たちの提示する相互行為が問題になる）、相互行為者たちは、所属集団の代表者として、そしてそのようなものとしてのみ研究されるのである。「「相互行為論的な」見方は、直接目にしうる無媒介的な行為や相互行為を超え出ていくことがないので、さまざまな行為者たち（agents）の言語的戦略しか発見することができない。そうした言語的戦略は、言語資本の配分構造における彼らの位置に厳密に依存していて、いうまでもなく、その配分構造は、学校システムに対するアクセス機会の構造を媒介として、階級関係の構造に依存しているのである」(58)

異なる文脈化の操作に基づいて、ゴフマンを、言語的やりとりを自律化させるとして批判する研究者は、なおも存在することだろう。相互行為の真実は必ずしも相互行為に含まれているわけではないと主張して、なかでもブルデューがおこなう批判がまさにこれである。もしそうだとすれば、直接的な相互行為の枠組みは、ふさわしい文脈ではないということになるだろう。ブルデューは、ある種の構造の実在論にとらわれているために、言い換えれば、自らの視点が唯一可能なものであり、したがって認識関心は複数存在しないと確信しているために、相互行為論の視線から逃れるすべてのものを強調することによって、相互行為論の方法に、誤った側面（経験主義、実証主義[59]）しか見ることができないのである。

相互行為論の誤りの核心である状況の概念は、現実のあらゆる相互行為を組織する公式に構成され、保証された諸位置間の客観的かつ持続的な諸関係構造を、相互行為で自己実現する一時的な秩序、局所的な秩序、不安定な秩序（見知らぬ人同士の偶然の出会いでのような）、および人工的な秩序（社会心理学の実験でのような）に還元することを可能にする。相互行為している諸個人は、構造のあらゆる特性を最も状況づけられた相互行為に持ち込むのであり、社会構造における（もしくは専門化された場における）相対的位置が、相互行為における位置を支配しているのである[60]。

ブルデューの発生論的構造主義の対極にある、そして同じく社会諸科学分野の極限にある、いくつかのエスノメソドロジー的な研究は、それらに関していえば、社会学的人間（homo sociologicus）を、きわめて限定された実践的ないし技術的文脈で生活するような、ある種の認知的人間（homo cognitivus）に還元する。行為者たちの社会的特性はほぼ消去され、彼らは集団や階級、制度やワールドにもはや属しておらず、また場における位置を占めていないので、孤立させられるか、いささか不安定な集合体（自動車や歩行者の流れ、行列、群衆）に結び付けられるかして、研究される状況は、ますます技術的になったり、実践的になったりするのである。唯一の身体化された過去が現れ出るのだが、その社会発生については決して問われることがない。そうした唯一の身体化された過去は、相互行為の能力ないし実践的な能力によって構成されていて、行為者たちがその能力を証明しているように見える。

通りを歩くこと、行列に並ぶこと、交通渋滞のなかで運転すること、エスカレーターを利用すること、事故を目撃すること、交通法規違反の諸条件を協議すること、航空輸送や鉄道輸送を調整する（réguler）こと、通りがかりの人に道を教えること、あるいは公共空間における秩序維持に努めること、これらの各活動は、都市的社会生活を生まれたままの状態（*status nascens*）で検証しているのである。[61]

しかしながら、これらの研究は、書き物のいくつかの使用法、すなわち行為の計画や準備に関わる諸現象を対象にする場合、行為理論の観点から、非常に重大な社会学的問いを発展させるのに貢献することができる。というのも、行為理論は、行為のさまざまな社会的枠組みで、再帰性、計算、志向性、計画といった側面に関わる問いを提起するからである。[62]

個人――特異な存在か、それとも集合的なものの代表者か

人文・社会諸科学の研究の多くは、国民国家の境界のうちで、最もマクロ社会学的な社会的現実の水準、すなわち、分化しヒエラルキー化した社会空間の水準を地平とした。その際、適合的な実践の文脈化の枠組みというのは、「諸集団間あるいは諸階級間の力関係および意味のシステムとして理解された」[63]社会編成である。こうした類型の研究は、二十世紀後半のフランスで、長らく社会学的な生産の中心だったために、それが現代の一部の研究を構造化し続けていないとするどのような科学的な理由も存在しない。「〜の社会的効用」あるいは「〜の

社会的に分化した領有」のような表現は、身体、健康、文化や知、写真、都市空間、貨幣などに対する関係について、階級間や階級内集団間の差異、隔差、ないし不平等を研究する研究者によって非常によく用いられてきた。

研究者たちは、この社会的現実の水準に関心を抱いているのだが、にもかかわらず、必ずしも諸階級間の隔差を客観化することを可能にする統計データに釘付けというわけではない。こうして彼らは、さまざまな社会階級の成員にインタビューをおこなうことで、あるいは社会空間という枠組みのなかにはっきりと位置づけられた、これら諸個人の実践を観察することで、観察レベルを変更することができたのである。[64] 研究者たちは、このように手順を踏むことによって、さまざまなレベルで社会階級の現実を観察しながらも、こうした階級に関わる認識を豊かにすることに貢献し続けてきた。例えば、学校的不平等についての調査は、もっぱら統計データに依拠することもあれば、教室の現実（生徒の社会的出自が決定的に重要だと心得ているので）や家族の現実に潜入するために、統計的事実から出発することもできたのである。そのとき、局所化されたミクロ社会学的研究は、ことごとく、学校に関するマクロ歴史学的ないしマクロ社会学的なデータ、および学校に対する社会階級の分化した関係によって導かれるものとなる。それは、特異な生徒であるけれども、帰属集団や帰属階級の代表者として選ばれた生徒の行動、実践の様態、行為と反応を明らかにすることを可能にするようなレベルで、重大な学校的不平等を研究し続けることを目的としている。

同様に、研究者たちは、階級内部の（intra-classes）差異を調査することも可能だった。例えば、男性労働者と女性労働者、職人型の労働者と工場型の労働者、金属工業の労働者と繊維工業の労働者、労働組合員の労働者と非労働組合員の労働者などの差異である。その際、適合的な研究の文脈は、もはや社会階級の総体とそれらの関係性ではなく、所定の階級や集団とそれらの内部のヒエラルキー化された差異や可能態（possibles）である。そして、ここでもやはり、労働者のポートレートを作成するために、あるいは実践のモノグラフを提示するために、研究者たちが多様な観察レベルを採用しながら、入り込んでいくのが見られるのはまれなことではない。しかしながら研究者は、例えばある階級、ある階級内集団、ないし所定のある集団内部のある下位カテゴリーに関する認識を豊かにするために、ある個人のポートレートを使用する際、こうしたケースを、それ自体において、またそれ自体のためにではなく、それが結び付けられる総体を叙述するものとしてだけ研究するのである。あたかも当のケースは、そうした階級や集団やカテゴリーがどのようなものかを証言するかのようになる、言い換えれば、あたかも当のケースは、アンケート調査の空間で、そうした階級や集団やカテゴリーの、いわば代弁者（porte-parole）であるかのようになるのだ。ジョヴァンニ・レヴィが述べるように、

この種の生活誌は、個人の生活誌が典型的な形態の行動や地位を例証するのに役立つにすぎないとする点で、様式的（modale）なのだといいうるのだが、それは人物誌（prosopographie）とのアナロジーを示している。事実、生活誌というのは、特異な人物のそれではなく、むしろある集団の全特徴を一手に担うようなある個人のそれである。もっとも、経験的証拠として例示するのに関わる様式的な例を提示するよりも先に、まず規範や構造的規則（家族の構造、財産と権威の移譲メカニズム、社会階層や社会移動の形態など）を表すことが通常の手続きである。[65]

当のケースが、所定のある階級やあるカテゴリーの単なる範型（exemplaire）として構築され、理解されない場合、それはまったくの別物になる。こうして、その統計的に見て非典型的な特徴のために（例えば、十六世紀に小村フリウリで生活していた粉挽屋メノッキオのケース、[66]あるいは庶民的環境における学校的成功のケース[67]）、その独特な性格のために（モーツァルトのケース、[68]聖王ルイのケース、[69]オメール・タロンのケース、[70]ギョーム・ル・マレシャルのケース、[71]ないしカフカのケース[72]）、あるいは実践の分野や実践の状況に応じて、個人の性向の遺産の複雑性と個人内の行動の多様性を考慮することによって、特別に選び出されたケースが研究されるとき、[73]研究される社会的現実の水準は、まったく異なるものになるのである。[74]以上のことが意味するのは、そのようなものとして、つまりその相対的な特異性において、諸個人のさまざまなケースを研究する研究者が、これらのケースを、彼らが

成長する社会的文脈から引き剝がしているということではない。むしろ正反対である。性向、能力、経験、および相対的に特異な実存的問題をかかえたカフカのような著者に関して、彼の作品を歴史的に解釈するために、私が描き出そうとした社会発生の過程は、多少なりとも広いあるいは狭い一連の枠組みのなかに、再度それを書き込むための多様なフォーカス・レンズを必要とする。このことは、当時のあらゆる「常識（allant de soi）」（階級関係、階級関係におけるドイツ国籍とチェコ国籍の状況、ユダヤ人の特殊な状況など）を再構築することを想定しているけれども、彼の同時代のユダヤ人に対する関心、当時のプラハの文学サークル、彼の限られた交友範囲、家族的、学校的、政治的、宗教的、愛情的な生活、などに少しずつ注意を狭めていくことも想定している。そして、彼のテクストよりもむしろ食生活（pratiques alimentaires）を理解しようとする場合、あるいはプラハ・サークルの理念型的人物としてのカフカ、また、なかでも、分野横断的な（trans-domaines）文化的・芸術的潮流の一員（participant）としてのカフカを研究しようとする場合、同じ要素を動員するわけでもなければ、微に入り細を穿つようなことをするわけでもないことは明白である。ある文学サークル、ある時代、ある階級、ある社会、あるコミュニティー、ある類型の文学的立場（positionnement）を代表するカフカ、あるいは、かぎりなく立場が近い者たちを含め、別のあらゆる作家たちとどこで区別されるのかが考察されるカフカは、同じカフカではない。いずれにしても、われわれは、テクストから同じ要素を取り出すのでもなければ（ときに、それはきわめて粗雑な水準にとどめられるだろう）、こうしたテクストを解釈したり、テクストに語らしめたりするために（これらの文脈的要素に照らして）、同じ要素を関係づけることを追求したりもしないだろう。

　相互行為が、それ自体として、それ自体のために、それ固有の秩序において、もしくは、マクロ構造的な現象の例示あるいは徴候として研究されうるのと同様に、個人は、その特異性とそれ固有の複雑性をもつものとして研究されうる。個人は、何がその個人を社会的に非常に近い諸個人と区別するのかを検討することによって、また、個人内の行動の多様性を分析対象にすることによって、また、彼が集団やカテゴリー内部のほかの諸個人と特性を共有するかぎりで、研究されうるのである。集合的なものの代表者としての個人は、ほとんど独特な社会化の経験の総和および連鎖としての個人と同一のものではない。前者の場合、個人は、所定のある空間に位置づけられた特定の地点として、あるいは、所定のある全体に含まれる数ある要素のうちの一つ（カテゴリー、集団、階級）として見なされる。後者の場合、個人は、結局のところ彼を相対的に特異な存在にする、多元的な空間や総体に組み込まれている。したがって、よりミクロ社会学的な観察レベルは、個人そのものや相互行為そのものに関心を抱くための必要条件だが、十分条件ではない。大半のミクロ社会学者、民族誌学者、モノグラフ研究者[75]、あるいは生活誌研究者は、諸集団や諸階級の空間を、唯一無二の適合的な解釈の地平として思い浮かべるかぎり、研究される個人や相互行為が単純化された公式にされてしまっていると言い立てることができる。反対に、われわれは、同じ個人に関する一連の情報を考慮しうるような仕方で構築された重要な統計データに依拠することによって、マクロ社会学的なレベルで、個人の複雑性のいくらかを把握することに専心しうるのである[76]。

　個人の性向と能力の遺産の研究に関していえば、暗示的にであれ明示的にであれ、研究者によって照準される社会的現実の水準に応じて、不均質性あるいは均質性、矛盾あるいは一貫性が優位を占めることになる。社会的世界の内部の諸階級間の多様性を特権化すると同時に、「社会化の枠組み」と「生活条件の集合」とを同一視する者たちは、統計的に最頻となる個人の性向の遺産のケースは、性向の一貫性と均質性（ハビトゥス）のケースなのだと考える。最も希少なケースは、人生のなかで大きな社会移動を経験した者たち（「階級の裏切り者」）に固有のものである、性向の矛盾（分裂ハビトゥス）のケースである。裏切り者のモデルというのは、諸階級間の隔差だけに釘付けになった社会学者たちが自発的に認めている、性向の多元性に関わる唯一のケースである。彼らはそこに、同じ個人の内部に折り畳まれた諸階級間の隔差の奇形的な（tératologique）ケースを見ている。ところが、他方の社会学的視点は、それほど劇的とはいえない社会移動に、言い換えれば、高度に分化した社会における個人の生活の特徴をなす避けがたい多元的帰属（pluri-appartenances）に敏感であるうえに、社会化の経験を、家族の階級条件に結び付けられるような経験に還元することを免れるものである。したがってそれは、性向の多元性に関わるケース——早期からの蓋然的な性向の矛盾から、雑多なあるいは波乱に富んだ人生行路に結び付いた、より軽度な性向の不均質性にいたるまで――をいっそう幅広く証明することができる。結局のところ、これらは、統一性や均質性のケースよりも頻度が高いことが示されるのである。

精神分析と社会科学――レベルの問題

観察レベルと照準される社会的現実の水準の問題が考慮される以上、精神分析は、社会諸科学とまったく無縁の方法のようには思えない。原則として精神分析とは何かを手短に要約しようとするならば、以下のように述べることができるだろう。それは主として、個人の心理現象（psychisme）と個人の行動に関心を抱くものである。[77]そのためそれは個人レベルで社会的世界を観察するものである――分析療法[78]が構成する特殊な類型の言葉によるやりとりのおかげで――。そしてそれは行動を説明する際に、家族での初期の諸経験（経済的・文化的な生活条件の問題と切り離された）、とりわけ諸経験のうちの「性的」次元に決定的位置を与えながら、研究される諸個人の幼少期にその注意を集中させるものである。

したがって、所定のある個人の日常的な行動は、同じく精神分析にしてみれば、「記憶痕跡」のかたちで内面化された家族内の諸関係と、大人がそこに書き込まれる新たな関係的文脈との出会いから生み出される。フロイトが暗示する社会的世界は、対人関係から作り出される世界である。その際に、諸人格は、家族内での過去の諸関係（例えば、父―息子の権威関係、母―娘の葛藤関係、子ども―両親の尊敬関係、兄弟と姉妹との競争関係など）に関わる諸経験を転移する。それぞれの特異な関係は、類似した過去の諸関係の現動化、活性化、ないし覚醒の土壌である。それは、すでに経験した舞台を再演するように仕向けるかもしれない。なぜなら、フロイトが記述しているのは、まさしく性向図式（*schèmas dispositionnels*）だからである。個人によって経験される妄想、強迫観念、回帰、反復、家族内の諸関係は、諸関係の類推が可能になれば、もしくは転移（こうした「［過去の諸経験」

の別の場面への移送（transport）[79]」）を開始する余地があれば、強迫的な「自分の力では抑えきれないもの（c'est plus fort que moi）」として、現在のなかに突如出現する。フロイトは、何よりもまず、神経症や精神病に苦しむ患者のケースを研究しているので、主体の現在の舞台に「回帰」する、これらの家族内の諸関係がそもそも葛藤的なものであること（葛藤によって抑圧されたものの回帰）を認めているのは、驚くべきことではない[80]。

いずれにせよ、フロイトは、対人関係（父と母に対する関係）を大いに強調している。個人的な観察レベルと家族制度に焦点化することが説明しているのは、精神分析が自らのレンズの焦点を、患者および直接の家族的座標（constellation）に含まれる諸人格に絞るものだということである。このように直接的な接触や関係を強調することは、目にしうる直接的な相互行為にもっぱらアクセントを置くような実証主義の放棄とは無関係である[81]。それは、正確さに配慮した結果なのである。

しかし、このように認識関心を諸人格同士の相互行為へと正当に集中させることに、状況を定められた対人的な出来事の研究が付け加わる。患者は、分析療法を通じて、幼少期に位置づけられるありのままの場面やありのままの相互行為を思い出すように手助けされる。このことが現在の苦しみを解き明かす鍵を与えると見なされるのである。こうしたトラウマ的な場面や行為を研究することは、ある種の出来事への還元（réductionnisme événementialiste）に行き着くことになる。それは、一時に構成されるのではない精神と行動の諸論理を理解するのを妨げるものである。「ローマは一日にして成らず」と同様に、精神的（心理的）・行動的性向は、いくぶん持続的に定着するためには、時間と反復を必要とする。身体化されるものや内面化されるものは、それ以上に、多少なりとも類似した多数の相互行為の要約か凝縮である。例えば、おそらく父に対する関係として考えられるものは、進展中の諸個人の生活でそれほどすぐに見分けられるものでないとはいえ、父、おじ、祖父、兄弟、教師、家族の友人などとの多様な相互行為の所産であろう。

フロイトは、彼が「個人心理学」と「社会心理学」との関係性を考察の対象としているとき、精神分析の特殊性を——観察レベルの水準でも、被観察対象の水準でも——自覚している。彼は、これら二つの学問分野が、あまりにしばしば対立させられるということ、そして個人の研究が、「個人とその同胞たちとの間に存在する結び付きをうまく捨象できるのはまれでしかなく、まったく例外的なケースでだけそうすることができる」と説明することから始めている。なぜならば、

他者は常に、個人の生活で、モデル、対象、協力者、あるいは敵対者の役割を果たしていて、個人心理学は、拡張された、しかし十分に正当化された意味において、ある面では、当初より社会心理学としての様相を呈している。両親、兄弟や姉妹、恋人、医師に対する個人の態度、要するに現在まで精神分析の研究対象になったあらゆる関係は、正当に社会現象として見なされうるのである。[82]

主要な相違は次のような事実にある。すなわち、精神分析は、こうしたそれぞれの関係（両親、兄弟や姉妹などに対する）を、当の個人の目から見て「第一級の重要性」を帯びる特定の人物だけに作用するような影響であると見なすのに対し、社会心理学は、周囲の人物の直接的な影響ではなく、より一般的かつ集合的な影響に関心を抱いているのだという事実である。「社会心理学や集団心理学が論じられる場合、個人が多数の人間から同時に及ぼされる影響しか考慮しないため、これらの関係は一般に捨象される。こうした多数の人間は、多くの点で、個人とは無関係でありうるが、にもかかわらず、いくつかの紐帯は、個人を多数の人間に結び付ける」[83]

他方で、フロイトは、現在における過去の回帰に関する二つの形式を有効に区別している。第一の形式は、意識的な想起（remémoration）（記憶［le souvenir］）である。そして第二の形式は、分析的治療（分析者の人格に対する「転移」現象をともなう）[84]のなかで、あるいは、日常生活の諸関係において、身体化された性向の非意識的現動化に属するような、過去の関係図式の経験的反復（répétition vécue）である。第二の形式は、諸個人が、過去に経験した場面を、知らぬ間に、絶えず再演しているということを理解するのに、最も重要なものである。彼らは、同じ態度を採用し、同じ態勢や姿勢に身を置き直し、同じ様式で行為し、しばしば同じ効果、もしくは同じ結果

を生み出す。したがって、非意図的記憶、つまり「活動力（force agissante）」たる過去は、性向のかたちをとり、行為（actes）や言葉（paroles）や感情や明確な思考に関わる記憶として突如出現するだけではない。身体化された過去は、基本的に、三つの様態に従って、心理構造のなかに存在している。すなわち、意識外のあらゆる抑圧された経験から構成される無意識、意識的自我、および、ある種の内的な法廷たる超自我。超自我は、両親によって定められた、禁止、制限などが内面化された結果として、検閲官を兼ねた裁判官（その点では、あらゆる社会的組織の中継地）になる。

フロイトにとって無意識は、主に、言葉で言い表せない、後ろめたい経験で構成されていて、それは（「幼児性欲（sexuel infantile）」の）抑圧の所産である。性向主義社会学にとっては、当然そこに問題点がある。性向主義社会学が示しているのは、非意識の領域（le continent du non-conscient）は、個人を構成する先行の諸経験の総体から構成されているけれども、意識的記憶から保護されることができないのだということである。なぜなら、これらの経験は、必然的に悲痛で、言葉で言い表せないものになるからではなく、子どもは、ある種の仕方で行為すること、見ること、感じることなどを「学ぶ」ことができず、また自分がそれを学んでいる最中であることを正確にはっきりと知ることができないからである。ブルデューが述べていたように、「発生の記憶喪失」が存在しているのだ。個人は、自分の面前にそれら過去の諸経験を「所有物」や「獲得物」として保持しているのではない。それらは、個人が気づかないうちに、彼の表象や行為を部分的に決定するような自分自身を構成する一部となる。個人は、どのような関係のなかにも、見方、感じ方、おこない方のかたちをとって沈澱した自分の過去の無意識的な諸要素（あまり物象化しない仕方で、非意識的な諸要素を論じなければならないだろう）を投入しているのである。精神分析は、無意識を抑圧されたものに還元することで、心理現象の準道徳的な見方を発展させている。すなわち、ある種の警察やある種の道徳的検閲の影響下には、闇に隠された、言葉で言い表せない、後ろめたい、内に秘められた、抑制された物事が存在しているだろう。精神分析にその魅力の一部を与えているものは、おそらくそうした物事の見方である。というのも、精神分析は、最も内に秘められた、タブーの、意図的に無視される、およそ残酷な物事を主体（sujet）に暴露させようとするものだからである。特に、隠されるものや抑圧されるものが主として「性的な」性質を帯びていると述べることは、挑発的な魅力をもっている。[85]

したがって、要するに、フロイトが暗示している社会的世界の行為者――精神分析学的人間（homo psychanalyticus）――は、何よりも、身体化された関係という過去をもった、諸関係からなる存在である。[86] しかし、その経済的特性、文化的特性、学校的特性、職業的特性、宗教的特性などは省略されている。こうしてフロイトの解釈は、以下の公式に立脚している。

身体化された過去（家族内の諸関係のリビドー的次元にアクセントを置いた、幼少期に内面化された家族的諸経験）＋文脈（現在の対人関係）＝実践（個人の神経症、精神病、病的行動、言い間違い、失錯行為など）

先に明らかにした一般公式の特殊な変奏であるこの公式によって、精神分析の方法が、社会諸科学のそれと完全に無縁ではないということに気づかされる。もっぱら性向主義的ないくつかの偏向のなかで、精神分析は、文脈およびその積極的な役割を消去している。その場合、「現在に対する過去の作用だけを考慮に入れる直線的決定論」[87]が問題になる。主体のあらゆる行動は、「幼児期の過去」だけに結び付けられ、それが彼の運命全体を決定することになるのだ。しかし、ジャン・ラプランシュとジャン＝ベルトラン・ポンタリスは、精神分析の創始者が、もっと複雑な図式に取り組んでいたことを指摘している。そこでは、現在の諸経験は、過去の諸経験に劣らず重要である。

フロイトは、主体が過去の出来事を事後的に修正するということ、そしてこうした修正こそが、出来事に意味、効果、あるいは病因的力を付与するのだということを示していた。一八九六年十二月六日付のW・フリースに宛てた手紙のなかで、フロイトは、次のように書いている。「（略）私は、われわれの心的機構が層的構成によって確立されるという仮説に取り組んでいます。記憶痕跡のかたちをとって存在する素材は、新たな諸条件に応じて、ときに再体制化され、再登録されるのです(88)」

精神分析を実践するための多様な仕方が存在するがゆえに、注釈する者はみな、慎重にならなければならないとしても、しかしながら、われわれは、フロイトの精神分析を、その重大な盲点によって、あるいは結局同じことになるのだが、それがあれこれの側面の経験に置くアクセントによって定義することができる。このようにして、フロイトの精神分析は、人間行動の説明における家族構造の重要性を見事に理解しえたのである。そのため、家族構造は、根本的な地位を与えられていて、個人の人生においては、フロイトの時代のそのほかの社会化の審級と競合するものではない。子どもは、たとえ自分が「世界」そのものを発見したと確信していようとも、社会的現実を自分の家族成員たちの精神的・行動的習慣を通じて発見しているのである。にもかかわらず、フロイトは、心理現象の一般理論の一切を、自らの境遇（milieu）と時代に固有の、ある特定類型の家族構造に立脚させる。すなわち、家庭の外に力を注ぎ、家族の日常生活にはほとんど関与しない、敬意を払われた権威的な父親。父親によって支配されているが、家族的布置のなかで中心的役割を果たす母親。その性別に応じて、異性を愛し、異性に引かれるように学び、したがって潜在的なライバル／競争相手などを同性に見いだす子ども。けれども、フロイトが幼児期の普遍的事実だと考えるエディプス・コンプレックスは、家族の歴史的構造に強く結び付いていて、その歴史的構造それ自体は、より一般的な社会関係（ジェンダー、階級、世代間などの関係）と権力行使の諸形態に依存しているのである。

しかし、家族経験にほとんどもっぱら焦点化することは、そのほかの社会化の枠組みに関するある種の無理解とも相関している。けれども、子どもや青少年や大人は、学校、同輩集団、職業環境、宗教制度、政治制度、文化制度、スポーツ制度などのようなそのほかの社会空間で、精神的・行動的性向を形成し続けている。家族経験に後続する諸経験の総体は、一般に、父と母と子どもによって形成された原初的三角形に基づいて考察される。

そのとき、小学校や中学校や高校の先生、祭司や牧師やラビ、社長や部長、政党の指導者、一国の王や大統領、愛人、配偶者は、家族の者たち（主に父と母）の代理として見なされるにすぎないのである。

他方で、精神分析は、家族が、精神分析がその社会化の効果を研究する唯一の社会的枠組みだとして、核家族に、とりわけ父親と母親の像に自らの視線を集中させた。実際のところ、子どもは、それ以外のさまざまな家族成員たちとともに、あるいは何らかの社会環境では、乳母、家庭教師、使用人のような家庭内に居合わせる者たちとともに、自らの経験を構築するにもかかわらずである。要するに、精神分析は、そのほかの多数の次元、そしてとりわけそのほかの多数の欲動が、社会関係（情動的次元から、道徳的次元、政治的次元、審美的次元などを経て、経済的次元にいたるまで）を構造化するにもかかわらず、人間関係の性的次元を強調するものなのだ。こうした特定の一類型の紐帯（lien）に焦点化すること――まさしく還元主義である――は、明らかにフロイトの諸行動の解釈モデルの限界になっている。諸行動はすべてが性的欲動によって決定されるわけではない。エリアスは、「一切性的な色合いがない、あらゆる種類の感情的結合（liaison）の存在[89]」を強調した。エリアスにしてみれば、それぞれの人間の心理現象は、非常に異なる性質（リビドー的、情動的、および知的）をもった「原子価」の布置として現れるものであり、この布置は、永続的にであれつかの間にであれ、さまざまな対人関係や非常に多様な類型の諸活動のなかで達成されたり、定着したりしうるのである。この「人格的な原子価の布置」というのは、考えとしては私が個人の性向と能力の遺産と呼ぶものに非常に近いものなのだが、幼児期以降、家族構造の最中で、その基本形態を作り上げる。したがって、それは当初より、家族内で築かれる関係と活動の類型――歴史的・社会的に非常に多様な――に大きく依存している[90]。あらゆる人間行動に経済的利害だけしか見ない一義的な経済的人間（homo œconomicus）の理論と同様に、精神分析学的人間（homo psychanalyticus）は、その性リビドー（libido sexualis）にはっきりと還元されるのである。

多数の社会学者たちが、父／母と息子／娘との関係が社会関係であるということ、そして、さまざまな類型の行動を理解するために、父と母と同じくらい中心的で重要な人物たちと早期から取り結んだ諸関係、とりわけ成人として生活を送る間に経験する他者との関係の性質を把握することが重要であるということを、難なく承認する用意ができているとしても、彼らは、社会関係の織物に含まれるまさにこの部分を、心理学的方法や精神分析学的方法にしばしば結び付けてしまう。そして、こうした早期の家族内部の関係に対する社会学的関心の不在に、諸個人の経済的・文化的生活条件と社会的資源の問題に対する精神分析学的関心の不在が呼応しているのだとしても、それはおそらく偶然ではない。ほかならぬここに、双方の学問の相対的な弱点が観察されるのである。父と母に対する関係は、社会的に土壌がない関係では決してないし（子どもが相互行為し、超自我のかたちでその視点を内面化したり、「摂取」したりする父と母は、社会的出自、職業、学校教育、宗教的特性、文化趣味、道徳的態度などを有している）、世代間関係は、性的欲望（リビドー）に貫かれた（tramées）関係であるだけでなく、物質的・非物質的資源の「伝達」関係でもある。反対に、社会的行為者たちは、社会階級や場や企業のなかで生まれるのではなく、家族のなかで生まれる。彼らは、抽象的なかたちをとらずに（non *in abstracto*）家族成員たちと取り結ぶ、同一化および反同一化（contre-identification）という親密かつ特異な関係のなかで、自らの階級を「学び取る」（出身社会階級に結び付いた自らの精神的・行動的性向を構成する）のである。社会学的人間（homo sociologicus）と精神分析学的人間（homo psychanalyticus）は、別々の行為者なのではなく、経済的次元、文化的次元、宗教的次元、情動的次元、道徳的次元、性的次元、政治的次元、審美的次元などがそこで絡み合うような同じ現実を考察するための部分的な仕方なのである。さまざまな解釈モデルが、特殊な用語と方法を使用しているために、歴史的に分離されたのだとしても、それらは、見た目ほど互いに無関係であるわけではない。われわれは逆に、それらの分離を維持することが、人文・社会諸科学の全体的発展に対する障壁になると考えることができる。[91]

子どもと両親との間で紡がれる諸関係の性質に注意を払うことによって、精神分析は、社会学が社会的行為者を社会的特性や資本／資源に還元するという事実に気づかせてくれる。同じく、この社会学は、結果として状況を物象化してしまうと同時に、社会的特性が、客観的な物質的条件であるだけでなく、決まった対人関係のなかでのみ、その社会化の効果を生み出すような、社会化された身体に具現された性向と能力でもあるということを忘れてしまう。子どもの存在条件は常に共存を条件としていて、それらを通じて社会学者が大人を大雑把に定義する——しばしば現実の統計的把握を根拠として——特性や資本や資源は、実質的な（effectives）社会関係の形態と切り離しえない。それは、そうした社会関係の形態を通して、出現し、流通し、その効果を生み出す。社会学は、子どもの「パーソナリティー」、すなわちその精神的・行動的性向が、何にも増して、彼が家族的布置に含まれる成員たちと取り結ぶ社会関係を通して形成されるという事実を無視することができないのである。子どもは、自分の両親（および、いるのであれば兄弟や姉妹。しかし、子どもは、家族構造のなかの大部分の権力、とりわけ判断し分類する権力を保持するのが何よりも両親であるということを速やかに学び取る）の行為と反応に照らして行動することを学び取るのであり、両親は、絶えず気づかぬうちに、可能態（実現可能なもの、思考可能なもの、表明可能なもの）の空間を画定している。精神分析が父と母の社会的特性を考慮し忘れているとすれば、逆にそれは、社会諸科学の研究者たちに次のことを効果的に思い起こさせる。すなわち、特殊な相互依存関係をなしているのは、具体的な社会的存在なのであって、社会的現実で「因子」や「変数」としてはたらくような「資源」や「資本」や「特性」なのではないということである。統計的分析の必要のために統合された「社会環境」や「社会的出自」の背後には、個別の共存と相互行為の構造を形成するような、相互依存する社会的存在同士の情動（affects）——葛藤的または調和的な情動、緊張したまたはリラックスした情動、暴力的または平和的な情動など——を引き受けたさまざまな類型の関係が紡がれている。このため、社会的世界を個人レベルおよび個人の相互関係のレベルで観察する社会科学はみな、自発的であろうとなかろうと、精神分析に接近するのである。[92]

統計的に見て非典型的な行動や非常に少数派の行動が問題になるや否や、次のような二重の問題に直面する危険性が高まる。一つは、社会諸科学の研究者たちが離脱する危険性。彼らは、長い間、集合的現象だけが、自分たちの管轄に属すると考えてきたのである（その際、「集合的なもの」は「社会的なもの」を論じるための別名となる）。もう一つは、誤った原理に基づき、これらのケースを心理学者や精神分析学者が領有する危険性。つまり彼らは、個人の心理現象（「社会的なもの」に対立する）を研究することだけが唯一、そうした諸事実を説明しうると考えている。ところが、いずれのケースでも、研究者たちは、観察レベルの点から考察することを忘れている。言い換えれば、人間相互の（interhumaines）関係の世界としての社会的世界は、マクロ社会学的な構造においても、個人的ないしミクロ集合的な（microcollectives）特異性のいくつかにおいても、把握されうるのである。庶民的環境では生起しそうにない学校的成功、高等教育を修了した両親をもつ子どもの予期せぬ学校的失敗、犯罪行為、症例（神経症、精神病、拒食症、過食症など）、自殺行為などといった非典型的ないし少数派のケースを個人レベルで研究することによって、われわれは、「社会学的因子」から「心理学的因子」へと移行するのではなく、主要な変数による分析から現実のより正確で詳細な分析へと移行するのである。唯一「心理学的因子」だけが、これらの事実を説明するものなのだと考えさせられるとすれば、それは、社会学的分析が不可避的に、主要な「因子」や「社会環境」や「社会的特性」の観点から一般的な分析をおこなうものだと思っているからである。社会諸科学の研究者たちは、長い間、マクロ社会学的な分析レベルにとどまることで、こうした表象をあえて強固にし、社会的現実の重要な部分を、その考察の範囲から外してしまったのだ。けれども、そのような分析が、こうした事実を理解するための利害関心を一切欠くものでないことはいうまでもなく[93]、今後、社会諸科学は、「環境や帰属集団による」説明にもはや還元されることはできないのである。

「環境による説明」に対する批判は、犯罪に関するロジェ・バスティードの考察が示しているように、心理学と精神分析の分野で繰り返されてきた。「精神分析学者たちは、彼らが不十分だと見なす犯罪の社会学理論と対立している。環境が原因なのだとすれば、同一集団に所属する諸個人のうち、ある者たちがなぜ犯罪者になり、またある者たちがなぜ犯罪者にならないのかを理解できない。したがって、個人の構成、言い換えれば人格の心的構造が社会的要因に対して優位を占めなければならないのである[94]」。しかしながら、われわれは、社会的なものを、交差した諸拘束のネットワークとして、また諸関係や諸特性の不均質な組み合わせとして「地面すれすれで」把握することによって、言い換えれば、各個人がその存在を構成する社会関係に、つまり行為と反応の明確な文脈に絶えず巻き込まれているということをも示すことによって、観察可能な特異性を社会的世界のうちに把握することができるのである。

社会諸科学が、「環境」や「集団」や「制度」の研究にひたすら専念するために、個人を分析から排除することができた時代は、今後は、間違いなく過去のものにならなければならないだろう。認識目標に応じて、研究者は、相互依存関係のネットワークの個別の地点に入り込むこともあれば、ネットワークの布置を総体として記述したり、諸個人のカテゴリー化に基づく分析をおこなったりするのに専心することもあるだろう。研究者は、自分が何を理解しようとするのかに応じて、ある個人を所定のカテゴリーのなかの数あるうちの一要素——そのほかの諸要素と等価である——と見なすことによって、その個人を一つの社会的特性（ないし、あわせもたれた一連の特性）に要約することができる。あるいはまた、研究者は、過去と現在の無数の糸を通じてほかの諸個人に結び付けられる、相対的な特異性をもった個人を、より間近で観察することができる。同じ個人は、アンケート調査に従えば、管理職や知的上級職（ないし高等教育の教員といったサブカテゴリー）に属するような、もしくは例えば大規模な量的国民調査の枠組みでは、自分の文化的趣味や食事の趣味を打ち明けるような、特異性を剥奪された（dé-singularisé）数ある回答者のうちの一人として見なされることもあれば、コレージュ・ド・フランスの名誉教授であり、『親族の基本構造』の著者であるクロード・レヴィ＝ストロースとして見なされることもありうる。しかし、このことは、その名声の程度とは無関係に、どのような個人行為者であろうとも、まったく同じように当てはまるだろう。

より一般的にいえば、研究者たちは、行為者たちが切り離しがたく関係的な存在であると同時に、社会的諸特性を所持する存在であるという見方を——研究者が分析のために物事を分離せざるをえないときでさえ——決して失ってはならないだろう。たとえブルデュー自身が、自分自身の研究で二つの次元を結び付けるのに決して成功しなかったとしても、われわれは、関係的な（情動的かつ性的な）諸次元と、社会諸科学によってずっと古くから研究されてきた諸次元のこうした必然的な結び付きを指摘していたことに対して、ブルデューに感謝することができる。

私はただ、個人史が、いっそう特異である場合でも、そしてその性的次元でさえ、社会的に決定されているのだと言うだけでしょう。カール・ショースキーの表現はそのことをとてもうまく述べています。「フロイトは、エディプスが王であったことを忘れている」。しかし社会学者は、父と息子の関係が継承関係でもあるということを精神分析学者に思い起こさせる資格があるとするならば、自分自身、父と息子の関係というまさに心理学的な次元が、歴史なき平穏な継承の障害となりうるということを忘れないようにしなければならないのです。実際のところ、そうした継承のなかで、相続人は相続によって引き継がれるのですから。[95]

真の現実はどこにあるのか

さまざまな社会的現実の水準の存在を認めていたゴフマンとは異なり、何人かの相互行為論者たちは、ときに「会話」の秩序にまで還元される、相互行為秩序だけが現実的であり、したがって、よりマクロ社会学的なさまざまな水準は、純粋な人工物、すなわち一般的あるいは学者的な再構成（集計、総合、集合）の所産であると主張していた。とりわけランドル・コリンズのケースがそれに相当する。正確にいえば、彼にとっては、国家や経済や文化や社会階級といったものは真に存在しない。[96]これらの集合的実体は、ミクロな状況で行為する諸個人の集積（collection）を論じるための速記術でしかないだろう。[97]また、同様の研究者たちは、こうした集合的なものがもつ脱現実化（déréalisation）の効果を際立たせるために、一般の行為者たち自身によって達成される、これら集合的なものの集計と「制作」の作業を強調している。行政官、管理者、会計士、警察官、医師、などであれ、直接的知覚で目にしえない諸事実を明らかにする可能性を与えながら、人口学的データ、経済学的データ、疫学的データ、犯罪学的データなどの集計と総合の作業に関わる行為者たちは数多く存在する。[98] こうして、シクレルは、「ミクロな出来事をマクロな構造に変容させる」ような「要約」をおこなう任務を負った行為者たちを想起させるのである。データの客体化や集計や整理の技法に関わるこの社会学が、「現実的なもの」についてのきわめて限定された見方を頻繁にともなわせていなかったならば、それに対して文句をつけるべきことは何もなかっただろう。こうした見方は、マクロな構造が行為者や研究者による構築の帰結にほかならないのに対し、唯一ミクロな出来事だけが現実に存在するのだという考えを保持するのにとりわけ貢献しているのである。

しかしながら、そのような結論を導き出すのは非常に奇妙なことである。なぜなら、それは、諸科学が研究する現実（réel）の大部分の対象は、直接に観察されるものではなく、ときにかなり複雑な道具や計算や構築を前提にしているということを忘れ去ることだからである。確かに、さまざまな階級ないし階級内集団に結び付いた態度や趣味や性向は、諸個人のレベルで、彼らの実践のレベルで、彼らの相互行為のレベルで観察されうるけれども、ある階級の大半の成員たちによって共有され、そのほかの階級に固有のそれとは区別される態度や趣味や性向を、この種の回帰と偏差を明るみに出す統計的客観化なくして、誰も明らかにすることはできないだろう。大規模統計調査（疫学的、学校的、経済的、文化的など）は、諸個人と彼らの相互行為に釘付けになった視線が、とうてい認識することができないような不連続、隔差、対立、亀裂を明らかにする。シクレルは、「所得、教育、社会階級、職業集団などに応じた配分を確立するように仕向ける諸決定が、全体社会で集合的実体を創出する」[99]と述べ、これら集合的なものの現実に関して疑念を漂わせている。しかしシクレルは、例えば諸階級の生活条件と、一連のあらゆる実践、趣味、態度などとの強い相関関係を暴露することによって、研究者たちがこうした一貫性や回帰を発明しているのではないということを忘れてしまっている。研究者たちは、それらを発見するのである。そのうえ、われわれは、まさにこうした仕方でのみ、すなわちこうしたタイプのコード化の操作と体系的なデータの関連づけをもってしてはじめて、研究者がそれらを発見することが可能なのだと付け加えることさえできる。研究者たちが一連のコード化を「決定」しなければならないからといって、こうした量的な分析手法のおかげで彼らが到達することのできる諸事実が、現実性を奪い去られるということにはまったくならないのである。

現実的なものの領域は、何人かの研究者たちの目には、道具によらない直接の主観的知覚によって観察可能なものに制限されてしまうかのようである。観察可能なものとは、個人、事物、諸個人同士の相互行為や個人と事物との相互作用であり、このような現実に関する相互行為論者の限られた見方（コリンズの表現に従えば、「真に経験的なレベル」）のなかに、現実のアルファとオメガが存在している。コリンズにしてみれば、相互に目を合わせ、相互に意識し合い、相互に耳を傾け合うような状況のなかで諸個人が相互行為する仕方を研究するミクロ社会学は、「われわれが社会的世界について知っていることの最も確かな部分」を構成している。コリンズによれば、われわれは、諸事実が多元的なミクロ状況から成り立つものだと考えれば考えるほど、より広範かつより長期にわたる諸事実をいっそう理解することになるだろう。(100) しかしながら、客体化、集計、凝集、コード化、およびデータ整理の技法を使用することが、それによって明らかにすることができる諸事実から現実をみじんも奪い去るものではないと考えられるのと同様に、肉眼で観察可能な相互行為がそれを研究する研究者によってなされた「決定」――特に、決して網羅的に把握されえない諸現実を記述し分析するための適合的な特徴を選び出すことに関して――と独立して理解されうるかのようにすることはできないのである。

人文・社会諸科学の研究者たちは、現実の「間接的認識（connaissance médiate）」を精緻なものにすることができる。(101) つまり、彼らは、人びとによってそのようなものとして決して観察されたり、見られたり、「経験」されたりしなかったような諸対象や、通常の視点からは一切目にしえないような諸対象を構築することができるのである。例えば、社会職業的カテゴリーごとの学校の留年率（とある学歴段階での）、十年単位のインフレ率、数百年単位の緩やかな人口変動など。そのような間接的認識――社会的世界を、人間がそれについて感じ、思考し、語りえたものへと還元してしまうような現象学的社会学の一切に含まれる限定的な地平を超え出ることを可能にする――は、知覚と認識を分離することを前提にしている。言い換えれば、われわれは、収集され、整理されたデータの総体をもとに現実を再構築することによって、世界の直接的で無媒介的な知覚の外部にある世界を認識することができる。

相互行為秩序が、そのほかのどのような社会的現実の水準よりも「現実的」であると考える相互行為論者たちは、ある意味で、十六世紀から十七世紀のコペルニクス的な科学革命以前の見方と再び関係を結び直している。クシシトフ・ポミアンによる古代末期にまでさかのぼらせるようなこの見方は、「認識」と「知覚」を一致させるものである。他方で、相互行為論者たちは、これらの現実に接近する直接的ないし無媒介的な性格について幻想を抱いている。こうした現実は、それらがビデオの助けを借りて、見られ、聞かれ、感じられ、記録されさえする場合、諸個人、彼らの実践、ないし彼らの相互行為に等しいものになる。

実をいえば、われわれが、無媒介的な認識を問題にするとき、言葉の過ちを犯している。まったくの正確を期そうとするならば、われわれは「無媒介的であると信じられていた認識」といわなければならないだろう。なぜなら、その認識は無媒介的な認識ではなかったからである。また、その認識は、「主体」と「客体」との間に常に介在する、感覚器官とそれに情報を伝える多様な前提条件を手始めに、媒介の総体そのものであるために、無媒介的な認識にはなりえなかったし、現在もそうなりえないのである。無媒介的な認識というのは神話にすぎない。それは、絶えず追い求められながらも、決して到達されない、一種の認識論的な失楽園である。しかし、中世の学者たちにとっては、それは一つの現実であった。そして、彼らが自身のあらゆる手続きの根拠としていたのは、無媒介的な認識の可能性に対する信念だけではなく、そうではないかもしれない、あるいは少なくともその出発点とはならないかもしれないような、認識の不可能性に対する信念でもある。近代科学がその実践によって、同様にその理論によっても否定するものは、まさしくこの信念である。実際のところ、媒介なしに目にできるものと可知的なものとの間のコペルニクス的な切断の帰結とは何か。それらをはっきりさせるために、天文学の場合には可知的なものが幾何学の言語で記述されていることをまず思い起こそう。このことは、まったく独自だというわけではない。クラウディオス・プトレマイオスの理論は、それ自体、数学の理論でもあったのである。コペルニクスが新たにおこなったことといえば、数学的に可知的なものを、無媒介的な認識によって示唆された一般化に対置することである。したがって、無媒介的な認識は、可知的なものへと移行することを保証するものではありえないということが明らかになる。なぜなら、コペルニクスの理論が現実と一致していることを認めるならば、そしてそれがどれほど困難だったのかを知っているのであるが、結果として、量的データ——この場合、惑星の位置の測定——だけが唯一、可知的なシステムを引き出すことを可能にする証明の総体を形成することになるからである。それに対し、質的な知覚の教育は、誤謬の原因になるのだ。(102)

マクロ社会学的な諸事実は、時間のうえでも（われわれが直接的な観察によって直接に認識しえない過去の諸事実）、空間のうえでも（われわれの視界からあまりにも隔たっているために、われわれが目にしえない惑星）、隔たっているために、目にしえない対象なのではない。しかし、知覚不能な現実が問題になるのは、それがわれわれ個人の生活レベルを超越している、つまり、それが長期の歴史的過程や大規模な集合的現象に及んでいるからである。そして実際に方程式を非常に大きく変更することになるのは、数値化されたデータの使用、それから十九世紀以降の統計的手法の使用である。

仮に、人口成長、十分の一税の生産物の変動、物価、死やセクシュアリティーや身体に対する態度、識字化、支配関係、都市、企業、文化制度、気候変動、環境変化などがあるとしよう。歴史学者が今日研究しているこれらのあらゆる対象は、再構築された対象である。それは、誰も見たことがないし、誰も見ることができないという意味で目に見えないものであり、間接的にだけ把握される。言い換えれば、それは、典拠になる資料体を決定することによって、また、何らかの処理を施すことによって、把握されるのである。何らかの処理というのは、再現可能でなければならず、われわれが研究しようとする対象に関する表象を獲得することを志向するものである。こうして個人はみな、数多くの季節的な気候変動を経験したけれども、ある千年間の気候変動は、資料から得られた多数の情報の系列化を通してはじめて接近することができる。すなわち、ほかでもないこの系列化が、歴史学者が研究する対象を構成するのである。例えば、物価や病気や出生や死に関しても同様である。とりわけ、系列化と長期間という単位の使用によって、歴史学者は生きられた経験のなかにそれに相当するものを一切もたないような対象を獲得するのであり、歴史学者はそうした諸特性を研究しているのである。例えば、不変性が存在するのであれば、その不変性、およびそうした不変性を維持する諸要因、あるいは逆に、それが表明する動揺と潜在的な機制である。(103)

しかし、所得や学位の配分構造と同様に、疾病人口の変遷、物価上昇や物価下落の現象、婚姻率や離婚率や出生率や死亡率の変化は、目でじかに (de visu) 観察しうる相互行為に劣らず、「真実」ないし「現実」なのである。「マクロな現象も、やはり現実的である、ミクロな現象が、それ以上に現実的だというのではない (あるいは逆も)。両者の間に序列など存在しない(104)」

正しい文脈とは何か

ゴフマンは、彼が「脱文脈性の誤謬(105)」を犯しているとして会話分析派を非難するとき、会話分析派が階級関係やジェンダー関係の文脈を忘却しているという事実を頭に思い浮かべているわけではない。同じくゴフマンは、研究者が相互行為者たちを、ミクロコスモス内部での彼らの相対的位置を明確なものにすることによって、場や制度に関連づけなければならないと考えているわけでもない。ゴフマンが望んでいることは、会話分析派が、言葉を、それが発せられた直接的文脈（「そのときそこで起こっていたこと」「物質的・対人的な枠組み」）から切り離すのをやめることである。そのため、採用される適合的な文脈という定義に従えば、言葉によるやりとりがときにそこで繰り広げられる、組織に固有の諸要素を何よりも考慮するシクレルと同様に、言葉によるやりとりの状況的な諸要素しか考慮しないゴフマンも、同種の批判の対象になりうるということがわかる。

それぞれの分析モデルは、その解釈の必要性に照らして、自身が研究する諸事実を文脈化する。ところが、研究されるさまざまな類型の諸事実が、分析モデルを相互に異にするように、また、これらのさまざまな類型の諸事実を基盤として明らかにしようとすることが、しばしば同一次元にないように、文脈化の操作はそれ相応に変化するのである。相互行為を例にとれば、われわれは、相互行為の性質や、研究者が相互行為について提起する問いに応じて、適合的な文脈がいつも同じものになるわけではないということを認めるだろう。「相互行為の真理は、相互行為にすべてがあるわけではない」（ブルデュー）としても、その真理は、常にではなく、ときに相互行為の構造化に寄与する、全体的社会空間にすべてがあるわけでも、組織にすべてがあるわけでも、場にすべてがあるわけでもない。相互行為は、相互行為の相手とともにした過去（ときにともにした長い相互行為の歴史をもつ）に負うものであるのと同様に、固有の歴史と力学を有している（それぞれの発言は先行の発言に部分的に依存している）。その推移はまた、直接的状況の言葉以外の諸要素に依存しているけれども、まったく同じように行為者の精神的・行動的性向（および、したがって、行為者がくぐり抜けてきたさまざまな社会化の枠組み）にも依存している。要するに、相互行為は、制度ないし場が存在する場合、その構造ないしその発展の一部を、ある制度における相互行為者たちの地位、もしくは所定のある場における彼らの位置に負うものになりうるのである。

シクレルは、非常にヴェーバー的な推論の様式で、文脈を網羅することが不可能であること、および研究者のさまざまな問いと文脈化の諸操作の性質とが結び付くこと、を強調している。

おそらく、多数の読者にとって、一つの問いが提起されたままになっているだろう。それは、ある何らかの文脈に関して「すべて」を論じ尽くすことを望む観察者を脅かすような無限後退という問いである。こうした野心は、文脈の局所的な側面あるいはより一般的な側面を論じ尽くしたと誰も主張しえない以上、明らかに道理に反するものである。言語的出来事に関与するどのような者たちとも同じように、観察者と研究者は、研究される諸個人や諸集団の日常生活と緊密に結び付けられると同時に、彼らの調査対象と切り離せないような実践的状況に絶えず対峙している。事実、われわれ他者、つまり研究者は、ある文脈のいくつかの側面を特権視する一方、そのほかの側面を矮小化したり、無視したりする。観察者は、表明される理論的目標、採用される方法論的戦略、およびその論証ないし分析の一貫性ないし説得力と関連づけることで、自らの選択を常に正当化しなければならないのである。(106)

こうした健全な唯名論は、「よりよい文脈」一般なるものは存在しない、したがって「考えられるかぎり最良な文脈の一般理論」は存在しないという事実を強調しているのがいいところである。

ある状況のなかでの個人と事物との相互作用や対人的相互行為、個人の軌道、制度や集団、ワールド、場、ある階級や社会的カテゴリーから別の階級や社会的カテゴリーにいたる行動や実践の差異を研究対象にすることで、人文・社会諸科学の研究者たちは、その帰結を必ずしも十分に熟慮せずに、研究される社会的現実の水準、観察レベル、考慮される時間的継起（séquences）、および研究される行為者の数を変化させる。われわれはまた、進行中の相互行為の観察から、生活誌的なインタビューあるいは実践の物語やドキュメント分析を経て、国民を標本とする統計的データの分析にいたるまで、検討される時間的継起（いくつかの相互行為に対する数秒ないし数分の単位から、個人の軌道、場、ワールド、あるいは階級を問題にするときの数十年か数百年の単位まで）と、行為者の数（一人のケースから、ときに数百万の成員さえをも含む社会的集合にいたるまで）を変化させる。(107)研究される集合の規模、検討される行為者の数、考慮される時間的継起の長さといった以上のすべてが、文脈の性質と身体化された過去の諸要素の性質に影響を及ぼしている。こうした性質は、再構築しなければならないものでもあり、再構築するのが望ましいものでもあり、あるいはときにいとも簡単に再構築できるものでもある。さまざまな科学的成果は、こうした社会的現実の水準、観察レベル、および認識関心の多様性を考慮に入れなければ、真剣に議論され、論争されえないのである。

こうして、イヴ・ラコストがヴィダル・ド・ラ・ブラーシュの地域地理学を非難していたのは、特定類型の対象区分と一観察レベルを選択していたからではない。そうではなく、地域への区分が半ばおのずと強制されるかのようになされていたからである。その場合、地域地理学は、数あるうちの可能な一つの地理学ではもはやなく、「卓越した地理学[108]」、すなわち地理学そのものになるのである。

> 実際のところ、ヴィダルがフランスについておこなう記述は、「重要な」ことを「すべて」彼が把握していると信じさせるものだが、それは諸事実の厳密な、けれども秘かな選択の結果である。それは、近い過去に由来する経済的、社会的、政治的な諸現象の大部分を見えないところに置く。(略)しかし、結果的に、威厳をもったヴィダルの区分は、彼が境界を定めた「その」地域が、唯一可能な空間的布置として、したがって、地理学的要因すべてのいわゆる「総合」を卓抜に表現したものとして見なされたのである。[109]

同様に、ミクロ歴史学者のおかげで、歴史学者はみな、エルネスト・ラブルースやブローデルのような歴史学者によって採用されたマクロ歴史学的なレベルの特殊性に気づくことができた[110]。問題は、一観察レベルおよび特権化された社会的現実の一水準をきっぱりと選択することではなく、あれこれのレベルに結び付いたさまざまな効果を問うことなのである。ところが、マクロ歴史学的なまなざしが、そうしたものとして(数ある可能性のなかから一つの社会的現実のレベルと水準を選択するものとして)示されることなく支配していた以上、そのように議論し、反省することは不可能だった。

検討されるそれぞれの社会的現実の水準で、こうした現実の背景を構成しているのは同一の要素ではない。例えば、階級間の差異を検討する者たちは、個人、事物、出来事、ないし情勢を関連づけるのではなく、一社会レベルでの社会集団間の構造的関係に従事するのである。同様に、階級は、国家間の力関係や支配関係といった国際関係を研究する者たちにとって、中心的なアクターではない。この状況は、地理学者たちのそれに匹敵している。というのも、地理学者たちは、彼らが研究する地図のレベルに応じて、街路、地区、都市圏全体、都市圏や国や大陸を結ぶ道路網と高速道路網を明らかにするからである。

そのため、社会的現実の一水準および一観察レベルが、提起される問いや解決しようとする問題とは独立して、全面的に正しい水準であり、かつ正しいレベルであると考える必要はあるのだろうか。地理学の「地域」の概念や社会学の「場」の概念を、対象を区分する普遍的形式にする必要はあるのだろうか。その展開の直接的な、すなわち局所的な枠組みに書き込まれた言葉のやりとりを研究する相互行為論者たちは、自己充足的な言葉のやりとりだけを研究するとして彼らが非難する者たちと同じように、脱文脈性の誤謬を犯しているのだろうか。人文・社会諸科学の領域は、唯一適合的な文脈として与えられる（社会的現実の一水準と一観察レベルに結び付いた）「文脈」の強制をめぐる闘争に浸食されている。当の文脈の手前側では、研究者たちは、脱文脈性の誤謬のために、そして彼らが示す点描画法（pointillisme）のために批判され、その向こう側では、彼らは、あまりに一般的すぎるとして、そしてあまりに粗雑で、曖昧な、十分に特殊化されていない枠組みを提出しているとして疑念を抱かれる。研究者たちは、「階級の空間」「ワールド」「場」「相互行為秩序」「状況」「組織」ないし「市場」を、その内部ではどのような類型の事実もその意味を全面に帯びるとはいえ、普遍的に適合的な文脈とすることで、諸事実の文脈化という問いによって提起される実際の科学的問題を見失わせるのに寄与しているのである。このことは、相互行為を研究する者たちが、集団や制度や階級や社会が真に存在せず、机上の空論（vues de l'esprit）なのだと考える場合に、あるいは逆に、社会階級の空間を習慣的地平とする者たちが、相互行為を単なる付随現象にすぎないものとして、もしくはその現実が基本的にはマクロ社会学的現象の単なる例証にすぎないものとして考察する場合に当てはまる。

こうした以上のことは、自分が適合的な文脈を正しく区分しているのだという考えに閉じ込められた多様な科学的構築の間に対話は生じえないということを意味しているのだろうか。相対主義的な唯名論的見方というのは、ある社会的現実の水準から別の社会的現実の水準にいたるまでを、また、あるレベルから別のレベルにいたるまでを議論することは不可能なのだと考えるものだろう。なぜならば、水準とレベルが変更されることで、研究される現象があっさりと変化してしまうからだ[111]。そのため、ある研究について議論しうるには、同一の文脈概念を共有していなければならない。こうした概念と無縁のところにいる研究者は、もはや同じ物事を論じておらず、コミュニケーションは、限られたものになるか、ばかげたものにさえなる。ここでは、部分的に、ジル・ドゥルーズとフェリックス・ガタリの立場が承認される。というのも、ドゥルーズとガタリの立場は、異なる諸概念、したがって異なる諸問題（「あらゆる概念は、一つの問題に帰せられる」）に思索をめぐらせる哲学者同士の議論が真に可能だと信じるものではないからである。

> 議論について最低限言えることは、対話者たちは決して同じ物事を論じていないので、議論が研究を前進させるものではないだろうということだ。（略）ときにわれわれは、哲学について、「コミュニケーション的合理性」あるいは「普遍的な民主的対話」のような不断の議論という観念を作り上げる。だが、これほど不正確なものはない。一方、哲学者が他方の哲学者を批判することは、他方の哲学者のそれとは異なる問題に基づいて、また、他方の哲学者のそれとは異なる平面のうえでなされるのである。そしてこうした問題や平面は、そこから新たな武器を作り出すために大砲を溶かすことができるかのように、古い概念を溶かしてしまうのである。われわれは、決して同じ平面上にいるのではない。批判するということは、概念が新たな環境に投げ込まれると、それが消失したり、自身の構成要素を失ったり、あるいは自身を変化させる構成要素を獲得したりするということを、ただ確認するにすぎないのである[112]。

以上のように主張することで、ドゥルーズとガタリは、それぞれの概念が「完全なもの」、一貫したもの、正当なもの、真正なものであり、内部からは修正されえないかのようにするのである。

徹底して実在論的な見方は、その立場として、次のような考えに傾くことになる。すなわち、それは、一部の科学的構築だけが適合的であり、そのため科学的論理によって、正しい文脈化と正しくない文脈化とをいずれ選別することが可能になるという考えである。ブルデューが採用していたのは、この態度にほかならない。そのため、ブルデューは、ベッカーによって使用されたアート・ワールドの概念が「場の理論に比べて後退を示している」(113)と判断したり、あるいは「権力場の概念は大きな前進だった」、そして多数の研究者が「この概念をもっていなかったために、途方もない誤りを犯したのだ(114)」と主張したりしたのである。

私が主張する立場は、唯名論と実在論を組み合わせたものである。それは特に、ある対象が、あるレベルで、そしてある種の文脈化とともに、より適合的な仕方で研究されるものだということを支持するところにある。したがって、ありうるかぎり多様な科学的構築（および文脈化）が存在しているのだが、それらのそれぞれは、研究対象がどのようなものだろうと、盲目的に適用することができる普遍的な解決になるわけではない。学校を前にした社会的不平等を例にとれば、マクロ社会学的レベルのデータ収集と統計的な相関関係は、子どもを優位な学歴状況か劣位な学歴状況に置く、さまざまな社会集団（あるいは社会的カテゴリー）にとっての可能性、したがって学校に対する諸集団間の隔差を研究することを可能にするけれども、それらが、そうした状況（優位なあるいは劣位な）の定着の仕方に関する問いには完全に口を閉ざしたままであるということが認められる。反対に、こうした学校的な成功や失敗の過程は、教室での行動をじかに観察したり、生徒の勉強の成果を検証したりすることによって研究可能である。いずれのケースでも、提起されているのは学校的不平等という問いであり、それが主題であるので、研究者たちは、これらの不平等を把握する際に、最大の決定因であるように見える諸要素を活用するために徹底的に対話することができる。しかしわれわれは、それでもなお、諸集団間の隔差の製図法（さまざまな社会的差異を証明することができ、不平等の規模を測定する唯一のもの）および成功あるいは失敗の社会的決定因の分析から、日常の学校生活を形作る行為と相互行為を通じた不平等の生産様式の研究へと移行するのである。したがって、両類型のアプローチは、正確に同じ現実を語るものでもないし、同じ問いに全面的に応答するものでもない（「学校への進学機会（accès）の社会的差異は存在するのだろうか、もし存在するならば、その社会的決定因は何だろうか」、また、「庶民的環境の子どもたちが失敗する、彼らに要求されることを十分に理解しない、学校の要請に応えるまでにいたらない、彼らが犯しやすい誤りを犯してしまう、などとなる原因として、教室内で物事はどのように生じているのだろうか」）。

私が問題提起する実在論的かつ唯名論的な方法[115]は、科学的合理主義からも、研究者の経験的な実践感覚からも切り離すことができないものである。客観的現実、すなわち学者の視線から、言い換えれば、観察者の側の知覚や観察や尺度から一切独立して存在するそれは、研究者たちが多種多様な科学的構築を通して発見することを目的とする、それ固有の回帰、論理、拘束をもたずに存在しているのだと考えるどのような理由もない。しかし、こうした客観的現実は、ある認識視点と常に連動するような、一定の観察に基づいてはじめて、ある所定の認識枠組み（社会学的、歴史学的、人類学的などの）のうちに収まるのである[116]。

こうした観察はとりわけ、常にある所定の観察レベルからなされている。ところが、われわれは、同じ現実の諸側面を異なるレベルで考察していないということを認めざるをえない。レベルに応じて、いくつかの現実が出現したり、消失したりするのである。ある都市の街路図が、ほかの都市、河川、高速道路網、国土、大陸、惑星の全体に対するその都市の位置を見えなくするように、また反対に、平面球形図が、多数の都市を出現させる一方で、どのような村落、道路、街路、村道なども出現させることができないように、特異な相互行為の正確な研究は、より全体的な社会的構造化を見えなくしうるし、階級、ジェンダー、文化的カテゴリーなどによるマクロ社会学的な研究は、特異な実践や相互行為を消し去るのである。いくつかの現実は、観察の（およびデータ収集の）レベルに応じて消失する。なぜなら、それらの現実は、距離化あるいは接近の効果によって見えなくなるものだからであり、また他方で、より少数の要素に狭められた観察枠組みから出発するために、消失するものだからである。その構成と構造化を検証すべく、ある地区にズームすることによって、その地区の周囲にあるものはみな消失する。しかし逆に、地理的により小さなレベルで領土を考察すれば、街路と地区は直ちに消失するのであるが、異なる水準の構造化へとわれわれは接近するのである。

われわれは離れて観察すればするほど、ますます現実を均質化することを余儀なくされる。一方で、より狭められた見方は、そうした現実を、不均質なもの、分化したものとして出現させるのである。国家間の関係を観察する者たちは、国家総体間の差異の研究を優先するために、それぞれの単位を均質化せざるをえない。しかし、階級間の関係を優先する者たちは、それぞれの社会の内部で作用している重大な社会的差異を提示する。同様に、それぞれの階級の分析は、翻って、必然的に内的分化を出現させる。すなわち、離れて眺めることで、そしてほかの階級に対する関係において、一つの均質的な現実として現れる階級は、内的分化（職業、宗派、地域、同業組合などの特殊性に応じた階級内集団、カテゴリー、下位集団をともなう）を示すのである。特異なミクロ集団あるいは特異な個人の研究にいたるまで、以下同様である。

しかしながら、観察レベルについての反省は、客観的現実の存在を否定し、現実的なものの等しく適合的な科学的構築が存在するだけであるかのようにしてしまう、認識論的相対主義に行き着くわけではない。そうした反省はただ、客観的現実が、経験的な社会諸科学によって、それ自体として把握可能なものになるのではなく、絶えず特定の視点から把握可能なものになるということを措定させるにすぎないのである。それぞれの新しい認識行為（actes）において、研究者たちは、対象区分の形式、彼らが目指す認識目標、彼らが動員したり、生産したりしうるデータの類型などに応じて、現実的なものに関する部分的な見方を投入している。現実を観察する者だけが、それぞれ個別の研究を通じて、彼らが見なければならないものと見る必要がないもの、彼らが優先せざるをえないものと無視すべきものを十分に理解することによって、この種の問いを表明することができる。採用されるそれぞれの視角は、死角をともなっているのである。もし、性質上、そこに見いだせない諸要素を、あれこれの研究作業のうちに探し求める読者たちを裏切りたくないのであれば、そうした死角が存在することを説明しなければならないのである。
現実そのものへの無数の接近形式（ヴェーバー）を考慮しないのであれば、観察レベルが問題になることはほとんどなく、現実的なものは、どのような仕方で取り組まれようとも、同じ形態下で連続し、出現すると考えられるかもしれない。視点の偏りの効果を埋め合わせるために研究者がおこないうる唯一のことは、研究される諸現象の異なる諸次元を明らかにするために、そのフォーカス・レンズを変化させることである。しかし誰しも、唯一の説明モデル、唯一の観察レベル、あるいは唯一の種類の文脈化に基づいて、現実を汲み尽くすのだと主張することはできないだろう。

文学的創作という問いをめぐって、私がいくつかの理論モデルと議論を闘わせることができたのは、ほかならぬこの唯名論的かつ実在論的な構想のおかげである。例えば、もしわれわれが作品の中身（chair）に入り込みたいのであれば、それを場における著者の位置にとどめておくことはできない。もし唯名論的な見方や相対主義的な見方に同意していたならば、私は場の理論に異議を唱えるどのような理由ももたなかっただろう。また逆に、もし徹底して相対主義的な見方に突き動かされていたならば、私は、別の類型の対象であるために、場の概念に何らかの利害関心を認めるどのような理由ももたなかっただろう。場は、普遍的な手がかりとして、言い換えれば、一切を思考可能にする道具として見なされるのだが、私からすれば、いくつかの現実（出版社の戦略、文学ゲーム内での論争や論戦、声明、クラブ、文学賞など）を把握可能にするものである。だが、それ以外（テクスト）についてはそうではない。(117) 創作の問題に適用されると、場の概念はすぐさま作品を戦略的に読解する方向へと導く。つまり、それぞれの新作は、文学場という大きなチェスボード上で、そのほかのさまざまな手に応答して打たれた一手にすぎないのである。場のなかに文学作品を文脈化することは、こうした作品に特定の一つの意味を付与することである。それは、文学作品を、その根源となるあらゆる存在論的な賭け金から切り離すのに貢献するという意味である。このように唯名論は、次のことを思い起こさせるところにその長所をもっている。すなわち、フレーミング（観察レベルと社会的現実の水準）を選択することが、文脈化される中心的要素について解釈を施す際に決定的に重要なものになるということだ。

同じ事実、同じ要素は、目指される研究目標に照らして、中心的なものあるいは二次的なものとして、有意味なものあるいは無意味なものとして構成されうる。マイケル・バクサンドールが教育上の目的で展開する、十九世紀末におけるフォース川(スコットランドの河川)に架かる張り出し橋の建設の事例は、私にしてみれば、きわめて雄弁であるように見える。芸術史家は、この橋の建設が、さまざまな仕方で研究されうるということを示している。例えば、「社会的・政治的制度の歴史」という枠組みのなかでは、橋の建設は、「人口学的・行政的・経済的システムを例証する」機会になるだろう。この橋の建設は、経済競争と、鉄道輸送での時間の節約の必要性ゆえに、非常に特別な意味を帯びる。しかし、建築学寄りの橋梁史——建築史や科学史や技術史——は、むしろこの橋の建設を、世界の橋梁史(橋梁の建築設計家によって多少なりともうまく統制される歴史)のうちに、そして当時の可能な審美的・技術的な選択肢のなかに(マルチン炉に耐える特に頑丈な製鉄に関する近年の進歩とともに)置き直すことだろう。しかしながら、一方の視点からすれば、橋の審美的形状は二次的なものだと判断されるのに対して、他方の視点からすれば、長年の建設期間中に数多くの労働者が命を落としたという事実がむしろ取るに足りないものとして見なされる、といった想像しうる多様な視点が存在しているにもかかわらず、ある種の研究者たちは、自らの視点を、唯一可能なもの、あるいは最も重要なものとして主張することだろう。

われわれはしばしばこの種の説明に遭遇する。「最近の分析では、フォース川に架かる橋の建設を決定したのは、十九世紀末にイギリスで優勢を占めていた(例えば)経済構造である」。このように唯一かつ同一の範疇に属する因果に肩入れすることは、しばしば十分に区別することが困難な二つの起源を有しているように見える。まず、経済構造——全体史や橋ではなく——を実際に研究するケースが存在する。この文脈では、フォース川に架かる橋は、それだけに限らないにしても、資本主義的競争およびヴィクトリア女王統治下の金融市場資金の勝利をたたえた建造物として、すなわちそこで重要なのは鉄骨の組み立てチームではなく、鉄道の行政官だったり、その存在を突き止めるのが容易なそのほかの経済的要因だったりする、階級構造の表出としてもっぱら見なされうるのである。同じように、あらゆる人間行動の究極因を経済構造のうちに指し示すような一般的見方に執着するケースも存在する。橋梁の建設史の文脈と同じく、特殊な文脈は、理論の妥当性に関わる問いにはあまり適していない。理論がその権威をより広範な領域からしか引き出しえないように、その確証は、もし単に暗示されているだけでないとすれば、それ以外の部分に関する説明との整合性に依存しているだろう。当然、鉱物史が一切を支配すると確信したある決定論者は、それに結び付けられる諸事実だけしか考慮しないような、まさにそうした仕方で決定することになるし、また、ある観念論者は、唯一観念だけを頼りにして決定することになる。(118)

ここで、バクサンドールは、研究者によって選択的に実行されるフレーミングの類型に応じた柔軟な解釈の可能性を絶えず想起させた、ヴェーバーのような著者の直系に含められる。ヨハン・ヴォルフガング・フォン・ゲーテがシュタイン夫人に宛てた手紙に言及しながら、ヴェーバーが説明しているのは、追求される科学的目標に照らして、その手紙が非常に異なる仕方で解釈されたり、活用されたりしうるということである。われわれが何を明るみに出そうとするかに応じて、その手紙は同じ現象のしるしや徴候ではなくなるのだ。「途方もなく激しい情熱」を示す手紙は、著者の人生での非常に重大な諸経験（「ゲーテの発展に深い痕跡を残した」諸経験）を証言していて、彼の作品へと結び直すことができる。実際、文学的創作の歴史の観点から見れば、われわれは、そうした諸経験——およびそれに結び付けられる諸経験——が、「ゲーテの文学的パーソナリティー」に影響を及ぼしたのであり、したがって「その痕跡を彼の創作のなかに探し求める」ことができる。(119)しかし、ほかならぬこの手紙と、ほかならぬシュタイン夫人に対するこの情熱はまた、人生の特徴的な諸要素を描き出そうとする多数の伝記作家によって、「全生涯において、あるいはかなり長期にわたって、ゲーテに特有のものであった（略）生活を導く仕方であると同時に、生活を理解する仕方」(120)の「徴候」として理解されることもできる。やはり同じ諸経験は、「これらの環境からなる精神的ハビトゥス」[121]をより一般的な仕方で研究し、いっそう幅広い一連の資料から発見しうるものを確証する作業を、ゲーテの書簡集に見いだすような歴史学者の興味を引き付けるかもしれない。なおもヴェーバーが想像しているのは、「文化心理学」や「社会心理学」に由来する研究者が、これらの経験がドイツ文化や十八世紀文化に固有のものではなく、「あらゆる種類の文化に共通した活動」だと示そうとする傾向をおそらくもっているのではないかということである。このようにゲーテの歴史、習俗の歴史、ゲーテにおける文学の創作過程の歴史社会学、恋愛熱の文化心理学は、それ固有の目的のために同じ手紙を利用することができる。「同じ要素がこれらのさまざまな目的を相互に果たしうるのとまったく同じように、これらの手紙の内容に含まれる多様な要素が、同時に、さまざまな科学的な認識目的のすべて——われわれの列挙したものは、そのすべての可能性を網羅していない——を満たしうるということを当然考慮しなければならないのである」[122]

人類学の問題（l'anthropologie-problème）や社会学の問題（la sociologie- problème）と同様、歴史学の問題（l'histoire-problème）[123]は、網羅することを諦めざるをえない。それは、自身が解決しようとする問題に応じて、適合的な要素と文脈を選び取らなければならない。さまざまなカテゴリーの研究者によって取り上げられた諸問題を科学的に研究するには、もう一歩先に進めて、採用される科学的視点が、さまざまなカテゴリーの行為者たち自身が適用する視点にどの程度まで反響しているかを示さなければならない。いうなれば、「科学的問題の研究に向かう衝動は、概して、実践的な問いをその起源としている」[124]。しかしながら、人文・社会諸科学はイデオロギー的であるという結論をそこから引き出す必要はないだろう。むしろ、学者たちが彼らの時代の枠組みのうちに書き込まれている、つまり彼らがさまざま類型の経験を学者以外の者たちと共有していて、彼らが提起する問題は、常にある歴史的行為者たちによって経験された問題の科学的な翻訳にほかならないと述べるべきなのである。要するに、科学的構築（それぞれの学問内での学問的・パラダイム的）の多様性は、現実的なものの細分化に否応なく到達するわけではない。反対に研究者は、そうした多様性の存在ゆえに、行為者の身体化された特性と、行為の文脈の特性とが交差するところで実践を研究するという一般的なプログラムと関連づけながら、自らの科学的貢献を位置づけるようにしなければならないのである。

社会学者の悲鳴——社会学理論とその偏愛の対象

ドゥルーズは、さまざまな哲学的言説の大前提を想起させながら、「思想に関する暗黙のイメージを取り巻く哲学者の悲鳴[125]」について論じていた。哲学的なさえずりの背後には、それを哲学的言説として、内密に、暗黙的に構造化している、哲学者の悲鳴が聞こえるのである。

同じことは人文・社会諸科学にも当てはまる。さまざまな科学的潮流は、世界に関する暗黙の表象を示している。そうした表象は、たいてい議論されないままにとどまるものである。「ゴフマンによる世界」のイメージは「ブローデルによる世界」のイメージではないし、「ブローデルによる世界」のイメージは「ブルデューによる世界」や「フロイトによる世界」のイメージではない。これらの著者たちは、自らに固有の認識関心に応じて、ある類型の問題、ある類型の行為者、そして行為者がそこに投げ込まれるある類型の状況を特権化する。これらの認識関心は常に、研究者たちがそこで自身の疑問を表明することを学ぶ知識の状態（l'état des connaissances）と、自身の実存的問題との交差点にある。実存的問題というのは、特殊な生活誌的道程の全体にわたって繰り広げられる彼らの社会的経験に結び付いた諸要素の総体であり、それは、避けて通れない、ときにつきまといさえする問いとして、あるいは彼らが向き合わなければならない問題として、自らに課されるものである[126]。このように、人文・社会諸科学の社会学は、それがこれまで非常にまれにしかおこなってこなかったことを[127]、言い換えれば、期待、好奇心、反応に飢えた問い、暗黙の地平などから作り出された母胎として機能するこれらの実存的問題が、どのようにして特殊科学的な秩序のなかで形成され、表明されるのかを問わなければならないだろう。

科学的潮流を異にする研究者たちは、自らの行為者モデルや行為モデルを構築する際、明らかに同じ類型の

「ケース」を頭に思い浮かべていない。彼らは、ヴィトゲンシュタインが論じるところの哲学者のようである。ヴィトゲンシュタインによれば、哲学者は、「たった一種類の実例で自分の思考を養っているにすぎない」という意味で、知らぬ間に「偏食（diète unilatérale）」をしているのである[128]。研究者たちが、自らの言葉（propos）の妥当性の限界、すなわち自らの適合性の場を認めていたとすれば、このことは何ら特別な問題を提起するものにはならないだろう。しかし彼らは、自分の論じることが、ある類型の状況やある種の仮定に対して適合的だということを認めるよりも、自分の理論やモデルの普遍的な妥当性を主張することを概して好むのである。そしてまさにそのとき、さまざまな問題が生じ始める……。

私は、純粋で体系的な一般理論以外のなにものでもないソシュール言語学が、実際のところ、コード化された（辞書化された、文法化された、など[129]）書き言葉の教育に関する学校的実践の理論なのだということを提示する機会をもった。言語学者（＝ソシュール）は、一般的な対象（「ラング」）を論じていると信じているのだが、学校制度が言語活動を、合理的・論理的な教育に欠かせないものとして、そして言語活動に対する距離化された、分析的な関係を教え込むのに欠かせないものとして扱うといった、特定の仕方を論じているのである。そのことに気づかないまま、彼は、日常生活の実践的な状況のなかで言語を使用する者、あるいはこれと同様の実践的な条件で言語使用を徐々に学び取る者の視点というよりもむしろ、すでに話すことができ、自分の母語を外国語のように、もしくは死語のように扱い、言語に反省を加え、それを分析し、それを切り分け、自分が意のままにできる諸要素と諸規則に基づいて意識的に言表（énoncés）を構築することを楽しめる者の視点を採用しているのである。このようにしてわれわれは、それぞれの理論が、ある種の状況やある種の実践やある種の行為者を首尾よく論じているにすぎないということ、またそれが、特権化されたこれらの状況や実践や行為者を超えて論じることができると主張するたびに、一つのリスク――過度な、不当でさえある一般化のリスク――を冒しているのだということに気づくかもしれない。こうして、ヴィトゲンシュタインは明晰にも、「大げさで、教条主義的なあらゆる主張に対して、次のような問い」を提出することだろう。「では実際に真なるものは存在するのだろうか。

あるいはさらに、これはいったいどのような場合に実際に有効になるのだろうか[130]」

人類学者クリフォード・ギアツは、個別の隠喩レジスターを備えたさまざまな社会的なものの理論と、ある類型の状況との間の親和性を強調していた。

「人生はゲームだ」を支持する者が、その種の分析にとって最も肥沃な土壌であるような対面的相互行為、恋愛関係、カクテルパーティーに引き付けられる傾向をもつように、「人生は舞台だ」を支持する者が、同じ理由のために、大衆演劇、カーニバル、暴動に魅了されるように、「人生はテクストだ」を支持する者が、想像力あふれる形式——冗談、ことわざ、大衆芸術——の検証に傾倒するように。以上のことに対しては驚くべきことも、非難されるべきこともない。当然それぞれがアナロジーを試みているのであって、そこではそうしたアナロジーが最適に作用しなければならないように見える[131]。

しかし、横滑りは、それらの「一般化の欲望」(ヴィトゲンシュタイン)から生じる。すなわち、特定の類型の諸事実から諸事実の総体へとその説明力を拡大しようとするそれらの主唱者たちの欲望から生じるのである。諸理論の創始者たちは、「それらの恒久的な運命は、比較的容易な当初の成功を超え、より困難で、より予測ができない成功へと進歩するそれらの能力に基づいている[132]」ということを十分にわきまえている。自らの適用範囲を拡大することに成功する理論は、その象徴的・社会的力を増すのだが、その成功には、説明力や解釈力の現実的な喪失がともなっているのである。

社会的なものの理論と、さまざまな類型の対象とが網羅的に合致する図を描くことは不可能である。こうした理論は、気づかないうちに認識関心を転換させるような諸変数をしばしば含んでいるからである。私は、これまでの章で、場の理論とワールドの理論の基礎をなす暗黙の世界観をかなり長々と記述せざるをえなかった。前者は偉大な主導者(prétendants)同士の闘争の社会学であり、後者は集合的な労働組織におけるさまざまな類型の行為者同士の調整関係や協力関係の社会学である。場の理論の使用者たちは、ほかの社会学的潮流の平和的に共存する世界観を絶えず告発し続ける。ほかの社会学的潮流それ自体は、社会関係が必ずしも暴力関係であるわけでもなければ、力関係に貫かれた関係でもないという事実を強調することができる。しかし、調整や協力の諸形態が、決して力関係や支配関係と無関係に組織されることがないというのは自明なことである。

われわれはまた、さまざまな社会学が、社会秩序の生産という問題をめぐって、いかに対立し合っているかもよく知っている。例えば、それぞれの新奇な相互行為、それぞれの新しい状況を、開かれた舞台や潜在的に転覆的な舞台として理解しようとするすべての人びとに見られる、発明、冒険、「構築の絶え間ない創造的過程（エネルゲイア）[133]」といった行為の空想的な見方は、自らにとって好ましい不平等関係を結晶化させるために、社会集団が備える制度的手段（国家、法、学校制度、銀行など）を念頭に置き、結果として、これらの制度を存続させるのは行為者たちにほかならないことを忘れてしまいかねない人びとの見方と対立している。相互行為の研究によって、生まれたままの状態の社会（la société *in statu nascendi*）を把握することができると信じる、ある種の理解社会学、エスノメソドロジー、そして相互行為論的な社会学の一部は、社会的現実を、相互主観的かつ状況的な紐帯から産出された、壊れやすい、つかの間の構築物なのだと考えている。それぞれの瞬間ごとに、すべてが賭け直され、すべてが作り直されるだろうし、行為者たちは、自らの前に立ち現れる諸状況を絶えず社会的に定義する作業をおこなっているだろう。生徒と教師、患者と医師、売り手と買い手、経営者と従業員、家主と借家人、君主と臣下、夫と妻、親と子、上司と部下が、自分たちが身を置くさまざまな関係と状況の性質を絶えず再定義する必要がないということを説明するような、社会関係と社会状況の安定化メカニズムを理解しようとしないために、空想的な見方をもつ研究者たちは、主観的視点に優位を与えるだけでなく（こうした主観的視点が各主体の社会的歴史の産物であるために、それが身体化された性向にしっかりと固定されるという事実を避けることによって）、とりわけ危機の時代において、例外的にだけ彼らに「賦与される」転覆や解放や批判の能力を行為者たちに対してときに気前よく与えるのである。

ロールズは、構造的な社会的不平等と、彼女に従えば、相互行為秩序に固有の平等主義（l'égalitarisme）との間に存在する緊張関係を強調している[134]。しかし彼女は、こうした視点をとるために、伝統社会と、強力に制度化した近代社会とが、あらゆる点で区別されるということを理解していない。（方法論的というよりもむしろ）実在論的な相互行為論、エスノメソドロジー、およびある種の形態の理解社会学が、それらの適合性の場を見いだすのは、さまざまな実践分野の制度化が最もなされていない社会組織、言い換えれば、さまざまな実践分野のコード化が最もなされていない社会組織のうちにおいてである。反対に、行為者が「自分の身を挺する」必要がない、あるいは各瞬間に自分が何者なのかを再検討する必要がないようにすべてが作られているような社会組織では、これらの潮流は、解釈上の弱点を露呈する。それらは、局所化された相互行為やミクロな状況といった限られた空間に焦点化したままにとどまるので、短期の相互行為のなかで生じることが、その相手の運命に対して、ごくわずかな重要性しかもちえないのだということを理解しないのである。こうして、さまざまなヒエラルキーや不平等が、国家、経済、法、学校、文化などの多様な制度によって客体化され、コード化され、公認され、保証される場合、自分の「地位」も、学歴資格、所有権、契約などがそれらの所持者に保証するどのような社会的資格も失わないまま、相互行為において「面目を失う」ことが生じうる。逆に、制度化の程度が弱い社会組織（理念型的なケースは口承文化社会のそれである）では、「面目を失うこと」は、決定的に重大な社会的帰結をもたらしうるのである。

相互行為論者、コミュニケーションのエスノグラファー、およびエスノメソドロジストはしばしば、大都市の街中をぶらついて、会話の端々、語られた話の断片を聞いて楽しむ通行人と同じタイプの好奇心をもっているような印象を与えもする。われわれがたいていその歴史を（ときには地位さえ）あずかり知らない人びとが会話を交わす短期のシークエンスに興味を抱くこと、おそらくここには多数のミクロ社会学者を根底から魅了するものがある。社会的世界は、こうした出会いの研究をもとに把握されうるのである。しかし、相互行為が、完全に見知らぬ者同士の偶然的で、即興的で、非組織的なやりとりをはみ出すものである以上、当の相互行為の可能性の歴史的諸条件は何か、どのような社会的枠組みにやりとりが結び付けられるのか、そこでやりとりはどのような意味を帯びるのか、行為者たちが現在のやりとりに自分たちの身体化された過去をどのように関与させるのかを問うことは正当なことなのである。[135]

要するに、これらの研究の大部分では、口頭言語の重要性が確認される。ハーヴェイ・サックス、エマニュエル・アブラハム・シェグロフ、ゴフマン、ガンパーズ、ないしシクレルのような著者たちにおいて、言葉による相互行為は、非常に大きな特権を与えられている。相互行為者は、物事をおこなうことよりも、話すことに専念している。もしくは、物事をおこなうにしても、それは主として言葉とともにである。[136] 言語的人間(Homo verbalis)たる行為者は、言葉や会話や言説の存在である。[137] 行為者は、インフォーマルな会話や家族との食事や友人同士の出会いの契機において、教室や病院での相互行為において、あるいは質疑応答のやりとりや会談などの形態をとる採用面接において把握される。社会的世界の相互行為論的な見方は、テクスト、イメージ、モノ、機械、単純または複雑な科学技術装置、建造物などをあまり議論の俎上に載せることがない。客体化された状態の社会的なものはほぼ存在せず、行為者はその歴史の厚みでもってほとんどが決して把握されることなく、進行中の行為のシークエンスを理解することへの主要な関心によってもっぱら把握されるのである。引き合いに出された著者たち、そしてそのほかの多数の著者たちも、彼らが研究する状況の制度化の程度に応じて、また同じように彼らが行為者とモノ(日用品、道具、機械、科学技術装置など)との関係をその視野に入れているか否かに応じて、もちろん区別される。ただしそれには、著者たちが適合的な行為の文脈を構想する仕方に関して、こうした差異が生み出すあらゆる帰結がともなうのである。

ブルーノ・ラトゥールとミシェル・カロンのアクター・ネットワーク理論は、それに対してわれわれが抱きうる一群の科学的留保にもかかわらず、少なくとも、人文・社会諸科学の最もありふれた社会的世界の見方のなかに、モノや科学技術装置が不在であることを明らかにするという効果をもった。科学技術の社会学から出発するこれらの著者たちは、人間相互の関係でモノがどの程度まで調整ないし妨害の役割、促進ないし制約の役割を果たしているのかを明るみに出すものとして、最適な位置を与えられていたのである。[138] 彼らにおいて、社会的世界は、「社会技術的世界」に取って代わられる。われわれは、一部の相互行為論的研究に対する卓抜な批判を、まさしくラトゥールの文章のなかに見いだす。一部の相互行為論的研究は、対面的相互行為を通じて、話し言葉(parole)の存在を議論の俎上に載せるのだが、あたかも衣服も、モノも、機械や科学技術装置も、建築物も、行政文書(formulaires administratifs)も、書物も、貨幣などもなしにそうしてしまうのである。[139] 相互行為に関するいくつかのアプローチは、ラトゥールが皮肉を込めて断言するとおり、「人類の社会学というよりも霊長類の社会学に」いっそう適しているように見える。「実際、サルの社会学は、相互行為論の極端な例として出現する。というのも、すべての行為者たちが共在し、その力学が他者たちの反応に絶えず依存するような諸行為のうちに対面的に巻き込まれているからである」。[140] そしてラトゥールが、「人間において、相互行為を把握するためには、目の前の身体に対する注意や、それに対する警戒や解釈の継続的な努力によって、そうした相互の身体に制限されるどころか、別の要素、別の時代、別の場所、別の行為者に常に訴えかけなければならない」[141] と述べるとき、われわれは彼に賛同せざるをえない。しかし、寄せ集め(assemblages)、配列(arrangements)、ないし人間と人間以外のもの(等価な表現)との調整関係といった形態のもとで世界が出現するかのようにすることは、技術者や人間工学者の見方を一般化することであり、とりわけ社会階級やあらゆる種類の支配関係を忘却することになるだろう。

一般に、カロンとラトゥールの社会技術的世界が、その斬新な問いと構成によって驚かせるものであり、そのため、ときに魅了しうるとしても、にもかかわらず、その世界は、それらを接合することが非常に問題になるような技術的・社会的(経済的、政治的、文化的)諸要素を同じ企図のうえに置くものなのである。例えば、われわれは、ガソリン車が電気自動車の表象するイノベーションを前にして示す抵抗を理解するには、自動車を「一つの社会技術的複合体(un complexe sociotechnique)」のなかに挿入し直すカロンの仕方を受け入れざるをえない。しかし、おのずと不均質な、こうした複合体を構成する諸要素は、プレヴェール風の目録を形成している。著者は、以下のように、そこに「乱雑(pêle-mêle)が見いだされる」と主張している。

自動車メーカー、自身の発展を可能にした植民地帝国と自身の存続を可能にする戦争とともにある石油企業、エンジン中の内燃を理解するための科学モデル、研究部門を備えた組み立てラインと専門の労働者、団体協約、ある種の形態の労働調整、環境法、道路インフラ、運転免許証、課税システム、ガソリンと軽油の供給網、自動車修理工場網、交通計画がなされた都市……[142]

実際のところ、植民地帝国(国家間の不平等関係の数百年の歴史)と運転免許証を、課税システムと近代都市の建設を同じ企図のうえに位置づけること、あるいは同じ世界に集めることは、私からすれば困難であるように見える。イノベーションの社会学は、技術的道具(un objet technique)の成功ないし失敗が、直接的であれ間接的であれ、その存在ないし消滅に利害をもつものの総体——行為者、制度、活動部門、集団など——や、政治的、経済的、文化的、科学的、技術的、などの一連のあらゆる足かせから決して切り離しえないことを思い起こさせるところに主な長所があるのだが、イノベーションの社会学の領域に属するこうした事例を超えた先で、説明の諸要素を可能なかぎり異質化するこの手続きの限界が理解される。こうして、われわれは、フランス革命で馬がどのような役割を果たしたのか、あるいは一九六八年五月革命の間に電話網がどのような役割を果たしたのかを問うことができるだろう(そして私は、いずれもが、これら二つの社会秩序の大転換にくみしたことを疑わない)。しかし、われわれは、歴史学者たちが、フランス史に関わるこれら二つの契機をわかりやすいものにしようとする際に、こうした「人間以外の」諸要素を主たるものとして取り上げないことを了解しうるのである。

ボルタンスキーとローラン・テヴノーのような著者たちは、エスノメソドロジストや相互行為論者と同じ類型の利害関心を共有していて、ラトゥールの科学社会学から示唆を受けてもいる。ごくまれにしかその歴史(社会的、学校的、職業的、文化的軌道など)が認められることがない行為者たちは、状況に没入しているのであり、何よりも研究者たちの注意を引き止めるのはこれらの状況である。著書『正当化の理論』は、「集団、個人、あるいは登場人物に乏しい」けれども、「そのかわり多数の存在であふれている。すなわち、あるときは人間存在、あるときは事物であり、それらが関与する際の状態が同時に形容されなければ決して現れないような存在である」、また「本書の対象になるのは、状況［と著者たちが呼ぶもの］を構成する、これらの状態＝人格と状態＝事物との関係である」[143]。しかし、彼らの方法がもつ特異性の一つは、彼らが正当化、論争、争議、告発、ないし批判に身を捧げている最中の存在を把握するという事実にある。彼らが要請する状況のモデルは、そこで訴訟が繰り広げられる裁判のそれである。「したがって、われわれは、批判の社会学が社会的世界を訴訟の場面として記述し直そうと企てたその仕方を、プラグマティズムの精神に多少なりとも結び付けることができる。訴訟の間、不確実な状況に置かれた当事者たちは、証人尋問をおこない、報告のなかで生じることに関する彼らの解釈を書き留め、性質決定し、審理に従うのである」[144]

行為者（一般）は、絶えず正当化することができる存在として提示される。行為者は性向ではなく、能力を備えていて、その能力は政治哲学の伝統に接続される。こうした能力はどのようにしてそれぞれの行為者に宿ることができたのか、その社会的特性（性別、年齢、階級、学位の水準など）はどのようなものなのだろうか。そうした問いには応答がないか、もしくはほとんど応答がないままにとどまっている。

ボルタンスキーとテヴノーは、すべての普通の諸人格に共有された正義感が存在すると仮定している。少なくとも、現代世界で成長するすべての普通の諸人格が同じ政治哲学の伝統に浸っていることを条件に、そうしているのである。したがって、ボルタンスキーとテヴノーは、エスノメソドロジストによって状況的だと見なされる、まさにこうした資源の総体（規則、規範、原理、語法）のうちに、行為を正当化するための安定した、利用可能な慣習的基盤を追い求めるのである。そのため、彼らは、エスノメソドロジストによって前提とされた能力以上に、共有された補完的能力を諸人格に付与しなければならない。彼らは、それぞれが正義モデルの限定的なリストを参照できると想定しているのである。提出された枠組みには、全部で六つの市民体（cité）が含まれている。それは、家庭的市民体、産業的市民体、インスピレーションの市民体、商業的市民体、オピニオンの市民体、そして市民的市民体である。[145]

行為者たちは、多くは制度的に保証された試練を受ける（あるいは経験する）。こうした試練は、彼らの諍い（différends）を解決し、「実際に何が生じているのか（ce qu'il en est de ce qui est）を述べる」ことを可能にするのである。このようにしてボルタンスキーは、不確実性を社会生活の中心に位置づける。行為者たちは、ある事物の地位、ある状況の地位、あるいは自分自身が何者なのか（自分自身の地位）について合意していない。彼らは批判し、疑問を抱き、告発し、議論し、論争し合う。[146] したがって、われわれは、もちろん司法界（monde judiciaire）や裁判について思案しているのだが、同様に、あらゆる科学的争議のケースについても思案していることになる。そこで学者たちは、ある命題の真実性やある現象の存在を決定づけるために闘争していて、その結果、学者たちの対立によって開かれた不確実な状況を、新たな次元に到達するまで、一時的に閉鎖し、諸学派のうちの一学派を支持することで決着をつけるのである。この種のケースでは、不確実な状況（物事、行為、人格、あるいは状況の地位や価値や意義はどのようなものか）が問題になっている。つまり、自分の利害関心と能力に応じて議論し、正当化する意識的な行為者たち、そして、不確実性を消し去るためになされる訴訟手続きや試練（法律的なものだろうと、科学的なものだろうと）が問題になっているのである。

ボルタンスキーは、彼自身、一連の（新聞社宛ての手紙のなかで、抗議し、糾弾され、自己弁護し、意に反して犯された不正を告発する諸人格の）[147]「事件（affaires）」のケースから出発しながら、彼がどのように社会的世界の一般理論をそこから引き出したのかを語ることによって、操作された一般化を告白している。

実のところ、われわれは、この仕事の途中で、事件の社会学という視座が、一方で、近代西欧社会で重要な役割を果たしている一つの真の社会形態——調査された諸人格が引き合いに出すようなそれ——を同定する手段を、他方で、その最も一般的な性格において社会生活を調査するための独創的な方法を、首尾よく構成するだろうという確信を得たのである。独創的な方法というのは、社会生活を訴訟の場面——望むのであれば、司法の観点から見て——と見なす、すなわち契機、時代、場所に応じて程度はさまざまであるとはいえ、社会生活が論争、矛盾、および不確実性の刻印を常にとどめていると見なすものである。[148]

このようにして、ボルタンスキーは、社会的世界に関する自身の解釈モデルの成立過程をはっきりと打ち明けている。しかしながら彼は、当初、個別の告白のケースを理解可能にしたものを一般化するための条件を、決して自らに問うことがないのである。実際に、正義の問題、告発の問題、請求の問題、そしてまさに判決の問題という特徴をもって現れるようなケースを超えて、われわれはどの程度まで司法の語彙を使用することができるのだろうか。

ほかのケースと同様にこのケースでも、提起されなければならない問いが明らかに残っている。すなわち、社会的世界のすべての状況が、裁判の場面（進行中の訴訟や事件）や最高潮の科学的争議に匹敵するものなのか否かという問いである。行為者たちは、「実際に何が生じているのかという問いに関わる根元的な不確実性」[149]に絶えず直面しなければならないのだろうか。何ら不確実なところがない状況に比べて、不確実な状況に属する問いを解決する方法をもっていないとすれば、われわれは、ときどきそのなかで議論、対立、批判、告発、あるいは正当化を引き起こすような状況が生じるとはいえ、社会生活がむしろ問題のない状況の連続から成り立っている——われわれの社会の諸個人は、金融システム、司法制度、生まれつき彼らに課された言語、学校システムと学校システムが彼らに割り当てた成績、交通法規、高速道路図などを批判しながら毎朝目覚めるわけではない——と、まずは慎重に述べることができるだろう。ボルタンスキーは、確実性と共有された信念とが完全に一致しないとき、行為者たちは絶えず「いつ崩れるかもしれない合意を局所的に確立している」[150]状態なのだと考えている。

ところが、行為者たちは、自分たちが給与表に「同意」していることを会社で毎日確認しているわけではない。ましてや、自分たちが全体的な富の再配分に「同意」していることも、雇用市場への参入過程における学校の重要性を疑問視していないことも、毎日確認しているわけではない。彼らは、いくつかの事実に対する信念を共有しているけれども、たいていの場合、それらを表明する必要性を感じていないのである。言い換えれば、そうした信念は、疑念であれ意識的な確実性であれ、いずれもが、それを基盤として築かれるような台座を形成しているのである。[151]

論争や争議といった状況は、不確実性を含んだ期間や地帯を切り開くとしても、議論の余地なく共有された信念という信じられないほどに堅固で広範な基盤のうえにいつも築かれている。ある事実の科学的妥当性を討議するためには、科学の重要性や科学的言明に関する一定数の検証手続きの存在をやはり信じる必要がある。芸術の鑑定人や芸術史家が、オリジナル、レプリカ、コピー、あるいは模造品といった地位を定めるために、ある絵画(toile)をめぐって対立し合うには、芸術の重要性に対する信念、希少性や真正性の崇拝に対する信念、そのような画家の偉大さや才能への信念などがやはり必要である。ところで、日常の確実性の寝床を形成するのは、こうした信念の一切である。[152]誰も絶えずすべてを疑うことなどできないのである。[153]「ナポレオン・ボナパルトはアウステルリッツの戦いに勝利した」という言明についてミシェル・メイエールが述べるように、「すべてが疑わしい――ナポレオンとは誰なのか、戦いに勝利するとはどのようなことなのか、アウステルリッツとは何なのか――としても、われわれはそのとき、そうした言葉を表明することができないのは明らかだろう。なぜならその言葉は、対話者の耳に、外国語のようにあるいは解決できない謎のように響くだろうからである。つまりそれは、「xとはyのことだ」と言われるようなものだ。もちろん、問題にならないような何、誰、こと(ce que)が存在しなければならないのである」[154]。ナポレオンとは誰なのか、戦いに勝利するとはどのようなことなのか、アウステルリッツとは何なのかを知っているとしても、われわれは、ナポレオンが主題になるのかどうか、ナポレオンが戦いに首尾よく勝利したのかどうか、そして以上のすべてがアウステルリッツでまさに繰り広げられたのかどうかを問うこともできるだろう。しかし、こうして学者だけが唯一、これら一切の物事を同時に検討するという贅沢を享受しうるのである。行為概念を「不確実性を背景にして、あるいは少なくとも、できるだけ多数の選択肢に基づいて[155]」おこなわれる実践にとどめてしまえば、社会学は、社会生活を形成する大部分のものを排除する危険を冒すことになる。不確実性を社会生活の中心に位置づけることは、あたかも世界が、問題を引き起こし、試練を招く一続きの「事件」以外のなにものでもないかのようにすることである。そのことが実際に社会空間の全体にわたって当てはまるならば、支配が永続的に確立されることはほとんどないだろう。また、世界がそれほどまでに容易に永続しているのは、まさしく世界が、絶えず再検討することなしに、そして最も構造的なあるいは最も結晶化した側面をとにかく再検討することなしに、機能しているからである。

現行の多様な社会学的プログラムの原理になっているのは、多様な認識関心である。研究者たちの社会的諸経験にほかならないさまざまな類型の感性（sensibilité）に結び付いた、これらの認識関心は、当初の疑問や問題を科学的に翻訳する過程を経たのち、個別の観察レベル、分析水準、および対象類型へと到達する。しかし、多様な認識視点を還元することができないからといって、諸研究の科学性に関して合意することは不可能だということにはならない。ヴェーバーが述べるように、「文化科学領域の研究は、ある者には妥当し、別の者には妥当しないという意味で、「主観的」な結果しかもちえないということにはもちろんならない。変化するのはむしろ、その結果に対して、ある者は関心を抱いているものの、別の者は関心を抱いていないというような、そうした関心の程度である[156]」。同様に、人文・社会諸科学に属するきわめて多様な研究（今日「社会学」欄に並べられている研究の総体だけを思い浮かべている）が存在するからといって、勇敢な研究者たちは、これら科学のある種の統一性を明るみに出そうとすること、さまざまなプログラムの部分的な成果をあわせもつことで独創的な理論的総合を試みること、あるいは対峙する（および競合する）それぞれのプログラムが研究の一般的経済で占める相対的な地位を明らかにすること、を思いとどまる必要はないだろう。

注

（1）Lucille Alice Suchma, *Plans and Situated Actions: the Problem of Human-achine Communication*, Cambridge University Press, 1987（ルーシー・A・サッチマン『プランと状況的行為——人間―機械コミュニケーションの可能性』佐伯胖監訳、産業図書、一九九九年）を参照。

（2）とりわけ、Erving Goffman, *La Mise en scène de la vie quotidienne, 1 : La Présentation de soi*, Minuit, 1973.（E・ゴフマン『行為と演技——日常生活における自己呈示』石黒毅訳、誠信書房、一九七四年）および 2 : *Les Relations en public*, Minuit, 1973 を参照。

（3）Christian Bessy et Francis Chateauraynaud, *Experts et faussaires: Pour une sociologie de la perception*, Métailié, 1995 を参照。

（4）C. Jouhaud, « Présentation », *Annales. Histoire, sciences sociales*, 2, mars-avril 1994, « Littérature et histoire », p. 273.

（5）人文・社会諸科学の諸文脈は、経験的現実から汲み出された諸要素に基づいて再構築されるため、何人かの言語学者や言語哲学者が自分たちの推論に都合よく仮定する諸文脈と区別される。実際に、言語学者や哲学者は、孤立した言葉やより複雑な発話がそこで多様な意味を帯びるさまざまな文脈の例を発明することができる。

（6）J. Vendryes, *Le Langage: Introduction linguistique à l'histoire*, Albin Michel, 1968, p. 225. この場合、文脈は、もっぱら言葉によるもの（verbal）になるしかない（コテクスト〔co-texte〕）。

（7）Émile Benveniste, *Problèmes de linguistique générale*, Gallimard, t. I, 1982.（エミール・バンヴェニスト『一般言語学の諸問題』岸本通夫監訳、みすず書房、一九八三年）

（8）ダニエル・セファイとルイ・ケレが有効に思い起こさせるとおり、ジョージ・ハーバート・ミードのようなプラグマティストは、物事のこうした側面を忘れていなかった。「ミードにとっては、経験や振る舞いの枠組みを、諸個人の協同およびコミュニケーションの過程に課すような社会や歴史が存在する。諸個人は、こうした社会と歴史をほとんどつかめないし、彼らにしてみれば、それらは、大部分不透明なものである」。D. Cefaï et L. Quéré, « Naturalité et socialité du self et de l'esprit », *in* G. H. Mead, *L'Esprit, le soi et la société*, PUF, 2006, p. 65.

（9）Bernard Lepetit, « Architecture, géographie, histoire: usages de l'échelle », *Genèses*, 13, automne 1993, p. 127.

（10）Erving Goffman, « L'ordre de l'interaction », *in* Goffman, *Les Moments et leurs hommes*, Minuit, 1988, p. 191.

（11）Erving Goffman, *Façons de parler*, Minuit, 1987, p. 91.

（12）*Ibid.*, p. 168.

（13）Erving Goffman, *Les Rites d'interaction :（par）goffman. Trad. de l'angl. Par alain kihm*, Minuit, 1974, p. 7.（アーヴィング・ゴッフマン『儀礼としての相互行為――対面行動の社会学』浅野敏夫訳〔叢書・ウニベルシタス〕、法政大学出版局、二〇一二年）および Goffman, *Façons de parler*, p. 8.

（14）Goffman, «L'ordre de l'interaction », p. 191.

（15）ゴフマンには、のちにルーマンによって展開されるような見方が存在している。その見方に従えば、対面的相互行為は、「諸個人が、相互に直接対峙するたびに生み出される」ような相対的に独立したつかの間のシステムである。Goffman, *La Mise en scène de la vie quotidienne, 1*, p. 240.（前掲『行為と演技』）

（16）Goffman, *Les Rites d'interaction*, p. 101.（前掲『儀礼としての相互行為』）強調は筆者。

（17）Goffman, *La Mise en scène de la vie quotidienne, 1*, p. 9.（前掲『行為と演技』）

（18）*Ibid.*, p. 9.

（19）しかし、われわれは、ゴフマンが必ずしもそのような方法だけで満足しておらず、『アサイラム』では、相互行為の研究を通じて、全制的施設の論理を把握しようとする意志をはっきりと示しているということを、あとで確認する予定である。

（20）Goffman, « L'ordre de l'interaction », p. 192.

（21）*Ibid.*, p. 208.「参加者たちの相互行為の総和」としての社会という、こうした表象の起源の一つは、ジンメルの社会学にある。特に、Marc Sagnol, « Le statut de la sociologie chez Simmel et Durkheim », *Revue française de sociologie*, 28(1), 1987, pp. 99-125 を参照。

（22）Goffman, « L'ordre de l'interaction », p. 208.

(23) Erving Goffman, *Les Cadres de l'expérience*, Minuit, 1991, p. 22. 同じくゴフマンは、彼が研究する経験の諸枠組みが、「さまざまな様式で制度化される」こと、「歴史的に変化する」こと、そしてそれらを動員する諸個人に先在することを明言している。Erving Goffman, « Réplique à Denzin et Keller », *in* Isaac Joseph, Jacques Cosnier, Robert Castel, et al., *Le Parler frais d'Erving Goffman*, Minuit, 1989, p. 307 を参照。

(24) Goffman, *Les Cadres de l'expérience*, p. 22.

(25) もし状況や相互行為を研究する社会学者と階級や集団を研究する社会学者が、彼らの対立形式における相違を経験していないとすれば、すなわち彼らが対立していないとすれば、彼らの研究は、「誰に役立つのか」という政治の論理で直ちに解釈されることはないだろう。というのも、例えば、フランスでは、批判の「プラグマティック」社会学（ボルタンスキーとテヴノー）が、集団、階級、支配関係や力関係などの消失といった、この「新たな」社会学の対象が政治的に見てどうしても疑わしいものだとする批判社会学（ブルデュー）と対立していることは明白だったからである。したがって、著書『正当化の理論』の著者たちは、図らずも、次のことを明確化する必要性を感じていなかったのである。「本書の読者諸氏は、以下のページのなかで、自分たちが慣れ親しんだ存在に出会わないことに、ある種の戸惑いを覚えることになるかもしれない。社会諸科学や、今日社会に流通する多数の数量データによってわれわれのなじみのものになった、集団、社会階級、労働者、管理職、若者、女性、有権者などはまったく現れないのである」。Luc Boltanski et Laurent Thévenot, *De la justification: Les économies de la grandeur*, Gallimard, 1991, p. 11.（リュック・ボルタンスキー／ローラン・テヴノー『正当化の理論――偉大さのエコノミー』三浦直希訳、新曜社、二〇〇七年）

(26) Nicolas Dodier, « Les appuis conventionnels de l'action. éléments de pragmatique sociologique », *Réseaux*, 11(62), 1993, p. 65.

(27) Goffman, « Réplique à Denzin et Keller », p. 307 を参照。

(28) *Ibid.*, p. 307.

(29) Goffman, *Les Rites d'interaction*, p. 8.（前掲『儀礼としての相互行為』）

(30) ウルフ・ハナーツが述べるように、「ゴフマン的人間（L'homo goffmani）は、部族社会の成員というよりもむしろ、都市住民である」。Hanneraz, *op. cit.*, p. 290.

（31）Goffman, *Les Rites d'interaction*, pp. 13-14.（前掲『儀礼としての相互行為』）

（32）A. W. Rawls, « L'émergence de la socialité: une dealectique de l'engagement et de l'ordre », *Revue du MAUSS*, 19, 2002/1, p. 131. 同じく Anne Warfield Rawls, « The interaction order sui generis : Goffman's contribution to social theory », *Sociological Theory*, 5(2), 1987 を参照。

（33）Rawls, « L'émergence de la socialité », p. 136.

（34）*Ibid.*, p. 142.

（35）*Ibid.*, p. 148. ロールズは、「当初の立場の純粋な平等主義（相互行為の一種独特な秩序の下に横たわる原理として存在している）」を採用している。彼女は、それを「自己実現や自己保存にとって絶対に必要なもの」とし、「厳密な互酬性の原理に反することが、パーソナリティーの構成に対して具体的で直接的な帰結をもたらす」と措定している。われわれは、著者が、この種の主張をするために、どのような暗黙の「自己」モデルや「パーソナリティー」モデルを念頭に置いているのかを問うことができる。

（36）Norbert Elias, *La Civilisation des mœurs*, Calmann-Lévy, 1973.（ノルベルト・エリアス『文明化の過程・上　ヨーロッパ上流階層の風俗の変遷』赤井慧爾ほか訳〔叢書・ウニベルシタス〕、法政大学出版局、二〇一〇年）

（37）Luc Boltanski, « Erving Goffman et le temps du soupçon », *Information sur sciences sociales*, 12(3), 1973, pp. 127-147.

（38）R. Castel, « Institutionse totales et configurations ponctuelles », *in* Joseph, Cosnier, Robert Castel, et al., *op.cit.*, p. 31.

（39）John Joseph Gumperz, *Engager la conversation: Introduction à la sociolinguistique interactionnelle*, Minuit, 1989, p. 8.

（40）*Ibid.*, p. 15.

（41）*Ibid.*, pp. 15-16.

（42）Cicourel, *op. cit.*, pp. 29-30.

（43）加えてそれは、その非常に形式的な側面、例えば語彙論と統辞論、会話の始まりと終わり、発言の順番、話題の転換、イントネーション、間などを研究するためである。ゴフマンは、会話分析派に対する批判のなかで、以下のように述べていたミハイル・バフチンのような著者に非常に近い態度を示している。「こうした状況との具体的なつながりのために、言語的コミュニケーションには、非言語的性格を備えた社会的行為が常に付随している。言語的コミュニケーションはしばしば、そうした社会的行為の補語にすぎず、それに奉仕するものなのである」。M. Bakhtine, *Marxisme et philosophie du langage : essai d'application de la méthode sociologique en linguistique*, Minuit, 1977, p. 137.（ミハイル・バフチン『マルクス主義と言語哲学——言語学における社会学的方法の基本的問題』桑野隆訳、未来社、一九八九年）

（44）Goffman, *Façons de parler*, p. 38.

（45）H. Sacks, E. A. Schegloff, G. Jefferson, « A simplest systematics for the organization of turn-taking for conversation », *Language*, 50, 1974, pp. 696-735, および Emanuel A. Schegloff, « Between macro and micro: Contexts and other connexions », in Jeffrey C Alexander, Bernhard Giesen, Richard Münch et Neil J Smelser dir., *The Micro-Macro Link*, University of California Press, 1987, pp. 207-234.（エマニュエル・A・シェグロフ「ミクロとマクロの間——コンテクスト概念による接続策とその他の接続策」、ジェフリー・C・アレグザンダーほか編『ミクロ－マクロ・リンクの社会理論』所収、石井幸夫ほか訳〔「知」の扉をひらく〕、新泉社、一九九八年）

（46）相互行為者たちの職業的社会化が帯びる重要性を理解するためには、専門医同士の（病理学者と伝染病の専門家との）やりとりについて、シクレルによって分析されたケースを思い浮かべれば十分である。

（47）ある夫婦同士の会話のなかで、制限コード（バーンスタインの意味で）が使用されるかもしれない。なぜなら、ちょっとした声の調子が、夫婦に共通する過去の経験に照らして意味をもちうるからである。いわゆる「ヌーボー・ロマン」の中心的人物であるナタリー・サロートは、自身の作品の大半を、会話分析者、コミュニケーションのエスノグラファー、ないし相互行為論的な社会学者になじみの領域を開拓するのに捧げた。『何かにつけて（*Pour un oui ou pour un non*）』（Minuit, 1982.）では、特有の口調で発せられた、取るに足りないささいなフレーズ（「それはよかった（c'est bien, ça）」）が、二人の古い友人同士の会話の中心にある。暗黙、ほのめかし、過去の経験や異なる社会的位置に結び付いた誤解、こうしたすべてが、会話の基礎と最も日常的な諍いを形成しているのである。

（48）Cicourel, *op. cit.*, p. 120.

（49）ポーカー・ゲームについての論文で、ゲイリー・ポッターは、彼もまた、ゲームを構成する一連の社会的相互行為と、ゲームに外在する諸要素とのあらゆる結び付きを明らかにしている。ゲームのスタイルやプレイヤーの行動は、彼らの所得水準（特に賭けに基づくゲームで）、社会的・民族的出自、ジェンダー的社会化、文化的資源などと無関係ではないし、プレイヤーは、先に打たれた一手によってだけ導かれるような、経験とは一切無縁の存在としてゲームに参加するわけではない。過去の社会化の経験に応じて、プレイヤーは、ほかのプレイヤーがおこなうことに関して、同じ表象を抱くわけではないし、同じゲーム状況に直面して同じ仕方で行為するわけでもない。G. Potter, « Sui generis micro social structures : the heuristic example of poker », *Canadian Journal of Sociology/Cahiers canadiens de sociologie*, 28(2), 2003, pp. 171-202 を参照。

（50）P. Bourdieu, « Un contrat sous contrainte », *in* Bourdieu, *Les Stuctures sociales de l'économie*, Seuil, 2000, pp. 181-221.（ピエール・ブルデュー「強制下の契約」『住宅市場の社会経済学』山田鋭夫／渡辺純子訳〔Bourdieu library〕、藤原書店、二〇〇六年）

（51）*Ibid.*, p. 182.

（52）*Ibid.*, p. 181.

（53）*Ibid.*, p. 210.

（54）Goffman, « L'ordre de l'interaction », p. 208.

（55）Patrick Pharo, *Le Civisme ordinaire*, Librairie des Méridiens, 1985, p. 88.「このように、恋愛の特徴は、一連の互酬性を発見した末にのみ、その関係に与えられるものである。すなわち、共在や会話の楽しみの互酬性、それぞれのパートナーの生活形態に対する関心の互酬性、情報、趣味の描写、秘密の交換の互酬性……」

（56）*Ibid.*

（57）Bourdieu et Wacquant, *op. cit.*, pp. 119-120.（前掲『リフレクシヴ・ソシオロジーへの招待』）強調は筆者。

（58）Bourdieu, *Ce que parler veut dire*, pp. 57-58.（前掲『話すということ』）

（59）*Ibid.*, p. 61.
（60）Bourdieu, *La Distinction*, p. 271.（前掲『ディスタンクシオン』Ⅰ・Ⅱ）
（61）Jean-Paul Thibaud dir., *Regards en action: Ethnométhodologie des espaces publics*, textes américains et anglais choisis et présentés par J.-P. Thibaud, Grenoble, À la croisée, 2002, p. 26. 同じく、Bernard Conein, Nicolas Dodier et Laurent Thévenot dir., *Les Objets dans l'action: De la maison au laboratoire*, *Raisons pratiques*, 4, 1993 を参照。
（62）ここで、*L'homme pluriel*, pp. 137-188.（前掲『複数的人間』）、および、ルーシー・サッチマンの研究に関する議論を参照されたい。
（63）Pierre Bourdieu et Jean-Claude Passeron, *La Reproduction: éléments pour une théorie du système d'enseignement*, Minuit, 1970, p. 20.（ピエール・ブルデュー／ジャン＝クロード・パスロン『再生産――教育・社会・文化』宮島喬訳〔Bourdieu library〕、藤原書店、一九九一年）
（64）ミシェル・グロセッティは、「データ収集の水準」が、「非常に異なる分析水準に結び付き」うると指摘する。「非常にミクロな水準で収集されたデータは、分析的に、きわめて大規模な水準に関係しうる（例えば、非常に一般的な文化的準拠点が相互行為のうちに認められる場合）。また逆もしかりである（統計的な規則性をもとにして個人の行動がモデル化される場合）」。Michel Grossetti, « Trois échelles d'action et d'analyse. L'abstraction comme opérateur d'échelle », *L'Année sociologique*, 56(1), 2006, p. 287.
（65）Giovanni Levi, « Les usages de la biographie », *Annales économies, Sociétés, Civilisations*, 6, nov.-déc. 1989, p. 1330.
（66）Ginzburg, *op. cit.*（前掲『チーズとうじ虫』）
（67）Lahire, *Tableaux de familles.*
（68）Elias, *Mozart: Sociologie d'un génie.*（前掲『モーツァルト』）
（69）Jacques Le Goff, *Saint Louis*, Gallimard, 1996.（ジャック・ル・ゴフ『聖王ルイ』岡崎敦／森本英夫／堀田郷弘訳、新評論、二〇〇一年）
（70）Joël Cornette, *La Mélancolie du pouvoir : Omer Talon et le procès de la raison d'état*, Fayard, 1998.

(71) Georges Duby, *Guillaume le Maréchal, ou le Meilleur chevalier du monde*, Fayard, 1984.
(72) Lahire, *Franz Kafka*.
(73) Lahire, *Portraits sociologiques* および Lahire, *La Culture des individus*.
(74) *La Culture des individus* の当該ケースで、私は、文化的実践と文化的選好の個人内の多様性と個人間の多様性（実践の文化的正統性の度合いという角度から見て、不協和的な文化プロフィールあるいは協和的な文化プロフィール）、および、こうした多様性を生み出すマクロ社会学的な諸条件（文化的な観点から見て、複数の社会化の枠組みを備えた高度に分化した社会）を同時に考慮しようとした。もっとも、ポートレートは、階級帰属に応じて位置づけられている。
(75) フレデリック・サヴィッキは、「対象領域が、単に掘り下げて研究する必要があるだけの小規模な社会や文化として見なされる」か、対象領域が「局所的な行為者の論理をそれに関連づけて理解しなければならないような独自の布置として把握される」かに応じて、局所的なモノグラフの地位を適切に区別している。F. Sawicki, « Les politistes et le microscope », *in* M. bachir dir., *Les Méthodes au concret*, PUF, CURAPP, 2000, pp. 143-164.
(76) 前掲の *La Culture des individus* で、私は、質問紙調査の個人的基礎（それぞれの被調査者が、提出される多数の質問に与える回答全体によって潜在的に特徴づけられるという事実）を尊重するために、大規模統計調査に含まれる諸個人の文化プロフィールを作成した。
(77) フロイトは、社会の理論のために、世界の個人的な観察レベルと「主観性の科学」という目標を手放すとき（Sigmund Freud, *Le Malaise dans la culture*, « Quadrige », Presses Universitaires de France, [1929]2010.〔ジークムント・フロイト、高田珠樹責任編集『フロイト全集20　一九二九―三二年　ある錯覚の未来・文化の中の居心地悪さ』岩波書店、二〇一一年〕および Sigmund Freud, *Totem et tabou*, « Quadrige », Presses Universitaires de France, [1913]2010.〔ジークムント・フロイト、須藤訓任監修『フロイト全集12　一九一二―一三年　トーテムとタブー』岩波書店、二〇〇九年〕を参照）、かなり異論の余地がある集合的なものの分析を生み出す。この分析は、個人的なもの（個人の心理現象）の解釈モデルを、集合的なもの（集合的無意識、集合性の超自我など）へと類推的に移し替える。

（78）方法論的に、精神分析は日陰の地帯を含んでいる。ある症例を研究するのに、非常に特殊な分析条件（長椅子や安楽椅子、自由に漂うように聞くこと（écoute flottante）、連想、セッションの繰り返しなど）を要するのだろうか、あるいは、司法官ダニエル・パウル・シュレーバーの症例のように、その解釈を単なる自叙伝（『シュレーバー回想録』）に基づかせることができるのだろうか。フロイトのように、自分の娘の分析をおこなうことができるのだろうか（このことが提起しうる転移に関わるあらゆる問題とともに）。父親と息子の会話をもとに精神分析的解釈を提出することができるのだろうか（「少年ハンス」の症例）。

（79）Jean Laplanche, *La Révolution copernicienne inachevée: 1967-1992*, « Quadrige », Presses Universitaires de France, 2008, p. 122.

（80）一般的に見て、心理現象の一般理論を提出するために症例からとりかかることは、必ずや、この理論の諸特徴にさまざまな影響をもたらしうる。

（81）場の観念を、「環境（*milieu*）の効果を、相互行為のなかでおこなわれる直接的な行為の効果に還元するように仕向ける実在論的な表象と」（Bourdieu, *Leçon sur la leçon*, p. 42.）手を切る手段として考えていたのは、とりわけブルデューの立場である。しかしながら、そうした「切断」は、マクロ社会学的なレベルで社会的世界のいくつかの側面を検証する際（客観的に見て、互いに競争し合っているものの、直接的には対人的な接触をしていない諸行為者の行動を特に理解しようとするとき）、有効であるかもしれないが、一般的かつ絶対的に強制されるものではない。それは、相互依存関係に絡め取られた個人に対する構造化の効果（社会化の効果）をまさに研究しようとするとき、何ら適合性をもたない。そのため、子どもの行動が「場」や全体的「社会空間」でのその位置によって決定されると述べることは何の意味ももたないということが、十分に理解されるのである。ある空間やある場に向かうよりも先に、子どもは、家族的布置の最中で、行為、表象、知覚、評価の図式を構造化する。ブルデューの誤りは、認識目標、認識対象、およびこれらの対象の観察レベルを考慮に入れないところにある。

（82）S. Freud, « Psychologie collective et analyse du moi », *in Essais de psychanalyse*, « PBP », Payot, [1921]1968, pp. 83-84.（ジークムント・フロイト、須藤訓任責任編集『フロイト全集17　一九一九—二二年　不気味なもの・快原理の彼岸・集団心理学』岩波書店、二〇〇六年）

(83) *Ibid.*（同訳書）

(84)「治療では、転移という現象が、分析者との関係のなかで自己実現する、抑圧された葛藤に固有の要求を確認させる。この現象とそれが提起する技法的問題が次第に重要視されるとともに、フロイトは、記憶の再現のほかに、転移性反復と徹底操作を、治療過程の重要な要素として、治療の理論モデルを作り上げた」。Laplanche et Pontalis, *op. cit.*, p. 87.（前掲『精神分析用語辞典』）

(85) けれどもフロイトは、『自我とエス』では、彼が専念するこうした無意識と、潜在的表象で構成されたほかの形態の無意識との間の相違を心得ていたように見える。潜在的表象とは、自覚していないが、にもかかわらず抑圧されていないものであり、精神分析は、それを明るみに出す資格をもっていないのである。Jean-Michel Quinodoz, *Lire Freud. Découverte chronologique de l'œuvre de Freud*, Presses Universitaires de France, 2004, p. 223.（ジャン＝ミシェル・キノドス『フロイトを読む――年代順に紐解くフロイト著作』福本修訳、岩崎学術出版社、二〇一三年）を参照。

(86) 反対に、フロイトの著作のもう一つの側面は、彼を社会諸科学の研究から遠ざけている。ロジェ・バスティードは、一九五〇年に、次のように述べ、それを見事に要約していた。「おそらく、彼の生物学主義、本能論、そして人間の行動を説明するコンプレックスの不変性が、より公平な社会心理学を築き上げるのを妨げたのだろう」（Roger Bastide, *Sociologie et psychanalyse*, Presses Universitaires de France, 1950, p. v）。こうした批判――超自我、無意識、欲動、エディプス・コンプレックスなどに関するフロイトの仮説の一部に含まれる生得論や反歴史的性格――は、フロイトの仕事のすぐれた権威かつ称賛者たるエリアスが、彼自身、長らく未刊であったテクスト（Elias, *Au-delà de Freud.*）のなかで生涯の最後に表明するものに収斂する。

(87) Laplanche et Pontalis, *op. cit.*, p. 33.（前掲『精神分析用語辞典』）

(88) *Ibid.*, p. 34.

(89) Norbert Elias, *Qu'est-ce que la sociologie?*, Presses Pocket, 1991, p. 165.（ノルベルト・エリアス『社会学とは何か――関係構造・ネットワーク形成・権力』徳安彰訳〔叢書・ウニベルシタス〕、法政大学出版局、一九九四年）

(90) 同じく、Norbert Elias, « Sociologie et psychiatrie » [1969-1972], *in* Elias, *Au-delà de Freud*, pp. 47-79 を参照。

(91) サルトルは、すでに形成された大人としてのみ、人間に関心を抱いているとして、当時のマルクス主義者たちを批判していた。「彼らのものを読めば、われわれは、初任給を得る年齢で生まれるのだと信じることになるだろう。言い換えれば、彼らは、自分自身の幼少期を忘れ去ってしまったのだ」。Jean-Paul Sartre, *Questions de méthode*, Gallimard, 1986, p.60.（ジャン゠ポール・サルトル『サルトル全集25　方法の問題・弁証法的理性批判序説』平井啓之訳、人文書院、一九六二年）

(92)「社会環境」といったマクロ社会学的な見方から、「文化資本の伝達」というメタファーを必然的に諦め、「家族的布置」といったよりミクロ社会学的な見方へと移行することに関わる、こうした問いには、*Tableaux de familles* で詳細に取り組んだ。

(93) デュルケムの自殺に関する古典的ではあるが、非常に挑発的な著作（*Le Suicide*, « Quadrige », Presses Universitaires de France, [1897]1983.〔デュルケム『自殺論』宮島喬訳〔中公文庫〕、中央公論社、一九八五年〕）が証明しているとおりである。

(94) Bastide, *op. cit.*, p. 59.

(95) Bourdieu, *Questions de sociologie*, p. 75.（前掲『社会学の社会学』）

(96) コリンズがよりどころとする論拠の一つ、つまり集合的実体が個人のように行為する行為者ではないという事実は、私が思うに、今日社会学者たちによって広く共有されている。しかしながら、その開始以来、社会学がくみしてきた集合的なものの人格化は、だからといって、集合的実体は「真に現実的」ではない、あるいは相互行為ほど「現実的」ではないと考えることなく、修正することができる誤りである。

(97) R. Collins, « On the microfoundations of macrosociology », *American Journal of Sociology*, 86, 1981, p. 988. したがって、コリンズは、質問紙調査や面接調査をおこなうよりもむしろ、非常に幅広い会話の標本を研究することを推奨している。そのようなプロジェクトは、関心を欠くものではないが、しかしながら、相互行為している諸個人の過去を再構築しえないと同時に、どのような身体化された過去に基づいて彼らが行為し、反応しているのかを把握しえないということを示しているだろう。

(98) M. Callon et B. Latour, « Unscreving the big Leviathan : how actors macro-structure reality and how sociologists

help them to do so », *in* K Knorr-Cetina et Aaron Victor Cicourel dir., *Advances in Social Theory and Methodology: Toward an Integration of Micro- and Macro- Sociologies*, Routledge & Kegan Paul, 1981, pp. 277-303 および A. V. Cicourel, « Notes on the integration of micro- and macro-levels of analysis », *in Ibid.*, pp. 51-80. (texte traduit en français sous le titre : « Micro-processus et macro-structures », *SociologieS*, 2008, 〈http://sociologies.revues.org/index2432.html〉.)

(99) A. V. Cicourel, « Micro-processus et macro-structures », *loc. cit.*, §42. 強調は筆者。

(100) Randall Collins, « The micro contribution to macro sociology », *Sociological Theory*, 6(2), 1988, p. 242. コリンズの立場に対する力強い、厳密な批判として、ステファン・フックス (Stephan Fuchs) の論文 « On the microfoundations of macrosociology : a critique of macrosociological reductionism », *Sociological Perspectives*, 32(2), 1989, pp. 169-182 を挙げることができる。

(101) Krzysztof Pomian, *L'Ordre du temps*, Gallimard, 1984.

(102) Krzysztof Pomian, « L'histoire de la science et l'histoire de l'histoire », *Annales. économies, Sociétés, Civilisations*, 30(5), 1975, p. 945.

(103) *Ibid.*, p. 31.

(104) Lepetit, art. cité., p. 137.

(105) Goffman, *Façons de parler*, p. 38.

(106) Cicourel, *op. cit.*, p. 140.

(107) 社会学のさまざまな類型の対象のそのような客観化は、Collins, « On the microfoundations of macrosociology », p. 986 に見いだされる。

(108) Yves Lacoste, *La Géographie, ça sert d'abord à faire la guerre*, « PCM », Maspero, 1982, p. 52.

(109) *Ibid.*, p. 55.

(110) J. Revel, « Micro-analyse et construction du social », *in* Menger et Passeron, *op. cit.*, pp. 303-327 および Paul Ricœur, *La Mémoire, l'histoire, l'oubli*, « Points Essais », Seuil, 2000.（ポール・リクール『記憶・歴史・忘却』上・下、

久米博訳、新曜社、二〇〇四・〇五年）

（111）これは地理学者ラコストの立場である。「実行しうる観察の性質、設定しうる問題系、構築しうる推論は、考慮される空間のサイズとその選別基準の関数である。したがって、その問題は、地理学的推論にとってきわめて重要である。「異なるレベルで同じ一つの現象を研究しうる」と宣言する、何人かの地理学者に反して、異なるレベルで把握されるために、それは異なる現象なのだと心得る必要がある」。Lacoste, *op. cit.*, p. 68.

（112）Gilles Deleuze et Félix Guattari, *Qu'est-ce que la philosophie?*, Minuit, 1991, pp. 32-33.（ジル・ドゥルーズ／フェリックス・ガタリ『哲学とは何か』財津理訳〔河出文庫〕、河出書房新社、二〇一二年）

（113）Bourdieu, *Les Règles de l'art*, p. 288.（前掲『芸術の規則』Ⅰ・Ⅱ）

（114）Pierre Bourdieu et Michael Grenfell, *Entretiens: Pierre Bourdieu-Michaël Grenfell*, Centre for Language in Education, University of Southampton, Occasional Papers, 37, mai 1995, p. 8.

（115）この構想は、ロジェ・シャルチエのような歴史学者によって主張されたそれに似ている。ただしシャルチエは、「実在と認識とを一致させる認識論」（Roger Chartier, *Au bord de la falaise: L'histoire entre certitudes et inquiétude*, Albin Michel, 2009, p. 20.）の幻想から脱したとはいえ、「歴史は意図と真理原則によって命じられるということ、歴史が自らの対象とする過去は言説に外在する実在だということ、そしてその認識は統制されうるということ」（*Ibid.*, p. 17.）を支持している。

（116）これこそまさに、ヴェーバーのような著者が絶えず主張していることである。ヴェーバーにとって、「文化的実在の認識はすべて、常に特殊化された特定の［*besonderen*］観点に基づく認識である」。そしてヴェーバーは、次のように明言している。「これらの諸観点が「素材そのものから取り出」されると断言するような見解が絶えず現れるとすれば、それは学者の素朴な幻想から生じたものでしかない。学者は、当初から、価値理念をもって無意識に素材に取り組んだのだが、こうした価値理念によって、自身にとってだけ重要となる検討対象を形成するために、絶対的に無限の実在のなかから、わずかな断片を切り分けたのだということを理解しないのである」。Weber, *Essais sur la théorie de la science*, p. 161.（前掲『社会科学と社会政策にかかわる認識の「客観性」』）

（117）私はとりわけ、文学ゲームに先立つ社会化の諸経験（家族、学校）にさかのぼること、文学ゲームに並行する諸経験、（職業的空間、政治的諸経験）を観察するためにフォーカス・レンズを開くこと、そしてさらに、カフカのテクストを何とか理解するために、オーストリア＝ハンガリー帝国の主要な社会的（国家的、言語的、宗教的、社会的）構造化を把握すべく、より広範に文脈を拡大することが必要だということを示した。Lahire, *Franz Kafka* を参照。

（118）Michael Baxandall, *Formes de l'intention: Sur l'explication historique des tableaux*, éditions Jacqueline Chambon, 2000, p. 57.

（119）Weber, *Essais sur la théorie de la science*, p. 238.（前掲『社会科学と社会政策にかかわる認識の「客観性」』）

（120）*Ibid.*, pp. 238-239.

（121）*Ibid.*, pp. 239-240.

（122）*Ibid.*, p. 241.

（123）Patrick Boucheron, *Faire profession d'historien*, Publications de la Sorbonne, 2010, pp. 63-65.

（124）Weber, *Essais sur la théorie de la science*, p. 133.（前掲『社会科学と社会政策にかかわる認識の「客観性」』）

（125）Gilles Deleuze, « Cinéma et pensée », cours 67 du 30 octobre 1984, 〈www.univ-paris8.fr/deleuze/article.php3?id_article=4〉［二〇一五年六月二十日アクセス］

（126）Lahire, « Une problématique existentielle transposée », pp. 77-87 を参照。

（127）当該の思想家たちの（家族的、学校的、職業的）社会化の諸経験を再構築することによって、十八世紀スコットランドでの「啓蒙思想」（デイヴィッド・ヒューム、アダム・スミスなど）を分析する試み――非常に欠落的で強く批判された――は、北アメリカの社会学者チャールズ・カミックの研究に見いだされる。Charles Camic, *Socialization for Cultural Change in Eighteenth-Century Scotland*, University of Chicago Press, 1983 を参照。

（128）Ludwig Wittenstein, *Tractatus logico-philosophicus* (*suivi de*) *Investigations philogophiques*, Gallimard, 1986, p. 287.（ウィトゲンシュタイン『論理哲学論考』野矢茂樹訳〔岩波文庫〕、岩波書店、二〇〇三年）

（129）Bernard Lahire, « Linguistique, écriture et pédagogie: champs de pertinence et transferts illégaux », *in* Lahire, *La Raison scolaire*, pp. 59-67.

（130）Wittgenstein, *Remarques mêlées*, p. 59.（前掲『反哲学的断章』）

(131) Clifford Geertz, *Savoir local, savoir global : les lieux du savoir*, Presses Universitaires de France, 1986, p. 45.（クリフォード・ギアーツ『ローカル・ノレッジ――解釈人類学論集』梶原影昭ほか訳〔岩波モダンクラシックス〕、岩波書店、一九九九年)。しかしながら、ギアーツが挙げる例は、ヨーロッパの社会学者というよりも、北アメリカの人類学者を論じるものとなっている。ヨーロッパの社会学者にとって、対面的相互行為は、むしろ「人生は舞台だ」を支持する者に結び付けられるのである。

(132) *Ibid.*（同訳書）

(133) Bakhtine, *Marxisme et philosophie du langage*, p. 75.（前掲『マルクス主義と言語哲学』）

(134) Rawls, « L'émergence de la socialité ».

(135) 研究者が再構築しようと努めなければならないやりとりの文脈は、彼が研究するやりとりの次元に応じて、必ずしも同じものにならないだろう。

(136)John Langshaw Austin, *Quand dire c'est faire*, « Points Essais », Seuil, 1991.（J・L・オースティン『言語と行為』坂本百大訳、大修館書店、一九七八年）

(137) バーガーとルックマンは、「現実を保持する最も重要な媒体は会話である」と断言してさえいた（Berger et Luckmann, *op. cit.*, p. 208.〔前掲『現実の社会的構成』〕)。そのような命題は、社会化の過程に関する研究に通じ、こうして「会話」が数ある状況のうちの――より実践的な――一類型にすぎないということを知るすべての者たちにとって、還元主義的な性格をもったものとして現れる。しかしながら、そうした状況で、常に存在する言語は、あまり中心的なものではないのである。

(138) Callon et Ferrary, art. cité, pp. 37-44.

(139) Bruno Latour, « Une sociologie sans objet?: Remarques sur l'interobjectivité », *Sociologie du travail*, 36(4), 1994, pp. 587-607.

(140) *Ibid.*, p. 588.

(141) *Ibid.*, p. 595.

(142) Callon et Ferrary, art. cité, pp. 41-42.

(143) Boltanski et Thévenot, *op. cit.*, p. 11.（前掲『正当化の理論』）

(144) Luc Boltanski, *De la critique: Précis de sociologie de l'émancipation*, Gallimard, 2009, p. 48.

(145) Dodier, art. cité, p. 71. 強調は筆者。そこでは、文化的あるいは社会化的な「接触（bain）」という観念が、社会化理論の零度になることが指摘されている。

(146) 批判の社会学は、それもまた、行為者に対して、批判の能力を「気前よく」賦与する。ただし、「気前がいい」（批判の社会学）か、否（批判の社会学に従えば、批判社会学に相当する）かが問題なのではなく、行為者がこの種の能力と性向を発展させるための諸条件（文化的、家族的、学校的、職業的、など）はどのようなものかを知ることが問題なのだということができるだろう。

(147) Luc Boltanski, Yann Darré et Marie-Ange Schiltz, « La dénonciation », *Actes de la recherche en sciences sociales*, 51, mars 1984, pp. 3-40.

(148) Luc Boltanski et Elisabeth Claverie, « Du monde social en tant que scène d'un procès », *in* Luc Boltanski, Elisabeth Claverie, Nicolas Offenstadt et Stéphane Van Damme, *Affaires, scandales et grandes causes*, Stock, 2007, p. 404.

(149) Boltanski, *De la critique*, p. 13.

(150) *Ibid.*, p. 51.

(151) Wittgenstein, *De la certitude*, pp. 61-63.（前掲『ウィトゲンシュタイン全集9 確実性の問題・断片』）

(152) ボルタンスキーは、行為者たちが、自身が刻み込まれる一般的枠組みを、絶えず問い直したり、議論したりしうるわけではないということを理解している。というのも、行為者たちは、こうした現実が、自分たちよりも強大で、自分たちを超え出たものだと感じているからである（Boltanski, *De la critique*, pp. 58-59.）。にもかかわらず、ボルタンスキーは、以下のように述べて、通常の物事の秩序を逆転させている。「論争、および、それに付随する、多様な観点、解釈、用法を社会的紐帯の中心に据え、この立場から一致の問題に立ち返るために、すなわち、その不確かな、壊れやすい、そしておそらく例外的な性格を探究するために、社会生活のはたらきにいわば内在しているような暗黙の一致という観念を断念する」（*Ibid.*, p. 98.）必要がある。

(153) 「すべてを疑おうとする者は、疑うところにまで行き着かないだろう。疑いのゲームは、それ自体、確実性を前提にしている」。Wittgenstein, *De la certitude*, p. 53.（前掲『ウィトゲンシュタイン全集9　確実性の問題・断片』）。あるいはさらに、「つまり、われわれが提起する問いや疑いは、次のことに立脚している。すなわち、ある命題は、そのうえでこうした問いや疑いが回転する肘金のように、疑いを免れている」。*Ibid.*, p. 89.（同訳書）

（154）Michel Meyer, *Questions de rhétorique : langage, raison et séduction*, Librairie générale française, 1993, p. 54.

（155）Boltanski, *De la critique*, p. 44.

（156）Weber, *Essais sur la théorie de la science*, p. 164.（前掲『社会科学と社会政策にかかわる認識の「客観性」』）

科学の社会的分業を再考する

ミシェル・ド・セルトーは定義されること、すなわち、自分がおこなっていることを、学問的カテゴリーの一つに閉じ込めることをあまり好まなかった。大学教員は、自分を安心させるために、そうすることをずいぶん求めたがるのだが。（略）彼にとって、歴史に取り組むということは、社会学的であれ、経済学的であれ、心理学的であれ、文化学的であれ、ほかで鍛え上げられたモデルを批判的検証にかけることであると同時に、資料体に秘められた記号の意味を理解するために、自身がもつ記号学者、民族学者、精神分析学者としての能力を動員することであった。これら修得された知相互の予期せぬ、自由な、逆説的な交差によって、それ自身の欠陥を測定しながらも、職業歴史学者たちが見事に遵守された仕事（métier）の規則をそこに認めるような特有の文体が生み出される。この無尽蔵の知性は、ときに、その文体を理解するにはあまりに狭量な者たちに頭を悩ませたり、苛立ったりしていた。R. Chartier, *Au bord de la falaise* (*op. cit.*, pp. 189-190.).〔ロジェ・シャルチエ『断崖の淵で』〕

人文・社会諸科学の読者の目に飛び込んでくるものの一つは、こうした広大な研究分野に属するきわめて多様な研究である(1)。歴史学は、出来事の歴史でもあれば長期の歴史でもありうるし、生活誌で把握される個人の道程の歴史でもあれば大規模な不変の経済構造や文化構造の歴史でもありうる。社会学は、さまざまな階級ないし階級内集団が、諸制度ないしあれこれの実践分野に対して取り結ぶ諸関係の分析を含んでいるだけでなく、日常生活の相互行為のミクロ社会学的分析も含んでいる。地理学の仕事は、「きわめて変化に富んだ諸問題および極端に不均等なサイズの空間（村落や農業開発のモノグラフから、サヘル地域の問題のように数百万キロ平方メートルを対象とする研究にいたるまで）[2]」を対象としている。また、こうしてわれわれは、関連する諸学問のすべてに対して同様の確認をすることができるだろう。

本書の一部は、多くの場合、研究者たちが、行為の文脈と行為者の身体化された過去を二重に考慮することを通じて社会的実践（行為、行動など）を説明する、より一般的な一つのプログラムの諸側面や諸部分を研究する以外にないということを示すことによって、社会学、そして私が期待するに、それを少し超えたところで、人文・社会諸科学をおこなうさまざまな方法の間にある目に見えない結び付きを編み上げ直すことを目的にしていた。研究者たちは、よりいっそう、文脈の構造化あるいは行為者の身体化した特性を、ミクロ社会学的水準の社会的現実あるいはマクロ社会学的水準の社会的現実を、そして非常に異なる類型の諸文脈およびこれらの諸文脈の異なる諸側面を研究することができる。しかし、これらの多元的なアプローチは、私の立場からすれば、一つのプログラム全体を部分的に実現したものでしかない。研究者たちは、それを見失わないことによって、得るところがあるだろう。

以上のように考えられるならば、種々の研究はもはや完全には同じ意味をもたないものになる。すなわち、それらは、対立し合うというよりもむしろ、相互に接点をもち、補完し合うものになるのである。しかし、人文・社会諸科学をおこなうさまざまな方法をこのように一望することはまた、一般的なものとして、そして普遍的なものとしてさえ提示された大半の社会的なものの理論を、単なる局所的理論として出現させるという効果ももつ。人文・社会諸科学は、行為一般や行為の文脈一般を論じていると信じているのだが、ある類型の行為、ある種の文脈、および、ときにはあるカテゴリーの行為者を論じているにすぎないのである。ありうるすべてのケースを論じているにもかかわらず、研究者は「たった一種類の実例で自分の思考を養っているにすぎない」(ヴィトゲンシュタイン)。社会的世界についての正統な理論の独占をめぐる闘争と切り離しえない混迷のうちにその原因を探し求めなければならないような、そうした病の治療法は、多様な事例、多様な観察レベル、調査される多様な社会的現実の水準、多様な類型の対象区分を必要とする個性的な実践にあるかもしれない。それはまた、われわれがそのいくつかの断片や側面だけを明らかにした際に、現実のテリトリー全体を開拓し、網羅したのだと主張するのを避け、よりいっそうの節度を保つことにあるかもしれない。

他方で、現代の人文・社会諸科学は、それらの研究の二重の分散過程を経験している。すなわち、ある種の学問が社会的世界の特殊な次元を優先的に扱うようにさせる学問区分(経済、政治、法、教育、心的生、言語、芸術、宗教など)と、高度専門化の形態をとる下位学問区分(例えば、都市史、教育史、科学史、文化史、芸術史、政治史、宗教史など)の過程である。そうした分化は、学問の科学的専門化の動きに結び付けられる。ただし私には、その動きの肯定的な側面を再検討するつもりはない。研究者たちは、正確性という点でも、厳正性という点でも、自身の企図と経験的資料の画定という点でも、もたらされる証明の質という点でも、それによって利益を得たのである。しかし研究者が、自身の学問内部の同じ下位専攻に属するほかの研究者の研究だけしか読まず、それだけにしか精通していないとき、生産された知識を著しく干上がらせてしまう危険性もまた非常に大きなものになる。

研究者たち自身は、結果として、社会的全体性の感覚および異なる実践諸分野の間に存在する相互依存関係の感覚を失い、個人の行為者を、それほどありそうもない抽象的な経済的人間、法律的人間、政治的人間、精神分析学的人間、言語的人間などに区分することになる。と同時に、研究者たちは、非専門家の読者たちに対して、彼らが生きる社会の多少なりとも明確なイメージを提供することが不能な状態に陥ってしまう(3)。こうした一般的野心の不在は、非専門家たちが研究者たちの諸研究に向けうる関心に対して実践的な帰結をもたらすものになる。それはまた、政治秩序に対してさらに重大な帰結をもたらしもする。要するに、政治的想像力をめぐらせること、そして異質な諸事実や諸分野の間に存在する結び付きやアナロジーを打ち立てることを可能にする全体像が、もはや学者によって構築されないならば、そうした全体像は、好ましい表明の場所を、データも方法もなく、非常に「自由」な仕方で社会的世界を論じるすべての者たち、すなわちイデオローグ、評論家、論説委員、ないし哲学者兼ジャーナリスト（philosophes-jounalistes）のうちに見いだすことになるのである。したがって、学問的閉鎖、高度専門化、そして偏狭的な形態の学術的プロフェッショナリズムの否定的効果について私の見解を述べることで本書の結論に代えたいと思う。

学問的閉鎖

人間の諸活動を現実的に方向づける過程として、諸社会が社会的に分化することは、人文・社会諸科学にとって主要な問題となっている。より正確にいえば、これらの諸科学が社会的世界の一つの像をその全体において伝えようとする際に、それは克服すべき障害となる。そのとき人文・社会諸科学は、分化する流れに身を委ねて、社会空間のますます限定された部分に特化した知識だけを生産することを拒否しなければならない。まず哲学と歴史学が、ついで社会学が、より細分化された形態の社会的世界の表象へと繰り返し立ち戻りながら、包括的な枠組みを提供することをその目的にしたのである。

宗教と哲学が、その統一的な権威を喪失していた最中に、反理論的で柔軟な体系的（布置的 configurative）実践を備えた歴史学は、主要学問になった。それを通じて、十九世紀は、近代（modernité）のますます断片化した文化的世界を思考のうちに収めようとしたのである。それから歴史学は、その義務に背き、区分されて実証主義的な専門分野になった。社会学はこうした欠陥を埋めるべく誕生した。社会学は、社会的闘争に構造的定義と目標を与えることができる全体論的システムを構築することによって、社会的現実を秩序づけようとした。しかしながら、オーギュスト・コントやジョン・スチュアート・ミルから、マルクスやデュルケムを経て、ヴェーバーにいたるまで、社会学の革新者たちの実在論（réalisme）そのものが、近代社会を区分した結果として生じる分化した諸下位文化への還元主義を実践するように彼らを導いたのである。「戦争は戦争」から「芸術のための芸術」にいたるまで、自律的な諸領域は、文化的統合と同様、概念的統合あるいは知的統合に抵抗して、ますます強固なものになった。(4)

そのような抵抗に直面した際に、デュルケムがもつすぐれた点の一つは、ときに社会学的帝国主義と混同されうるのだが、当時の社会的世界に関するさまざまな科学が共有していたものを見通すその能力にあったように私には思われる。そうした諸科学は、一般的には専門化されたアプローチと考えられ、それらの間に重要な結び付きはないものと見なされたのである。

実際に、経済学、政治学、比較法制史、宗教学、人口学、政治地理学といった、これらの専門科学は、現在まで、それぞれが独立した一つの全体を形成しているかのように理解され、適用されてきた。反対に、それらが専心する諸事実は、同じ一つの活動、すなわち集合的活動の多様な顕現にすぎないにもかかわらず、である。それは、それらを統合する紐帯が気づかれないままだったことに由来する。近年まで、経済的現象と宗教的現象との間に、人口学的実践と道徳的観念との間に、地理学的条件と集合的顕現との間に関連が存在すると誰が考えていたであろうか。こうした隔絶のなおいっそう重大な帰結は、それぞれの科学が、自らの範囲に属する諸現象を、それらがどのような社会体系にも結び付かないかのように研究していたということである。(5)

扱われるさまざまな類型の事実に共通する――社会的な――性質だけでなく、非常に異なる知の分野によって別々に検討されるさまざまな次元の現象の相互の諸関係をも明らかにすることで、デュルケムは並行するこれらのさまざまな科学的企図の意味をかなり根本から変更している。確かに彼は、その方法によって、さまざまな専門科学を結集する科学を「社会学」と呼び、これらの科学を「そのすべてを含み込む一独自科学の諸分野[6]」にするような、達成される大規模な科学的操作を、それほどまでに自律した学問的領土を併合するところに存する認識論的な強権発動にしてしまえば、それは正当なものと認められないだろう。分離された諸学問を結集することで、社会的世界をよりよく理解するという目的のもと、それらの役割と機能を変更することが可能になる。それらの諸学問が組み込まれている経済全体を変えることによって、それらを別の体制へと「方向転換」させるのである。「その点からすれば、ほかの諸学問に無関心のまま、そのうちの一つを修めることはもはや不可能である。なぜなら、それらがそれぞれに研究する諸事実は、同じ一つの有機体の諸機能のように絡まり合い、相互に緊密に結び付いているからである[7]」

エリアスは、再統一された「人間科学」のようなものの到来を願いながら、デュルケムよりもはるか先に進むことになる。そのなかでは、用語の広い意味で、精神分析や精神療法や精神医学を含めた心理学が、社会学と歴史学とともに、しかるべき地位をもっている。

そしてわれわれはまた、近道を通ることで、隣接する人為的境界を打ち破るにいたる地点へとたどり着く。こうした境界は、人間に関するわれわれの考察を、心理学者の人間、歴史学者の人間、社会学者の人間といった、カテゴリー上のさまざまな分野に区分することに奉仕する。人間の内面構造と歴史構造は不可分の相補的な現象であり、それらはその相互依存関係のなかでのみ研究されうるものである。それらは、今日の研究がそう思い込みたいように、相互に独立した仕方で現に存在するわけでも、進展するわけでもない。反対に、それらは、そのほかの諸構造とともに、唯一かつ独自の人間科学の対象を構成している[8]。

このように、エリアスは、「心理現象」（パーソナリティー構造や感性構造、心的経済の構造など）を「社会構造」（集団、相互依存関係の布置など）から根底的に自律し、分離した現実にしてしまわないことを望んでいる。すなわち、それは、社会構造を（長期の過程に関わる諸契機というよりむしろ）時間とは無縁のものとして凝固した現実にしてしまわないようにすることである。それぞれの個別科学が何らかの次元の社会的現実の研究に専念しうるということは、それらの対象が根本的に異なるものだということを意味しない。異なる認識視点をとるからといって、現実において分離した「実体（substances）」が存在するという考えに行き着く必要はないのである。

学問間の制度的な断絶が、ある種の現実の科学的理解にとって宿命的たりうるということを示すのに、一方で社会学（および、より一般的には、いわゆる社会諸科学全般、つまり人類学、歴史学、政治学、経済学など）と、他方で言語学（および、より広範には、象徴的生産に関わるすべての科学、つまり記号学、言説分析、美学理論、文学理論など）との間で成し遂げられた分離の例ほどすぐれた例はおそらく存在しないだろう。そのような対立は、いわゆる社会的現象といわゆる象徴的（言語的、美学的、図像的、言説的、テクスト的など）現象の理解に対して強力な障害を構成する。これらの学問が存在して以来、われわれがそこで成長する現実の科学的な研究を組織するための類型、とりわけ、発話行為（énonciation）の社会的文脈や発話者の社会的特性に関する諸科学と、言語や象徴形式の諸科学との間の科学的分業、作品（あるいは言説）の生産の社会的条件の研究を担う諸科学と、作品（あるいは言説）の研究に専念する諸科学との間の科学的分業は、結局のところ同じ一つの現実の異なる側面でしかない諸要素の間に存在論的ともいうべき断絶を設けている。このようにして、社会学主義と形式主義との対立、外的読解と内的読解との対立は、現実において明確に分離した異質な二つの実体を関連づけなければならないかのように、「外的なもの」と「内的なもの」の関係、「社会的なもの」と「言語的なもの」（「象徴的なもの」「言説的なもの」など）の関係といった疑似問題を提起するように仕向けるのである。(9)

ここでわれわれは、エリアスが、社会学者たちが「個人」と「社会」の関係という問題をしばしば提起するその仕方を批判していた際に、彼によって想起されたケースときわめて類似のケースに立ち戻ることになる。「社会は「諸個人」から形成されているために、そして諸個人は他者との関係に応じてのみ、したがって「社会」のなかでのみ、その特殊人間的な性格——つまり、彼らの話す能力、思考する能力、愛する能力——を獲得しうるために」、社会学者たちが「別の水準では完全に「心得ている」」[10]としても、彼らの頭のなかでは、これらの現実は直ちに十分に区別された二つの実体として見なされるのである。このためエリアスは、何よりもまず、研究者が使用する言葉や、社会的現実に関するわれわれの十全な理解を阻むこうした言葉の性能について自問するように促していた。彼が再考する「個人」と「社会」の対立は、「社会的なもの」と「言語的なもの」の対立と同様に、科学的分業によって支えられている。すなわちそれは、個人ないし個人的なものの諸科学（心理学、精神分析学、出来事史、および「偉人」の伝記など）と、社会（集合的なもの、一般的事実、ないし統計的「趨勢」）の諸科学の対立である。一方で、個人と社会（社会的文脈や社会環境）、行為者とシステム、個人の自己と社会構造、他方で、社会的なものと言語的なもの、文脈と作品の関係などといった問題を提起することは、科学や大学といった制度的組織の状態に書き込まれることを暗に受け入れることを想定している。そうした制度的組織は、さまざまな学問に正統な研究対象を個別に分配することに基礎づけられていて、われわれが夢中になって解決したり、乗り越えたりしようと試みる理論的問題のまさに根源にある。

　このように、社会諸科学の研究者たちは、こうしたさまざまな側面をもつ社会的現実の言語的次元や象徴的次元をほぼ完全に無視することで、最も「ミクロなもの」から最も「マクロなもの」にいたるまで、諸実践と諸行動、諸戦略と個人的あるいは集合的な社会的軌道、諸制度と諸集団、権力行使の諸形態と支配の諸類型、相互依存関係の布置といった現実を記述し分析することに自分のすべての時間を捧げることができる。そのとき言語——インタビュアーの質問に答えたり、質問票に記入したりする被調査者の言語、言葉でやりとりをしたり、そうした活動の枠組みで話し言葉や書き言葉を生産したりする行為者の言語など——は、「われわれが異なる次元の現実を把握するために通り抜ける」[11]ただの透明な資料として扱われる。当然言語——言語的実践がとりうる諸形態——は、社会学的研究に絶えずつきまとうものだが、それはそのようなものとして一貫して軽視されるか、無視されるかする。

われわれは、エリアスとともに、科学的諸学問が「あまりに狭隘な事実的基礎に立脚する単一的人間モデルを、検討に付される人間存在の限られた断片をもとにして構築する」[12]のをやめるように願うことができるだろう。それらの学問のそれぞれが「それ固有の説明類型を、網羅的かつ排他的なものとして」[13]提示するからである。ある学問がその「人間モデル」——経済的人間、精神医学的人間、精神分析学的人間、言語的人間、法律的人間、宗教的人間、美学的人間、性愛的人間、社会学的人間など——を唯一可能なものとして擁護するように仕向ける学問的エスノセントリズム(ethnocentrisme)は、一部門の実践のなかで、もしくは一分野の非常に特殊な経験をもとに観察され、分析されたものを人間行動全般へと一般化するように導くのである[14]。

すぐれて発明的な研究者たち——デュルケム、イニアス・メイエルソン、バフチン、レフ・セミョノヴィチ・ヴィゴツキー、エリアス、レヴィ゠ストロース、ジャン゠ピエール・ヴェルナン、ジョルジュ・デュビー、フーコー、セルトー、ルイ・マラン、ブルデューが挙げられる——はみな、ことごとくルーティン化した学問的態度や方法を盲目的に適用することによって発明術(ars inveniendi)のはたらきを妨げたりしないように配慮しているために、厳格な思考と隣接諸学問に対するかぎりなく開かれた精神をあわせもつことができた。というのも、彼らは、学問的境界を尊重することよりも、自分の対象——彼らは、自分の研究の論理のために、その対象へと導かれた——を科学的に適合したかたちで構築することに没頭していた、つまり彼らは人文・社会諸科学を、それぞれ自分なりの仕方で前進させることができたからである。所定の一学問に根差しているとはいえ、歴史学、社会学、心理学、人類学、あるいは哲学の実践が、親戚関係の学問に由来する諸研究と定期的に接点をもつことは頻繁にあった。しかしながら、この種の道程は、それ固有の論理が命じるものだけを追求するという、境界標なき科学的創造の必要性からもたらされるものなのだが、枠組みの盲目的な強制や、想像力が欠如した教育機関と研究機関による学際的協同(collaborations interdisciplinaires)から生まれたものではなかったし、これからもそこから決して生まれるものではないということを明確にしておくことは、おそらく無駄なことではないだろう。

高度専門化の不幸

一九七〇年代に、哲学者ミシェル・フーコーは、制度的分割（監獄、病院、兵舎、学校、工場など）に関わる横断的な権力装置を考察することを可能にし、研究者が多様な制度を貫く社会的機制や社会的過程（と、この場合、権力行使の形態）を正当に対象化しうるという考えを作り上げるのに貢献した。[15] 同じように、フランスの一部の教育社会学者たちは、[16] 八〇年代と九〇年代に、下位学問区分（学校社会学、文化社会学、家族社会学など）に抵抗し、学校的な学習形態が、歴史的に見れば、学校制度という壁の内側に隔離されたままにとどまっていたのではなく、社会的な学習関係の教育化（pédagogisation）の過程を通じて、そのほかの多数の領域に非常に広く普及していたという事実を強調することができた。[17] 学校、家族、生涯教育や職業訓練、非常に多様な社会文化的（socioculturelles）機関は、こうした教育的関係を他者たちに（子どもにも大人にも）行使する現場（lieux）であった。

社会諸科学の研究者たちが時期尚早に専門化しているという思いは、ほかの社会学者たち、しかも無視しがたい人びとによって抱かれていた。社会的実践の説明原理の解明に結び付いた理由のために、こうした傾向を邪悪な目（mauvais œil）で見ていたのは、とりわけブルデューのケースであった。こうしてブルデューは、『自己分析』のなかで、次のように記している。折衷主義的な性向でもって彼自身の科学的実践を相対的に拡散させていたことは、「取り決めによって細分化された社会科学を再統一し、専門化を実践において拒否しようとするためのいささか風変わりな方法だった。専門化は、最先端の諸科学をモデルとして強制されるのだが、生まれたばかりの科学の場合には、「ブルデューにしてみれば」まったく時期尚早であるように思われた」と記している。彼はその言葉を次のように言い換えている。「世界社会学会議・ヴァルナ大会で、教育社会学と文化社会学と知識人の社会学に作業部会が細分されていたのを目にし、とりわけ憤慨したことを私は覚えている。これらの各「専門分野」が、自身の対象の真の説明原理を、ほかの専門分野に委ねてしまうことになるからである」[18]。ヴァルナ大会は一九七〇年九月に開催された。その後四十年が経過した。われわれは、物事が悪化の一途をたどったと躊躇なく断言することができる。

ブルデューが、さまざまな専門分野や下位専門分野への細分化によって生み出される(元来は説明上の)諸問題に特に敏感であったとすれば、それはおそらく、それらのそれぞれで企図されるものを理解するには、さまざまな社会的領域や下位領域を関連づけることに理論的な利益が存在することをかなり早い段階で確信していたからである。アーヴィン・パノフスキーの翻訳者であるブルデューは、そのあとがきで、パノフスキーの認識視点の独創性を強調していた。パノフスキーは、何かわからない「時代の空気」に帰因する神秘的な構造的相同性を援用することや、「神学の言語」を「建築の言語」へと意識的、自発的、直接的に翻訳することによってではなく、「諸習慣を形成する力」として学校制度が果たす構造化の役割によって、建築様式(ゴシック建築)と思想形態(スコラ思想)との関係を説明していたのである。「文化の伝達が学校によって独占される社会において、人間の諸作品(と、もちろん諸行動と諸思想)を結び付ける根源的な親和性は、その原理を、無意識を意識的に、そしてまたある意味では無意識を無意識的に伝達する機能を与えられた学校制度のなかに見いだすのである」[19]。単独の一領域や一下位領域に集中し、それに焦点化しようとしすぎるあまり、分析者は、一部の実践の「真理」が当の領域や下位領域の外部に見いだされるのだということを忘れ、結果的に的を外してしまう。ブルデューの指摘はこのうえなく妥当なものであり、私が考察全体で示そうとしたとおり、場のように分離された特殊な領域のケースにも当てはまる。あまりに強烈な知的分業は、碩学ではなく「偏狭な」芸術史家や芸術社会学者(より正確には、何らかの類型の芸術に関する)を育て上げることになる。それによって、パノフスキーが提起するような解釈は不可能なものとなり、こうむる科学的な損失は当然甚大なものになるだろう。

接点をもたない言語の専門家たち

言語上の問いに関心を抱く者たちが所属する共同体内部の分業は、研究関心の仕切りがもたらす否定的な効果を見事に例示している。こうして、最も状況に強く関係づけられた、そして直接的な行為の文脈に結び付いた言語的実践の専門家たちは、長大な書字テクストのかたちをとった最も精緻化され結晶化された諸形式を引き受ける者たちとまれにしか接点をもたないのである。通常の商取引の枠組みで使用される口頭言語、日常生活のなかで使用される書き言葉、そして文学作品を創作するために、あるいは公的談話（discours public）をまとめ直すために使用される書字言語の間には、言語と言語外の諸実践（もしくは行為の流れ）の分節化においても、言語の機能においても、同じ性質があるわけではない。

言語が非常に異なる形態をとるとすれば、それは、言語が異なる諸実践や諸活動をともない、区切り、組織し、形式を与え、構成するからであり、また言語が、これらの諸実践や諸活動の最中に、異質な社会的諸機能を果たすからである。こうして、ヴィトゲンシュタインは、彼にとって「生活形式」と切り離しえない「言語ゲームの多元性」を強調し、「出来事を報告する」「図表によって実験結果を表す」「物語を作り上げる」あるいは「ある言語を別の言語に翻訳する」といったことだけでなく、「命令する、そして命令に従って行為する」「気が利いたことを言う」あるいは「請願する、感謝する、恨む、あいさつする、祈る」といったことも言語ゲームの例として挙げていた[20]。日常生活での言葉のやりとりの形式にも小説の形式にも関心を抱いた言語理論家であるバフチンは、同様の問題を次のような仕方で述べていた。「人間の活動分野は、いかに多様であろうとも、常に言語の使用に結び付けられる。そうした使用の特徴と形式が人間の活動分野そのものと同じくらい多様であるとして、何か驚くべきことがあるだろうか。しかもそれはナショナルな言語の統一性と矛盾していないのだ[21]」

しかし、この種の一般的な問題を提起し、それを解決できると期待するためには、やはり専門分野から抜け出して、異質な諸実践に関心を抱く必要がある。ほかの多数の理論家たちに反し、「たった一種類の実例で自分の思考を養っているにすぎない」(ヴィトゲンシュタイン)ことを回避しているのは、まさしくバフチンのケースである。バフチンが提出する「言説のジャンル(genre de discours)」という観念は、それを通して「テーマ的、構成的、そしてスタイル的な観点から見て相対的に安定した所定のある類型の発話[22]」を理解するものである。それはおそらく、言語(常に特殊な言語の諸形式)と社会的なもの(社会生活や社会活動の特殊な諸形式)との接合を一度に考察することを可能にする諸概念のうちの一つである。「それぞれの言語使用の局面(sphère)は、相対的に安定した類型の発話を精緻にするものであり、われわれが言説のジャンルと呼ぶものはまさにそれである。言説のジャンルの豊かさと多様性は無限である。なぜなら、人間活動の潜在的な多様性は無尽蔵であり、こうした活動のそれぞれの局面は、所定の局面が自ら発展し複雑化するにつれて、自ら分化し拡大することになるような言説のジャンルのレパートリーからなっているからだ。そのため、とりわけ(口述と書字の)言説のジャンルの異種混交性を強調しなければならない。それには一様に以下のものが属している。日常会話の簡単な応答(テーマ、状況、そしてその中心人物の構成に応じて日常会話が示しうる多様性を備えた)、なじみの物語、文字(多種多様な形態を備えた)、簡潔なかたちで、そして細かな順序で規格化された軍事命令、非常に多様なレパートリーの公式文書(大部分規格化された)、公法学者の言説領域(用語の広い意味で、社会生活、政治生活における)。また、われわれが多様な形態の科学的な研究発表やあらゆる文学形式(格言から大部の小説まで)を結び付けるのは、やはり言説のジャンルに対してだろう[23]」。多様な第一の(あるいは「簡潔な」)ジャンルの存在も、多様な第二の(あるいは「複雑な」)ジャンルの存在も、バフチンに従えば、結果として、ジャンルとは何かを定義するのに体系的に適用されなかった[24]。さまざまな形態の社会生活に接合される言語的実践の理論として「ジャンル」の一般理論を構成しようとする試みは、「小説」「日常的な応答」「規格化された命令」そして「著しく個人的な抒情的作品」との間の明白な差異によって思いとどめられたのである。

今日社会学は、その地位をますます細分化するような仕方で、あえて諸対象を区分するほどまでに「生まれたばかりの科学」の地位を脱したのかどうかは定かでない。フランス社会学会（ＡＦＳ）の一環として発展した約四十のテーマ・ネットワーク、アメリカ社会学会の約五十のセクション、国際社会学会の約六十のリサーチ・コミッティやテーマ・グループ……。問題の大きさと潜在的な損害に気づくためには、ＡＦＳの第一回会議[25]の際に「編成されたテーマ・ネットワーク」の多様性を観察すれば十分である。そこでは、「教育と養成の社会学」は、「知識社会学」や「芸術と文化の社会学」や「知識人の社会学」と切り離されている。同じように、そこでは、「知、労働、職業」「経済社会学」「労働と活動の社会学」「(生産と再生産）労働、社会関係、ジェンダー関係」「労働、組織、雇用」および「経営社会学」は区別されている。

いくつかの要素が研究対象の制限とある種の科学的専門化に寄与している。まず、経験的検証という制約下に置かれているために、人文・社会諸科学全般、そして特に社会学は、その解釈上の野心を徐々に縮小せざるをえなくなった。動員すべき既存の経験的データや、その企図を支持するために構想し、実行しなければならないアンケート調査を念頭に置くならば、野心が論理的により慎ましいものになるのは当然のことである。こうした慎ましさによってもたらされることの一つは、経験的に処理できる資料体の構成を可能にする、より限定された対象（母集団、分野、期間、範囲など）を研究するということである。次に、人文・社会諸科学の研究者数は、創設者たちの時代からすれば、ずいぶん増加した。こうして候補者が目に見えて急増したことによって、その大半の者たちは、多様な分野に携わる社会学者になることをほぼ自動的に思いとどまるようになった。専門に閉じこもること（se spécialiser）は、一切の競争相手から自身を差異化する一つの手段になる。しかもそれは、専門化が大学で「はやりの」分野に属する場合、キャリアに入ることを容易なものにしうるのである。最後に、研究者たちは、やはり多数の職人的方法を使って研究しているのだが（科学的領域への参入条件である博士論文は個人の仕事であり、そこで候補者は独自の研究をおこなう自身の能力を証明しなければならない）、それによって導かれる調査は時間の制約のもとで実施されるのである（博士論文のための四年間。それは国家から資金を提供された専門の調査研究のための年数よりもしばしばずっと短い）。

私は、社会哲学が社会学に取って代わりえた時代、そして、経験的データに何ら基づかない場合でさえ、社会的世界に関する少々まとまった言説はすべて社会学的なものだと見なされた時代に、人文・社会諸科学の研究者たちが別れを告げたことを後悔すべきだとは思わない。社会学は、今日辞書の定義――「社会学：人間の社会的諸事実に関する科学的研究。それら諸事実は、特殊な秩序を有するものとされ、その全体においてあるいは高度な一般性において研究される」[26]――がやはり定めるような科学的プログラムから距離をとったところで失うものは何もない。ただし、われわれが総じて「理論」を軽視する方向に向かったと述べることはできない。なぜなら、二つの理論――「理論」（社会学理論あるいは社会の理論）と「理論」（諸対象を社会学的に構築することを可能にする概念的道具）――が存在しているのであり、いまも昔も、理論的野心によって、あるいは理論的反省や理論的明晰性や理論的解明といった関心によって駆り立てられうるからである。しかし、だからといって、それは、「社会のグランド・セオリー」の構築に一心不乱に身を投じなければならないと説かれるものではない[27]。

社会哲学から断固として経験的な社会科学へと転じたブルデューのような社会学者は、一九九二年に、マルクスやレヴィ＝ストロースの古典的テクストの注釈だけに満足するのではなく、オートクチュールやデザイナー・ブランドを対象とした調査に基づく、自身のフェティシズムの分析を例として、「最も重要な理論的問いを入念に実施された経験的研究へと注ぎこむ」こと、そして「あれこれの正典的な問題の解決をケーススタディーに求める」ことを促した際に、理論への正統な欲望と、最も野心的かつ最も道理的な経験的調査の対象を統制する必要性との間の妥協案を非常にうまく定めたように私には見える[28]。

専門分野への分割、さらに下位専門分野への分割は、重大な三つの理由のために、社会学的理解にとってとりわけ致命的であるように私には思われる。第一に、こうした過剰な科学的分業は、分析者によって切り離されたもろもろの実践分野や活動領域に関わる横断的なメカニズムや装置を見えなくしてしまう。第二に、当のさまざまな活動分野や活動領域は、構造的な相互依存関係を現に取り結んでいる（例えば、法が経済を支えているという事実、また、どのようなワールドも場も、経済や政治から独立しているわけではないという事実）。第三に、諸個人は、これらの活動分野や活動領域を絶えず相互に移行し、ときにそれら矛盾する諸力をこうむっている。このことは、彼らが身体化する性向と彼らが発展させる行動の観点から見れば、取るに足りないものではない。

したがって、研究者たちは、こうした傾向に抗うために、分化した諸領域を体系的に比較し、その類似点と相違点を明確化するように、彼らの研究を方向づけることができる。研究者たちはまた、これらのさまざまな領域相互の「構造的カップリング」（ルーマン）を把握しようと努めたり、ある領域の変化によって生み出されるそのほか一連の領域に対する種々の効果を測定しようと努めたりすることもできる。最後に、研究者たちは、相互に往来する諸個人を研究の中心に置くことによって、また、考察される分野に応じて変化する彼らの行動の多様性を検証することによって、切り離されたさまざまな実践分野同士の相互依存関係を把握することができるのである。

この最後の方法は、唯一可能なものというわけではないが、にもかかわらず、これらの実践分野や活動領域が、諸個人の生活において競争関係や補完関係や代償関係にあるだけにいっそう有益なものになる。個人内の社会的行動の多様性の研究を体系化することによって、われわれは、個人の社会的実践が、次々に、しかしまた一斉に、当の諸個人に及ぼされる社会化と勢力の枠組みを再構築しなければ理解不能であるという事実に気づく。[29] 個人内の行動と態度の多様性を研究することは、社会学者の側からすれば、社会生活の異なった諸状況（さまざまな実践分野ないし実践下位分野、異なった実践の情勢など）にいる同一の個人を「追跡する」ために、その観察の場を拡張することを想定するものである。[30] ある特定の文脈（文化的文脈、学校的文脈、家族的文脈、スポーツ的文脈、宗教的文脈、政治的文脈など）や、ある特定の生活次元（音楽の消費者や映画の観客、読者、生徒、スポーツの実践者、などとして）にいる諸個人を研究する場合、われわれは、研究される諸行動の分析から、一般的な態度や性向

（ときに「アイデンティティー」や「文化」）を演繹することによって、不当な一般化に屈してしまう恐れがある。そうした態度や性向はときに、かなり限られた範囲の実践でしか妥当性を有していないにもかかわらずである。

研究者たちは、科学的分業によって、ほとんど「自然に」、諸個人の実践を唯一の分野（学校、家族、夫婦、文化、読書、選挙、芸術、職業、宗教などの分野）で研究するように促される。こうした科学の現状は、社会的分業の過程あるいは諸機能や諸活動の分化の過程と直接つながっている。それは、そうした過程の一つの表れなのである。こうして、過剰な科学的分業とそれに由来する知識の高度専門化は、社会的世界の全体像を発展させることに対して、非常に異なる活動領域に広がる不変的構造（とりわけ権力装置）を理解することに対して、ある種の現象の説明原理を把握することに対して、さらには、社会的なものを個人内の行動の多様性のレベルで把捉することに対して、障害になりうるのである。社会的世界の全体的なはたらきが、社会生活のきわめて異なる諸文脈で行為し、思考し、感じるのが同一の行為者なのだという事実、すなわちいくつかの領域や下位領域を絶えず相互に移行しながらそうしたさまざまな矛盾を生きてもいるのが同一の行為者なのだという事実と無関係でないとすれば、そのとき研究者（偏愛する元来の分野が何であろうと）は、いっそう幅広い諸実践と諸状況に対して比較のまなざしを注ぎ込むために、高度専門化の轍から抜け出す必要がある。それはおそらく、経験的な根拠をもたない社会理論という悪癖を再発させることなく、研究者が最高度の理論的野心と手を結び直すための手段の一つだろう。

プロフェッショナリズムの偏向

私にしてみれば、人文・社会諸科学（社会学、経済学、言語学、心理学、人類学、歴史学、地理学、人口学など）が、認識の課題と「対象」を過度に厳密に分割したこと、およびそれらが二十世紀全体を通してすぐさま高度専門化に屈したことは明白であるように思われる。[31] 長期の分業過程の所産である社会学は、それ自身、行為者と社会に関する部分的で細分化された見方（versions）だけを提示することによって、こうした動きに加担している。しかしながら、異化効果（distanciation）や説明力を増すためには、社会学は、その思考の形式にまで、差異化の動きをともなわせるだけで満足せず、そして、その動きを支持するだけで満足せず、諸活動の社会的分化およびその社会的・心理的帰結の一切を対象にしなければならないのである。行為の枠組みを特殊化することを第一の長所にしていた「場」や「ワールド」のような諸概念は、それらもまた、こうした専門化の道具になった。それぞれの概念は、ある場やあるワールドの専門家になり、もはや別の場や別のワールドの専門家たちと接点をもつことができないのである。[32] 要するに、以上のことは、さまざまなミクロコスモス同士の相互依存、相互浸透、循環、ないし転移を見えなくするのである。

けれども問題は、作業の専門化が、科学的厳密性と正確性を利点とする「職業化（professionnalisation）」の過程をともなわせるという事実に存している。したがって、われわれは、結果的に、専門化と科学性を結び合わせることになった。過大な野心を抱いていた社会学は、より正確な、そしてとりわけ「一次的な」経験的データに基づく知識を生産することができるように、その探究の場をしかるべく制限したのである。しかし、過度に分割しようとするあまり、われわれは、社会的機能区分（もしくは社会的機能分化）、ならびに、それが集合的組織図に関してだけでなく、個人の能力と性向の遺産の構成に関してももたらす多数の帰結を理解する手段をもはや手にしていない。要するに、社会的なものについての初期の偉大な思想家たちがそうしえたように、「全体性」を把握すること、あるいは現代的な社会編成の主要な特性や最も顕著な趨勢——資本主義、合理化の過程、文明化の過程、官僚制化の過程など——を明らかにすることはもはやできないのである。[33]

状況が定まった現実（地区、スポーツクラブ、学校、バー、企業、行政窓口、病院業務など）について手堅い知識を生産することができるエスノグラフィー的経験主義やモノグラフ的経験主義の視座で、研究者たちは、さまざまな社会的現実、とりわけ制度的現実を記述し分析する。すなわち、研究者たちは、当該の行為者たちおよび彼らの表象と同じ目線で、知覚の交差、多数の相互行為、さまざまな類型の個人的「交渉」、局所的な生活形態や活動形態を把握する。しかし、局所的に観察されたものに対して、必ずしもそれ以上の大きな意味を与えずにである。読者たちは、特に彼らが、研究される実践、人びと、ないし制度に通じていないとき、また、科学的探究がいくつかの幻想を途中で打ち壊し、常套句をいくらか覆すとき、間違いなくそこでさまざまな物事を学習している。しかし、社会学の視座はしばしば、一般的野心をもたず、きわめて短期のうちにとどまるので、われわれが住まう世界について大したことを語らない。それに対して読者は、デュルケム、ヴェーバー、マルクス、エリアス、ブルデューを読むことによって、彼らが経験的に十分に範囲を画定された対象に関心を抱いていた場合でさえ、非常に一般的で、非常に強く構造化に関わる社会的過程や社会的機制を把握しているような印象を抱いたのである。職業化された社会学の体制において、理解すべきものとしてわれわれに与えられているのは、もはや細分化された社会的世界でしかない。そのため、社会空間のあれこれの場所で所定の行為者たちがおこなうことに光を投げかけるさまざまな研究が増殖した。しかし、そうした研究は、社会的編成全体にとっての、そして諸社会の歴史という観点、すなわちわれわれに何が描かれるのかという観点から見た場合の、位置、機能、ないし一般的意味を必ずしも知ることなしに、増殖したのである[34]。

他方で、世界のあちこちで見られる大学と研究の近年の発展は、満足に考察されなかったプロフェッショナリズムの欠点を際立たせるのに貢献した。これら諸分野の組織や行政にかなりの負担を負わせる者たちは、もちろん「輝き」は「速さ」と韻を踏む（速いことは美しい〔Fast is beautiful〕）と考え、迅速な研究の実施と同様に、研究者たちの生産性（彼らの出版回数）、「評価が高い」出版社（そして、特に「評価が高い」雑誌）への発表回数を確認することをもっぱら気にかけている。

この点について、三、四年で審査を受けるように、ますます強力なプレッシャーがかかる博士論文を作成するための現在の条件は、科学的創造の条件に関する規則を定めたり、強制したりする者たちの極度の無理解を大いに示している。こうした研究や高等教育の合理化計画で何年か「先行」する、イギリスの学術状況の緻密な分析者であるバジル・バーンスタインの適切な表現を踏襲すれば、われわれは今後、学位論文が「研究免許（permis d'explorer）」というよりもむしろ、「運転免許」以外のなにものでもなくなるのかどうかを正当に問うことができるのである。イギリスの社会学者によれば、

［そのような］博士論文の再定義（略）は、学生と教授陣が前もって明示された制限時間のうちで研究を終えるように全力を尽くすとき、もろもろの方法に計り知れない重大な帰結をもたらすことになる。文化は理論的革新も方法論的転換も促進したりはない。経験的研究の場は、理論や記述言語を発展させるための跳躍台となる可能性をますます失い、決まりきった手続きの適用や拙速な態度表明の場になる可能性をよりいっそう高めるのである。[35]

こうした時間への愚直なこだわりは、実現される研究の性質と生産される知識の質にきわめて重大な帰結をもたらす。学生たちは、三、四年で確実に学位論文の審査を受けることができるように、アクセスしづらい、リスクをともなう対象領域（被調査者を見つけたり、彼らの信用を獲得したりするのに時間を浪費するリスクがある対象領域）に立ち入らず、あまり時間がかからない方法（縦断的調査も、調査地への長期滞在が想定される多数の研究も一挙に排除するもの）だけを用いて、すでに品質保証された理論モデルや方法論的手法を適用することで満足してしまうだろう。その場合、概念道具あるいは決まりきった方法を再検討する時間をとるほど、言い換えれば、複雑でこじれた問題の水たまりのなかでもたつくことに甘んじるほど、愚かな者がいるだろうか。「扱いづらい（delicats）」主題、対象領域、人びとを選び出すリスクをとる者がいるだろうか。[36] 将来の潜在的な評価者たち（運転免許を交付する資格を付与されたこれらの検査官たち）からなる限定的な共同体によって生み出された研究以外のさまざまな研究を読むことで、「自分の時間を浪費する」者がいるだろうか。

このようにして、われわれは、一般に認められる職業研究者の「理念型的」像がはっきりと姿を現すのを目に

する。それは、高度に専門化された自身の学問に閉じ込められた研究者という像である。こうした研究者は、ほかの研究者たちによってすでに発明され、学術誌に定期的に論文を書くためにフォーマット化された理論モデルや方法の適用者であり、扱いやすく、あまり時間を食わない主題しか研究しないのである。研究期間の短縮プログラムに記されているのが、仮に調査と分析可能な対象に関する一構想にすぎないとしても、「調査期間」を見積もることによって、すぐれた学問感覚（「博士課程の学生たちは学位論文を長引かせないように奨励される」）と、完璧な中立性（どのような主題も形式上はやめさせられるものではないが、許された時間の制約による一切の帰結を引き受けることになるのは、学生とその教員である）の外観を装うことができる。結局のところ、「転覆の戦略」（「このうえなく高くつく投資」をともなう）[37]と引き換えに課されるのは、「継承の戦略」（「予想できるキャリアの最後に、許された範囲内に限られた革新という代価を払って、科学的優秀さという公の理念を実現する者たちに約束された利潤」を、参入者たちに保証するのに適した「確実な投資」をともなう）である。

同様に、「評価の高い雑誌」に定期的に発表する能力に基づいて教員＝研究者と研究員を評価することは、まさに不条理へとつながる。まず、著書を徐々に周縁化していくこと、つまり「経験的に積み重ねられ、意味論的に結合された諸制約」[38]に依拠する長い一続きの推論を展開することを唯一可能にする長大なテクストを徐々に周縁化することは、論文というかたちで要約したり、まとめたりするのがかなり困難な経験的検証を要求するさまざまな知の分野で、最高の科学的野心に向けられた最悪の一撃である。定められる研究の生産と評価の諸条件が、なおもそうした著書の出現を将来的に可能にするとしても——全然確実ではないのだが——、ヴェーバーの『プロテスタンティズムの倫理と資本主義の精神』、デュルケムの『宗教生活の原初形態』、エルンスト・カントロヴィッチの『王の二つの身体』、ジョルジュ・デュビーの『三身分、あるいは封建制の想像界』、ブルデューの『ディスタンクシオン』、レヴィ＝ストロースの『親族の基本構造』、エリアスの『文明化の過程』は、今日、「査読（évaluation par les pairs）」に細心の注意を払うことばかりを気にかけている評価者には、「フランス社会学雑誌」や「アナール」や「人間」や「フランス政治学雑誌」に掲載された十ページの論文以上に、強い印象を与えることができないだろう。『プロテスタンティズムの倫理と資本主義の精神』を書いたヴェーバーのような人か、それともAクラスの雑誌に発表する、凡庸だけれども学術的に欠点がないような研究者か、そのどちらが、人文・社会諸科学の発展に最も貢献することになったのかということは歴史が判断するのだと考えられるだろう。しかしながら、それは、不幸にも、過剰な科学的オプティミズムを証明することになるだろう。

人文・社会諸科学で、長大なテクストの価値が徐々に剝奪されるこうした傾向に、雑誌の格づけ――歴史的力関係が余儀なくさせるのだが、最古の雑誌、しかも最も学術的な雑誌、なかでも単一学問の（mono-disciplinaires）雑誌や教条的な雑誌に、別の状況ではそれが獲得することを決して望みえない優先権（ときに「格づけする者たち」は「歴史的な既得権」と、非常に高い水準の科学性や厳密性とを混同している）を与える――を付け加えることによって、われわれは、どのような公的言説も「革新的プロジェクト」を語るのを忘れないようにしているまさにそのときに、いくらかルーティン化とアカデミズムに貢献するのである。ここでもまた、われわれは、ほかの学問分野に属する雑誌に、BクラスやCクラスの学術雑誌[39]に、もしくは西欧中心の（occidentalo-centrés）格づけをおこなう者たちから無視される外国の雑誌[40]に、愚かにも論文を投稿する者がいるのだろうかと問うことができる。そして、十分に格づけされた雑誌に発表することを、あらゆる種類の特典に結び付けようとする、あるいはより確実には、さまざまなサンクション（重い教育負担、退職手当など）を逃れる可能性にだけ結び付けようとする研究の党員（apparatchiks）の欲望の循環を知れば、われわれは、科学的創造の条件が悪化の一途をたどるのを目にする恐れが大きいのだということに気づくのである。

そのようなシステムでは、評価者たちが、彼らの評価する研究をもはや読み解いておらず、おこなわれた調査が新しい何かや異なる何かをもたらすものなのかどうかをもはや問うていないことはいうまでもない。彼らは「自分たちの研究仲間を信用」し、A、B、あるいはCに格づけされた発表論文の数を数えることで満足してしまうのである。われわれは、評価者たちが、彼らが評価する研究成果を検討するための「しかるべき」時間をもたないという話を耳にする。議論が非常に平板化されるので、われわれは結果として、科学的成果の正確な検証に立脚しない評価システムがもつ完全な不条理をもはや見ないようにしてしまうのだ。しかしながら、子細に見れば、重大な論文が「周辺的」雑誌に発表されうるということ、そして主要な学術雑誌がときには研究を最も硬直化させる場になるということを、彼らはおそらく理解するだろう（やはり理解できなければならない）。彼らはまた、ある種の真に重要な論文が、論文執筆者の「キャリア」を保証する以外の有用性をもたない十本程度の論文に値すると認めることだろう。学術評価の数値化の至上命令（diktat quantophrénique）に屈するというよりもむしろ、真の研究者たちは実際的に読まれることを求めなければならないだろう。彼らはまた、研究のリズム、例えば公刊のリズムを遅らせ、それらの「評価」に割く時間を延ばすために、共闘しなければならないだろう。(41)

これほど官僚的で規格化された評価や職業化の定義をもってすれば、われわれは、総じて有能な、けれども革新性にきわめて乏しい多数の研究者を首尾よく生み出すことができるかもしれない。また、われわれは、職業規則（règles du métier）を修得している――および、大半の学術的神殿の番人たちよりもはるかに広範な人文・社会諸科学の諸研究に関する知識をしばしば有している――けれども、主要雑誌の命令に従わないことを選択する独創的な学者と、最も要求が少ない諸分野のだらしなさにつけこむことで学術的環境にうまく入り込んだ、この種の主要雑誌に発表することがない似非学者（pseudo-savants）とをもはや区別することができないところにまでいたっているのかもしれない。とりわけ「研究者仲間による」（つまりまた、潜在的に競合あるいは敵対する研究者によって、あまり婉曲的ではない言葉で述べられる）評価の場である有力な学術雑誌は、このうえなくルーティン化された能力を立証する場を構成していると同時に、革新に対する強力な障害の場を構成している。そうした雑誌は言葉の二重の意味で標準化の道具になる。すなわちそれは、科学的環境を職業化するのに貢献し、そのときどきの支配的規範(42)に照らして、あまりにも批判的もしくは例外的な異端的企図をことごとく押しとどめるのである。こうした支配的規範は、既存の科学の状態を前進させる発明的な研究者たちによって、再検討され、乗り越えられるように、まさしく運命づけられたものなのである。

科学の官僚制は、「革新的プロジェクトへの資金供給」をとりわけ軽々しく論じることで、その言葉がもつ当初の意味を大きく歪めてしまった。そのため、研究官僚（bureaucrate de la recherche）の誰しもが、本当に革新的なものだと認識し、評価することができないもの——科学ゲームに関する実践感覚のほぼ完全な欠如ゆえに——を指し示すための正確な言葉を見つけ出すのは、今日、きわめて難しくなっている。しかし、われわれは、真に創造的な科学的研究の発展が、義勇兵の単独の英雄的行為というよりもむしろ、一群の集団的抵抗装置（dispositifs de résistance collectifs）に立脚するものでなければならないということを理解することになるだろう。言い換えれば、さまざまな学問につなぎ止められていると同時に、早い段階から変わらず学際的な大学組織は、転移、循環、アナロジー、および定義上予見不能なあらゆる種類の異種交配（hybridations）[43]を、専門化された種々の場との関連で分野横断的な対象を構築する学問内部の（intra-disciplinaire）習慣を、調査およびその結果の領有に繰り返し与えられる時間を、あるいはさらに、出版媒体の格づけに基づく評価の拒否を、そして、発表の場や性質がどのようなものだろうと、発表された研究の効果的かつ厳密な読解の再評価を、可能なものにするのである。

その名にふさわしい科学的創造の集合的・制度的諸条件が結集されるのを確かめたいのであれば、あらゆる国のあらゆる学問の学者たちは、未来において団結し、科学的世界に外在および内在するあらゆる諸力に抗して実際に闘争する手段を見つけなければならないだろう。というのも、そうした諸力は、真理の探究を唯一の目標にする者たちを動員解除するか、意気消沈させるかし、彼らの仕事を特殊化するのを打ち砕くのに貢献するからである。

注

（1）本結論は、さまざまなテクストや報告に立脚している。なかでも以下である。Bernard Lahire, « Misère de la division du travail sociologique: le cas des pratiques culturelles adolescentes », *Éducation et sociétés. Revue internationale de sociologie de l'éducation*, 16(2), 2005, pp. 129-136 および Bernard Lahire, « Nécessité théorique et obligations empiriques », *Revue du MAUSS*, 27(1), 2006, pp. 444-452.

（2）Lacoste, *op. cit.*, p. 120.

（3）エマニュエル・テレイ（Emmanuel Terray）は、社会科学高等研究院（ＥＨＥＳＳ）の彼のゼミナールの最終講義で、人類学の側から、こうした「全体性の視点」を放棄すると証言した。全体性について非常に悲観的に語るなかで、彼は、こうした「断念」が決定的に重要であり、人類学が「一九二〇年から六〇年にかけて、人類学の栄華と傑作を生み出した全体化への野心」とはもはや手を結びえないだろうと考察している。私は、この状態が絶対に取り返しがつかないものだとは考えていないし、科学的領域の現在の趨勢に抵抗しえないのだと考えているのでもない。

（4）Schorske, art. cité., pp. 697-698.

（5）É. Durkheim, « La sociologie et son domaine scientifique » [1900], *in* Durkheim, *Textes,1 : éléments d'une théorie sociale*, Minuit, 1975, p. 32.

（6）*Ibid.*, p. 33.

（7）*Ibid.* ブローデルは、さまざまな学問同士の具体的な結び付きに関するよりバランスがとれたモデルを提起しながらも、こうしたデュルケムの大望に忠実だったと考えられる。「私の考えでは、人間諸科学はすべて例外なく、交互に、相互に補助的なものであり、それらそれぞれの科学にとって、ほかの社会諸科学を飼いならすことは、（自身のものであり、かつ自身のものでなければならない、個性的ではあるが、しかし排他的ではない観点から見て）適法なのである。したがって、それは一度に固定されたヒエラルキーの問題ではないし、もし私の立場として、すなわち私自身の自己中心的な観点から見て、人口学を歴史学の補助的な科学に数えることをためらわないとするならば、私は、人口学が歴史学をほかのいくつかの科学のうちの補助的な一科学として見なしてくれることを願っている」。Braudel, *op. cit.*, p. 194.

（8）Elias, *La Société des individus*, p. 76.（前掲『諸個人の社会』）

（9）Bernard Lahire, « Sociologie des pratiques d'écriture: contribution à l'analyse du lien entre le social et le langagier », *Ethnologie française*, 20(3), 1990, pp. 262-273. ; Bernard Lahire, « De l'indissociabilité du langagier et du social », *Sociolinguistic Studies*, numéro spécial : « Analysing language to understand social phenomenon », 3(2), 2009, pp.

149-175. ; Bernard Lahire, « Les cadres sociaux de la cognition: socialisation, schèmes cognitifs et langage », *in* Fabrice Clément et Laurence Kaufmann dir., *La Sociologie cognitive*, Maison des sciences de l'homme, 2011, pp. 137-159.

(10) Norbert Elias, *Qu'est-ce que la sociologie?*, Pandora, 1981, p. 134.（前掲『社会学とは何か』）

(11) Catherine Kerbrat-Orecchioni, « La problèmatique de l'énonciation », *in* Jacques Cosnier et al. dir., *Les Voies du langage: Communications verbales, gestuelles et animales*, Dunod, 1982, p. 180.

(12) Elias, *Au-delà de Freud*, p. 54.

(13) *Ibid.*, pp. 51-52.

(14) ブローデルは、一九六〇年代の人間諸科学の状況をかなり明晰に記述していた。「人間は、一方の観察点から他方の観察点にいたるまで、そのつど多様であるように見える。そして、こうして承認された各領域は、一様に、全景を見渡す高位へと登りつめた（略）。それぞれの社会科学は、たとえそうとは認めていないにせよ、帝国主義的である。それは、自身の結論を、人間の全体像として提示する傾向をもっている」。Fernand Braudel, « Université et diversité des sciences de l'homme », *in* Braudel, *op. cit.*, p. 86.

(15) Michel Foucault, *Surveiller et punir: Naissance de la prison*, Gallimard, 1975.（ミシェル・フーコー『監獄の誕生――監視と処罰』田村俶訳、新潮社、一九七七年）。この点、フーコーは、神話を問題化し、それをほかのすべての領域に適用するジョルジュ・デュメジルの方法から示唆を得ていた。

(16) Guy Vincent, *L'école primaire française*, Presses Universitaires de Lyon, 1980. ; Regis Bernard, « Quelques remarques sur le procès de socialisation et la socialisation scolaire », *Les Dossiers de l'éducation-5*, Toulouse, 1984, pp. 17-22　および « Les petites écoles d'Ancien Régime, lectures et hypothèses », *Cahiers de recherche-6*, GRPS, Université Lumière-Lyon 2, 1986, pp. 9-58. ; B. Lahire, *Culture écrite et inégalités scolaires: Sociologie de l'échec scolaire à l'école primaire*, Presses Universitaires de Lyon, 1993. ; Daniel Thin, *Quartiers populaires. L'école et les familles*, Presses Universitaires de Lyon, 1998.

(17) P. Fritsch, « L'éducation permanente ou l'empire pédagogique », *Cahiers de recherche-1*, GRPS, Université Lumière-

Lyon 2, 1977, pp. 100-142.

(18) Pierre Bourdieu, *Esquisse pour une auto-analyse*, Raisons d'agir, 2004, p. 89.（ブルデュー『自己分析』加藤晴久訳〔Bourdieu library〕、藤原書店、二〇一一年）

(19) Pierre Bourdieu, « Postface », *in* Erwin Panofsky, *Architecture gothique et pensée scolastique*, Minuit, 1967, pp. 147-148.（ピエール・ブルデュー「生成文法としてのハビトゥス――パノフスキーのイコノロジー論をめぐって」三好信子訳、福井憲彦／山本哲士編「アクト」第二号、日本エディタースクール出版部、一九八六年）

(20) Wittgenstein, *Tractatus logico-philosophicus* (*suivi de*) *Investigations philosophiques.*, p. 125.（前掲『論理哲学論考』）

(21) M M Bakhtin, *Esthétique de la création verbale*, Gallimard, 1984, p. 265.

(22) *Ibid.*, p. 269.

(23) *Ibid.*, pp. 265-266.

(24) Tzvetan Todorov, *Mikhaïl Bakhtine, le principe dialogique* (*suivi de*) *Écrits du Cercle de Bakhtine*, Seuil, 1981.（ツヴェタン・トドロフ『ミハイル・バフチン 対話の原理』大谷尚文訳〔叢書・ウニベルシタス〕、法政大学出版局、二〇〇一年）

(25) Premier Congrès de l'Association française de sociologie, AFS éditions, 2004.

(26) *Le Petit Robert*, 2004. 強調は筆者。

(27) 私自身の科学的生産を、こうした二つの理論概念に自ら関連づけるとすれば、例えば、本書や『複数的人間』といった著作は、用語の第二の意味で理論的だが（それらは、行為者と行為の理論に属するいくつかの概念を明確化し、一連の社会学的問題をよりよく提起しようとするものである）、用語の第一の意味で理論的ではない（主としてそこに「社会の理論」は見いだされない）。反対に、『諸個人の文化（*La Culture des individus*）』は、非常に幅広い経験的土台に基づき、「社会の理論」という意味における社会学理論の端緒を素描した著作である。

(28) Bourdieu, *Les Règles de l'art*, p. 250.（前掲『芸術の規則』Ⅰ・Ⅱ）

(29) こうした問題提起の仕方に合致する要素は、オリヴィエ・フィユールによって描かれた個人的介入に関するプログラムのうちに見いだされるだろう。Olivier Fillieule, « Post scriptum: Propositions pour analyse processuelle de

l'engagement individuel », *Revue française de science politique*, 51e année, 1-2, 2001, pp. 199-215.

(30) すでに説明したように、もし修養期間中や博士論文の期間中に、変異理論的な社会言語学（sociolinguistique variationniste）の研究、とりわけウィリアム・ラボフのそれに触れることがなかったならば、私は、そのような認識関心の転換を決して思いつかなかっただろう。私は、こうした研究の調査手法に暗に書き込まれていたものを理論化することによって、当時の社会学的研究に見られなかったある種の変異をもたらすことができたのである。

(31) フランソワ・クザンとダニエル・ブナムジは、「多くの点で、あまりに度を越えた学問的分業のために」、経済社会学、労働社会学、イノベーションの社会学、経済学、経済人類学、ないし経済史は、「しばしば、相互に無視し合った状態にある」と指摘している。Cusin et Benamouzig, *op. cit.*, p. 13.

(32) こうして、われわれは、場の理論の創始者が、ある場から別の場にいたるまで（オートクチュール、ジャーナリズム、科学、大学、政治、法、経済、文学、宗教など）、絶えず視線を移し替えたのに対し、その概念を使用する次の世代の研究者たちが、個別の場の分析にすっかり献身している（彼らは文学場、ジャーナリスト場、政治場、哲学場などの専門家である）ことに気づくだろう。

(33) 私は、一九五〇年代から六〇年代にテオドール・ヴィーセングルント・アドルノによって展開された分析と立場（Theodor W Adorno, *Philosophische Elemente einer Theorie der Gesellschaft*, Suhrkamp, 2008、またさらに、Theodor W Adorno, *Dialectique négative*, Payot, 1978.〔テオドール・W・アドルノ『否定弁証法』木田元ほか訳、作品社、一九九六年〕での）を発見するきっかけを与えてくれたことに対し、エマニュエル・ルノーに感謝したい。これらは、私が主張するにいたった立場に非常に近いものである。アドルノが絶えず、そしてこれまでにないほど、われわれに訴えかけるとすれば、それは、彼が分析していた現実――そして特に、知的分業と「全体性」を把握することの困難との結び付き――が、増殖したからである。われわれは、生産された知識の細分化現象を、客観的な土台をもった共通の問題として、確実に強化しながら経験しているのである。E. Renault, « Adorno : dalla filosophia sociale alla teoria sociale », *Quaderni di Teoria sociales*, 11, 2011 を参照。

(34) フランソワ・デュベが述べるように、「とはいえ、なぜ「社会」が多かれ少なかれ喫煙するのかが説明されなくとも、どのようにして人が大麻喫煙者になるのかは十分に理解される」。François Dubet, « Pourquoi rester “classique” ? »,

Revue du MAUSS, 24(2), 2004, p. 228. デュベは、「社会学の炸裂」状態に関して、十分に正確な現状を表明しているとしても、また、断片化された社会的現実といった見方の増大によって構成される問題に照準しているとしても、相互行為論に対して、誤った批判を注いでいる。私からすれば、提起された問題は、相互行為論的な潮流だけに関わる帰結ではない。そうではなく、進行中の同様の過程は、社会学のきわめて多様な領域に見られるものであるように思われる。同時に、私にとって問題は、それ以上にいっそう深刻で、一般的なものであり、大半は、社会学者の数の増大、およびそれに付随した過剰な科学的分業に対する無反省の結果であるように見える。

(35) Basil B Bernstein, *Pédagogie, contrôle symbolique et identité. Théorie, recherche, critique*, Presse universitaires de Laval, 2007, p. 196.（バジル・バーンスティン『〈教育〉の社会学理論——象徴統制、〈教育〉の言説、アイデンティティ』久冨善之ほか訳〔叢書・ウニベルシタス〕、法政大学出版局、二〇〇〇年）

(36)「扱いづらい」性格をもった研究の対象や領域や人びとは、しばしば、権力といった賭け金や激しい論争のリスクの存在を示すものになっている。この点については、「研究者があえて探究しようとしないとき」（*Le Monde diplomatique*, mars 2011, pp. 4-5.）というタイトルの論考のなかで、ベッカーによって明確に取り上げられている。北アメリカの社会学者は、とある研究者の例を挙げる。それは、その結果が、そうした主題に関わる諸制度にとって厄介なもので、研究者がその帰結の報いを受けるような例である。「あなたが論文を発表しようとするとき、自分の学問分野の最も権威ある大学の雑誌が、その論文が方法論的な要求に合致していないと評価することは十分にありうる。例えば、より厳密な統計的枠組み、あるいはより代表性の高い標本を使用しなければならないというように。けれども、同じ雑誌が、あまり論争的ではない結論に達する論文の場合、この種の批判を表明しないことに注意すべきだ。そこでは、厳密さの欠如を引き合いに出すことによって、科学的基準の適用の背後に潜む検閲を覆い隠すことができるのである。実際に、あなたは、権力を所持する人物や制度が（略）、伝えたくない、あるいは公になるのを見たくない何かを提示したかどで処罰されるのである」。反対に、研究者たちは、一連のサンクションを課すことができる諸審級のじゃまにならないような仕事を通じて、「慎重」かつ柔順であるように自己提示することができればできるほど、「自由に研究をおこなうことが可能になるのである」。

(37) Bourdieu, « Le champ scientifique », pp. 96-97.

（38）Passeron, *op. cit.*, p. 389.

（39）このことは、いつか、周縁的、偶像破壊的、発明的な新しい雑誌の出現と発展をいっそう困難なものにする恐れがある。

（40）実際のところ、格づけにおける無視は、たいていの場合、世界の最も支配された地域に位置する科学的雑誌に当てはまる。

（41）私がこの文章を書いていたまさにそのときに、ジョエル・キャンドー（Joël Candau）は、「スロー・サイエンス（Slow Science）運動のために」（二〇一一年七月十一日に公開されたテクスト〈http://slowscience.fr/〉〔現在はリンク切れだが、以下で読むことが可能（http://lasmic.unice.fr/PDF/Appel%20pour%20la%20fondation%20du%20mouvement%20Slow%20Science.pdf)〕）というタイトルの呼びかけをインターネット上で公開していた。私は、そうした分析と提言の多くを共有している。

（42）学術雑誌は、「ことさら拒否することによってであれ、それが提示する掲載可の定義を通じて純粋に発表の意志を失わせることによってであれ、異端的な成果に対する事実上の検閲をおこなっている」。Bourdieu, « Le champ scientifique », p. 96.

（43）悲観せざるをえないのは、今日大学の課程はたいてい、単一専攻（mono-disciplinaires）であり（例えば、在学期間中に、言語学や歴史学や心理学の文献を読む機会を一切もたない社会学の学生がいる）、ダブル・ディグリー（double cursus）は、生まれつきすぐれた学校的資源を所有する者たちに、ますます高い頻度で約束されているということが確認される点である。

全体的社会空間とその下位区分

これまでの議論で得られたことを総括するならば、一連の図式のかたちで全体的社会空間を図示することができる。全体的社会空間（マクロコスモス）は、垂直的には、主要な社会階級（上流階級、中間階級、庶民階級――それらのそれぞれは、性別や年齢に応じて、ヒエラルキー化された多民族社会での民族的出自に応じて、そして研究される実践分野や特異な対象によっては多少なりとも重要な、そのほかのあらゆる一連の変数に応じて、分化する）に構造化された空間として、水平的には、分業から生まれたさまざまな部門に対応する（以下の図式は、もちろん、いくつかの対照的な諸分野のケースを明らかにするにすぎない）、主要な活動分野（文学、芸術、科学、宗教、法、政治、ジャーナリズム、経済、スポーツなどの分野）に構造化された空間として現れる。ここで、「活動分野」[1]という用語は、相異なる特殊な理論的洗練化（ワールドやシステムやサブシステムなど）を生じさせうるような幅広い概念として使用されている。図3「階級、分野、ワールド、場」と図5「階級、場、制度とミクロ集団、相互行為」でのさまざまな活動分野の配置は偶然によるものではない。そうではなくそれは、ブルデューの社会学が首尾よく明らかにした全体的社会空間の特徴の一つ、すなわち、文化資本と経済資本の配分構造、別言すれば、諸個人の社会職業的位置を決定する際の経済資本に比した文化資本の相対的重みを考慮したものである。

社会的ワールドの理論家たちは（社会システムの理論家たちと同様に）、これらの活動分野を記述し分析する一個別モデルを提示している。したがって、ワールドは、支配者も被支配者も、上流階級出身の諸個人も中間階級や庶民階級出身の諸個人も含んでいる。例えば、法律ワールドは、裁判官、弁護士、公証人、法学教授、法律出版社なども、書記、法律秘書や裁判所の運営と物質的生活やそのほかの司法の現場を引き受けるスタッフ（技術者、事務員、労働者）、法律を扱う出版物なども含んでいる。

主要な競争者たち——芸術家、作家、学者、哲学者、ジャーナリスト、法律家、国民的な政治活動家、経営者など——同士の闘争の空間としての場が出現するのは、社会空間の上部——支配階級の空間——においてでしかない。そのため場の理論は、活動分野の一部の現実だけに観察と分析を集中させ、場に特殊な資本を賭け金とする闘争と、特定のカテゴリーの行為者に焦点化することによって、被支配者をその探究から排除するのである。

われわれは、すべての階級に、制度ないしミクロ集団を観察することができる。それらの一部は場に属していて（裁判所や弁護士事務所は法律場に、さまざまな大企業は経済場に、さまざまな科学研究所、例えばフランス国立科学研究センター〔CNRS〕などは科学場に、さまざまな大新聞はジャーナリスト場に、さまざまな大政党は政治場に属している、など）、またいくつかは、ほかならぬ横断的な場（trans-champs）である（例えば、政治場の成員たちと科学場あるいは学術場の成員たちを招集する委員会）。しかし、それ以外は場の外部にある（さまざまな活動分野の外に位置づけられることもある家族や社交のネットワーク、ある種のスポーツ協会、文化協会、音楽協会、民族協会、ある種の形態の大衆的ゲームなど）。いくつかの制度やミクロ集団は、階級横断的である（企業、多数の社会文化的制度やスポーツ組織、ある種の家族やある種の社交ネットワークがそれに相当する）。われわれは、制度がない場（やワールド）は存在しないけれども、逆は真ではないと強調することができる。というのも、すべての制度が必ずしも場やワールドに書き込まれるわけではないからである（図4、5、6を参照）。

結局われわれは、同じ階級の諸個人同士の相互行為も、さまざまな階級に属する諸個人同士の相互行為も観察するし、同じ場の諸行為者（agents）同士の相互行為も、さまざまな場に属する諸行為者（agents）同士の相互行為も観察するし、同じワールドの諸個人同士の相互行為も、さまざまなワールドに属する諸個人同士の相互行為

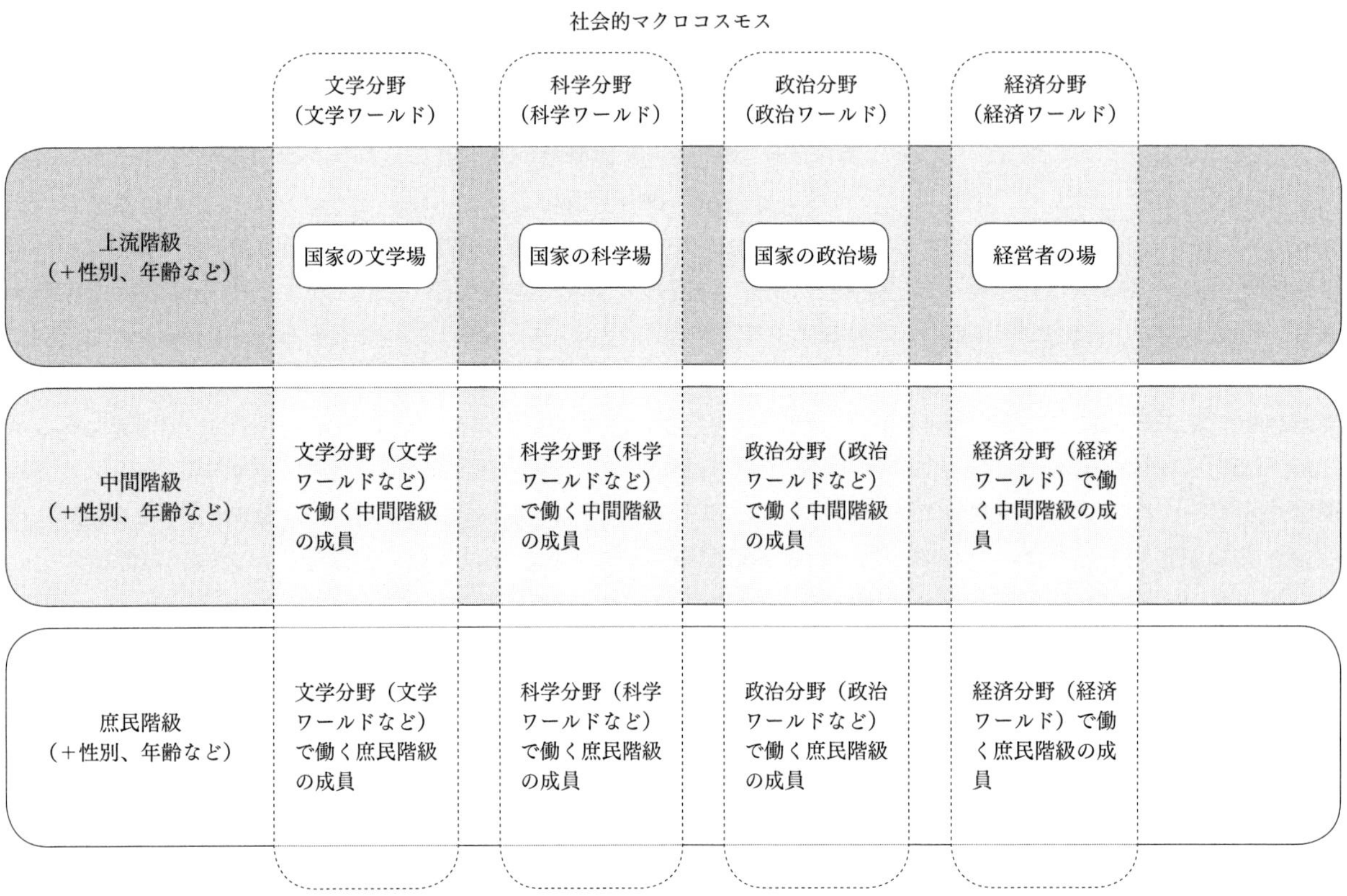
社会的マクロコスモス
文学分野（文学ワールド）
科学分野（科学ワールド）
政治分野（政治ワールド）
経済分野（経済ワールド）
上流階級（＋性別、年齢など）
国家の文学場
国家の科学場
国家の政治場
経営者の場
中間階級（＋性別、年齢など）
文学分野（文学ワールドなど）で働く中間階級の成員
科学分野（科学ワールドなど）で働く中間階級の成員
政治分野（政治ワールドなど）で働く中間階級の成員
経済分野（経済ワールド）で働く中間階級の成員
庶民階級（＋性別、年齢など）
文学分野（文学ワールドなど）で働く庶民階級の成員
科学分野（科学ワールドなど）で働く庶民階級の成員
政治分野（政治ワールドなど）で働く庶民階級の成員
経済分野（経済ワールド）で働く庶民階級の成員

図3　階級、分野、ワールド、場

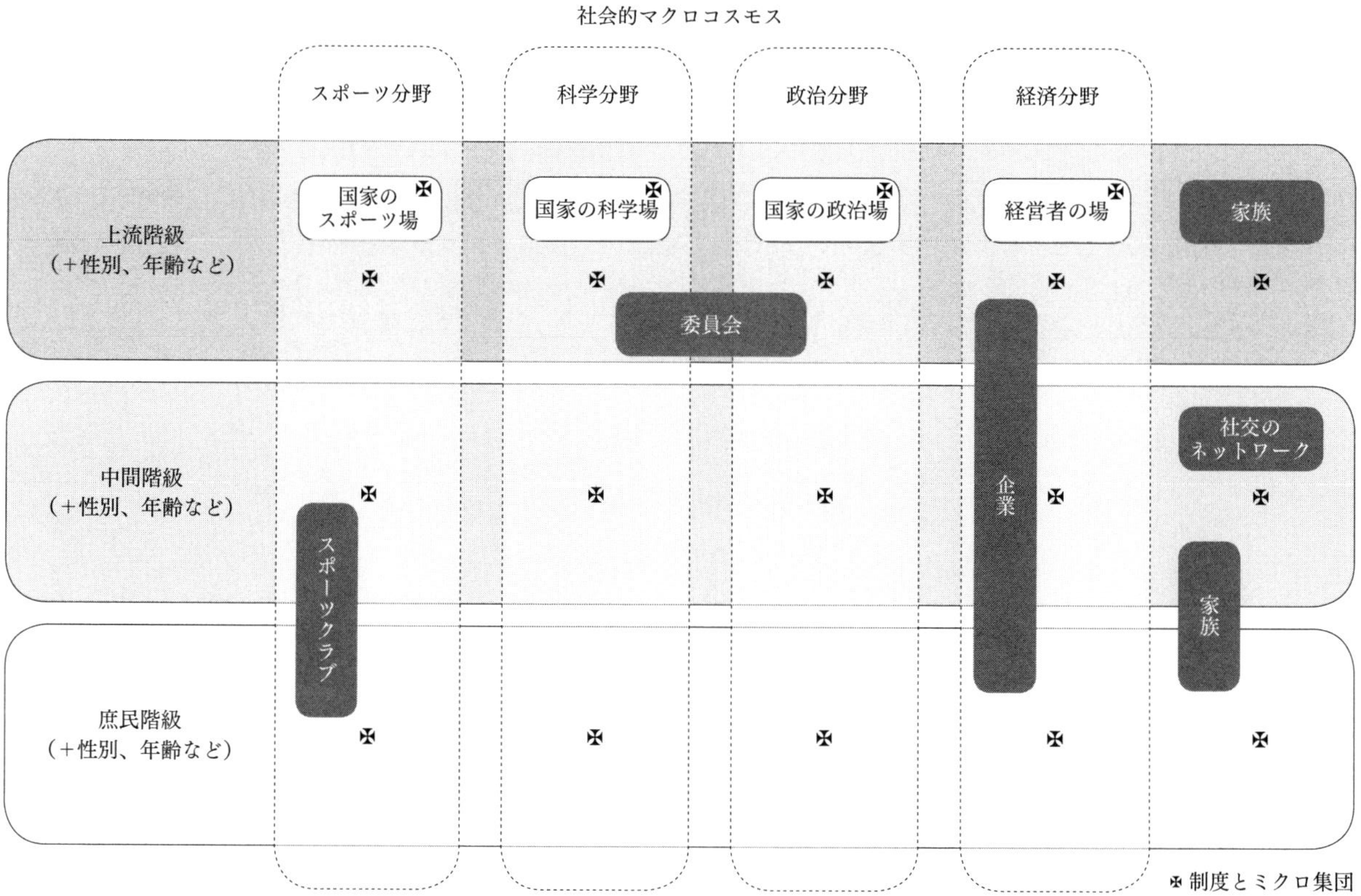

図4　階級、分野、場、制度、およびミクロ集団

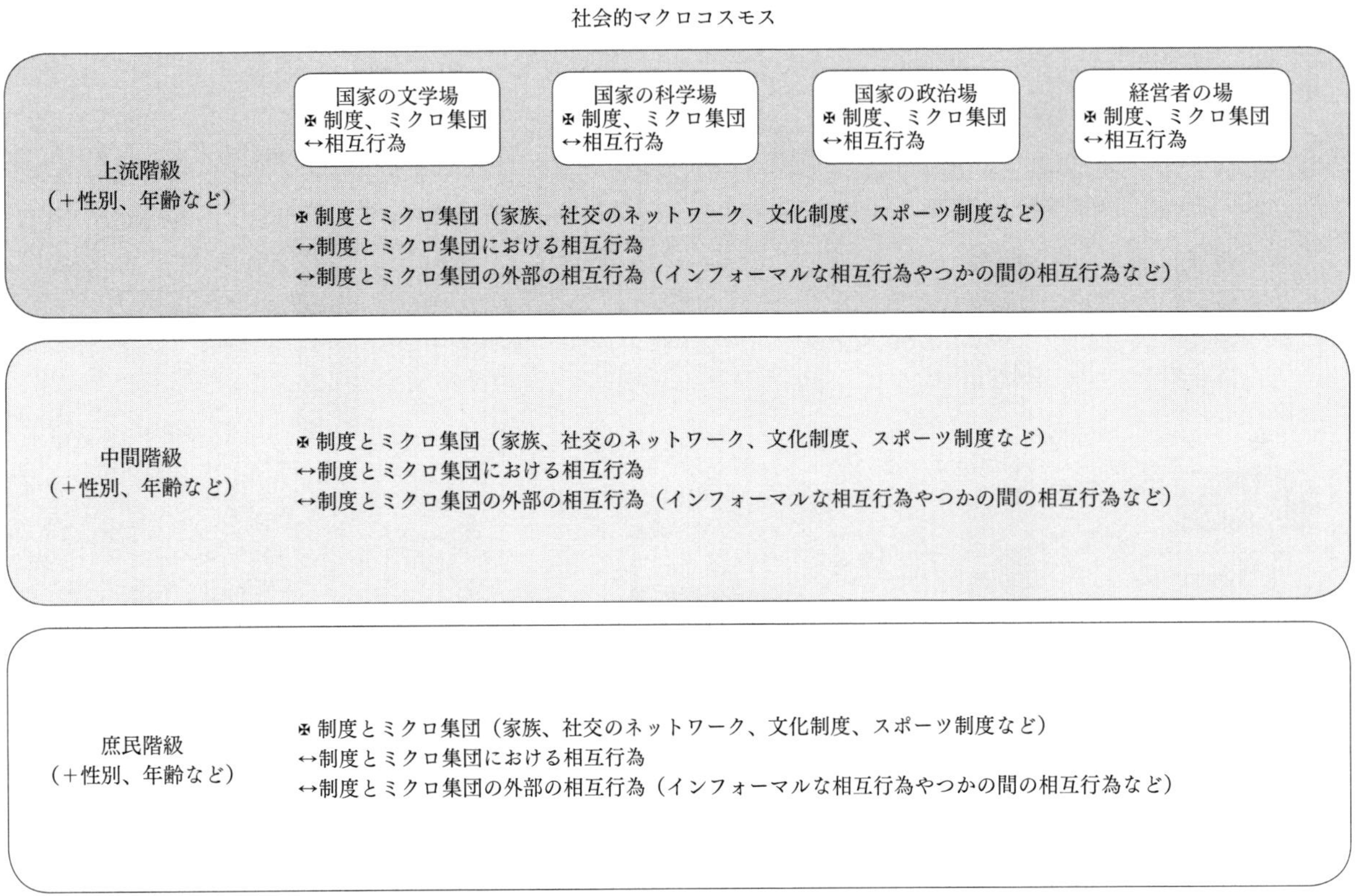
社会的マクロコスモス
国家の文学場
✠ 制度、ミクロ集団
↔相互行為
国家の科学場
✠ 制度、ミクロ集団
↔相互行為
国家の政治場
✠ 制度、ミクロ集団
↔相互行為
経営者の場
✠ 制度、ミクロ集団
↔相互行為
上流階級
（＋性別、年齢など）
✠ 制度とミクロ集団（家族、社交のネットワーク、文化制度、スポーツ制度など）
↔制度とミクロ集団における相互行為
↔制度とミクロ集団の外部の相互行為（インフォーマルな相互行為やつかの間の相互行為など）
中間階級
（＋性別、年齢など）
✠ 制度とミクロ集団（家族、社交のネットワーク、文化制度、スポーツ制度など）
↔制度とミクロ集団における相互行為
↔制度とミクロ集団の外部の相互行為（インフォーマルな相互行為やつかの間の相互行為など）
庶民階級
（＋性別、年齢など）
✠ 制度とミクロ集団（家族、社交のネットワーク、文化制度、スポーツ制度など）
↔制度とミクロ集団における相互行為
↔制度とミクロ集団の外部の相互行為（インフォーマルな相互行為やつかの間の相互行為など）

図5　階級、場、制度とミクロ集団、相互行為

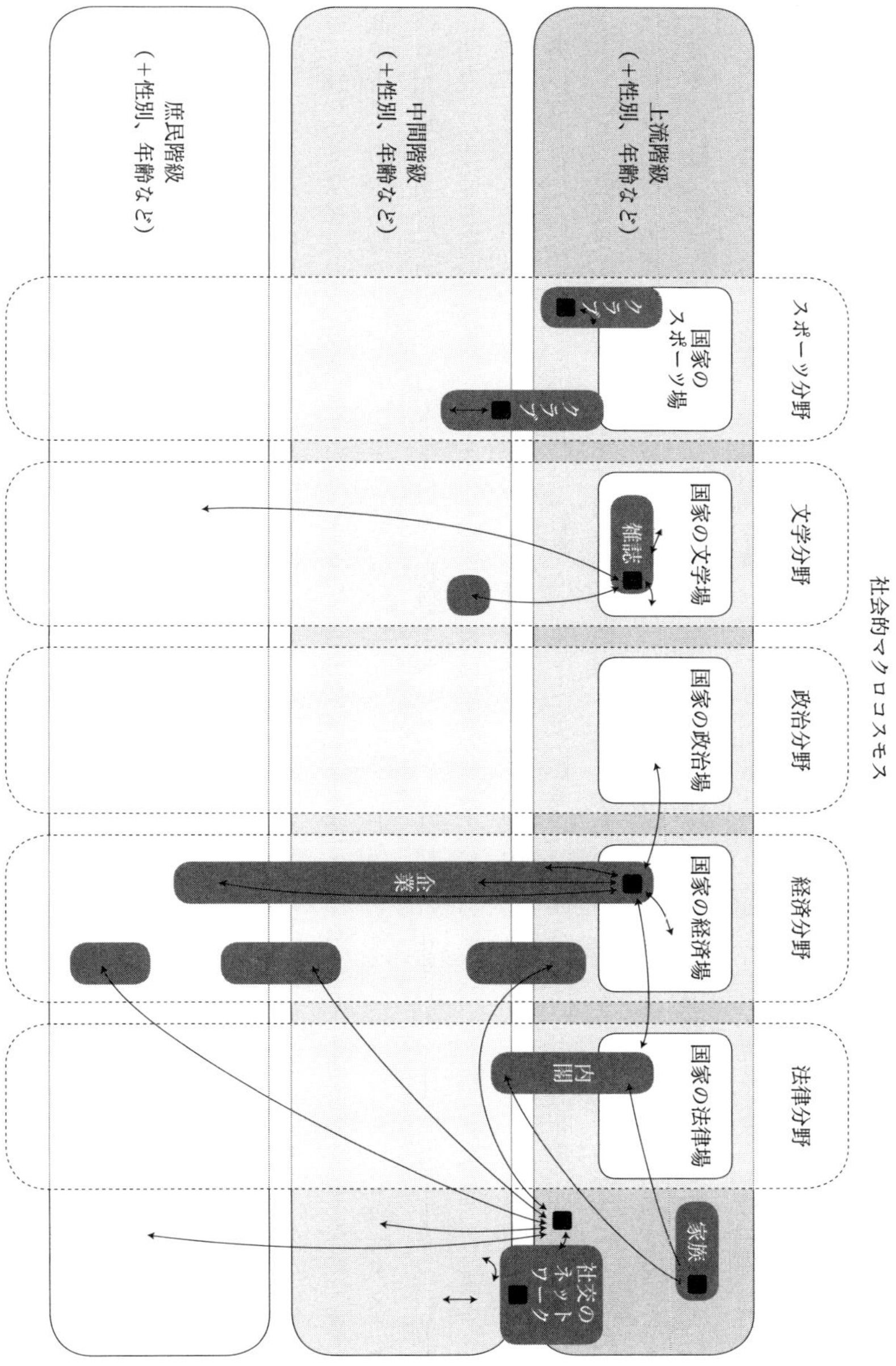

図6 さまざまな類型の相互行為——作家=経営者の例

も観察するし、同じ制度の諸行為者同士の相互行為も、さまざまな制度に属する諸行為者同士の相互行為も観察する。しかし、場の行為者（agents）と「一般人」との混成的な諸個人同士の相互行為も存在するし、場と無関係な相互行為、ワールドと無関係な相互行為、制度と無関係な相互行為さえも存在する。したがって、相互行為のない場やワールドや制度は存在しないが、その逆は真ではない。というのも、すべての相互行為が必ずしも場やワールドや制度に書き込まれるわけではないからである（図5、6を参照）。

図6「さまざまな類型の相互行為――作家＝経営者の例」は、多様な類型の相互行為が所定のある個人にとって有する意味を付与すること、とりわけその個人が相互行為全体のなかで占めうる諸位置の多様性に意味を付与することを主要な目的としている。(2) この個人は作家であり、国家的な文学ゲームに加わっている。このため作家は、ほかの文学ゲームの行為者たちと同じように、自分が参加する雑誌の成員たちと相互行為することができる。彼はまた、中間階級や庶民階級に属する文学分野（あるいは文学ワールド）の成員たち（著者たちを招聘する文化協会の成員たち、彼が自分のテクストを出版する出版社の社員など）と一時的な相互行為をすることもできる。しかし他方で、彼は大企業の経営者でもあり、経営者の場に位置を占めているので、ほかの経営者たち、自分の会社の従業員たち（マネージャー、エンジニア、技術者、事務員、工員）、法律場の行為者たち（agents）や国家的な政治場の行為者たち（agents）との相互行為に参入することもできる。同じ個人は、一方では非常に閉鎖的なゴルフクラブで、他方では上流階級と中間階級の最上位集団との間にまたがる合気道クラブで、二つのスポーツ活動に従事している。彼はまた、家族の成員として、自分の妻、子ども、両親、兄弟姉妹などと相互行為することもできる。同様に彼は、離婚や私生活に関わる問題の場合には、法律ワールドや法律場の成員たちと相互行為することもできる。彼は、上流階級や中間階級に属する友人たちとも相互行為するし、ついには、家族の枠組みや社交のネットワークと無関係に、三つの階級に属する経済分野の行為者たちと「経済的取引関係」に類する相互行為を経験したり、上流階級や中間階級や庶民階級の成員たちとのつかの間の、インフォーマルで、即興的な相互行為を経験したりしうるのである。

社会空間のこうしたさまざまな表象から、われわれは以下の結論をすでに得ていることになるだろう。すなわち、ある種の相互行為は、場の論理によって直接に突き動かされ、導かれ、生み出され（例えば、公開討論会に際してあるいはテレビスタジオで相互行為している別々の雑誌や新聞に所属する二人の映画批評家）、また別のある種の相互行為は、組織や制度の論理によってはっきりと直接に突き動かされ、導かれ、生み出される（何人かの専門家同士の、例えば部局長、外科医、麻酔医、看護師、准看護師などの病院内での相互行為）。しかし、相互行為論者によって研究されるある種のカテゴリーの相互行為は、実際には場や制度の外にある。ただし、そうした相互行為は、一般的な社会的枠組みの外にあるわけではない。というのも、分化し、ヒエラルキー化した（階級、性別、年齢、民族的出自などに応じて）社会空間に属する諸個人同士の相互行為が常に問題になるからである。都市空間での見知らぬ者同士のインフォーマルな相互行為は、明らかにこの種のケースに属する。いずれにしても、社会学者は、相互行為のなかでなされることや語られることを、局所的文脈、制度的－組織的文脈、場ないしワールド、社会的に分化した全体的空間（階級、性別、年齢など）に、そして、たいていの場合、こうしたいくつもの枠組みに多かれ少なかれ結び付けざるをえないのである。

最後に、図示につきものの二つの限界を強調しておかなければならない。

第一の限界は、これらの図式が、決して当てはまらない場合でも、相互の活動分野が閉じているという印象を与える点にある。例えば、文学分野は、図では経済分野の対極に位置づけられるが、出版社とその経営者陣は、一方で（その特殊文学的な歴史に相当する部分）、文学分野、およびほかならぬ文学ゲームに、他方で（売上高と、文字どおりその経済状況に関わる部分）、経済分野に属しているだろう。同様に、いずれかのグランド・ゼコールに結び付いた法律サービスや弁護士、いずれかの出版社や産業企業は、自身がその中心で機能するような分野（およびワールド）に属しているが、それらはまた、法律場の一部をなすものとして定義されることもできるだろう。

第二の限界は個人に関わるものである。そのことを例証するのに、ヴィトゲンシュタインの次の言葉を思い出することができるだろう。「ある者は人間を買い手と売り手に切り離し、買い手が売り手でもあることを忘れてしまう」[3]。個人の一ケースを示す図6を除けば、一部の図示は、所定の一行為者に決められた場所や位置が常に対応すると考えさせうるものである（「各行為者に対応する一つの場所とその場所に位置する各行為者」）。ところが、個人は、同時にいくつかの制度にあるいは同時にいくつかの場に所属したり、一つの制度あるいは一つの場に所属したりすることができる。また、個人は、日常生活の一連の状況で、こうした制度や場の成員として行為しないことも、他者たちと相互行為しないこともできる。以上のことが意味するのは、契機、実践の仕切り、自身が加わる相互行為の類型に応じて、同一の個人が、制度の内部あるいは外部に、場の内部あるいは外部に、何らかの制度の内部あるいは何らかの場の内部に位置づけられうるということである。一般図式というのは、諸個人が一時的もしくは永続的に、一次的もしくは二次的になど、占めうる位置や場所を指し示すにすぎない。そのため、決められた個人の諸実践を研究するたびに、これらの実践がどのような（諸）枠組みに結び付けられる必要があるのかを問わなければならないのである。こうして私は、本書全体を通じて、ある種の文脈主義的な還元主義が、諸個人が自分の人生のなかで相次いでくぐり抜けてきた社会化の枠組み全体の研究をないがしろにし、ときに行為者がそこに自身の行為を書き込む枠組みと並行する複数の枠組み（例えば、「副業」をもった作家たちは、文学ゲームに属しているが、彼らの文学的生産の性質に避けがたく影響を及ぼすような、生計のための職業領域にも属している）を考慮することを忘れ去るように仕向けたのだという事実を強調したのである。

結局のところ、明確にしておく必要があるのは、それぞれの現実の水準（社会階級からなる全体的空間、場ないしワールド、制度ないしミクロ集団、相互行為、個人）は、一種独特の（sui generis）現実として、言い換えれば、その特殊性において、正当に記述されうるということである。場、ワールド、制度、ミクロ集団、相互行為、ないし個人は、たとえより全体的な社会空間のうちに書き込まれるとしても、それ固有の論理で研究される余地があるのだ。

注

（1）私は、同様に、「社会的領域（univers social）」という語を使用することもできただろう。

（2）いささか非典型的な（けれども、十分に現実的なケースに基づいた）例は、きわめて多様な類型の相互行為を例証できるように、「教育上の」目的をもってだけ、取り上げられたのである。われわれは、言及されたさまざまな類型の相互行為が、互いに等しく起こりうるものだと考えて、こうした例を読んではならない。

（3）Wittgenstein, *Remarques mêlées*, p. 73.（前掲『反哲学的断章』）

謝辞

本書は、二〇〇〇年代初頭以降、私が定期的に対話しているブラジルの仲間の励ましがなければ、このようなかたちで日の目を見ることはなかっただろう。リオ・デ・ジャネイロのリオ・デ・ジャネイロ大学研究所（l'IUPERJ）のフレデリック・ヴァンデンベルグとアルダベルト・カルドソ、ジュイス・デ・フォーラ連邦大学のジェッセ・ソウザ、レシフェ大学のリリア・ジュンケリア、ならびにサン・パウロ大学のナジャ・アラウジョ・ギマラエスに特に感謝を申し上げる。私の研究の進捗状況を報告する機会は、ここ数年、ポルトガルでも多数あった。このため、アントニオ・フィルミーノ・ダ・コスタ（ＩＳＣＴＥ、リスボン）とジョアオ・テイシェイラ・ロペス（ポルト大学）のあたたかい歓迎に対し、心から感謝したいと思う。

他方で、私は、外国での各種のセミナー、ワークショップ、講演の際に――リスボン（ポルトガル）のトラバーリョ・エンプレサ高等科学研究所社会学部（二〇〇五年五月、〇七年四月、〇八年四月、一一年九月）：リスボン新大学人文社会科学部（ポルトガル）（〇九年五月）：ブエノスアイレス（アルゼンチン）のラテンアメリカ社会科学部（ＦＬＡＣＳＯ）（〇六年七月・十一月）：リオ・デ・ジャネイロ連邦大学、リオ・デ・ジャネイロのブラジル地理統計研究所、リオグランデ・ド・スル連邦大学（ポルト・アレグレ）、およびカサンブのＡＮＰＯＣＳ（ブラジル）（一〇年十・十一月）：レシフェ大学ＵＦＰＥ哲学・人文科学センター（ブラジル）（〇九年十一月）：ニューヨーク大学、コロンビア大学、シカゴ大学（アメリカ合衆国）（〇七年十一月）：フェズ大学人文社会科学部（モロッコ）（〇八年四月）：北京師範大学および清華大学社会学部（中国）（一〇年五月）――、性向と行為の文脈との分節化、個人レベルの社会的なものおよび個人内の行動の多様性、場の概念の限界、二次的な場としての文学ゲーム、社会学諸理論における歴史の位置――と、しばしばその不在――、ないし社会諸科学の役割に関して本書に含まれるさまざまな論点を提示することができた。

また、フランスでのさまざまな招待のおかげで、私の一連の論証が可能になった。これらの招待の学際的な枠組みは以下のとおりである――CEMEA、ENSEPの総会（パリ、二〇〇六年六月十日）：トゥールーズ政治学院（〇七年三月十四日）：アルトワ大学第十四回処女小説賞受賞式（〇七年四月五日）：シンポジウム「知の創造、価値の創造」、リヨン高等師範学校（〇七年十二月十一―十二日）：スポーツ仲裁調査委員会（ARIS）会議（ロデ、〇八年五月十四―十六日）：パリ第三新ソルボンヌ大学Diltec研究センター主催の「教師の行動――相互行為から行為の言説化へ」（パリ、二〇〇八年六月九日・十日）：パリ第五大学ソフィアポール研究所のセミナー（〇九年十一月十二日）：ALTER現象学雑誌のセミナー、「社会的世界」（パリ第一大学、〇九年五月二十一日）：リヨン高等師範学校TRIANGLE研究所のセミナー「ブルデュー社会学における場の概念をめぐる批判的視座」（一〇年四月二十八日）：研究会「音楽とダンスの人類学――現代世界への一アプローチ」、ANR MUSMONDグループ、社会科学高等研究院（パリ、一〇年六月八日）：ソフィアポール（パリ西大学ナンテール）とノソフィ（パリ第一大学）主催のニクラス・ルーマンに関するセミナー会議（一〇年十一月十九日）：パリ第三大学とパリ第四大学ソルボンヌ共催の「バルザック――先駆的社会学者」（一一年一月八日）：シンポジウム「社会哲学と社会科学」、リヨン高等師範学校（一一年三月二十四・二十五日）：パリ政治学院／パリ第一大学主催のシンポジウム「歴史学－社会学の接合――総括と視座」（一一年五月六・七日）、およびピカルディ大学でのCURAPPセミナー（アミアン、一一年六月二十四日）。

最後に、ジュリアン・バルニエに（「図表作成上の」手助けに対して）、同じく再読と校正の労をとっていただいたヒュー・ジャロン、ブルーノ・オーエルバック、ヤンヌ・ゴレイにも感謝を申し上げたい。

参考文献

Adorno T. W., *Dialectique négative*, Payot, 1978.（テオドール・W・アドルノ『否定弁証法』木田元ほか訳、作品社、一九九六年）

——, *Philosophische Elemente einer Theorie der Gesellschaft*, Suhrkamp, 2008.

Althusser L., « Contradiction et surdétermination（Notes pour une recherche）», *La pensée*, 106, 1962, pp. 3-22.（ルイ・アルチュセール「矛盾と重層的決定――探究のためのノート」『マルクスのために』河野健二／田村俶／西川長夫訳〔平凡社ライブラリー〕、平凡社、一九九四年）

Ang I., *Watching Dallas: Soap Opera and the Melodramatic Imagination*, Methuen, 1985.

Austin J. L., *Quand dire c'est faire*, « Points Essais », Seuil, 1991.（J・L・オースティン『言語と行為』坂本百大訳、大修館書店、一九七八年）

Bakhtine M., *Marxisme et philosophie du langage : essai d'application de la méthode sociologique en linguistique*, Minuit, 1977, p. 137.（ミハイル・バフチン『マルクス主義と言語哲学――言語学における社会学的方法の基本的問題』桑野隆訳、未来社、一九八九年）

——, *Esthétique de la création verbale*, Gallimard, 1984.

Balandier G., *Anthropologie politique*, Presses universitaires de France, 1967.（ジョルジュ・バランディエ『政治人類学』中原喜一郎訳、合同出版、一九七一年）

Bargel L., *Aux avant-postes: La socialisation au métier politique dans deux organisations de jeunesse de parti. Jeunes populaires*（*UMP*）*et Mouvement des jeunes socialistes*（*PS*）, Université Paris 1, 2008.

Bastide R., *Sociologie et psychanalyse*, Presses Universitaires de France, 1950.

Baudelaire C., *Le Peintre de la vie moderne*, Éditions du Sandre, [1863]2009.（シャルル・ボードレール「現代生活の画家」『ボードレール批評』第二巻、阿部良雄訳〔ちくま学芸文庫〕、筑摩書房、一九九九年）

Baxandall M., *Formes de l'intention: Sur l'explication historique des tableaux*, éditions Jacqueline Chambon, 2000.

Becker H. S., « Art as collective action », *American Sociological Review*, 39(6), 1974, pp. 767-776.

——, *Les Mondes de l'art*, Flammarion, 1988.

——, *Les Ficelles du métier: Comment conduire sa recherche en sciences sociales*, La Découverte, 2002.（ハワード・S・ベッカー『社会学の技法』進藤雄三／宝月誠訳、恒星社厚生閣、二〇一二年）

——, « Quand les chercheurs n'osent plus chercher », *Le monde diplomatique*, mars 2011, pp. 4-5.

Bensa A., *Après Lévi-Strauss: Pour une anthropologie à taille humaine*, Textuel, 2010.

Benveniste É., *Problèmes de linguistique générale*, Gallimard, t. I, 1982.（エミール・バンヴェニスト『一般言語学の諸問題』岸本通夫監訳、みすず書房、一九八三年）

Berger P et Luckmann T., *La Construction sociale de la réalité*, Méridiens-Klincksieck, 1986.（ピーター・L・バーガー／トーマス・ルックマン『現実の社会的構成——知識社会学論考』山口節郎訳、新曜社、二〇〇三年）

Bernard R., « Quelques remarques sur le procès de socialisation et la socialisation scolaire », *Les Dossiers de l'éducation-5*, Toulouse, 1984, pp. 17-22.

——,« Les petites écoles d'Ancien Régime, lectures et hypothèses », *Cahiers de recherche-6*, GRPS, Université Lumière-Lyon 2, 1986, pp. 9-58.

Bernstein B., « La construction du discours pédagogique et les modaliés de sa pratique », *Critique sociales*, 3-4, novembre 1992, pp. 20-58.

——, *Pédagogie, contrôle symbolique et identité: Théorie, recherche, critique*, Presse universitaires de Laval, 2007.（バジル・バーンスティン『〈教育〉の社会学理論——象徴統制、〈教育〉の言説、アイデンティティ』久冨善之ほか訳〔叢書・ウニベルシタス〕、法政大学出版局、二〇〇〇年）

Bertrand J., *La Fabrique des footballeurs. Analyse sociologique de la construction de la vocation, des dispositions et des savoir-faire dans une formation au sport professionnel*, Université Lumière-Lyon 2, 2008.

Bessy C. et Chateauraynaud F., *Experts et faussaires: Pour une sociologie de la perception*, Métailié, 1995.

Bidart C., *L'amitié: un lien social*, La Découverte, 1997.

Bois G., *Les écrivains dominés du jeu littéraire. Définition de l'espace d'investissement et rapports aux enjeux littéraires*, thèse de doctorat de sociologie de l'Université Lumière-Lyon 2, 2009.

Boltanski L., « Erving Goffman et le temps du soupçon », *Information sur sciences sociales*, 12(3), 1973, pp. 127-147.

——, *L'Amour et la justice comme compétences: Trois essais de sociologie de l'action*, Métailié, 1990.

——, *De la critique: Précis de sociologie de l'émancipation*, Gallimard, 2009.

Boltanski L. et Claverie É., « Du monde social en tant que scène d'un procès », *in* Luc Boltanski, Elisabeth Claverie, Nicolas Offenstadt et Stéphane Van Damme, *Affaires, scandales et grandes causes*, Stock, 2007, pp. 395-452.

Boltanski L., Darré Y., Schiltz M.-A., « La dénonciation », *Actes de la recherche en sciences sociales*, 51, mars 1984, pp. 3-40.

Boltanski L. et Thévenot L., *De la justification: Les économies de la grandeur*, Gallimard, 1991.（リュック・ボルタンスキー／ローラン・テヴノー『正当化の理論――偉大さのエコノミー』三浦直希訳、新曜社、二〇〇七年）

Boschetti A., « Légitimité littéraire et stratégies éditoriales », *in* Roger Chartier et Henri-Jean Martin dir., *Histoire de l'édition française: Le livre concurrencé 1900-1950*, Fayard/Cercle de la Librairie, 1991, pp. 511-551.

Bottéro J., *Mésopotamie: L'écriture, La raison et les dieux*, Gallimard, 1987.

Boucheron P., *Faire profession d'historien*, Publications de la Sorbonne, 2010.

Bourdieu P., « Champ intellectuel et projet créateur », *Les Temps modernes*, 246, 1966, pp.865-906.（ピエール・ブルデュー「知の場と創造投企」北沢方邦ほか訳、ジャン・プイヨン編『構造主義とは何か』伊東俊太郎ほか訳、みすず書房、一九六八年）

——, « Postface », *in* Erwin Panofsky, *Architecture gothique et pensée scolastique*, Minuit, 1967, pp. 147-148.（ピエール・ブルデュー「生成文法としてのハビトゥス――パノフスキーのイコノロジー論をめぐって」三好信子訳、福井憲彦／山本哲士編「アクト」第二号、日本エディタースクール出版部、一九八六年）

——, « Le marché des biens symboliques », *L'Année sociologique*, 22, septembre 1971, pp.49-126.

——, « Genèse et structure du champ religieux », *Revue française de sociologie*, 12(3), 1971, pp. 295-334.

——, « Le champ scientifique », *Actes de la recherche en sciences sociales*, 2-3, juin 1976, pp. 88-104.

——, « Les modes de domination », *Actes de la recherche en sicences sociales*, 2-3, juin 1976, pp. 122-132.

——, *La Distinction: Critique sociale du jugement*, Minuit, 1979.（ピエール・ブルデュー『ディスタンクシオン——社会的判断力批判』Ⅰ・Ⅱ、石井洋二郎訳〔Bourdieu library〕、藤原書店、一九九〇年）

——, « Le mort saisit le vif. Les relations entre l'histoire réifiée et l'histoire incorporée », *Actes de la recherche en sciences sociales*, 32-33, avril/juin 1980, pp. 3-14.

——, *Le Sens pratique*, Minuit, 1980.（ピエール・ブルデュー『実践感覚』1・2、今村仁司ほか訳、みすず書房、一九八八・九〇年）

——, *Questions de sociologie*, Minuit, 1980.（ピエール・ブルデュー『社会学の社会学』田原音和監訳〔Bourdieu library〕、藤原書店、一九九一年）

——, « La représentation politique: élements pour une théorie du champ politique », *Actes de la recherche en sciences sociales*, 36-37, février/mars 1981, pp. 3-24.

——, *Ce que parler veut dire: L'économie des échanges linguistiques*, Fayard, 1982.（ピエール・ブルデュー『話すということ——言語的交換のエコノミー』稲賀繁美訳〔Bourdieu library〕、藤原書店、一九九三年）

——, *Leçon sur la leçon*, Minuit, 1982.

——, « La force du droit: éléments pour une sociologie du champ juridique », *Actes de la recherche en sciences sociales*, 64, septembre 1986, pp. 3-19.

——, *Choses dites*, Éditions de Minuit, 1987.（ピエール・ブルデュー『構造と実践——ブルデュー自身によるブルデュー』石崎晴己訳〔Bourdieu library〕、藤原書店、一九九一年）

——, *La Noblesse d'état: Grandes écoles et esprit de corps*, Minuit, 1989.（ピエール・ブルデュー『国家貴族——エリート教育と支配階級の再生産』Ⅰ・Ⅱ、立花裕英訳〔Bourdieu library〕、藤原書店、二〇一二年）

——, *Intérêt et désintéressement*, Cours du Collège de France, *Cahiers de recherche du GRS*, 7, sep 1989.

——, « Le champ littéraire », *Actes de la recherche en sciences sociales*, 89, septembre 1991, pp. 3-46.

——, *Les Règles de l'art: Genèse et structure du champ littéraire*, Seuil, 1992.（ピエール・ブルデュー『芸術の規則』Ⅰ・Ⅱ、石井洋二郎訳〔Bourdieu library〕、藤原書店、一九九五―九六年）

——（avec L. J. D. Wacquant）, *Réponses: Pour une anthropologie réflexive*, Seuil, 1992.（ピエール・ブルデュー／ロイック・J・D・ヴァカン『リフレクシヴ・ソシオロジーへの招待――ブルデュー、社会学を語る』水島和則訳〔Bourdieu library〕、藤原書店、二〇〇七年）

——, « À propos de la famille comme catégorie réalisée », *Actes de la recherche en sciences sociales*, 100, décembre 1993, pp. 32-36.

——（dir.）, *La Misère du monde*, Seuil, 1993.

——, *Raisons pratiques. Sur la théorie de l'action*, Seuil, 1994.（ピエール・ブルデュー『実践理性――行動の理論について』加藤晴久／石井洋二郎／三浦信孝／安田尚訳〔Bourdieu library〕、藤原書店、二〇〇七年）

——, *Entretiens: Pierre Bourdieu-Michaël Grenfell*, Centre for Language in Education, University of Southampton, Occasional Papers, 37, mai 1995.

——, « De la maison du roi à la raison d'état », *Actes de la recherche en sciences sociales*, 118, juin 1997, pp. 55-68.

——, « Le champ économique », *Actes de la recherche en sciences sociales*, 119, septembre 1997, pp. 48-66.

——, *Méditations pascaliennes*, Seuil, 1997.（ブルデュー『パスカル的省察』加藤晴久訳〔Bourdieu library〕、藤原書店、二〇〇九年）

——, « Un contrat sous contrainte », *in* Bourdieu, *Les Stuctures sociales de l'économie*, Seuil, 2000, pp. 181-221.（ピエール・ブルデュー「強制下の契約」『住宅市場の社会経済学』山田鋭夫／渡辺純子訳〔Bourdieu library〕、藤原書店、二〇〇六年）

——, *Esquisse pour une auto-analyse*, Raisons d'agir, 2004, p. 89.（ブルデュー『自己分析』加藤晴久訳〔Bourdieu library〕、藤原書店、二〇一一年）

——, « Consommation culturelle », *CD Encyclopœdia Universalis*, 2008.

Bourdieu P. et Boltanski L., « La production de l'idéologie dominante », *Actes de la recherche en sciences sociales*, 2-3, juin 1976, pp. 3-73.

Bourdieu P. et Darbel A., *L'Amour de l'art. Les musées d'art européens et leur public*, Minuit, 1966.（ピエール・ブルデュー／アラン・ダルベル『美術愛好――ヨーロッパの美術館と観衆』山下雅之訳、木鐸社、一九九四年）

Bourdieu P., de Saint Martin M., « Le patronat », *Actes de la recherche en sciences sociales*, 20-21, mars-avril 1978, pp. 3-82.

Bourdieu P., et Passeron J.-C., *La Reproduction: éléments pour une théorie du système d'enseignement*, Minuit, 1970.（ピエール・ブルデュー／ジャン＝クロード・パスロン『再生産――教育・社会・文化』宮島喬訳〔Bourdieu library〕、藤原書店、一九九一年）

Braudel F., *Écrits sur l'histoire*, « Champs », Flammarion, 1969.

Caillois R., *Les Jeux et les Hommes: Le masque et le vertige*, Gallimard, [1958]1967（édition revue et augmentée）（ロジェ・カイヨワ『遊びと人間』多田道太郎／塚崎幹夫訳〔講談社学術文庫〕、講談社、一九九〇年）

Callon M. et Ferray M., « Les réseaux sociaux à l'aune de la théorie de l'acteur-réseau », *Sociologies pratiques*, 13(2), 2006, pp. 37-44.

Callon M. et Latour B., « Unscreving the big Leviathan : how actors macro-structure reality and how sociologists help them to do so », in K Knorr-Cetina et Aaron Victor Cicourel dir., *Advances in Social Theory and Methodology: Toward an Integration of Micro- and Macro- Sociologies*, Routledge & Kegan Paul, 1981, pp. 277-303.

Castel R., « Institutions totales et configurations ponctuelles », *in* Isaac Joseph, Jacques Cosnier, Robert Castel, et al., *Le Parler frais d'Erving Goffman*, Minuit, 1989, pp. 31-43.

Cefaï D. et Quéré L., « Naturalité et socialité du self et de l'esprit », *in* G. H. Mead, *L'Esprit, le soi et la société*, PUF, 2006, pp. 3-90.

Certeau M. de, *L'Invention du quotidien*, 10/18, 1980,（ミシェル・ド・セルトー『日常的実践のポイエティーク』山田登世子訳、国文社、一九八七年）

——, « Le rire de Michel Foucault » [1986], *in* Certeau, *Histoire et psychanalyse Entre science et fiction*, « Folio histoire », Gallimard, 2002, p. 151.（ミシェル・ド・セルトー「ミシェル・フーコーの笑い」『歴史と精神分析——科学と虚構の間で』内藤雅文訳〔叢書・ウニベルシタス〕、法政大学出版局、二〇〇三年）

Chalumeau J.-L., *Peinture et photographie: Pop art, figuration narrative, hyperréalisme, nouveaux pop*, éditions du Chêne, 2007.

Changeux J.-P., *L'Homme de vérité*, Odile Jacob, 2002.

——, « Les bases neurales de l'habitus », *in* Gérard Fussman dir., *Croyance, raison et déraison*, Odile Jacob, 2006, pp. 143-158.

Charpentier I.（dir.）, *Comment sont reçues les œuvres*, Créaphis, 2006.

Chartier R., « Du livre au lire », *in* Chartier, *Pratiques de la lecture*, Rivages, 1985, pp. 62-88.（ロジェ・シャルチエ「書物から読書へ」、ロジェ・シャルチエ編『書物から読書へ』所収、水林章／泉利明／露崎俊和訳、みすず書房、一九九二年）

——, *Lectures et lecteurs dans la France d'Ancien Règime*, Seuil, 1987.（ロジェ・シャルチエ『読書と読者——アンシャン・レジーム期フランスにおける』長谷川輝夫／宮下志朗訳、みすず書房、一九九四年）

——, *Au bord de la falaise: L'histoire entre certitudes et inquiétude*, Albin Michel, 2009.

Cicourel A. V., « Notes on the integration of micro- and macro-levels of analysis », *in* K Knorr-Cetina et Aaron Victor Cicourel dir., *Advances in Social Theory and Methodology: Toward an Integration of Micro- and Macro- Sociologies*, Londres et Henley, Routledge & Kegan Paul, 1981, pp. 51-80.（texte traduit en français sous le titre : « Micro-processus et macro-structures », *SociologieS*, 2008,〈http://sociologies.revues.org/index2432.html〉.）

——, *Le Raisonnement médical: Une approche socio-cognitive*, Seuil, 2002.

Clastres P., *La Société contre l'état*, Minuit, 1974, p. 135.（ピエール・クラストル『国家に抗する社会——政治人類学研究』渡辺公三訳〔「叢書言語の政治」第二巻〕、書肆風の薔薇、一九八七年）

Collins R., « On the microfoundations of macrosociology », *American Journal of Sociology*, 86, 1981, pp. 984-1014.

——, « The micro contribution to macro sociology », *Sociological Theory*, 6(2), 1988, pp. 242-253.

Conein B., Dodier N. et Thévenot L. (dir.), *Les Objets dans l'action: De la maison au laboratoire, Raisons pratiques*, 4, 1993.

Cornette J., *La Mélancolie du pouvoir : Omer Talon et le procès de la raison d'état*, Fayard, 1998.

Couldry N., « Media meta-capital: extending the range of Bourdieu's field theory », *in* David L Swartz et Vera L Zolberg dir., *After Bourdieu : influence, critique, elaboration*, Kluwer Academic Publishers, 2004, pp. 165-189.

Court M., *Corps de filles, corps de garcon: une construction sociale*, La Dispute, 2010.

Cusin F. et Benamouzig D., *Économie et sociologie*, « Quadrige », Presses universitaires de France, 2004.

Darmon M., *La Socialisation: Domaines et approaches*, 2e éd., revue et augmentée, Armand Colin, 2010.

Dauvin P. et Siméant J., *Le Travail humanitaire: Les Acteurs des ONG, du siège au terrain*, Presses de Sciences Po, 2002.

Deauvieau J. et Terrail J.-P. (dir.), *Les Sociologues, l'école et la transmission des savoirs*, La Dispute, 2007.

Defrance J., « La politique de l'apolitisme. Sur l'autonomisation du champ sportif », *Politix*, 13(50), 2000, pp. 13-27.

Deleuze G.,, « Cinéma et pensée », cours 67 du 30 octobre 1984, 〈www.univ-paris8.fr/deleuze/article.php3?id_article=4〉〔二〇一五年六月二十日アクセス〕

Deleuze G. et Guattari F., *Qu'est-ce que la philosophie?*, Minuit, 1991, pp. 32-33.（ジル・ドゥルーズ／フェリックス・ガタリ『哲学とは何か』財津理訳〔河出文庫〕、河出書房新社、二〇一二年）

Denave S., *Ruptures professionnelles. Processus, contextes et dispositions*, thèse de doctorat de sociologie, Université Lumière-Lyon 2, 2008.

Descombes V., *Proust: Philosophie du roman*, Minuit, 1987.

Detienne M., *L'invention de la mythologie*, Gallimard, 1981.

—— (dir.), *Les Savoirs de l'écriture en Grèce ancienne*, Presses universitaires de Lille, 1988.

Dianteill. E., « Pierre Bourdieu et la religion. Synthèse critique d'une synthèse critique », *Archives de sciences sociales des religions*, 47(118), 2002, pp. 5-19.

Dimaggio P. et Zukin S., *Structures of Capital: The Social Organization of the Economy*, Cambridge University Press, 1990.

Dorby M., *Sociologie des crises politiques: La dynamique des mobilisations multisectorielles*, Presses de la Fondation nationale des sciences politiques, 1986.

Dodier N., « Les appuis conventionnels de l'action. éléments de pragmatique sociologique », *Réseaux*, 11(62), 1993, pp. 63-85.

Draganski B., Gaser C., Kempermann G. et al., « Neuroplasticity: changes in grey matter induced by training », *Nature*, 427(6972), 2004, pp. 311-312.

Draganski B., Gaser C., Kempermann G. et al., « Temporal and spatial dynamics of brain structure changes during extensive learning », *The Journal of Neuroscience*, 26(23), 2006, pp. 6314-6317.

Dubet F., « Pourquoi rester "classique" ? », *Revue du MAUSS*, 24(2), 2004, pp. 219-232.

Duby G., *Guillaume le Maréchal, ou le Meilleur chevalier du monde*, Fayard, 1984.

Dumont L., « Préface », *in* Karl Polanyi, *La Grande Transformation: Aux origines politiques et économiques de notre temps*, Gallimard, 1983, pp. 7-23.（カール・ポランニー『新訳 大転換――市場社会の形成と崩壊』野口建彦／栖原学訳、東洋経済新報社、二〇〇九年）

Dupont F., *L'Invention de la littérature: De l'ivresse grecque au livre latin*, La Découverte, 1994.

Durkheim é., *De la division du travail social*, « Quadrige », Presses universitaires de France, [1893]1991.（E・デュルケム『社会分業論』上・下、井伊玄太郎訳〔講談社学術文庫〕、講談社、一九八九年）

——, *Le Suicide*, « Quadrige », Presses Universitaires de France, [1897]1983.（デュルケム『自殺論』宮島喬訳〔中公文庫〕、中央公論社、一九八五年）

——, *Textes,1 : éléments d'une théorie sociale*, Minuit, 1975.

Elias N., *La Civilisation des mœurs*, Calmann-Lévy, 1973.（ノルベルト・エリアス『文明化の過程・上 ヨーロッパ上流

階層の風俗の変遷』赤井慧爾ほか訳〔叢書・ウニベルシタス〕、法政大学出版局、二〇一〇年）

――, *La Dynamique de l'Occident*, Calmann-Lévy, 1975.（ノルベルト・エリアス『文明化の過程・下　社会の変遷／文明化の理論のための見取図』波田節夫ほか訳〔叢書・ウニベルシタス〕、法政大学出版局、二〇一〇年）

――, *Qu'est-ce que la sociologie?*, Presses Pocket, 1991.（ノルベルト・エリアス『社会学とは何か――関係構造・ネットワーク形成・権力』徳安彰訳〔叢書・ウニベルシタス〕、法政大学出版局、一九九四年）

――, *La Société des individus*, Fayard, 1991.（ノルベルト・エリアス、ミヒャエル・シュレーター編『諸個人の社会――文明化と関係構造』宇京早苗訳〔叢書・ウニベルシタス〕、法政大学出版局、二〇〇〇年）

――, *Mozart: Sociologie d'un génie*, Seuil, 1991.（ノルベルト・エリアス『モーツァルト――ある天才の社会学』青木隆嘉訳〔叢書・ウニベルシタス〕、法政大学出版局、一九九一年）

――, *Au-delà de Freud: Les rapports entre sociologie et psychologie*, La Découverte, 2010.

Faure S., *Apprendre par corps: Socio-anthropologie des techniques de danse*, La Dispute, 2000.

Federini F., *Écrire ou combattre: Des intellectuels prennent les armes*（*1942-1944*）, La Découverte, 2006.

Ferrarese E., *Niklas Luhmann, une introducition*, Presses Pocket, 2007.

Fillieule O., « Post scriptum: Propositions pour analyse processuelle de l'engagement individuel », *Revue française de science politique*, 51e année, 1-2, 2001, pp. 199-215.

Flaubert G.,*Correspondance*, t. II（juillet 1851-décembre 1858）, « Bibliothèque de la Pléiade », Gallimard, 1980.（ギュスターヴ・フロベール『フローベール全集９　書簡２』筑摩書房、一九六八年）

Fligstein, N., *The Architecture of Markets: An Economic Sociology of Twenty-First Century Capitalist Societies*, Princeton University Press, 2002.

Foucault M., *Surveiller et punir: Naissance de la prison*, Gallimard, 1975.（ミシェル・フーコー『監獄の誕生――監視と処罰』田村俶訳、新潮社、一九七七年）

Freidson E., « Pourquoi l'art ne peut pas être une profession? », *in* Pierre-Michel Menger et Jean Claude Passeron dir., *L'Art de la recherche. Essais en l'honneur de Raymonde Moulin*, La Documentation française, 1994, pp. 119-135.

Freud S., *Totem et tabou*, « Quadrige », Presses Universitaires de France, [1913]2010.（ジークムント・フロイト、須藤訓任監修『フロイト全集12　一九一二―一三年 トーテムとタブー』岩波書店、二〇〇九年）
——, « Psychologie collective et analyse du moi », *in Essais de psychanalyse*, « PBP », Payot, [1921]1968, pp. 83-84.（ジークムント・フロイト、須藤訓任責任編集『フロイト全集17　一九一九―二二年 不気味なもの・快原理の彼岸・集団心理学』岩波書店、二〇〇六年）
——, *Le Malaise dans la culture*, « Quadrige », Presses Universitaires de France, [1929]2010.（ジークムント・フロイト、高田珠樹責任編集『フロイト全集20　一九二九―三二年 ある錯覚の未来・文化の中の居心地悪さ』岩波書店、二〇一一年）
——, *Abrégé de psychanalyse*, Presses universitaires de France, [1938]2009, p. 82.（ジークムント・フロイト、渡辺哲夫監修『フロイト全集22　一九三八年 モーセという男と一神教／精神分析概説』岩波書店、二〇〇七年）
Fritsch P., « L'éducation permanente ou l'empire pédagogique », *Cahiers de recherche-1*, GRPS, Université Lumière-Lyon 2, 1977, pp. 100-142.
Fritsch P., « La *Zwischenbetrachtung* », *Enquête*, no7, « Max Weber », 1992, 〈http://enquete.revues.org/document134.html〉.
Fuchs S., « On the microfoundations of macrosociology : a critique of macrosociological reductionism », *Sociological Perspectives*, 32(2), 1989, pp. 169-182.
Garcia Amado J. A., « Introduction à l'œuvre de Niklas Luhmann », *Droit et Société*, 11-12, 1989, pp. 15-52.
Geertz C., *Savoir local, savoir global : les lieux du savoir*, Presses Universitaires de France, 1986.（クリフォード・ギアーツ『ローカル・ノレッジ――解釈人類学論集』梶原影昭ほか訳〔岩波モダンクラシックス〕、岩波書店、一九九九年）
Genet J.-P., « La mesure et les champs culturels », *Histoire&Mesure*, 2(1), 1987, pp. 137-153.
Ginzuburg C., *Le Fromage et les Vers: L'univers d'un meunier du XVIe siècle*, Flammarion, 1980.（カルロ・ギンズブルグ『チーズとうじ虫――十六世紀の一粉挽屋の世界像』杉山光信訳〔始まりの本〕、みすず書房、二〇一二年）
Gluckman M. (dir.), *Essays on the Ritual of Social Relations*, Manchester University Press, 1962.

Goffman E., *La Mise en scène de la vie quotidienne, 1 : La Présentation de soi*, Minuit, 1973.（E・ゴフマン『行為と演技——日常生活における自己呈示』石黒毅訳、誠信書房、一九七四年）et 2 : *Les Relations en public*, Minuit, 1973.
——, *Les Rites d'interaction :（par）goffman. Trad. de l'angl. Par alain kihm*, Minuit, 1974.（アーヴィング・ゴッフマン『儀礼としての相互行為——対面行動の社会学』浅野敏夫訳〔叢書・ウニベルシタス〕、法政大学出版局、二〇一二年）
——, *Façons de parler*, Minuit, 1987.
——, « L'ordre de l'interaction », *in* Goffman, *Les Moments et leurs hommes*, Minuit, 1988, pp. 186-230.
——, « Réplique à Denzin et Keller », *in* Isaac Joseph, Jacques Cosnier, Robert Castel, et al., *Le Parler frais d'Erving Goffman*, Minuit, 1989, pp. 301-320.
——, *Les Cadres de l'expérience*, Minuit, 1991.
Goody J., *La Raison graphique: La domestication de la pensée sauvage*, Minuit, 1979.
——, *La Logique de l'écriture*, Armand Colin, 1986.
Gothot-Mersch C., *La Genèse de Madame Bovary*, Slatkine, 1966.
Granovetter M., « Economic action and social structure : the problem of embeddedness », *American Journal of Sociology*, 91(3), nov 1985, pp. 481-510.
Grignon C. et Passeron J.-C., *Le Savant et le Populaire: Misérabilisme et populisme en sociologie et en littérature*, « Hautes études », Gallimard/Le Seuil, 1989.
Grossein J.-P., « Présentation », *in* Max Weber, *Sociologie des religions*, Gallimard, 1996, pp. 51-129.
Grossetti M., « Trois échelles d'action et d'analyse. L'abstraction comme opérateur d'échelle », *L'Année sociologique*, 56(1), 2006, pp. 285-307.
Gruzinski S., *La Colonisation de l'imaginaire: Sociétés indigènes et occidentalisation dans le Mexique espagnol*（*XVIe-XVIIIe siècle*）, Gallimard, 1988.
Guibentif P., *Foucault, Luhmann, Habermas, Bourdieu: Une génération repense le droit*, LGDJ, 2010.

Gumperz J., *Engager la conversation: Introduction à la sociolinguistique interactionnelle*, Minuit, 1989.

Halbwachs M., *La Mémoire collective*, Presses Universitaires de France, [1950]1968.（M・アルヴァックス『集合的記憶』小関藤一郎訳、行路社、一九八九年）

Hannerz U., *Explorer la ville : éléments d'anthropologie urbaine*, Minuit, 1983.

Havelock E. A., *Preface to Plato*, Harvard University Press, 1963.（エリック・A・ハヴロック『プラトン序説』村岡晋一訳、新書館、一九九七年）

Henri-Panabière G., *Des héritiers en « échec scolaire »*, La Dispute, 2010.

Hocart A.-M., *Rois et courtisans*, Seuil, 1978.

Huizinga J., *Homo Ludens: Essai sur la fonction sociale du jeu*, Gallimard, [1938]1951.（ホイジンガ『ホモ・ルーデンス』高橋英夫訳〔中公文庫〕、中央公論社、一九七三年）

Hume D., *Abrégé d'un livre récemment publié, intitulé: Traité de la nature humaine dans lequel le principal argument est plus amplement illustré et expliqué*, [1740], 2002, 〈http://classiques.uqac.ca/classiques/Hume_david/abrege_traite_nature_hum/abrege_traite_nature_hum.html〉.（デイヴィッド・ヒューム『人間知性研究――付・人間本性論摘要』斎藤繁雄／一ノ瀬正樹訳、法政大学出版局、二〇一一年）

Jacob C., « La mémoire graphique en Grèce ancienne », *Traverses. Revue du Centre de création industrielle*, 36, Centre Georges-Pompidou, 1986, pp. 61-66.

——, « Postface », *in* Laetitia Ciccolini, Charles Guérin, Stéphane Itic et Sébastien Morlet dir., *Réceptions antiques: Lecture, transmission, appropriation intellectuelle*, Éditions Rue d'Ulm/Presses de l' École normale supérieure, 2006, pp. 153-160.

Jarrety M., « Marginalia », *in* J.-P. Martin, Jean-Pierre Martin, *Bourdieu et la littérature*, Éditions Cécile Defaut, 2010, pp. 183-193.

Jouhaud C., « Présentation », *Annales. Histoire, sciences sociales*, 2, mars-avril 1994, « Littérature et histoire », pp. 271-276.

Kerbrat-Orecchioni C., « La problèmatique de l'énonciation », *in* Jacques Cosnier et al. dir., *Les Voies du langage:*

Communications verbales, gestuelles et animales, Dunod, 1982, pp. 114-181.
Kohli M., Rein M. et Guillemard A.-M., *Time for Retirement: Comparative Studies of Early Exit from the Labor Force*, Cambridge University Press, 1991.
Kuhn T. S., *La Tension essentielle*, Gallimard, 1977.（トーマス・クーン『本質的緊張――科学における伝統と革新』1・2、我孫子誠也／佐野正博訳、みすず書房、一九八七・九二年）
Lacoste Y., *La Géographie, ça sert d'abord à faire la guerre*, « PCM », Maspero, 1982.
Lahire B., « Sociologie des pratiques d'écriture: contribution à l'analyse du lien entre le social et le langagier », *Ethnologie française*, 20(3), 1990, pp. 262-273.
——, *Culture écrite et inégalités scolaires: Sociologie de l'échec scolaire à l'école primaire*, Presses Universitaires de Lyon, 1993.
——, *La Raison des plus faibles: Rapport au travail, écritures domestiques et lectures en milieux populaires*, Sociologie, Presses Universitaires de Lille, 1993.
——, *Tableaux de familles: Heurs et malheurs scolaires en milieux populaires*, « Hautes études », Gallimard/Seuil, 1995.
——, *L'Homme pluriel: Les ressorts de l'action*, Nathan, 1998.（ベルナール・ライール『複数的人間――行為のさまざまな原動力』鈴木智之訳〔叢書・ウニベルシタス〕、法政大学出版局、二〇一三年）
——, « Champ, hors-champ, contrechamp », *in* Bernard Lahire dir., *Le Travail sociologique de Pierre Bourdieu: Dettes et critiques*, La Découverte, 1999, pp. 23-57.
——, « La sociologie de l'éducation et l'opacité des savoirs », *Éducation et sociétés, Revue internationale de sociologie de l'éducation*, 4, 1999, pp. 15-28.
——, *L'Invention de l'« illettrisme »: Rhétorique publique, éthique et stigmates*, La Découverte, 1999.
——, Bernard Lahire, « Les variations pertinentes en sociologie », *in* Jacques Lautrey, Bernard Mazoyer et Paul van Geert dir., *Invariants et variabilité dans les sciences cognitives*, Éditions de la MSH, 2002, pp. 243-255.
——, *Portraits sociologiques: Dispositions et variations individuelles*, Nathan, 2002.

——, *La Culture des individus: Dissonances culturelles et distinction de soi*, La Découverte, 2004.

——, « Misère de la division du travail sociologique: le cas des pratiques culturelles adolescentes », *Éducation et sociétés. Revue internationale de sociologie de l'éducation*, 16(2), 2005, pp. 129-136.

——, *L'Esprit sociologique*, La Découverte, 2005.

——, « Nécessité théorique et obligations empiriques », *Revue du MAUSS*, 27(1), 2006, pp. 444-452.

——, *La Condition littéraire: La double vie des écrivains*, La Découverte, 2006.

——, *La Raison scolaire: école et pratiques d'écriture, entre savoir et pouvoir*, Presses Universitaires de Rennes, 2008.

——, « De l'indissociabilité du langagier et du social », *Sociolinguistic Studies*, numéro spécial : « Analysing language to understand social phenomenon », 3(2), 2009, pp. 149-175.

——, *Franz Kafka: éléments pour une théorie de la création littéraire*, La Découverte, 2010.

——, « Les cadres sociaux de la cognition: socialisation, schèmes cognitifs et langage », *in* Fabrice Clément et Laurence Kaufmann dir., *La Sociologie cognitive*, Maison des sciences de l'homme, 2011, pp. 137-159.

Laplanche J., *La Révolution copernicienne inachevée: 1967-1992*, « Quadrige », Presses Universitaires de France, 2008.

Laplanche J. et Pontalis J.-B., *Vocabulaire de la psychanalyse*, 10e éd., Presses universitaires de France, 1990.（J・ラプランシュ／J・B・ポンタリス『精神分析用語辞典』村上仁監訳、みすず書房、一九七七年）

Latour B., « Une sociologie sans objet?: Remarques sur l'interobjectivité », *Sociologie du travail*, 36(4), 1994, pp. 587-607.

Leclerc Y., *Crimes écrits. La littérature en procès au XIXe siècle*, Plon, 1991.

Le Goff J., *Saint Louis*, Gallimard, 1996.（ジャック・ル・ゴフ『聖王ルイ』岡崎敦／森本英夫／堀田郷弘訳、新評論、二〇〇一年）

Lepetit B., « Architecture, géographie, histoire: usages de l'échelle », *Genèses*, 13, automne 1993, pp. 118-138.

Levi G., « Les usages de la biographie », *Annales économies, Sociétés, Civilisations*, 6, nov.-déc. 1989, pp. 1325-1336.

Levi Martin J., « What is field theory? », *American Journal of Sociology*, 109(1), 2003, pp. 1-49.

Lévi-Strauss C., *La Pensée sauvage*, Plon, 1962.（クロード・レヴィ＝ストロース『野生の思考』大橋保夫訳、みすず書房、一九七六年）

N. Luhmann, « L'économie de la société comme système autopoïétique », *Sciences de la société*, 52, 2001, pp. 23-58.

Maguire E. A., Gadian D.G., Johnsrude I. S. et al., « Navigation-related structural change in the hippocampi of taxi drivers », *Proceedings of the National Academy of Sciences*, 97(8), 2000, pp. 4398-4403.

Marin L., *De la représentation*, « Hautes études », Gallimard/Scuil, 1994.

Marx K. et Engels F., *L'Idéologie allemande*, Éditions sociales, [1845]1968.（マルクス／エンゲルス『ドイツ・イデオロギー』廣松渉編訳、小林昌人補訳〔岩波文庫〕、岩波書店、二〇〇二年）

Mauss M., « Rapports réels et pratiques de la psychologie et de la sociologie », *Sociologie et anthropologie*, « Quadrige », Presses universitaires de France, 1991, pp. 283-310.（M・モース「心理学と社会学の現実的でしかも実践的な関係」『社会学と人類学』第二巻、有地亨／山口俊夫訳、弘文堂、一九七六年）

McCall L., « Does gender fit? Bourdieu, feminism, and conception of social order », *Theory and Society*, 21(6), 1992, pp. 837-867.

Mennesson C., *Être une femme dans le monde des hommes. Socialisation sportive et construction du genre*, L'Harmattan, 2005.

Meyer M., *Questions de rhétorique : langage, raison et séduction*, Librairie générale française, 1993.

Meyerson I., « Discontiuités et cheminements autonomies dans l'histoire de l'esprit » [1948], *in* Meyerson, *Écrits: 1920-1983: Pour une psychologie historique*, Presses universitaires de France, 1987, pp. 53-65.

——, « L'entrée dans l'humain » [1951], *in* Meyerson, *Écrits: 1920-1983: Pour une psychologie historique*, Presses universitaires de France, 1987, pp. 71-80.

——, « Problèmes d'histoire psychologique des œuvres: spécificités, variation, expérience » [1948], *in* Meyerson, *Écrits: 1920-1983: Pour une psychologie historique*, Presses universitaires de France, 1987, pp. 81-91.

——, *Les Fonctions psychologiques et les œuvres*, Albin Michel, 1995.

Millet M., *Les étudiants et le travail universitaire: étude sociologique*, Presses Universitaires de Lyon, 2003.
Montier J.-P., Louvel L., Méaux D., Ortel P. (dir.), *Littérature et photographie*, Presses universitaires de Rennes, 2008.
Moulin R., *De la valeur de l'art : recueil d'articles*, Flammarion, 1995.
Parsons T., *Le Système des sociétés modernes*, Dunod, 1973.（タルコット・パーソンズ『近代社会の体系』井門富二夫訳〔「現代社会学入門」第十四巻〕、至誠堂、一九七七年）
Pascal B., *Pensées*, Larousse, [1670]1965.（パスカル『パンセ』前田陽一／由木康訳〔中公文庫〕、中央公論社、一九七三年）
Passeron J.-C., *Le Raisonnement sociologique: L'espace non-poppérien du raisonnement naturel*, Nathan, 1991.
Pharo P., *Le Civisme ordinaire*, Librairie des Méridiens, 1985.
Polanyi K., *La Grande Transformation: Aux origines politiques et économiques de notre temps*, Gallimard, 1983.（カール・ポラニー『新訳 大転換——市場社会の形成と崩壊』野口建彦／栖原学訳、東洋経済新報社、二〇〇九年）
Pomian K., « L'histoire de la science et l'histoire de l'histoire », *Annales. Économies, Sociétés, Civilisations*, 30(5), 1975, pp. 935-952.
——, *L'Ordre du temps*, Gallimard, 1984.
Potter G., « Sui generis micro social structures : the heuristic example of poker », *Canadian Journal of Sociology/Cahiers canadiens de sociologie*, 28(2), 2003, pp. 171-202.
Quinodoz J.-M., *Lire Freud: Découverte chronologique de l'œuvre de Freud*, Presses Universitaires de France, 2004.
Rabault H., « Sens et portée de l'œuvre de Niklas Luhmann: un liberalism désenchanté? », *Droit et Société*, 65, 2007, pp. 175-188.
Rawls A. W., « The interaction order sui generis : Goffman's contribution to social theory », *Sociological Theory*, 5(2), 1987, pp. 136-149.
——, « L'émergence de la socialité: une dialectique de l'engagement et de l'ordre », *Revue du MAUSS*, 19, 2002/1, pp. 130-149.
Renard F., *Les Lectures scolaires et extra-scolaires de lycéens: entre habitudes constituées et sollicitations contextuelles*,

thèse de doctorat de sociologie, Uniersité-Lumière-Lyon 2, 2007.
Renault E., « Adorno : dalla filosophia sociale alla teoria sociale », *Quaderni di Teoria sociales*, 11, 2011.
Revel J., « L'histoire au ras du sol », préface à Giovanni Levi, *Le Pouvoir au village: Histoire d'un exorciste dans le Piémont du XVIIe siècle*, Gallimard, 1989, pp. I-XXXIII.
——, « Micro-analyse et construction du social », *in L'Art de la recherche: Essais en l'honneur de Raymonde Moulin*, La Documentation française, 1994, pp. 303-327.
Ricœur P., *La Mémoire, l'histoire, l'oubli*, « Points Essais », Seuil, 2000.（ポール・リクール『記憶・歴史・忘却』上・下、久米博訳、新曜社、二〇〇四・〇五年）
Sacks H., Schegloff E. A., Jefferson G., « A simplest systematics for the organization of turn-taking for conversation », *Language*, 50, 1974, pp. 696-735.
Sagnol M., « Le statut de la sociologie chez Simmel et Durkheim », *Revue française de sociologie*, 28(1), 1987, pp. 99-125.
Sahlins M., *Âge de pierre, âge d'abondance: L'économie des sociétés primitives*, Gallimard, 1976.（マーシャル・サーリンズ『石器時代の経済学』山内昶訳〔叢書・ウニベルシタス〕、法政大学出版局、二〇一二年）
Saint-Jacques D. et Viala A., « À propos du champ littéraire. Histoire, géographie, histoire littéraire », *Annales. Histoire, sciences sociales*, 49(2), 1994, pp. 395-406.
Sapiro G., « L'autonomie de la literature en question », *in* Jean-Pierre Martin, *Bourdieu et la littérature*, éditions Cécile Defaut, 2010, pp. 45-61.
Sarraute N., *Pour un oui ou pour un non*, Minuit, 1982.
Sartre J.-P., *Questions de méthode*, Gallimard, 1986.（ジャン＝ポール・サルトル『サルトル全集25　方法の問題・弁証法的理性批判序説』平井啓之訳、人文書院、一九六二年）
Sawicki F., « Les politistes et le microscope », *in* M. bachir dir., *Les Méthodes au concret*, PUF, CURAPP, 2000, pp. 143-164.

Scalbert-Yücel Clémence, « Politics, identity and the theory of fields : a sociological approach to "small literatures" », *Nationalities Papers*, numéro spécial (à paraître).

Schegloff E. A., « Between macro and micro: Contexts and other connexions », in Jeffrey C Alexander, Bernhard Giesen, Richard Münch et Neil J Smelser dir., *The Micro-Macro Link*, University of California Press, 1987, pp. 207-234.（エマニュエル・A・シェグロフ「ミクロとマクロの間――コンテクスト概念による接続策とその他の接続策」、ジェフリー・C・アレグザンダーほか編『ミクロ - マクロ・リンクの社会理論』所収、石井幸夫ほか訳〔「知」の扉をひらく〕、新泉社、一九九八年）

Schmitt C., *La Notion de politique : théorie du partisan*, Fammarion, 1992.（C・シュミット『政治的なものの概念』田中浩／原田武雄訳、未来社、一九七〇年）

Schorske C., *Vienne fin de siècle: Politique et culture*, Seuil, 1983.（カール・E・ショースキー『世紀末ウィーン――政治と文化』安井琢磨訳、岩波書店、一九八三年）

——, « Pierre Bourdieu face au problème de l'autonomie », *Critique*, 579/580, août-septembre 1995, pp. 697-703.

Segalen M., *Sociologie de la famille*, 6e éd., Armand Colin, 2008.

Simiand F., « La méthode historique et les sciences sociales », *Revue de synthèse historique*, 6, 1903, pp. 10-14.

Simmel G., *Sociologie: études sur les formes de la socialisation*, Presses universitaires de France, 1999.（ゲオルク・ジンメル『社会学――社会化の諸形式についての研究』上・下、居安正訳、白水社、一九九四年）

Singly F. de, *Matériaux sur la lecture des jeunes*, Ministère de l'éducation nationale et de la Culture, DEP, no25, janvier 1993.

Strauss A. L., *Continual Permutations of Action*, Aldine de Gruyter, 1993.

Suchman L., *Plans and Situated Actions: the Problem of Human-achine Communication*, Cambridge University Press, 1987.（ルーシー・A・サッチマン『プランと状況的行為――人間―機械コミュニケーションの可能性』佐伯胖監訳、産業図書、一九九九年）

Terray E., «Dernière séance », *Cahiers d'études africaines*, 198-200, 2-4 2010, pp. 529-544.

Thérenty M.-È., *Mosaïques: Être écrivain entre presse et roman* (*1829-1836*), Honoré Champion, 2003.
Thérenty M.-È. et Vaillant A. (dir.), *Presse et plumes: Journalisme et littérature au XIXe siècle*, Nouveau Monde éditions, 2004.
Thin D., *Quartiers populaires: L'école et les familles*, Presses Universitaires de Lyon, 1998.
Todorov T., *Mikhaïl Bakhtine, le principe dialogique* (*suivi de*) *Écrits du Cercle de Bakhtine*, Seuil, 1981.（ツヴェタン・トドロフ『ミハイル・バフチン 対話の原理』大谷尚文訳〔叢書・ウニベルシタス〕、法政大学出版局、二〇〇一年）
Vancheri L., *Cinéma et peinture : passages, partages, présences*, Armand Colin, 2007.
Vendryes J., *Le Langage: Introduction linguistique à l'histoire*, Albin Michel, 1968.
Verdès-Leroux J., *Le Travail social*, Minuit, 1978.
Vernant J.-P., *Les Origines de la pensée grecque*, Presses Universitaires de France, 1969.（J・P・ヴェルナン『ギリシャ思想の起原』吉田敦彦訳、みすず書房、一九七〇年）
——, *Mythe et pensée chez les Grecs*, II, Maspero, 1981.（ジャン＝ピエール・ヴェルナン『ギリシア人の神話と思想——歴史心理学研究』上村くにこ／ディディエ・シッシュ／饗庭千代子訳、国文社、二〇一二年）
Veyne P., « L'interprétation et l'interprète: À propos des choses de la religion », *Agone* 23, 2000, pp. 55-87.
Viala A., *Naissance de l'écrivain: Sociologie de la littérature à l'âge classique*, Minuit, 1985.（アラン・ヴィアラ『作家の誕生』塩川徹也監訳、藤原書店、二〇〇五年）
——, « Ah, qu'elle était jolie… », *Politix*, 5(17), 1992, pp. 125-141.
Vincent G., *L'école primaire française*, Presses Universitaires de Lyon, 1980.
Weber M., *Économie et société*, Plon, 1971.
——, « Parenthèse théorique », Enquête, n°7, « Max Weber », 1992, mis en ligne le 19 janvier 2006, 〈http://enquete.revues.org/document133.html〉.
——, *Essais sur la théorie de la science*, « Agora », Presses Pocket, Plon, 1992.（マックス・ヴェーバー『社会科学と社会政策にかかわる認識の「客観性」』富永祐治／立野保男訳、折原浩補訳〔岩波文庫〕、岩波書店、一九九八年）

——, *Sociologie des religions*, Gallimard, 1996.

Whorf B. L., *Linguistique et anthropologie*, Denoël, 1969.

Wirth L, « Le phénomène urbain comme mode de vie » [1938], *in* Yves Grafmeyer et Isaac Joseph dir., *L'école de Chicago: Naissance de l'écologie urbaine*, Aubier, 1990, pp. 255-281.（ルイス・ワース「生活様式としてのアーバニズム」松本康訳、松本康編『近代アーバニズム』〔「都市社会学セレクション」第一巻〕所収、日本評論社、二〇一一年）

Wittgenstein L., *De la certitude*, « Idées », Gallimard, 1976.（ルートヴィヒ・ヴィトゲンシュタイン『ウィトゲンシュタイン全集９　確実性の問題・断片』黒田亘／菅豊彦訳、大修館書店、一九七五年）

——, *Tractatus logico-philosophicus* (*suivi de*) *Investigations philogophiques*, Gallimard, 1986, p. 287.（ウィトゲンシュタイン『論理哲学論考』野矢茂樹訳〔岩波文庫〕、岩波書店、二〇〇三年）

——, *Remarques mêlées*, Flammarion, 2002.（ルートヴィヒ・ヴィトゲンシュタイン『反哲学的断章——文化と価値』丘沢静也訳、青土社、一九九九年）

Yates F., *L'Art de la mémoire*, Gallimard, 1975.（フランセス・A・イエイツ『記憶術』玉泉八州男監訳、水声社、一九九三年）

Zelizer V., *Morals and Markets: The Development of Life Insurance in the United States*, Transaction Publishers, 1983.（V・A・R・ゼライザー『モラルとマーケット——生命保険と死の文化』田村祐一郎訳〔「保険学シリーズ」第十二巻〕、千倉書房、一九九四年）

——, *Pricing the Priceless Child : The Changing Social Value of Children*, Princeton University Press, 1994.

——, *The Social Meaning of Money*, Princeton University Press, 1997.

——, *Economic Lives: How Culture Shapes the Economy*, Princeton University Press, 2010.

Zolesio E., *Chirurgiens au féminin? Socialisation chirurgicale et dispositions sexuées de femmes chirurgiens digestifs*, Université Lumière-Lyon 2, 2010.

訳者あとがき

著者の経歴

本書は、Bernard Lahire, *Monde pluriel: Penser l'unité des sciences sociales* (Seuil, 2012) の全訳である。

著者のベルナール・ライールは一九六三年、フランスのリヨン生まれ。庶民階級の出身で、彼の家族のなかで初めて高等教育に進学したという。八一年にバカロレアを取得、大学から社会学を学び、九〇年には小学校での学校的失敗（落ちこぼれ）を主題とした博士論文をリヨン第二大学へ提出し、研究者としてのキャリアをスタートさせる。九二年にリヨン第二大学准教授、九四年から同大学教授を務めたのち、二〇〇〇年からはリヨン高等師範学校社会学教授に就任している。また同時に、フランス国立科学研究センター（CNRS）のマックス・ヴェーバー・センターの副ディレクターとして、「性向・権力・文化・社会化」チームを率いている。一二年にはCNRSの銀メダルを受賞するなど、現在フランスで最も注目される社会学者の一人である。ちなみにライールは、前述のとおり、いわゆるノルマリアン（高等師範学校の卒業生）ではなく、一般大学の出身者であり、そのため、こうした順調なキャリアを歩んできたことに対し、先の授賞式で「いまとなっては社会的奇跡が続いている感じがします」と語っている。

これまでの著者の研究について

本書成立の背景を知るために、ライールの研究経緯について簡単に確認しておくことにしよう。

ライールの研究活動は、その開始から現在にいたるまで、きわめて精力的で、圧倒的なペースを保っている。

本書が出版された二〇一二年の時点で、単著だけを数えても、優に十冊を超え（文献欄を参照）、編著や論文など、そのほかの業績までを含めると相当な数に上る。本書に続けて、さらに三冊の単著（Bernard Lahire, *Dans les plis singuliers du social: Individus, institutions, socialisations*, La Découverte, 2013〔『社会的なものの特異な襞――個人、制度、社会化』〕、*Ceci n'est pas qu'un tableau: Essai sur l'art, la domination, la magie et le sacré*, La Découverte, 2015〔『これは一枚の絵画であるだけにとどまらない――芸術、支配、魔術、および聖についての試論』〕、*Pour la Sociologie : Et pour en finir avec une prétendue « culture de l'excuse »*, La Découverte, 2016〔『社会学のために――そしていわゆる「言い訳の文化」と手を切るために』〕）が刊行されていることを付け加えるならば、その生産力の高さは驚異的といえるかもしれない（彼の著書には大部なものが多いことも特徴である）。ライールの著書の邦訳としては、現在のところ、ピエール・ブルデューのハビトゥス論に批判的な検討を加えた *L'Homme pluriel: Les ressorts de l'action*, Nathan, 1998（『複数的人間――行為のさまざまな原動力』鈴木智之訳〔叢書・ウニベルシタス〕、法政大学出版局、二〇一三年）がある。本書『複数的世界』は、書名からうかがえるように、この『複数的人間』と対をなすものとして読むことができるだろう。

ライールによる一連の研究は、当初から一貫してブルデュー社会学との対話を通じて構成されてきたといっても過言ではない。彼の一九九〇年代前半の仕事は、博士論文の主題の延長線上に、庶民階級における学校的成功と失敗の社会的条件をめぐる経験的研究に捧げられている。その代表的成果の一つである『家族の光景――庶民階級における学校的幸運と不運』（*Tableaux de familles: Heurs et malheurs scolaires en milieux populaires*, « Hautes études », Gallimard/Seuil, 1995）で、ライールは、フランスの移民家族に対するインタビューや生活環境の調査をおこない、彼らのハビトゥスあるいは文化資本の伝達過程を分析している。そこでライールが発見したこと、それは、しばしば円滑に進んでいくものとして描かれるそれらの伝達過程が、同一階級、いやむしろ同一家族の内部でさえ、多様な形態をとり、不均質なものになりうるということである。ブルデューらによって鮮やかに示された学校を媒介とする不平等の再生産――とりわけハビトゥスや文化資本がその達成の鍵を握る――は、それほど滑らかな構図のもとに収まるわけではない。こうした経験的事実は、かつてブルデューが、構造主義的な婚姻の規則がごくわずかしか守られないことを発見し、クロード・レヴィ＝ストロースと訣別せざるをえなかったように、ライールにブルデューとは別様の道筋を歩ませることになる。

ブルデュー社会学に対するライールの違和は、『複数的人間』のなかではっきりと打ち出される。そこでライールは、これら初期の経験的研究を足場に、ブルデューのハビトゥス論への批判を展開していく。その際、主要な批判の矛先となるのは、ブルデューが想定するハビトゥスの「均質性」ないし「統一性」である。ブルデューのハビトゥス論では、行為者は一貫した性向のシステムを身体化し、個々の領域や状況において統一的な実践を生成していくものとして捉えられる。つまり、ブルデュー社会学では、階級的位置に応じた均質な性向のシステムを文脈横断的に転移させ、矛盾がない実践を恒常的に生み出していく行為者の姿がいたるところに見いだされるのである。ところがライールにしてみれば、そのような調和がとれたハビトゥスは、ある特定の社会歴史的条件、すなわち、均質な社会化の条件のもとでしか立ち現れることがない。行為者が相互に一貫しない、不均質な社会化の文脈を過去に往来してきたならば、身体化される性向もまた、それに応じた複雑なものにならざるをえない。そのとき、性向の「不均質性」や「矛盾」は、例外として退けられるべきものではなく、むしろ重要な社会学的考察の対象になる。ライールはそう考え、複数的性向を備えうる個人を彼の社会学的探究の中心に置くことを選び取る。ブルデューのハビトゥス論は、ライールによって、このように書き換えられていくのである。ライールは、こうした試みを、心理学的社会学あるいは個人レベルの社会学と呼び（現在は後者を好んで使用している）、同一個人を複数の文脈にわたって追跡し、その性向や行動の複雑性や多様性を探求することを自身の課題とする。

これ以降のライールは、『複数的人間』で素描された社会学的プログラムに準拠しながら、改めて経験的な研究へと立ち戻っていくように見える。そして、その多くが、ブルデュー社会学が取り組んできた多岐にわたる主題をライールなりにそれぞれ変奏させるものとなっている。例えば、学校、家族、仕事、友人、余暇、食事、健康など、相異なる複数のテーマについてインタビューすることによって、同一個人がもつ性向と行動の多様性を明らかにした『社会学的肖像——諸性向と個人の多様性』(*Portraits sociologiques: Dispositions et variations individuelles*, Nathan, 2002)、この研究を引き継ぎ、統計調査とインタビュー調査を組み合わせながら、個人レベルで文化的実践へとアプローチし、高度に分化した社会であらゆる階級に見られる個人内の文化的多様性を描き出した『諸個人の文化——文化的不協和と自己の卓越化』(*La Culture des individus: Dissonances culturelles et distinction de soi*, La Découverte, 2004)は、その代表的な著作である(これらは主にブルデューの『ディスタンクシオン——社会的判断力批判』〔I・II、石井洋二郎訳〔Bourdieu library〕、藤原書店、一九九〇年〕と対比させることが可能だろう)。同様に、専業作家だけでなく、副業をかけもちした多数の作家から構成される文学的領域に目を向け、複数の領域を横断する彼らの生活条件との関係性から文学活動へと迫ろうとした『文学の条件——作家の二重生活』(*La Condition littéraire. La double vie des écrivains*, La Découverte, 2006)、フランツ・カフカの生活誌を再構成しながら、こうした見方を経験的に具体化した『フランツ・カフカ——文学創作の理論のための諸要件』(*Franz Kafka: éléments pour une théorie de la création littéraire*, La Découverte, 2010)といった著作も、そうした試みに含められる(これらは主にブルデューの『芸術の規則』〔I・II、石井洋二郎訳〔Bourdieu library〕、藤原書店、一九九五—九六年〕と対比させることが可能だろう)。ほかにも、この時期には、社会学的方法論に関する『社会学の精神』(*L'Esprit sociologique*, La Découverte, 2005)、学校での言語的実践を媒介とする知と権力との関係を論じた『学校的理性——学校と書字実践、知と権力の間』(*La Raison scolaire: école et pratiques d'écriture, entre savoir et pouvoir*, Presses Universitaires de Rennes, 2008)などを刊行する一方、編者として、ブルデュー社会学の成果を再検討する『ピエール・ブルデューの社会学的仕事——負債と批判』(*Le Travail sociologique de Pierre Bourdieu: Dettes et critiques*, La Découverte, 1999)や、社会学の学問的意義を問い直す『社会学は何の役に立つのか』(*À quoi sert la sociologie?*, La Découverte, 2002)といった論集をとりまとめたりもしている。こうして、ライールの仕事は、家族や教育、文化的実践、文学、社会学の理論・方法といった多様な領域に及んでいて、そのいずれもがブルデュー社会学の守備範囲と大きく重なり合うものになっている。

本書の主題

このように『複数的人間』以降に積み重ねられた諸研究をも組み込むかたちで、再びライールの理論的・方法論的視座を打ち出したのが、本書『複数的世界』である。ここでの主題になっているのは、ライールが人文・社会諸科学における統一的な科学的公式として提出する「性向＋文脈＝実践」のうち、「文脈」に相当する部分である。そしてその際に、ライールが中心的な検討課題として設定しているのが、ブルデューの「場（champ）」の概念だといえるだろう。本書が『複数的人間』と対をなすと述べたのは、この意味においてである。

以下では、三つの観点から本書で示されるライールの見方を整理しておこう。

ライールの社会学的視座

本書で提示されるライールの社会学的視座は、性向主義と文脈主義を組み合わせたものである。より具体的にすれば、それは、行為者の身体化した社会的諸特性と、行為の文脈の社会的諸特性が交差するところで実践を把握するというものにほかならない。ライールにとって、最も基本になるこの視座は、シンプルに「性向＋文脈＝実践」という公式で表される。

しかしながら、この公式は非常にシンプルであるものの、これまでの社会学で、十分にバランスが保たれてこなかった。ライールに従えば、このことは、「過去の忘却」あるいは「文脈の忘却」というかたちをとって多数の研究のなかに現れている。すなわち、前者においては、行為者は身体化された過去の諸経験を奪い去られ、現在の行為の文脈だけが実践を決定することになり、後者においては、身体化された性向が恒久的に作用し、行為の文脈がもつ特殊性や多様性が損なわれることになる。そのため、実践を把握するためには、こうしたそれぞれの一方を過度に適用する方法論的な偏向が慎重に回避されなければならないのである。ライールは、このような公式を明示化することによって、研究者が適切に双方のバランスをとるよう促しているのである。

ライール自身が述べているように、この公式には、一つの参照点が存在している。ブルデューが『ディスタンクシオン』で提示した「[(ハビトゥス)(資本)]+場=実践」である。しかしライールは、こうしたブルデューの「実践の生成公式」が必ずしも満足のいくものではないと考えている。というのも、それは、一般性や普遍性の外観をまとっているけれども、実際には個別の限定的な社会的世界の見方にすぎないからである。そして、ライールのこの主張を成り立たせる根拠の一つは、本書のなかでもその要点が随所に示されているが、『複数的人間』でのハビトゥス論への批判に求めることができるだろう。ブルデューによって「持続的で移調可能な性向のシステム」として捉えられるハビトゥスは、考察の視点を変えれば、すなわち、集団レベルから個人レベルへと移行すれば、そうしたものとして普遍的に妥当するものにはならない。諸個人が身体化する過去の性質は、社会化の条件に応じて、さまざまな形態をとりうる。その意味で、ブルデューのハビトゥス概念は、行為者の性向に関わる個別の一ケースを論じたものにほかならないのである。ライールが「身体化された過去」を「ハビトゥス」と等置せず、絶えず慎重に「性向」(または「性向と能力の遺産」)という言葉を用いているのは、このためである。

場の概念に対する批判

本書は、総じて、「文脈」の考察に多くの議論が割かれている。なかでも特にその基点になっているのは、ブルデューの場の概念である。先述したとおり、ライールがすでにハビトゥス概念の検討をおこなっていたことを考えると、場の概念にその対象が移行するのはごく自然な流れだといえるだろう。と同時に、従来ライールが提唱してきた個人レベルの社会学が、ミクロ社会学にすぎないとか、集合的なもの(階級や集団)をないがしろにしているとか、そうした批判を受けてきたことも、これには大きく関係しているように見える。要するに、このことは、ライール社会学は文脈をどのように位置づけているのか、さらにいえば、ハビトゥスに代えて複数の性向を身体化した個人を問題とする場合、場の概念はどのように捉え直されなければならないのか、という問いへの彼自身の応答なのだと見なすことができるのである。
ライールは、現代社会を社会的分化によって特徴づける。つまり、われわれの社会的世界は、さまざまな社会的領域が高度に分化した状態で存立しているということである。もちろんこれは、これまで数多くの社会(科)学者たちが共有してきた認識にほかならない。社会学の学問的基礎を築いたマックス・ヴェーバー、エミール・デュルケム、ゲオルク・ジンメルは言うまでもなく、タルコット・パーソンズやニクラス・ルーマン、そしてブルデューもまた、そのうちに含めることが可能である。ブルデューの場の理論はまさに、われわれの分化した社会を把握し分析するために構築されたものであった。

本書でライールは、書字実践に代表される客体化された知の蓄積から説き起こしながら、こうした社会的分化の歴史的帰結として生じる、社会的諸領域の自律化について考察している。そこでライールは、自律性概念がもつ二重の意味、すなわち自律性＝特殊性と自律性＝独立性を厳密に区別することを提起する。前者は、ある社会的領域が、そのほかの社会的領域から分離し、一活動分野として専門化することであり、後者は、ある社会的領域が、自身に外在する諸領域の要求や命令から解放されることである。ライールは、この区別を手がかりとして、ブルデューの場の概念に見られる揺らぎを指摘する。ライールによれば、そのことは、場の概念を使用した分析に、さまざまな混乱を生じさせることになる。例えば、場はどの時点で成立したのか、場の自律性はどのように確保されたのか、場はどこまで自律しているのか、場の自律性は肯定的なものなのか。これらの点に関して、その概念の使用者たちは見解の食い違いを示しているのである。

こうしてライールは、場の概念を厳密な定義に従って使用するべきか、あるいは正確な定義はほどほどに柔軟なかたちで普遍的に使用するべきかと問う。その問いに対するライールの答えは、厳密かつ正確な定義に基づいて場の概念を用いることが科学的に利得をもたらすというものである。さもなければ、それは、社会的分化の過程を指し示すだけにとどまり、いささか形式的な概念になりかねない。

では、ブルデューの場の概念はどのように把握される必要があるのだろうか。ライールによれば、それにはまず、適合的な行為の文脈のすべてが場であるわけではないということを認めなければならない。というのも、場は、「特殊な資本の領有あるいは再定義をめぐる闘争に関係するものだけを保持するような選択的枠組み」（本書一五四ページ）だからである。場の理論における主要な登場人物は、経済資本や文化資本を豊富に所持する行為者（agent）であり、したがってそれは、定義上、ある分野で繰り広げられるあらゆる行為者（acteur）の実践をその射程に収めているとはいえないのである。

この点に関してライールは、とりわけ彼自身の文学社会学的研究に依拠しながら、場の理論の問題を論じている。ライールによる文学場に対する批判のポイントは、場の理論が場の外部の時間を考慮せず、行為者を場の成員としての存在に還元することに関わっている。ブルデューの文学場の分析では、フロベールやボードレールのような作家が主役である。そうした作家は、文学を生業とし、身も心もすべてそれに捧げることができる人物である。ブルデューが想定する文学場の行為者（agent）は、こうした作家がモデルになっている。しかしライールは、文学的領域全体を見れば、文学活動それ自体で身を立てることができる作家がごく少数であり、そのため、大半の作家たちが副業をかけもちしているという事実に注意を促す。彼らは、文学活動から大した報酬を期待できないがゆえに、それ以外の活動に多くの時間を費やすことを余儀なくされる存在なのである。彼らは、専業作家に確保される理想的な条件のもとで活動しているわけではない。ライールからすれば、こうした作家たちの二重生活は、文学活動を語るうえで見逃すことができないきわめて重要な問題を構成している。

このように考えると、場の理論は、非常に正統主義的な理論であることがわかる。このことは、権力を賭けた場という大舞台で、その獲得をめぐって闘争する支配的な行為者（agent）にだけ、ブルデューの分析が集中しているところに端的に表れている。言い換えれば、中間階級や庶民階級のように、そうした大舞台に立たない行為者（acteur）は、磁場の中心から離れれば離れるほど関心が失われることになり、分析の俎上に載ることがほとんどなくなるということである。そのためライールは、場の理論は社会的世界の普遍的理論ではなく、局所的理論であると述べて、それを「権力場の理論」と呼ばなければならないとさえ主張している。

それに対してライールは、文学場の概念に代えて、「文学ゲーム」の概念を用いることを提唱する。その意図は、大半の作家たちが頻繁に経験する二重帰属の問題を適切に考慮に入れるところにある。文学活動と並行して副業をおこなっている作家たちは、定期的にそこから抜け出し、文学と文学以外の領域とを行ったり来たりしている。そのため、彼らが文学的領域以外でどのような存在であり、そこで何をおこなっているのかを問うことは、文学活動を理解するための重要な要素となる。しかも、行為者がそうしたさまざまな社会的枠組みに関与することは、高度に分化した社会に特徴的な事実であるだけに、それを取るに足りないものとして排除することは、いっそう不都合になっていくのである。当然、そうした社会的枠組みは、必ずしも均質的だというわけでなく、相互に緊張や矛盾をかかえたものになりうる。あわせてそのことは、行為者の身体化する性向を多元的なものにするのに寄与する。

ライールの考えでは、場の理論は、これらの要件を考慮することができない。というのも、場は自律していることが前提となっているからである。すなわち、これは、場の内部で生じることは、すべて場の境界内にその説明要因を探し求めなければならないということを意味している。そしてそのとき、ブルデューは、場での位置によってあらゆる実践を説明し、同時に行為者は場の成員としての存在へとことごとく還元されることになる。結果として、文学場の理論は、行為者の過去の諸経験や現在置かれている相互依存関係、いうなれば、行為者が横断してきた、もしくは横断している家族、学校、職業、宗教、スポーツ、政治といった複数の領域での諸経験を捨象してしまうのである。

このためライールは、場の自律性という方法論的な前提が、実践の説明に対して、文脈主義的な偏向をもたらしたのだという。確かに、学問場や科学場のように、高度な自律性を確保したミクロコスモスも存在している。しかしそれは、必ずしもすべての社会的領域に当てはまるわけではない。その点、場の理論は、さまざまな類型の場を区別し、よりいっそう特殊化されなければならないのである。またさらにいえば、すべての社会的領域が場を唯一の文脈とするわけでもない。それらは、ベッカーの定義するようなワールドとして編成されたり、ルーマンの定義するようなサブシステムとして構成されたりすることもできる。

このようにしてライールは、ハビトゥス概念と同様に、場の概念もまた、社会的世界を分析するための個別の一視点であることを明らかにしていく。ブルデューによって、分化した社会における実践は、ハビトゥスと場を関連づけてはじめて理解できると主張されるものの、その場合、実践や行為者の多元性は、もとよりブルデューの社会学的考察の対象から抜け落ちていることになるだろう。したがって、ブルデューの「[(ハビトゥス)(資本)]+場=実践」という公式には、分化した社会を考察するための普遍的な適用可能性を見いだすことはできないのである。このことから、ライールは、「性向+文脈=実践」を一般公式として提出し直しているのであり、それによって、ブルデュー理論はいうまでもなく、一般理論を標榜するさまざまな社会理論がそれぞれ相対化されることになる。

文脈化の問題

そうすると、以上のような見方は、あらゆる理論や方法を等価なものと捉えることで、相対主義を帰結することになるのだろうか。ライールからすれば、もちろん、できるかぎり多様な類型の適合的な文脈が認められる必要がある。しかし、だからといって、それが相互の科学的な対話を妨げる結果を招いてしまってはならない。

ライールは、文脈化の問題に関して、批判的かつ多元主義的な態度を採用している。ライールによれば、それは同時に二つのことを可能にするという。一つは、「そのほかのあらゆる種類の文脈化は「間違い」だと考えることで、「普遍的に適合的な文脈」が存在すると見なすのを回避すること」(本書二二〇ページ)である。例えばブルデューは、こうした文脈化の操作に関し、自らの場の理論を普遍的な適合性をもつものとして主張していた。そのことは、ブルデューがハワード・ソール・ベッカーのアート・ワールド理論を「場の理論と比べて後退したもの」と批判しているところに象徴的に示されている。しかしながら、場の理論は、すべての文脈を網羅するものではない。場に限らず、それぞれの理論や方法は特定の視点から社会的現実を観察しているにすぎないのである。

もう一つは、「相対主義的多元主義の考えに基づく、文脈化の操作に関して未分化な、ある種のラディカルな平和主義に陥らないこと」（本書二二〇ページ）である。研究者の多様な認識関心に応じた文脈化は確保されるべきなのだが、同時にそれらは、自らの適合性を競い合わなければならない。目指される認識目標に照らして、文脈化の適合性の度合いを対象にした議論が闘わされる必要があるのだ。そうした複数の科学的方法は、相互に無関係なものとして並存しているわけではないのである。

本書で提出された公式「性向＋文脈＝実践」は、実践を説明するための一つの社会学的研究プログラムである。ライールは、この研究プログラムを明示することによって、人文・社会諸科学の多元的なアプローチの背後に存在する統一性を取り戻そうともくろんでいる。というのも、これまで過剰な科学的分業が進展してきたからである。ライールにしてみれば、そうした専門分野ないし下位専門分野への細分化は、社会学にとって致命的な障害になりかねない。それぞれがそれぞれの社会学分野に閉じこもり、相互に交流をもたなくなってしまえば、社会的世界の全体像を描くことはもはや不可能となる。

そのため、ライールが打ち出す社会学的構想は、多くの社会学者が犯しかねない不当な一般化を十分に警戒しながらも、行き過ぎた専門分化には断固として抵抗するものになっている。「性向＋文脈＝実践」という研究プログラムを検証するためには、多数の方法やアプローチが存在し、それに基づく多様な研究成果が生み出される。しかしわれわれは、そうしたそれぞれの研究成果をもとにして、拙速にその普遍性を主張することがあってはならない。われわれは科学的な節度を保ち、それらがそうしたプログラムの一部を実現したものにすぎないことを自覚しなければならないのである。そうすることによって、そうした諸研究は相対立するのではなく、相互に補完し合うものになりうる。ライールは、本書の結論で、こうした研究プログラムのもと、それぞれの実践分野だけでなく、さまざまな実践分野を貫くメカニズムや実践分野相互の関係性を探求すること、そしてそのためには、各自の専門分野に閉じこもらず、自身の研究分野以外とも接点を維持することが重要であることを強調している。ライールにしてみれば、それこそわれわれが社会的世界の全体像を描くためにとるべき方途であり、そこに細分化された社会（科）学の統一性を回復する可能性を垣間見ているのである。

ここでは、本書の軸を形成しているブルデュー社会学との関係性に焦点を絞りながらライールの議論を概観した。本書はその点で、ブルデュー社会学の批判的検討であると同時に、すぐれた解説（とりわけ場の理論について）にもなっていて、難解といわれるブルデュー社会学の理解にとって非常に重要な文献だといえる。

しかしながら、本書のもつ意義は、それだけにとどまるものでもないだろう。例えば、第2章は、社会学の主要命題の一つである社会的分化についての目配りが行き届いた整理（登場する社会学者は、ヴェーバー、デュルケム、ジンメル、パーソンズ、ルーマン、モーリス・アルヴァックス、ブルデュー、ベッカーなど多岐にわたっている）になっているし、第4章は、アーヴィング・ゴフマンを中心とする相互行為論や精神分析などの射程が、ライールの方法論的立場から手際よく示されている。いずれにしても、現代社会学で主要な位置を担っている、さまざまな理論や方法が俎上に載せられていて、そこで繰り広げられる説得的な議論は、それら相互の関係性や展望を見通すうえでも、有用な視点を提供しているように思われる。

翻訳について

本書での訳語の選択に関して二点だけ注記しておきたい。

一点目は、「acteur」と「agent」という語に関して。本書では「acteur」と「agent」の双方に「行為者」という訳語を当てている。フランス語の「acteur」は、英語の「actor」に相当し、社会学の文脈では通常「行為者」と訳される。一方で、フランス語の「agent」は、直訳すれば「代理人」や「媒介者」になるだろうが、ブルデュー社会学の文脈では、これまで基本的に「行為者」の訳語が当てられてきた。それにはブルデューが

「acteur」に代えて「agent」を使用してきた背景があるためと考えられるが、それは、「行為者」がハビトゥスと場の結節点に位置していて、双方を媒介する役割を担っているからである。本書で示されるライールの視座に立てば、「agent」という語は「ハビトゥスを身体化した行為者」を指すものであり、その意味で、社会的世界における「行為者（acteur）」の一部を対象化した概念になる。したがって、ライールにとっては、ブルデュー社会学の行為者像と袂を分かつという点で、双方の差異は重要であり、彼自身、「行為者」を表す語としては一貫して「acteur」を使用している。そのため「acteur」と「agent」を訳し分けることも考えたが、すでに定着している「行為者」に代わる適当な訳語も思い浮かばなかったため、双方に同じ訳語を当てる結果になった。したがって、本文中、そうした区別が重要だと思われる個所では、「行為者」の語のあとに原語を挿入することで対応した。

二点目は、「monde」という語に関して。本書では「monde」（英語では「world」）を、基本的に「世界」（例えば、「複数的世界（monde pluriel）」や「社会的世界（monde social）」）と訳してあるが、しばしば場の概念と対比されるかたちで登場するベッカーらの概念（その代表的な研究は、Howard Saul Becker, *Art Worlds*, University of California Press, 1982 だろう）として用いられていると思われる場合にはすべて「ワールド（world）」と訳した。ベッカーらの「ワールド」概念については、本書のなかでライールによる簡にして要を得た紹介と説明がなされているので、ここで屋上屋を架すことはしないが、そうした概念上の区別を明確なものにするために訳し分けたことを記しておく。

最後になってしまったが、翻訳に際してお世話になった方々にお礼を申し上げておきたい。法政大学の鈴木智之先生には、本書の出版にあたって青弓社をご紹介していただいただけでなく、草稿段階で訳文全体に丁寧に目を通していただき、数多くの貴重なアドバイスをいただくことができた。慶應義塾大学大学院の小田切祐詞君、澤田唯人君には、最終段階で訳文のチェックをお願いし、表現上の問題や誤字脱字にいたる細かい点まで非常に有益な指摘をいただいた。青弓社の矢野未知生さんには、本書の出版を快諾していただいたうえ、不慣れな訳者を的確に完成まで導いてもらった。みなさまのご協力とご支援がなければ、こうして翻訳を終えることはできなかったはずである。ここで改めて感謝の意を表したいと思う。本当にありがとうございました。

村井重樹

ま

マクロコスモス　60, 144, 334－337
ミクロコスモス　15, 16, 18, 19, 41, 44, 59－61, 74, 75, 94, 98, 99, 121, 139, 141, 144, 146, 150, 155, 201, 259, 319, 373

や

唯名論　15, 16, 201, 261, 264－266, 268

ら

レベル　20, 42－46, 117, 139, 156, 214, 216, 222, 225, 239, 242, 251, 252, 255, 256, 258, 262－267, 293, 297, 318, 370
－ 分析レベル　44, 139, 252
－ 観察レベル　11, 12, 15, 16, 18, 19, 42, 43, 45, 48, 49, 106, 183, 214－216, 219－222, 224, 229, 239, 242－244, 252, 261－263, 266－268, 284, 292, 293, 304
－ 個人レベル　39, 45, 46, 110, 121, 243, 251, 252, 342, 367, 368, 370

わ

ワールド　16－19, 32, 40－42, 44, 45, 48, 52, 59, 72, 103, 118, 140, 143－146, 151, 154, 183－186, 201, 203, 214, 221, 226, 228, 237, 261, 263, 265, 274, 317, 319, 332－334, 338－340, 374, 377

闘争　16, 18, 59, 61, 64, 74, 83, 84, 87, 88, 97－100, 112, 135, 140, 141, 143, 145, 146, 148, 149, 151, 154－156, 158, 159, 162, 164, 165, 169, 170, 178, 182, 184, 186－188, 192, 206, 209, 220, 263, 274, 281, 304, 305, 325, 333, 372
特殊化　19, 64, 87, 108, 142, 163, 173, 180, 186, 196, 263, 297, 319, 325, 373
独立性　61, 75, 77, 81－84, 86－89, 93, 95, 105, 111, 142, 371

な

内面化　16, 24, 27, 29, 31, 34, 39, 112－115, 121, 127, 180, 243, 244, 246, 247, 250
二次的な場　40, 142, 172, 342
人間　13－15, 27, 29, 31, 32, 38, 41, 50, 52, 54, 61, 64, 92, 93, 100, 104, 105, 108, 111－114, 116, 135, 149, 150, 161, 165, 167, 175, 181, 186, 202, 207, 209, 211, 221, 225, 245, 248, 249, 252, 256, 270, 277－280, 285, 287, 291, 294, 295, 305, 307, 309, 310, 312－314, 316, 322, 326－328, 340, 349, 356, 357, 362, 366, 367, 369, 370
－経済的人間　33, 92, 93, 101, 249, 304, 310
－言語的人間　277, 304, 310
－ゴフマン的人間　287
－社会学的人間　237, 250, 310
－宗教的人間　101, 310
－精神医学的人間　310
－精神分析学的人間　247, 249, 250, 304, 310
－性愛的人間　101, 310
－政治的人間　101, 304
－道徳的人間　117
－認知的人間　237
－美学的人間　101, 310
－法律的人間　92, 101, 117, 304, 310
認識関心　11, 12, 15, 17, 19, 42, 139, 201, 219, 220, 233, 237, 244, 262, 272, 274, 284, 329, 375
認識視点　15, 20, 96, 266, 284, 308, 312

は

発生　43, 48, 53, 73, 93, 127, 134, 226, 237, 241, 246
ハビトゥス　24, 27, 34－41, 54, 123, 146, 161, 163, 182, 197, 204, 205, 242, 271, 328, 346, 366, 367, 370, 374, 377
複数性　109, 113, 114, 117, 121－123, 134, 136, 137, 220
不平等　43, 65, 146, 186, 190－192, 194, 236, 239, 265, 266, 275, 276, 279, 366
不変項　61, 141－143, 228
普遍的　31, 33, 36, 41, 50, 140, 161, 162, 199, 200, 216, 220, 225, 227, 228, 248, 263－265, 268, 273, 303, 370－372, 374
プログラム　13, 14, 24, 28, 36, 46, 48, 49, 89, 138, 184, 189, 197, 216, 271, 284, 303, 316, 322, 328, 367, 375
プロフェッショナリズム　13, 305, 320
分化した　66, 97, 106, 107, 115, 119, 121, 122, 139, 140, 148, 156, 163, 165, 166, 169, 181－183, 195, 239, 306, 317, 339, 371
－分化した行為の文脈　41
－分化した社会　4, 41, 60, 111, 114, 116, 122－124, 138－140, 148, 158, 161, 164, 167, 171, 182, 183, 206, 242, 292, 368, 371, 373, 374
－分化した社会システム　116
－分化した場　148, 186
－分化したミクロコスモス　16
－分化した領域　63
文脈化　15－17, 19, 133, 160, 214, 216, 217, 219, 220, 222, 236, 238, 260, 263, 265, 268, 374, 375
文脈主義　24, 25, 28, 33, 37, 44, 49, 50, 53, 54, 121, 195, 200, 340, 369, 373
分離　13, 19, 21, 60, 61, 63－66, 74, 75, 81, 90, 101－103, 161, 166, 170, 176, 218, 250, 253, 256, 307, 308, 312, 371

129, 169, 170, 178, 195, 196, 236, 371
自律性　61, 65, 71, 73－75, 77－82, 84－89, 93－95, 98, 100, 103, 110, 111, 127, 128, 130, 142, 146, 195－197, 371, 373
－ 場の自律性　61, 84, 88, 89, 93, 94, 128, 130, 195, 371, 373
－ 自律性＝独立性　61, 75, 81, 84, 87, 89, 93, 95, 371
－ 自律性＝特殊性　61, 75, 76, 81, 84, 89, 95, 110, 371
身体化　23, 24, 27－30, 35－38, 54, 119, 146, 161, 182, 232, 244, 245, 247, 271, 275, 303, 317, 367, 369－371, 373, 377
－ 身体化された記憶　117
－ 身体化された過去　14, 26, 33－36, 39, 42, 43, 45, 51, 52, 161, 212, 215, 237, 246, 247, 261, 277, 295, 303, 369, 370
－ 身体化された性向と能力　14, 48, 49, 161
信念　30, 31, 45, 46, 62, 63, 149, 182, 218, 230, 231, 257, 282, 283
人文・社会諸科学　12－14, 19, 21, 23, 28, 30－33, 37, 41, 43, 47, 49－51, 58, 61, 74, 161, 189, 202, 214, 216, 217, 219, 238, 250, 256, 261, 263, 271, 272, 277, 284, 285, 302－305, 310, 315, 316, 318, 323, 324, 369, 375
真理　25, 72, 142, 196, 260, 297, 312, 325
図式　27, 30, 31, 35, 36, 44, 55, 65, 72, 97, 144, 149, 198, 243, 245, 247, 293, 332, 339, 340
性向　19, 24－32, 35－41, 43－49, 51－55, 106, 109, 111, 112, 117, 122, 123, 134, 137, 138, 146, 161, 163, 164, 166, 175, 181, 190, 197, 199, 205, 215, 226, 235, 240－246, 248－251, 255, 260, 275, 280, 300, 311, 317－319, 342, 365, 367－370, 373－375
性向主義　24, 25, 29, 31, 33－37, 44, 49, 51, 121, 122, 137, 246, 247, 369
精神分析　20, 35, 39, 47, 112, 113, 134, 135, 137, 215, 243－252, 254, 293, 294, 302, 304, 307, 309, 310, 350, 354, 358, 376
正統　145, 155, 156, 194, 206, 212, 372
－ 正統化　86
－ 正統性　104, 131, 191, 292
－ 正統的（または正統な）　64, 145, 149, 155, 156, 158, 159, 187, 190, 193, 195, 197, 206, 304, 309, 316
専門化　13, 60, 61, 64－66, 68, 69, 76, 81, 84, 102, 118, 153, 166－168, 173, 183, 190, 231, 237, 304－306, 311, 315, 318, 319, 322, 325, 371
戦略　30, 33, 84, 106, 119, 134, 141, 143, 145, 150, 163, 170, 178, 185－187, 192, 196, 209, 215, 216, 219, 229, 236, 261, 268, 309, 322
相互依存　16, 34, 53, 61, 93, 103, 109, 140, 145, 164, 199, 205, 251, 253, 293, 304, 307－309, 317, 319, 373
相互行為　12, 18, 19, 21, 24, 28, 29, 33, 42－44, 48, 50, 53, 55, 59, 107, 140, 141, 152, 154, 159, 186, 214, 215, 217－238, 241, 242, 244, 250, 251, 254－257, 259－261, 263, 266, 274－279, 286－291, 293, 295, 299, 303, 320, 330, 332, 333, 336－341, 343, 355, 376
相対主義　42, 201, 220, 264, 267, 268, 374

た

多元主義　219, 220, 374, 375
多元性　32, 116, 117, 121, 242, 313, 374, 391
脱埋め込み　63, 91－93
力関係（または権力関係）　21, 54, 61, 103, 106, 141, 145, 146, 155, 163, 164, 169, 184, 186, 190, 209, 233, 238, 263, 275, 287, 323
長期持続の歴史　9－11, 88, 89, 138
適合性の場　202, 273, 276
転移、転移可能性（または移調可能性）　36, 38－40, 49, 61, 109, 143, 205, 243, 245, 293, 294, 319, 325, 367

事項索引

あ

一般化　51, 68, 82, 160, 169, 216, 258, 273, 274, 278, 281, 282, 310, 318, 375
エスノメソドロジー　24, 141, 237, 275, 276

か

科学的公式　14, 23, 33, 35, 37, 49, 369
関係的　137, 143, 145, 164, 198－200, 212, 243, 253
還元主義　74, 100, 141, 142, 195, 249, 299, 306
客観化　30, 40, 111, 191, 233, 239, 255, 296
経験主義　29, 233, 237, 319
ゲーム　18, 26, 35, 40, 44, 48, 49, 72, 75－77, 87, 91, 95, 104, 115, 119, 142, 144－146, 149－151, 155, 160, 161, 172, 173, 175, 180, 197, 204, 206, 207, 225, 235, 274, 290, 300, 325, 333
－言語ゲーム　30, 205, 313
－文学ゲーム　94, 142, 171－173, 175, 177, 180, 186, 197, 198, 203, 219, 268, 297, 338－340, 342, 373
権力　9, 10, 32, 50, 59－61, 64, 65, 71, 75－77, 82, 83, 85, 87, 88, 98, 99, 104, 112, 113, 115, 128, 138, 140, 141, 143, 145, 146, 150, 152, 153, 155, 161, 168, 169, 178, 185, 190－194, 206, 209, 230, 231, 248, 251, 265, 294, 309, 311, 318, 330, 353, 365, 368, 372, 373
構造主義　50, 120, 127, 181, 234, 237, 346, 367
個人の性向と能力の遺産　38, 40, 46, 122, 166, 242, 249

さ

実在論　15, 16, 152, 201, 237, 265, 266, 268, 276, 293, 306
実証主義　12, 185, 237, 244, 305
実存的問題　55, 215, 241, 272
支配　9－11, 21, 25, 32, 35, 50, 63, 69, 73, 88, 96, 101, 104－106, 115, 124, 135, 139－141, 145, 146, 148, 150, 155, 156, 158, 161, 170, 185, 186, 190－194, 196, 203, 206, 214, 230, 235, 237, 248, 258, 262, 263, 270, 275, 278, 284, 287, 309, 324, 331, 333, 347, 366, 372
社会化　14, 17, 26, 27, 30, 31, 33－38, 44, 46, 48, 51, 54, 56, 111, 112, 119, 121－124, 131, 136, 142, 148, 160, 161, 164, 166－168, 173, 186, 196, 199, 205, 226, 231, 242, 248, 249, 251, 260, 289, 290, 292, 293, 297－300, 317, 340, 362, 365－367, 370
社会的現実の水準　12, 15, 18, 43, 45, 48, 50, 183, 214－216, 220－224, 232, 238－240, 242, 243, 254, 257, 261, 262, 264, 268, 304
社会的分化　13－15, 19, 58, 61, 62, 72, 100, 101, 103, 107, 108, 115, 119, 122, 144, 147, 148, 183, 201, 319, 371, 376
社会的分業　13, 58, 59, 62, 72, 92, 108, 118, 166, 302, 318
習慣　27－31, 33, 36, 88, 112, 135, 164, 198, 248, 263, 312, 325
職業化　81, 84, 85, 142, 171, 180, 319, 320, 324
自律化　59－61, 64, 68, 69, 73, 75, 76, 78, 80, 85, 86, 89, 91－93, 95, 101, 102, 105,

ヴィトゲンシュタイン、ルートヴィヒ（Wittgenstein, Ludwig）　9, 16, 205, 273, 274, 304, 313, 314, 339, 364

Y

イエイツ、フランセス（Yates, Frances）　210, 364

Z

ゼライザー、ヴィヴィアナ（Zelizer, Viviana）　130, 364
ゾルバーグ、ヴェラ・L（Zolberg, Vera L）　132, 351
ゾレジオ、エマニュエル（Zolesio, Emmanuelle）　56, 364
ズーキン、シャロン（Zukin, Sharon）　130, 352

(Schreber, Daniel Paul)　293
セガレン、マルティン（Segalen, Martine）　166, 206
シェイクスピア、ウィリアム（Shakespeare, William）　78
シメアン、ジョアナ（Siméant, Johanna）　56
シミアン、フランソワ（Simiand, François）　45
ジンメル、ゲオルク（Simmel, Georg）　58, 114－116, 131, 286, 362, 371, 376
サングリー、フランソワ・ド（Singly, François de）　208, 362
スメルサー、ニール・J（Smelser, Neil J）　289, 362
スミス、アダム（Smith, Adam）　58, 298
ソポクレス（Sophocle）　110
スペンサー、ハーバート（Spencer, Herbert）　58, 60
シュタイン、シャルロッテ・フォン（Stein, Charlotte von）　270
ストラウス、アンセルム・L（Strauss, Anselm L）　17, 40, 58, 118, 144, 221
サッチマン、ルーシー（Suchman, Lucy）　285, 291, 362
スウォーツ、デヴィッド・L（Swartz, David L）　132, 351

T

タロン、オメール（Talon, Omer）　240
テライユ、ジャン＝ピエール（Terrail, Jean-Pierre）　210, 351
テレイ、エマニュエル（Terray, Emmanuel）　326
テランティ、マリー＝エーヴ（Thérenty, Marie-Ève）　127, 134, 363
ティボー、ジャン＝ポール（Thibaud, Jean-Paul）　291
ティン、ダニエル（Thin, Daniel）　327, 363
トドロフ、ツヴェタン（Todorov, Tzvetan）　328, 363

V

ヴァイヤン、アラン（Vaillant, Alain）　134, 363
ヴァンシェリ、リュック（Vancheri, Luc）　134, 363
ヴァン・ダム、ステファン（Van Damme, Stéphane）　300, 346
ヴァン・ゲールト、ポール（Van Geert, Paul）　208, 357
ヴェンドリー、ジョセフ（Vendryes, Joseph）　217
ヴェルデ＝ルルー、ジャニーヌ（Verdès-Leroux, Jeannine）　363
ヴェルナン、ジャン＝ピエール（Vernant, Jean-Pierre）　210, 310, 363
ヴェイン、ポール（Veyne, Paul）　47
ヴィアラ、アラン（Viala, Alain）　82, 86－88, 128, 363
ヴィダル・ド・ラ・ブラーシュ、ポール（Vidal de La Blache, Paul）　262
ヴァンサン、ギュイ（Vincent, Guy）　56
ダ・ヴィンチ、レオナルド（Vinci, Léonard de）　73
ヴィゴツキー、レフ・セミョノヴィチ（Vygotski, Lev Semenovitch）　310

W

ワツラウィック、ポール（Watzlawick, Paul）　134
ヴェーバー、マックス（Weber, Max）　13, 17, 32, 51, 53, 56, 58, 60, 61, 68, 91, 100, 102, 144, 146, 162, 181, 188, 201, 260, 268, 270, 271, 284, 297, 306, 320, 322, 323, 363, 365, 371, 376
ヴェルフェル、フランツ（Werfel, Franz）　206
ウォーフ、ベンジャミン・リー（Whorf, Benjamin Lee）　53, 364
ワース、ルイス（Wirth, Louis）　58, 118, 136, 364

オッペンハイム、アドルフ・レオ（Oppenheim, Adolph Leo） 66, 126
オルテル、フィリップ（Ortel, Philippe） 133, 360

P

パノフスキー、アーヴィン（Panofsky, Erwin） 312, 328, 346
パーク、ロバート（Park, Robert） 58
パーソンズ、タルコット（Parsons, Talcott） 58, 59, 73, 116, 117, 119, 126, 144, 360, 371, 376
パスカル、ブレーズ（Pascal, Blaise） 149, 151, 203, 205, 348, 360
パスロン、ジャン＝クロード（Passeron, Jean-Claude） 22, 190, 291, 349
パース、チャールズ・サンダース（Peirce, Charles Sanders） 38
ファロ、パトリック（Pharo, Patrick） 290, 360
プラトン（Platon） 114, 115, 210, 356
ポランニー、カール（Polanyi, Karl） 58, 61, 89−93
ポミアン、クシシトフ（Pomian, Krzysztof） 257
ポンタリス、ジャン＝ベルトラン（Pontalis, Jean-Bertrand） 134, 247, 358
ポッター、ゲイリー（Potter, Gary） 290

Q

ケレ、ルイ（Quéré, Louis） 285
キノドス、ジャン＝ミシェル（Quinodoz, Jean-Michel） 294

R

ラボー、ユーグ（Rabault, Hugues） 136, 360
ラシーヌ、ジャン（Racine, Jean） 78
ラファエロ（Raphaël） 73
ロールズ、アン・W（Rawls, Anne W） 227, 276, 288
レイン、マーティン（Rein, Martin） 204, 357
ルナール、ファニー（Renard, Fanny） 210, 361
ルノー、エマニュエル（Renault, Emmanuel） 329
ルヴェル、ジャック（Revel, Jacques） 49

S

サックス、ハーヴェイ（Sacks, Harvey） 277
サニョル、マルク（Sagnol, Marc） 286, 361
サーリンズ、マーシャル（Sahlins, Marshall） 58, 65, 125, 361
サント＝ブーヴ、シャルル＝オーギュスタン（Sainte-Beuve, Charles-Augustin） 76
サン＝ジャック、ドニ（Saint-Jacques, Denis） 129
サン・マルタン、モニック・ド（Saint Martin, Monique de） 206, 349
サピア、エドワード（Sapir, Edward） 52
サピロ、ジゼル（Sapiro, Gisèle） 127
サロート、ナタリー（Sarraute, Nathalie） 289
サルトル、ジャン＝ポール（Sartre, Jean-Paul） 158, 197, 295, 361
サヴィッキ、フレデリック（Sawicki, Frédéric） 292
スカルベール＝ユーセル、クレマンス（Scalbert-Yücel, Clémence） 212, 362
シェグロフ、エマニュエル（Schegloff, Emmanuel） 277, 289, 362
シルツ、マリー＝アンジュ（Schiltz, Marie-Ange） 300, 346
シュミット、コンラート（Schmidt, Conrad） 80
シュミット、カール（Schmitt, Carl） 132, 362
ショースキー、カール・E（Schorske, Carl E） 124, 133, 254, 362
シュレーバー、ダニエル・パウル

L

ラボフ、ウィリアム（Labov, William） 137, 329
ラブルース、エルネスト（Labrousse, Ernest） 262
ラコスト、イヴ（Lacoste, Yves） 262, 297
ラプランシュ、ジャン（Laplanche, Jean） 134, 247, 358
ラトゥール、ブルーノ（Latour, Bruno） 277－279
ロートレイ、ジャック（Lautrey, Jacques） 208, 357
ルクレール、イヴァン（Leclerc, Yvan） 127, 358
ル＝ゴフ、ジャック（Le Goff, Jacques） 291, 358
ルプティ、ベルナール（Lepetit, Bernard） 220
レヴィ、ジョヴァンニ（Levi, Giovanni） 57, 240, 291, 358, 361
レヴィ・マーティン、ジョン（Levi Martin, John） 204
レヴィ＝ストロース、クロード（Lévi-Strauss, Claude） 136, 210, 345, 359
ルーヴェル、リリアンヌ（Louvel, Liliane） 133, 360
ルックマン、トーマス（Luckmann, Thomas） 31, 52, 58, 144, 299, 345
ルーマン、ニクラス（Luhmann, Niklas） 50, 58, 59, 61, 105－107, 119－121, 130, 136, 144－146, 286, 317, 343, 371, 374, 376

M

マグワイア、E・A（Maguire, E. A） 51, 359
マラルメ、ステファヌ（Mallarmé, Stéphane） 158, 175
マラン、ルイ（Marin, Louis） 69, 310
マルタン、アンリ＝ジャン（Martin, Henri-Jean） 127, 346
マルタン、ジャン＝ピエール（Martin, Jean-Pierre） 128, 356, 361
マルクス、カール（Marx, Karl） 58, 69, 74, 97, 126, 142, 145, 146, 225, 289, 295, 299, 306, 316, 320, 344, 359
モース、マルセル（Mauss, Marcel） 31, 52, 90, 359
マゾワイエ、ベルナール（Mazoyer, Bernard） 208, 357
マッコール、レスリー（McCall, Leslie） 204, 359
ミード、ジョージ・ハーバート（Mead, George Herbert） 285
メオー、ダニエル（Méaux, Danièle） 133, 360
ムネソン、クリスティーヌ（Mennesson, Christine） 55, 359
メイエール、ミシェル（Meyer, Michel） 283
メイエルソン、イニアス（Meyerson, Ignace） 61, 107－110, 134, 310
ミレー、マティアス（Millet, Mathias） 210, 360
ミル、ジョン・スチュアート（Mill, John Stuart） 306
モンティエ、ジャン＝ピエール（Montier, Jean-Pierre） 133, 360
モルレ、セバスティアン（Morlet, Sébastien） 126, 356
ムーラン、レイモンド（Moulin, Raymonde） 208
モーツァルト、ヴォルフガング・アマデウス（Mozart, Wolfgang Amadeus） 43, 135, 240, 291, 353
ミュンヒ、リヒャルト（Münch, Richard） 289, 362

O

オフェンスタート、ニコラ（Offenstadt, Nicolas） 300, 346

355, 376
グッディ、ジャック（Goody, Jack） 63
ゴトー＝メルシュ、クロディーヌ（Gothot-Mersch, Claudine） 127, 355
グラフメイエール、イヴ（Grafmeyer, Yves） 136, 364
グラムシ、アントニオ（Gramsci, Antonio） 74
グラノヴェッター、マーク（Granovetter, Mark） 130, 355
グリニョン、クロード（Grignon, Claude） 212, 355
グロッサン、ジャン＝ピエール（Grossein, Jean-Pierre） 131, 355
グロセッティ、ミシェル（Grossetti, Michel） 291
グルジンスキー、セルジュ（Gruzinski, Serge） 63
ガタリ、フェリックス（Guattari, Félix） 264, 265, 297, 351
グイバンティフ、ピエール（Guibentif, Pierre） 152
ギィユマール、アン＝マリー（Guillemard, Anne-Marie） 204, 357
ガンパーズ、ジョン（Gumperz, John） 229, 230, 232, 233, 277

H

アルヴァックス、モーリス（Halbwachs, Maurice） 58, 117, 136, 356, 376
ハナーツ、ウルフ（Hannerz, Ulf） 118, 119, 287
ハヴロック、エリック・アルフレッド（Havelock, Eric Alfred） 209, 356
アンリ＝パナビエール、ガエル（Henri-Panabière, Gaële） 55, 356
オカール、アルチュール・モーリス（Hocart, Arthur Maurice） 65
ホイジンガ、ヨハン（Huizinga, Johan） 173, 207, 356
ヒューム、デイヴィッド（Hume, David） 29, 30, 52, 298, 356

I

イティック、ステファン（Itic, Stéphane） 126, 356

J

ジャコブ、クリスティアン（Jacob, Christian） 70
ヤコブソン、ロマン（Jakobson, Roman） 18
ジャルティ、ミシェル（Jarrety, Michel） 88
ジェファーソン、ゲイル（Jefferson, Gail） 289, 361
ジョンストリュード、I・S（Johnstrude, I. S） 51, 359
ジョセフ、イザック（Joseph, Isaac） 136, 287, 349, 355, 364
ジュオー、クリスチアン（Jouhaud, Christian） 285, 356

K

カフカ、フランツ（Kafka, Franz） 109, 134, 175, 199, 206, 207, 210, 212, 240, 241, 298, 368
カントロヴィッチ、エルンスト（Kantorowicz, Ernst） 322
コフマン、ローランス（Kaufmann, Laurence） 327, 358
ケルゼン、ハンス（Kelsen, Hans） 92
ケンパーマン、G（Kempermann, G） 52, 352
ケルブラト＝オレッキオーニ、カテリーヌ（Kerbrat-Orecchioni, Catherine） 327, 357
クノール＝セティナ、カリン（Knorr-Cetina, Karin） 296, 349, 350
コーリー、マーティン（Kohli, Martin） 204, 357
クーン、トーマス（Kuhn, Thomas） 96, 131, 357

ディマジオ、ポール（Dimaggio, Paul） 352
ドルビー、ミシェル（Dorby, Michel） 202, 352
ドディエ、ニコラ（Dodier, Nicolas） 287, 291, 300, 351, 352
ドラガンスキー、ボグダン（Draganski, Bogdan） 52, 352
デュベ、フランソワ（Dubet, François） 329, 330
デュビー、ジョルジュ（Duby, Georges） 310, 322
デュメジル、ジョルジュ（Dumézil, Georges） 327
デュモン、ルイ（Dumont, Louis） 90
デュポン、フロレンス（Dupont, Florence） 352
デュルケム、エミール（Durkheim, Émile） 13, 47, 51, 58, 60－62, 97, 99, 101, 115, 117, 118, 124, 144, 145, 165, 167, 188, 225, 295, 306, 307, 310, 320, 322, 326, 352, 371, 376

E

エリアス、ノルベルト（Elias, Norbert） 34, 53, 58, 112, 113, 120, 135, 145, 205, 249, 288, 294, 307－310, 320, 322, 352, 353
エンゲルス、フリードリヒ（Engels, Friedrich） 69, 74, 80, 126, 359
アイスキュロス（Eschyle） 110

F

フォール、シルヴィア（Faure, Sylvia） 56
フェデリーニ、ファビエンヌ（Federini, Fabienne） 128, 353
フェラレセ、エステル（Ferrarese, Estelle） 136, 353
フェラリー、ミシェル（Ferrary, Michel） 213, 299
フィユール、オリヴィエ（Fillieule, Olivier） 328
フロベール、ギュスターヴ（Flaubert, Gustave） 43, 53, 78, 79, 81, 82, 89, 110, 127, 129, 158, 174, 175, 189, 207, 353, 372
フリグスタイン、ニール（Fligstein, Neil） 130, 353
フーコー、ミシェル（Foucault, Michel） 88, 137, 310, 311, 327, 350, 353
フリードソン、エリオット（Freidson, Eliot） 174
フロイト、ジークムント（Freud, Sigmund） 39, 41, 112－114, 135, 215, 243－249, 254, 272, 292－294,. 354
フリッチ、フィリップ（Fritsch, Philippe） 131, 327, 354
フックス、ステファン（Fuchs, Stephan） 296
フュスマン、ジェラール（Fussman, Gérard） 51, 350

G

ガディアン、デイヴィッド（Gadian, David） 51, 359
ガリレオ（Galilée） 73
ガルシア・アマード、ジュアン・アントニオ（Garcia Amado, Juan Antonio） 136, 354
ゲイザー、クリスチャン（Gaser, Christian） 52, 352
ギアーツ、クリフォード（Geertz, Clifford） 299, 354
ジュネ、ジャン＝フィリップ（Genet, Jean-Philippe） 73, 129
ギーゼン、ベルンハルト（Giesen, Bernhard） 289, 362
ギンズブルグ、カルロ（Ginzburg, Carlo） 211, 354
グラックマン、マックス（Gluckman,Max） 119
ゲーテ、ヨハン・ヴォルフガング・フォン（Goethe, Johann Wolfgans von） 270, 271
ゴフマン、アーヴィング（Goffman, Erving） 44, 53, 58, 118, 119, 221－230, 234, 236, 254, 259, 260, 272, 277, 285－287, 289,

164, 169, 170, 172, 174, 179, 180, 184, 185, 187, 189－195, 197, 200－205, 208－211, 232－237, 246, 253, 260, 265, 272, 287, 290, 291, 293, 310－312, 316, 320, 322, 328, 332, 343, 346－349, 366－374, 376, 377, 391
ブローデル、フェルナン（Braudel, Fernand） 9－11, 138, 262, 272, 326, 327
ブッシュ、ヴォルカー（Busch, Volker） 52

C

カイヨワ、ロジェ（Caillois, Roger） 207, 349
カロン、ミシェル（Callon, Michel） 201, 277, 278
カミック、チャールズ（Camic, Charles） 298
キャンドー、ジョエル（Candau, Joël） 331
カステル、ロベール（Castel, Robert） 228
セファイ、ダニエル（Cefaï, Daniel） 285
セルトー、ミシェル・ド（Certeau, Michel de） 47, 56, 137, 302, 310, 349, 350
セルヴァンテス、ミゲル・デ（Cervantes, Miguel de） 78, 110
シャルモー、ジャン＝リュック（Chalumeau, Jean-Luc） 134, 350
シャンジュー、ジャン＝ピエール（Changeux, Jean-Pierre） 51
シャルパンティエ、イザベル（Charpentier, Isabelle） 211, 350
シャルチエ、ロジェ（Chartier, Roger） 211, 297, 302, 350
シャトーレイノー、フランシス（Chateauraynaud, Francis） 285, 345
チッコリーニ、レティシャ（Ciccolini, Laetitia） 126, 356
シクレル、アーロン・V（Cicourel, Aaron V） 141, 153, 230－233, 255, 260, 277, 289
クラストル、ピエール（Clastres, Pierre） 125, 350
クラヴリ、エリザベート（Claverie, Elisabeth） 300, 346
クレマン、ファブリス（Clément, Fabrice） 327, 358
コリンズ、ランドル（Collins, Randall） 254, 256, 295, 296
コント、オーギュスト（Comte, Auguste） 306
コルネイユ、ピエール（Corneille, Pierre） 78
コルネット、ジョエル（Cornette, Joël） 291, 351
コスニエ、ジャック（Cosnier, Jacques） 287, 288, 327, 349, 355, 357
クルドリー、ニック（Couldry, Nick） 132, 351
クール、マルティン（Court, Martine） 55, 351
クザン、フランソワ（Cusin, François） 91, 132, 329

D

ダルベル、アラン（Darbel, Alain） 211, 349
ダルモン、ムリエル（Darmon, Muriel） 51, 351
ダレ、ヤン（Darré, Yann） 346
ドヴァン、パスカル（Dauvin, Pascal） 56
ドヴィオー、ジェローム（Deauvieau, Jérôme） 210, 351
ドゥフランス、ジャック（Defrance, Jacques） 76
ドゥルーズ、ジル（Deleuze, Gilles） 264, 265, 272, 297, 351
ドゥナーヴ、ソフィ（Denave, Sophie） 57, 351
デコンブ、ヴァンサン（Descombes, Vincent） 98
ドゥティエンヌ、マルセル（Detienne, Marcel） 209, 351
ディアンテイル、エルワン（Dianteill, Erwan） 158

人名索引

A

アドルノ、テオドール・W（Adorno, Theodor W） 329, 344
アレグザンダー、ジェフリー・C（Alexander, Jeffery C） 289, 362
アルチュセール、ルイ（Althusser, Louis） 126, 344
アング、イエン（Ang, Ien） 211
アポリネール、ギヨーム（Apllinaire, Guillaume） 158
オースティン、ジョン・L（Austin, John L） 299, 344

B

バシュラール、ガストン（Bachelard, Gaston） 20
バシール、ミリアム（Bachir, Myriam） 292, 361
バフチン、ミハイル（Bakhtine, Mikhaïl） 137, 289, 310, 313, 314, 328, 344, 363
バランディエ、ジョルジュ（Balandier, Georges） 65, 125, 344
バルジェル、ルーシー（Bargel, Lucie） 56
バスティード、ロジェ（Bastide, Roger） 252, 294
ベイトソン、グレゴリー（Bateson, Gregory） 134
ボードレール、シャルル（Baudelaire, Charles） 78, 81, 98, 131, 158, 174, 344, 372
バクサンドール、マイケル（Baxandall, Michael） 269, 270
ベッカー、ハワード・S（Becker, Howard S） 17, 18, 40, 41, 47, 56, 58, 59, 61, 144, 150, 151, 154, 183－185, 221, 265, 330, 345, 374, 376, 377
ベケット、サミュエル（Beckett, Samuel） 158
ブナムジ、ダニエル（Benamouzig, Daniel） 91, 132, 329
ベンサ、アルバン（Bensa, Alban） 136, 345
バンヴェニスト、エミール（Benveniste, Émile） 285, 345
バーガー、ピーター（Berger, Peter） 31, 52, 58, 144, 299, 345
ベルクソン、アンリ（Bergson, Henri） 60
ベルナール、レジス（Bernard, Régis） 327
バーンスティン、バジル（Bernstein, Basil） 330, 345
ベルトラン、ジュリアン（Bertrand, Julien） 56, 345
ベシー、クリスチャン（Bessy, Christian） 285, 345
ブロッホ、エルンスト（Bloch, Ernst） 74
ボワ、ジェラルディーヌ（Bois, Géraldine） 203
ボルタンスキー、リュック（Boltanski, Luc） 35, 53, 279－282, 287, 300, 346
ボスケッティ、アンナ（Boschetti, Anna） 127, 346
ボッテロ、ジャン（Bottéro, Jean） 67
ブシェロン、パトリック（Boucheron, Patrick） 298, 346
ブルデュー、ピエール（Bourdieu, Pierre） 9－11, 18, 21, 37－39, 41, 53, 54, 58, 59, 61, 78－86, 88, 93, 94, 98, 102, 104, 122－125, 127, 128, 130－132, 138－141, 144－148, 150－152, 155, 156, 158, 161, 163,

［訳者略歴］
村井重樹（むらい しげき）
1978年、香川県生まれ
島根県立大学総合政策学部専任講師
専攻は理論社会学、文化社会学
論文に「食の実践と卓越化」（「三田社会学」第20号）、「ハビトゥス論の現代的課題」（「哲学」第128集）、「習慣の社会理論」（博士論文）、「諸個人のハビトゥス」（「年報社会学論集」第23号）、「「ハビトゥス」概念の行為論的射程」（「ソシオロジ」第52巻第3号）など

［著者略歴］
ベルナール・ライール（Bernard Lahire）
1963年生まれ
リヨン高等師範学校教授
ピエール・ブルデューの社会学を批判的に受け継ぎながら、家族・教育・文化活動・文学・芸術など、多様な領域にわたる経験的研究に従事。これらの研究を足場に、ブルデューのハビトゥス理論や場の理論を再検証し、身体化された性向と、現在の行為の文脈とが交差するところで行為者の実践を把握するという独自の方法論的視座「性向＋文脈＝実践」を展開する。そして、その立場から、高度に分化した社会で「個人」が生み出す実践の多元性や複数性を探求している。ポスト・ブルデューを牽引する代表的な社会学者の一人
邦訳書に『複数的人間』（法政大学出版局）、著書に *Tableaux de famille*（Gallimard/Seuil, 1995）、*La culture des individus*（La Découverte, 2004）、*Franz Kafka*（La Découverte, 2010）、*Dans les plis singuliers du social*（La Découverte, 2013）、*Ceci n'est pas qu'un tableau*（La Découverte, 2015）、*Pour la sociologie*（La Découverte, 2016）など多数

ソシオロジー選書3

複数的世界《ふくすうてきせかい》　社会諸科学の統一性に関する考察

発行――――2016年5月13日　第1刷
定価――――5000円＋税
著者――――ベルナール・ライール
訳者――――村井重樹
発行者―――矢野恵二
発行所―――株式会社青弓社
〒101-0061 東京都千代田区三崎町3-3-4
電話 03-3265-8548（代）
http://www.seikyusha.co.jp
印刷所―――三松堂
製本所―――三松堂

ISBN978-4-7872-3404-9　C0336